KINDERLEXIKON WISSENSWERTES IN BILDERN VON A~Z

TORMONT

Zur Benutzung dieses Lexikons

Das Nachschlagen in diesem Lexikon ist ganz einfach. Suche das Thema, das dich interessiert, im **Register** am Ende des Buches und schlage die dort angegebene Seite auf.

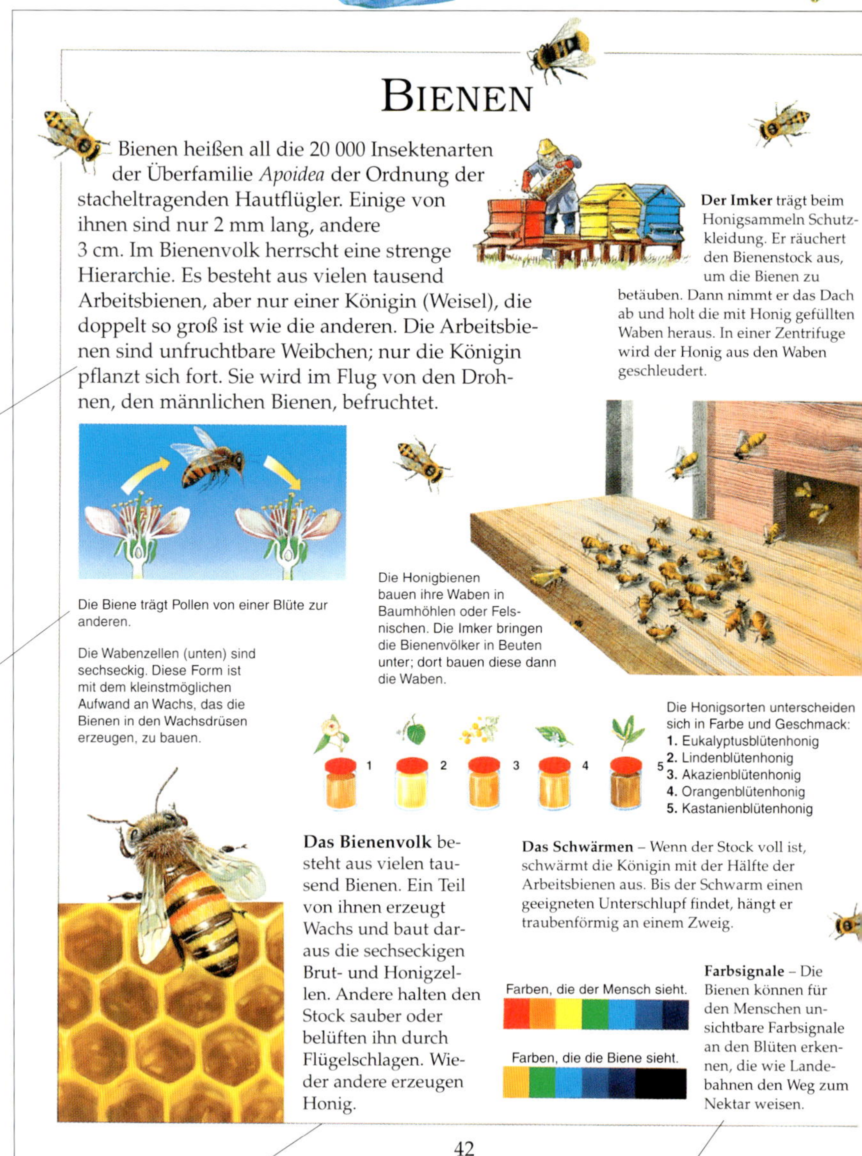

Bienen

Bienen heißen all die 20 000 Insektenarten der Überfamilie *Apoidea* der Ordnung der stacheltragenden Hautflügler. Einige von ihnen sind nur 2 mm lang, andere 3 cm. Im Bienenvolk herrscht eine strenge Hierarchie. Es besteht aus vielen tausend Arbeitsbienen, aber nur einer Königin (Weisel), die doppelt so groß ist wie die anderen. Die Arbeitsbienen sind unfruchtbare Weibchen; nur die Königin pflanzt sich fort. Sie wird im Flug von den Drohnen, den männlichen Bienen, befruchtet.

Der Imker trägt beim Honigsammeln Schutzkleidung. Er räuchert den Bienenstock aus, um die Bienen zu betäuben. Dann nimmt er das Dach ab und holt die mit Honig gefüllten Waben heraus. In einer Zentrifuge wird der Honig aus den Waben geschleudert.

Die Biene trägt Pollen von einer Blüte zur anderen.

Die Wabenzellen (unten) sind sechseckig. Diese Form ist mit dem kleinstmöglichen Aufwand an Wachs, das die Bienen in den Wachsdrüsen erzeugen, zu bauen.

Die Honigbienen bauen ihre Waben in Baumhöhlen oder Felsnischen. Die Imker bringen die Bienenvölker in Beuten unter; dort bauen diese dann die Waben.

Die Honigsorten unterscheiden sich in Farbe und Geschmack:
1. Eukalyptusblütenhonig
2. Lindenblütenhonig
3. Akazienblütenhonig
4. Orangenblütenhonig
5. Kastanienblütenhonig

Das Bienenvolk besteht aus vielen tausend Bienen. Ein Teil von ihnen erzeugt Wachs und baut daraus die sechseckigen Brut- und Honigzellen. Andere halten den Stock sauber oder belüften ihn durch Flügelschlagen. Wieder andere erzeugen Honig.

Das Schwärmen – Wenn der Stock voll ist, schwärmt die Königin mit der Hälfte der Arbeitsbienen aus. Bis der Schwarm einen geeigneten Unterschlupf findet, hängt er traubenförmig an einem Zweig.

Farben, die der Mensch sieht.

Farben, die die Biene sieht.

Farbsignale – Die Bienen können für den Menschen unsichtbare Farbsignale an den Blüten erkennen, die wie Landebahnen den Weg zum Nektar weisen.

42

Erster Textblock
Hier findest du eine allgemeine Einführung.

Bildlegende
Erklärender Text zum Bild.

Zweiter Textblock
Dieser Text geht näher auf das Thema ein.

Dritter Textblock
Enthält ergänzende Einzelheiten.

Abkürzungen:		**°C**	Grad Celsius
g	Gramm	**v. Chr.**	vor Christi Geburt
kg	Kilogramm	**n. Chr.**	nach Christi Geburt
mm	Millimeter	**Jh.**	Jahrhundert
cm	Zentimeter	**bzw.**	beziehungsweise
m	Meter	**z. B.**	zum Beispiel
km	Kilometer	**usw.**	und so weiter
km²	Quadratkilometer	**d. h.**	das heißt
km/h	Stundenkilometer		

1. Honigwabe. 2. Die Königin schlüpft aus der Weiselzelle. 3. Biene beim Nektarsaugen. 4. Bienen beim Füttern der Larven.

Der Hochzeitsflug findet statt, wenn die Bienenkönigin eine Woche alt ist. Hunderte von Drohnen versuchen sie zu begatten, doch nur ganz wenigen gelingt dies. Nach der Begattung werden sie vertrieben. Die befruchtete Königin legt täglich bis zu 2000 Eier, im Laufe ihres 4-5jährigen Lebens über zwei Millionen.

Bienen stechen nur, wenn sie gereizt werden. Ihr Stachel erhält sein Gift aus der Giftdrüse.

Das Leben im Bienenstock – Die unfruchtbaren Arbeitsbienen leben etwa einen Monat lang. Bis zum zehnten Tag putzen sie die Zellen und füttern die Larven. Dann helfen sie beim Wabenbau und gehen auf Erkundungsflüge. Anschließend bewachen sie den Stock und wehren Feinde ab. Schließlich fliegen sie als Sammelbienen zum Sammeln von Pollen aus.

Tanzsprache
Durch Form, Winkel und Geschwindigkeit des Tanzes, der die Sonne als Bezugspunkt benutzt, beschreiben die Arbeitsbienen ihren Kolleginnen, wo und in welcher Entfernung Nektar zu finden ist.

Rundtanz: Nektar in weniger als 100 m Entfernung.

Schwänzeltanz: Nektar in mehr als 100 m Entfernung.

Larven, die später zu Königinnen werden, bekommen als Futter zunächst Gelée royale, später Honig und Pollen. Aus den Larven werden Puppen, schließlich ausgewachsene Bienen. Unten im Stock liegen die Weiselzellen, in denen Königinnen gezogen werden.

Der Kopf der Biene sieht wie der eines außerirdischen Wesens aus: Augen, die in alle Richtungen sehen, lange Fühler und ein seltsam aussehender rüsselförmiger Mund.

BLUMEN UND BLÜTEN
INSEKTEN
TIERE AUF DEM BAUERNHOF
WIESE

43

Das Hauptbild
stellt das Thema des Eintrags dar.

Zusatzbilder
zeigen vergrößerte Ausschnitte oder interessante Details.

Das Lexikon besteht aus drei Teilen:

VON A BIS Z
Von ADERN bis ZEITZONEN
196 alphabetisch geordnete Einträge

BILDTAFELN✓
21 Abbildungen mit vielen Einzelheiten und Übersichtstafeln.

FACHLEXIKA
Lexikon der Dinosaurier, Lexikon der Märchenwelt, Lexikon der Medizin, Lexikon der Mythologie

Querverweis
Solche Kästen mit einer Hand verweisen auf andere Einträge zum gleichenThema. Das Suchwort, unter dem du sie im alphabetisch geordneten Teil von A bis Z findest, ist mit einem größeren Anfangsbuchstaben gekennzeichnet. Bildtafeln erkennst du am Häkchen✓ dahinter.

Bildkasten
Veranschaulicht einen bestimmten Vorgang oder Begriff.

AUF EINEN BLICK

Von A bis Z

ADERN UND BLUTKREISLAUF

Durch Schlagadern (Arterien) pumpt das Herz Blut in die Kapillaren aller Körperbereiche. Von dort fließt es durch die Venen zum Herzen zurück. Das Blut besteht aus dem Blutplasma, den weißen Blutkörperchen, roten Blutkörperchen und den Blutplättchen.

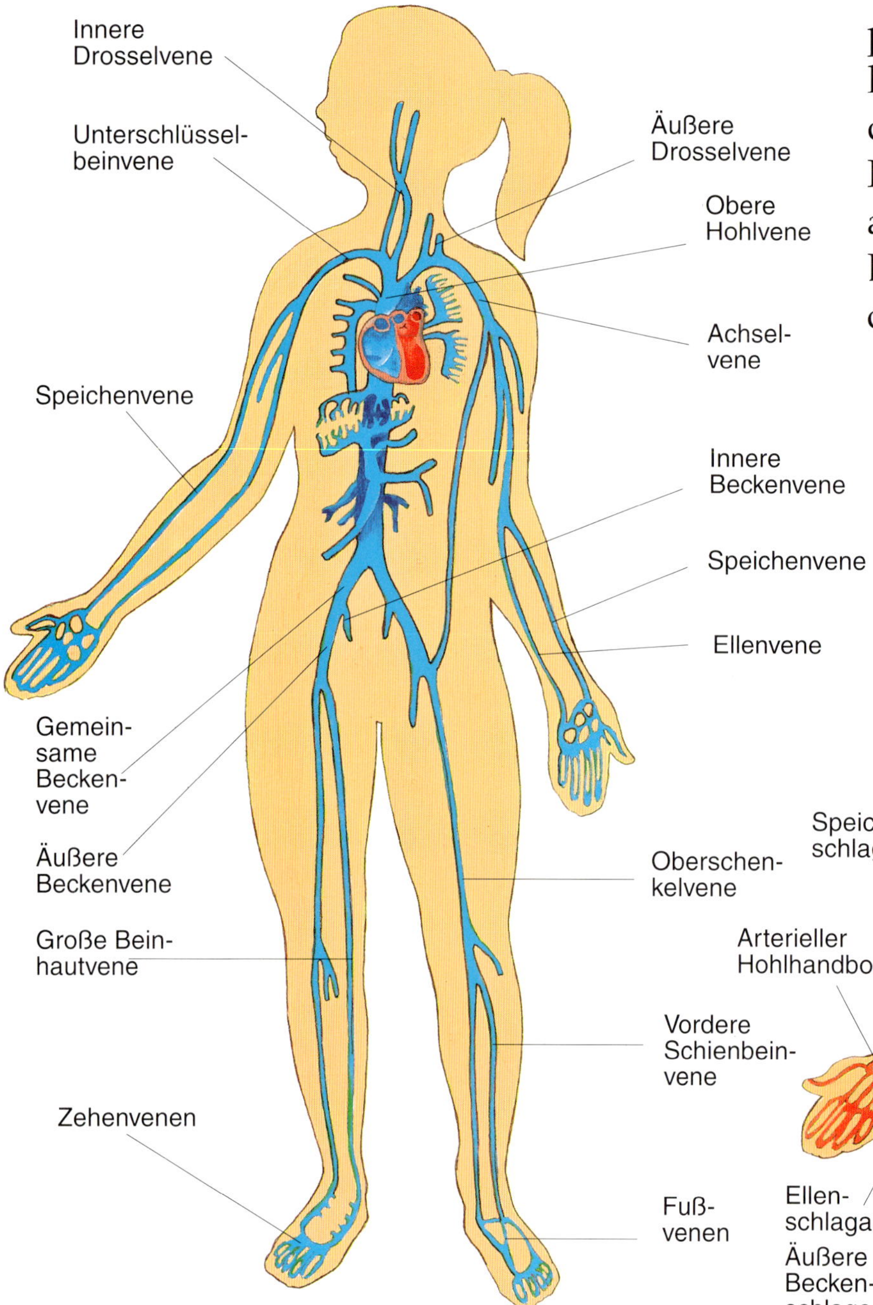

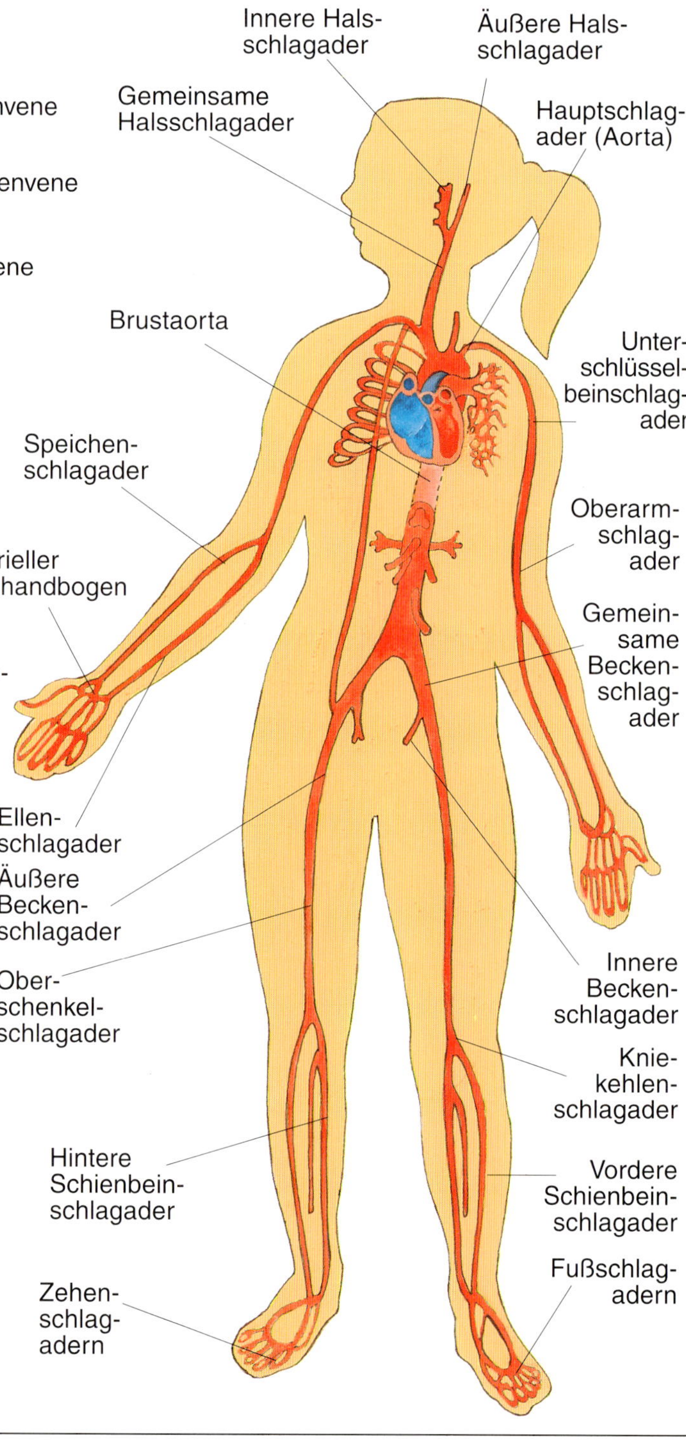

Arterien und Venen – Die Schlagadern (Arterien; rot) befördern sauerstoff- und nährstoffreiches Blut vom Herzen zu den peripheren Körpergeweben. Von der Hauptschlagader (Aorta) zweigen alle arteriellen Blutgefäße ab. Die Venen (blau) hingegen bringen das sauerstoffarme Blut von den Zellen zurück zum Herzen.

FORTPFLANZUNG
GEHIRN UND SINNESORGANE
KÖRPER, MENSCHLICHER
MUSKELN
SKELETT

Affen

Das Zwergseidenäffchen ist mit einem Gewicht von 100 g und einer Länge von 18 cm einschließlich Schwanz der kleinste Affe. Es lebt in den Bäumen des brasilianischen Urwalds, hat vorstehende Augen, einen runden Kopf und ein weiches, sehr feines Fell.

Orang-Utans, Gibbons, Gorillas und Schimpansen sind Menschenaffen mit einem hochentwickelten Gehirn. Zu einer kleinwüchsigeren Gruppe gehören Makaken, Paviane, Stummelaffen und Krallenaffen. Alle Affenarten haben große Augen, sehr kleine Ohren und eine platte Nase. Die vorderen Gliedmaßen werden als Arme, die Hände geschickt zum Greifen eingesetzt.

Viele Affenarten haben einen Greifschwanz, mit dessen Hilfe sie auf den Bäumen ihr Gleichgewicht halten können.

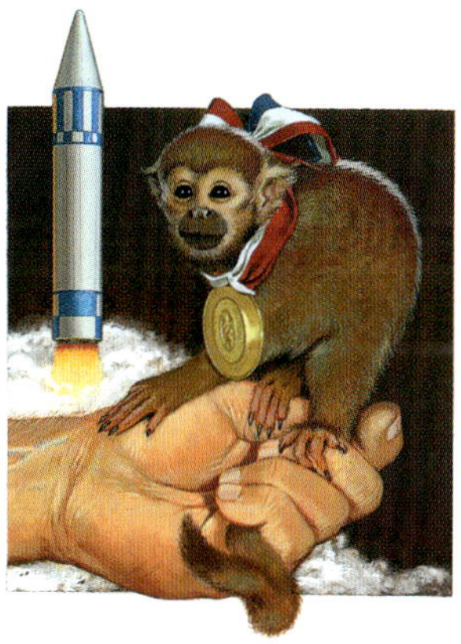

1960 wurde ein winziges Totenkopfäffchen in den Weltraum geschossen und kehrte unversehrt zurück.

Der Javaneraffe ist ein geschickter Schwimmer, der es gelernt hat, seine Nahrung zu waschen, um den Schmutz zu entfernen. Makaken haben eine ausgeprägte Rangordnung, bei der die starken Affen dominieren.

Javaneraffe

Meerkatze

Affen ernähren sich von Insekten, Früchten, Blättern, Vogeleiern und fressen mit Vorliebe Bananen.

Schimpansen – Sie gehören zur Familie der Menschenaffen. Sie haben keinen Schwanz. Ihre Arme sind länger als die Beine; sie gehen auf allen Vieren, wobei ihre Wirbelsäule gerade ausgerichtet ist. Das Weibchen (rechts) hat eine Tragzeit von 9 Monaten und bringt ein etwa 2 kg schweres Junges zur Welt.

Arten, bedrohte
Säugetiere
Tierwelt Afrikas
Urwald, afrikanischer
Urwald, asiatischer

AFRIKA

Afrika ist der drittgrößte Kontinent und unterschiedlich dicht besiedelt: In den Gebieten am Mittelmeer und im Osten liegen große Städte, die Bevölkerungsdichte ist daher dort höher als in den Wüsten-, Urwald- und Steppengebieten. Manche Völker – wie die Tuareg – leben heute noch als Nomaden.

Charakteristisch für vornehme Tuareg sind die indigoblauen Gewänder.

Die Tuareg verwenden Felle oder Teppiche für ihre Zelte.

Die Tuareg sind ein Wüstenvolk der Sahara, das Handel, Handwerk, Kamel- und Pferdezucht betreibt. Ihre Stammesgemeinschaften sind hierarchisch geordnet und setzen sich aus vier Klassen zusammen.

ENTDECKER; HÄUSER
TIERWELT AFRIKAS
URWALD, AFRIKANISCHER

Gästen bieten die Tuareg Tee als Begrüßungstrunk an.

ÄG: ÄQUATORIALGUINEA
B: BURUNDI
GA: GAMBIA
GB: GUINEA-BISSAU
KV: KAP VERDE
L: LESOTHO
LI: LIBERIA
M: MAURITIUS
R: RUANDA
S: SWASILAND
SL: SIERRA LEONE
STP: SÃO TOMÉ UND PRÍNCIPE

STAATEN AFRIKAS

(nach Größe geordnet)

	STAAT	HAUPTSTADT	FLÄCHE (km²)	EINWOHNER	SPRACHE	WÄHRUNG
	**Sudan**	Khartum	2 505 813	25 941 000	Arabisch	Sudanesischer Dinar
	**Algerien**	Algier	2 381 741	25 660 000	Arabisch, Französisch	Algerischer Dinar
	**Zaïre**	Kinshasa	2 344 885	36 672 000	Französisch, Bantu-Sprachen	Neuer Zaire
	**Libyen**	Tripolis	1 775 500	4 325 000	Arabisch, Berber-dialekte	Libyscher Dinar
	**Tschad**	N'djamena	1 284 000	5 819 000	Französisch, Arabisch	C.F.A.-Franc
	**Angola**	Luanda	1 246 700	10 303 000	Portugiesisch	Neuer Kwanza
	**Mali**	Bamako	1 240 142	8 299 000	Französisch	C.F.A.-Franc
	**Niger**	Niamey	1 186 408	7 984 000	Französisch	C.F.A.-Franc
	**Äthiopien**	Addis Abeba	1 130 139	50 058 000	Amharisch	Birr
	**Südafrika**	Kapstadt und Pretoria *	1 123 226	31 394 000	Afrikaans, Englisch	Rand
	**Mauretanien**	Nouakchott	1 030 700	2 036 000	Arabisch, Französisch	Ouguiya
	**Ägypten**	Kairo	1 001 449	54 688 000	Arabisch	Ägyptisches Pfund
	**Tansania**	Dodoma* und Daressalam	939 470	26 353 000	Suaheli, Englisch	Tansania-Schilling
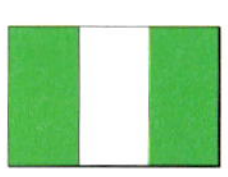	**Nigeria**	Abuja	923 768	88 000 000	Englisch, sudanesische Sprachen	Naira
	**Namibia**	Windhuk	824 292	1 400 000	Englisch, Deutsch, Afrikaans	Namibischer Dollar
	**Mosambik**	Maputo	799 380	16 084 000	Portugiesisch, Bantu-Sprachen	Metical
	**Sambia**	Lusaka	752 614	8 023 000	Englisch, Tonga, Bantu-Sprachen	Kwacha

* Regierungssitz

	STAAT	HAUPTSTADT	FLÄCHE (km²)	EINWOHNER	SPRACHE	WÄHRUNG
	**Somalia**	Mogadischu	637 657	6 760 000	Somali, Arabisch, Italienisch, Engl.	Somali-Schilling
	**Zentralafrikanische Republik**	Bangui	622 436	3 015 000	Französisch, Sangho	C.F.A.-Franc
	**Botswana**	Gaborone	600 372	1 320 000	Englisch, Se Tswana	Pula
	**Madagaskar**	Antananarivo	587 041	11 493 000	Malagasy, Französisch	Madagaskar-Franc
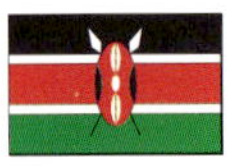	**Kenia**	Nairobi	582 646	23 183 000	Suaheli, Englisch	Kenia-Schilling
	**Kamerun**	Yaoundé	475 442	11 932 000	Französisch, Englisch	C.F.A.-Franc
	**Marokko**	Rabat	458 730	25 698 000	Arabisch, Franz. Berber-Dialekte	Dirham
	**Simbabwe**	Harare	390 759	10 130 000	Englisch, Bantu-Sprachen	Simbabwe-Dollar
	**Kongo**	Brazzaville	342 000	2 346 000	Französisch, Lingala, Kikongo	C.F.A.-Franc
	**Elfenbeinküste**	Yamoussoukro	322 463	10 820 000	Franz., sudanesische Sprachen	C.F.A.-Franc
	**Burkina Faso**	Ouagadougou	274 200	9 242 000	Französisch	C.F.A.-Franc
	**Gabun**	Libreville	267 667	1 350 000	Französisch, Bantu-Sprachen	C.F.A.-Franc
	**Guinea**	Conakry	245 857	7 052 000	Franz., sudanesische Sprachen	Guinea-Franc
	**Uganda**	Kampala	241 038	16 830 000	Englisch, Kisuaheli, Luganda	Uganda-Schilling
	**Ghana**	Accra	238 538	15 509 000	Engl., sudanesische Sprachen	Neuer Cedi
	**Senegal**	Dakar	196 722	7 433 000	Franz., sudanesische Sprachen	C.F.A.-Franc
	**Tunesien**	Tunis	163 610	8 293 000	Arabisch, Französisch	Tunesischer Dinar
	**Eritrea**	Asmara	121 143	3 325 000	Tigrinja, Arabisch	Äthiopischer Birr

	STAAT	HAUPTSTADT	FLÄCHE (km²)	EINWOHNER	SPRACHE	WÄHRUNG
	**Malawi**	Lilongwe	118 484	8 556 000	Englisch, Chichewa	Malawi-Kwacha
	**Benin**	Porto Novo	112 622	4 889 000	Franz., Stammessprachen	C.F.A.-Franc
	**Liberia**	Monrovia	111 369	2 520 000	Englisch, sudanesische Sprachen	Liberianischer Dollar
	**Sierra Leone**	Freetown	71 740	4 260 000	Englisch, Krio	Leone
	**Togo**	Lomé	56 785	3 643 000	Franz., sudanesische Sprachen	C.F.A.-Franc
	**Guinea-Bissau**	Bissau	36 125	984 000	Portugiesisch	Guinea-Peso
	**Lesotho**	Maseru	30 355	1 806 000	Englisch, Se Sotho	Loti
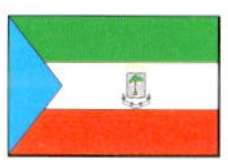	**Äquatorial-guinea**	Malabo	28 051	356 000	Spanisch	C.F.A.-Franc
	**Burundi**	Bujumbura	27 834	5 600 000	Französisch, Kirundi	Burundi-Franc
	**Ruanda**	Kigali	26 338	7 150 000	Französisch, Kinyarwanda	Ruanda-Franc
	**Dschibuti**	Dschibuti	23 200	541 000	Arabisch, Französisch	Dschibuti-Franc
	**Swasiland**	Mbabane	17 364	798 000	Si-Swati, Englisch	Lilangeni
	**Gambia**	Banjul	11 295	884 000	Englisch, Stammessprachen	Dalasi
	**Kap Verde**	Praia	4 033	341 000	Portugiesisch, Stammessprachen	Kap-Verde-Escudo
	**Mauritius**	Port Louis	1 865	1 069 000	Englisch, kreolisches Franz.	Mauritius-Rupie
	**Komoren**	Moroni	1 862	481 000	Französisch, Arabisch	C.F.A.-Franc
	**São Tomé und Príncipe**	São Tomé	964	123 000	Portugiesisch, Crioulo	Dobra
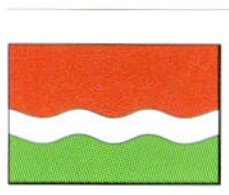	**Seychellen**	Victoria	453	68 000	Kreolisch, Engl., Französisch	Seychellen-Rupie

Ägypter

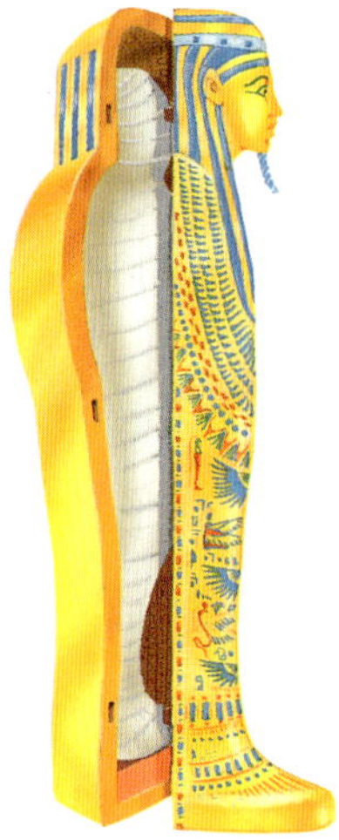

Sarkophag mit Mumie

Im fruchtbaren Niltal entstanden etwa im 4. Jahrtausend v. Chr. die ersten Siedlungen. Die Gesellschaft war hierarchisch gegliedert: Der Pharao übte die absolute Macht aus; unter ihm standen Priester, Staatsbeamte, Krieger, Handwerker, Bauern und Diener. Die Ägypter besaßen fortgeschrittene Kenntnisse der Mathematik, Geometrie, Astronomie, Medizin und Chirurgie. 332 v. Chr. besetzte Alexander der Große Ägypten. Alexandrien wurde zum größten kulturellen Zentrum des Hellenismus.

Goldmaske des Pharaos Tutanchamun (XVIII. Dynastie). Das Grab wurde 1922 unversehrt von den Archäologen H. Carter und G. Carnarvon gefunden.

Der Pharao galt als Sohn des Sonnengottes. Die Peitsche und das Zepter aus Gold und Edelsteinen (links) waren Zeichen seiner Macht.

Pyramiden – Grabmonumente zu Ehren der Pharaonen (III.-V. Dynastie). Die berühmtesten sind die Cheopspyramide, die Chephrenpyramide und die Mykerinospyramide. In der Grabkammer befand sich die Mumie des Pharaos. Der Bau war eine Arbeit von Jahrzehnten und beschäftigte abwechselnd einen Großteil der Bevölkerung.

Pharaonen – Thutmosis III., Amenophis II. und III., Ramses I. und II. (XVIII.-XX. Dynastie) verteidigten die Grenzen gegen hethitische Eindringlinge. Amenophis IV. versuchte, den Monotheismus (Kult des Gottes Aton) einzuführen. Der letzte Pharao war Nektanebos II. Eine Büste von Nofretete, der schönen Gattin Amenophis' IV., wird im Ägyptischen Museum von Berlin aufbewahrt.

Die Arbeiter schichteten bis zur Pyramidenspitze Steinblöcke aufeinander, die bis zu zwei Tonnen wogen. Sie benutzten dazu Holzrollen und kräftige Seile.

Toten entnahm man die inneren Organe. Dann umwickelte man den Leichnam mit Binden, die mit Myrrhe, Honig und *Mum* (eine Wachsmasse; daher das Wort Mumie) getränkt waren. Man bettete ihn in einen Sarkophag, der die Form eines Menschen hatte.

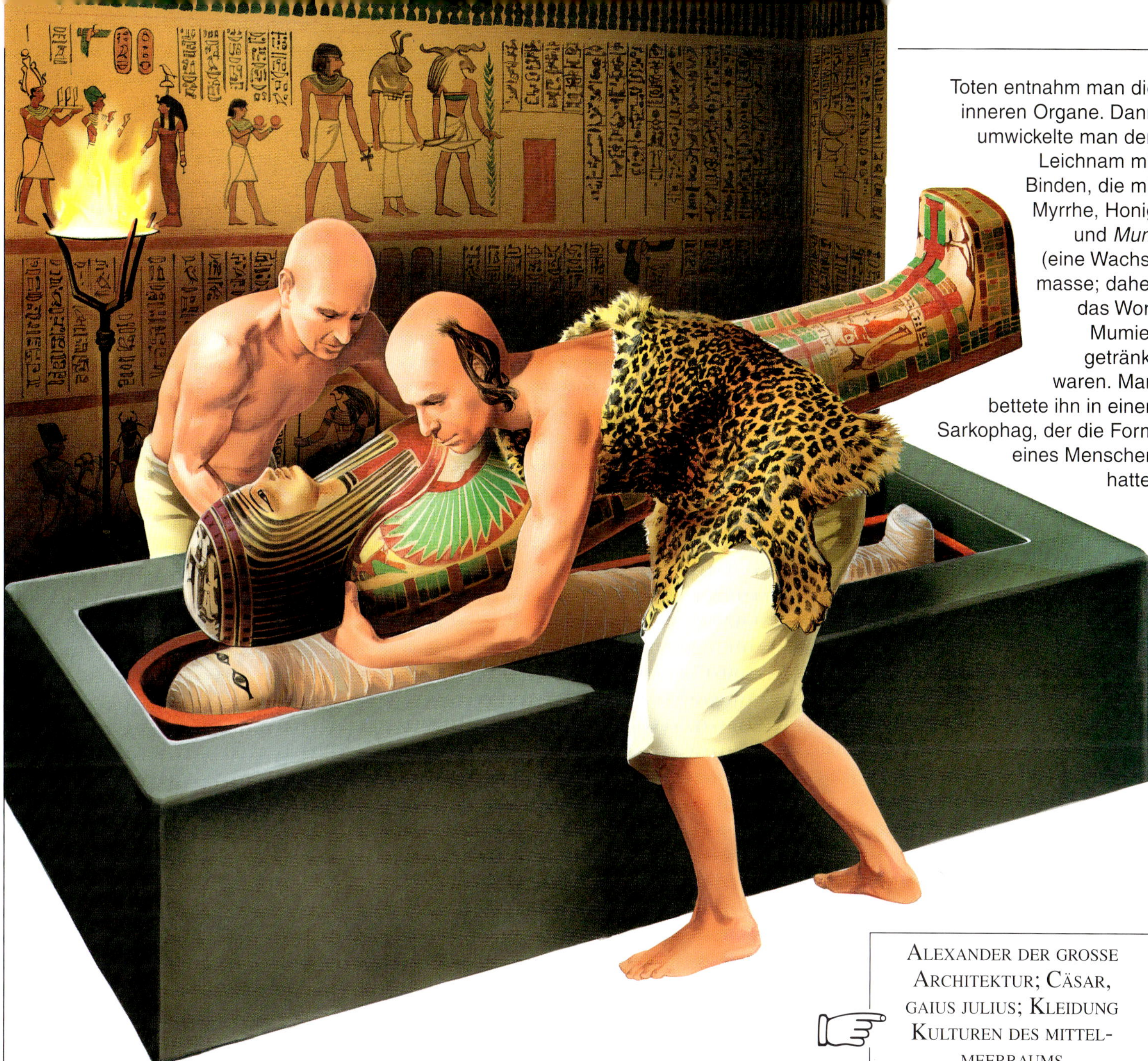

Alexander der Grosse
Architektur; Cäsar, Gaius Julius; Kleidung
Kulturen des Mittelmeerraums
Perser; Uhren

Hieroglyphen – Sie waren eine Art von Schrift, aber kein echtes Alphabet, weil sie aus Ideogrammen (Bildzeichen) bestanden. Sie wurden von J. F. Champollion entziffert (1822, Stein von Rosette).

Gottheiten – Anubis war der Gott der Einbalsamierung, Osiris der Gott der Toten, und Isis war seine Gattin. Horus war der Gott der Lebenden, Ra der Sonnengott. Hathor stand für die Freude und die Liebe, und Aton war der Schöpfer der Welt.

Aton Isis Osiris Horus Anubis Hathor Ra

Alcott, Louisa May

Kleine Frauen

(oder *Meg, Jo, Beth und Amy*)

„Meg, die älteste der vier Schwestern, war sechzehn und sehr hübsch; rundlich und zart, mit großen Augen, einer Fülle weichen, braunen Haares und feinen weißen Händen, auf die sie nicht wenig stolz war. Die fünfzehnjährige Jo war groß, mager und erinnerte mit ihren schlaksigen Bewegungen an ein junges Füllen. Ihr Gesicht mit scharfblickenden, grauen Augen war umrahmt von langem, reichem Haar, das sie gewöhnlich in einem Netz trug. Beth hatte blondes Haar, eine sehr helle Haut und sanfte, strahlende Augen. Sie war schüchtern und zurückhaltend, doch gleichzeitig auch freundlich und mutig. Amy, die jüngste der vier Schwestern, legte großen Wert auf tadelloses Benehmen, war blond und blauäugig und ein bißchen eitel. Ihre großen Schwestern neckten sie deshalb immer mal wieder ..."

Louisa May Alcott (1832-1888), eine amerikanische Erzählerin, hatte mit ihrem Roman *Kleine Frauen* einen Riesenerfolg. Es folgten *Teenager wachsen heran* und andere Romane.

„Jo, die gerne dichtete, hatte ein Schauspiel geschrieben, das die vier Schwestern gemeinsam aufführen wollten. Jo spielte in diesem Stück eine Männerrolle, und alle vier Schwestern waren mit Feuereifer bei der Sache..."

„Der Nachmittagssonnenschein lag warm auf dem Fenster der Bodenkammer, wo Jo emsig schreibend saß. Ganz in ihre Arbeit vertieft, skribbelte Jo drauflos, bis sie die letzte Seite heruntergeschrieben hatte, worauf sie ihren Namen mit einem kühnen Zug daruntersetzte. Dann kleidete sie sich an, kletterte durch ein Hausflurfenster auf ein Vordach, schwang sich hinunter ins Gras und kam ungesehen auf die Straße ..."

Dichter und Schriftsteller
Jugendliteratur

Alexander der Grosse

Alexander war der Sohn von Philipp II., König von Mazedonien; er eroberte den größten Teil der damals bekannten Welt, noch bevor er dreißig Jahre alt wurde – daher der Beiname „der Große“. Als er 336 v. Chr. König wurde, war Mazedonien ein kleines Königreich. Von dort zog Alexander aus, das Perserreich von Darius III. zu erobern; in Ägypten gründete er Alexandria und ließ sich zum Pharao krönen. Anschließend eroberte er Mesopotamien und besetzte Susa, Persepolis, Ekbatana und Babylon. Er kam bis zum Indus.

Büste Alexanders

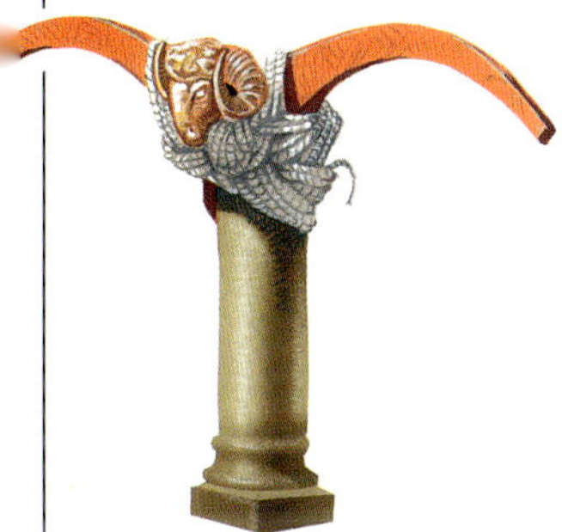

Ein alter Orakelspruch besagte, wer den Gordischen Knoten zu lösen verstünde, werde ganz Asien beherrschen: Alexander zerhieb den Knoten mit einem Schwertstreich.

356 v. Chr.: Geburt Alexanders (Sohn von Philipp II.).
338 v. Chr.: Alexander kämpft bei Chaironaia mit.
336 v. Chr.: Thronbesteigung nach dem Tod des Vaters.
335 v. Chr.: A. schlägt Aufstände nieder, zerstört Theben.
334 v. Chr.: Beginn des Feldzugs gegen die Perser.
333 v. Chr.: 1. Sieg der Griechen bei Issos; der Perserkönig Darius flieht.
331 v. Chr.: 2. Sieg über die Perser; Einnahme von Babylon und Susa.
327 v. Chr.: A. erreicht den Indus.
326 v. Chr.: Sieg über das Heer von König Poros.
323 v. Chr.: Mit 33 Jahren stirbt A. an einem Fieber.

Die Phalanx – Die Schlachtordnung des mazedonischen Fußvolkes war die Phalanx: Die Soldaten der ersten Schlachtreihe richteten ihre Lanzen gegen den Feind; ihnen folgten Soldaten mit schräg nach oben gehaltenen Lanzen.

Ägypter; Griechen
Inder; Kulturen des Mittelmeerraums
Perser

Hellenismus – Alexanders Heere marschierten fast 20 000 km weit. Sprache und Kultur der Griechen verbreiteten sich auch unter weit entfernten Völkern und vermischten sich mit der orientalischen Kultur: So entstand der Hellenismus.

Ameisen

Ameisen orientieren sich an Duftspuren, die sie auf ihrem Weg mit Hilfe besonderer Drüsen hinterlassen.

Es gibt etwa zehntausend Ameisenarten. Im Ameisenhaufen herrscht geschäftiges Treiben: Jede Ameise hat eine genau definierte Aufgabe innerhalb der Gemeinschaft. Die Königin ist das einzige fruchtbare Weibchen und erledigt ihre Aufgabe, indem sie im Laufe ihres Lebens bis zu eine Million Eier legt. Die älteren Ameisen sind für die Beschaffung der Nahrung zuständig, die sie dann an die jüngeren Arbeiterinnen zur Ernährung der Larven weitergeben. Die Arbeiterinnen sind unfruchtbare Weibchen mit vielfältigen Aufgaben. Manche bauen aus winzigen Ziegeln durchgekauter Erde die „Zimmer" des Ameisenhaufens und graben Gänge; andere hüten Blattläuse, die eine nahrhafte, zuckerreiche Flüssigkeit ausscheiden.

Im Brutzimmer legt die Ameisenkönigin mehr als 20 000 Eier am Tag.

Insekten
Wiese

Gefährliche Tiere – Ameisen können Gegenstände tragen, die schwerer sind als sie selbst. Treiberameisen (Südamerika), die ständig ihren Standort wechseln, können sogar große Tiere auffressen.

Die Vorräte bestehen aus Samen, Stückchen von Früchten und Blättern sowie kleinen Tieren. Manche Ameisen züchten sogar Pilze, indem sie Sporen auf verrottetes Laub streuen und dann begießen.

Ameisenhaufen:
1. Arbeiterinnen schleppen Nahrung herbei.
2. „Melken" der Blattläuse.
3. Arbeiterinnen zerteilen Blätter.
4. Gefangene Biene.
5. Australische Honigtopfameisen beim „Melken" der Vorratsameisen.
6. Vorratskammer.
7. Junge Königinnen.

Amerika

Amerika ist ein Doppelkontinent: Er besteht aus Nordamerika und Südamerika, die durch die Land- und Inselbrücke (Antillen) Mittelamerikas miteinander verbunden sind.

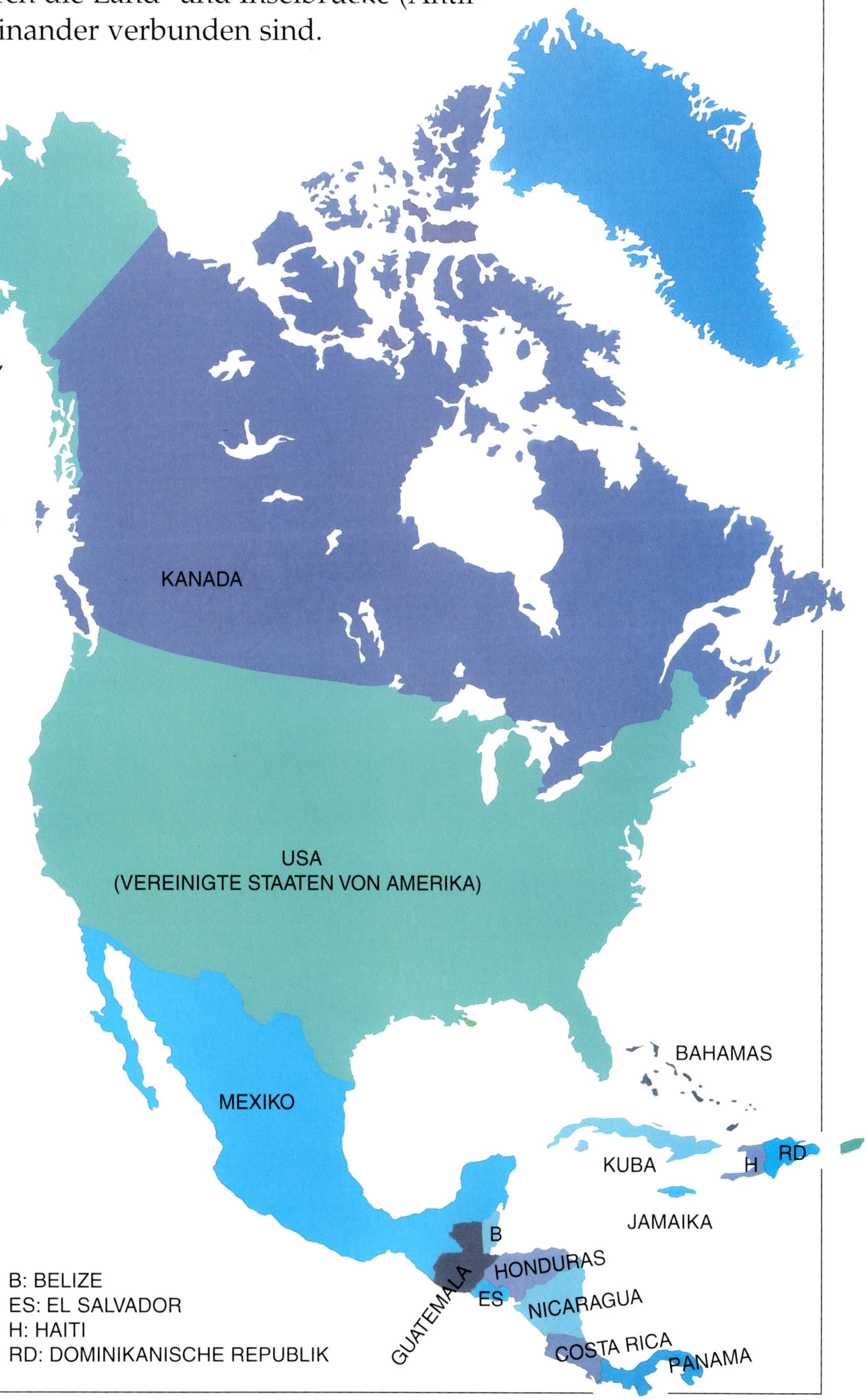

Mittelamerika ist ein langer, schmaler Landstreifen, der die Staaten von Mexiko bis Panama sowie den Inselbogen der Antillen umfaßt. Der Panamakanal verbindet den Atlantik mit dem Pazifik. Zu Mittelamerika gehören Dominica, Saint Lucia, Antigua und Barbuda, Barbados, Saint Vincent und Grenadinen, Grenada, Saint Kitts und Nevis.

Beim Stamm der Navajo ist das kulturelle Erbe der Indianer noch heute lebendig, wie zum Beispiel die Sandmalerei.

Südamerika wird auch Lateinamerika genannt, weil die ersten europäischen Siedler überwiegend Spanier und Portugiesen waren. Noch heute lebt dort eine große Anzahl einheimischer Völker.
Darüber hinaus gibt es Kreolen (Nachfahren der ersten Siedler), europäische Einwanderer, Mulatten und Schwarze, die von ehemaligen Sklaven aus Afrika abstammen. Die Bevölkerung lebt zum Großteil in den großen Städten, die an den Küsten entstanden sind. Am dünnsten besiedelt sind die Gebiete mit unwirtlichem Klima wie das Amazonasbecken, Patagonien und Feuerland.

Die Indios am Titicaca-See sind sehr geschickte Weber.

ENTDECKER; INDIANER
TIERWELT NORDAMERIKAS
TIERWELT SÜDAMERIKAS
WASHINGTON, GEORGE
WESTEN, WILDER

Die Anden sind mit 7500 km Gesamtlänge der längste Gebirgszug der Welt.

Am Westufer des Titicaca-Sees, der in 3810 m Höhe zwischen Bolivien und Peru liegt, leben Indios auf schwimmenden Binseninseln. Ihre Boote bauen sie aus Binsengeflecht.

Die Anden sind der längste Gebirgszug der Welt. La Paz in Bolivien ist mit einer Meereshöhe von 3630 m die höchstgelegene Hauptstadt der Welt. Die Rekordhöhe von 4829 m erreicht in Peru die Eisenbahn, die die Anden überquert.

STAATEN NORD- UND MITTELAMERIKAS

(nach Größe geordnet)

	STAAT	HAUPTSTADT	FLÄCHE (km^2)	EINWOHNER	SPRACHE	WÄHRUNG
	**Kanada**	Ottawa	9 970 610	27 300 000	Englisch, Französisch	Kanadischer Dollar
	**USA (Vereinigte Staaten von Amerika)**	Washington	9 529 106	252 000 000	Englisch	US-Dollar
	**Mexiko**	Mexiko	1 972 547	82 000 000	Spanisch, Indianersprachen	Mexikanischer Neuer Peso
	**Nicaragua**	Managua	130 682	3 999 000	Spanisch, Chibcha	Córdoba
	**Honduras**	Tegucigalpa	112 088	4 708 000	Spanisch	Lempira
	**Kuba**	Havanna	110 922	10 736 000	Spanisch, Maya-Quiché-Dialekte	Kubanischer Peso
	**Guatemala**	Guatemala	108 889	9 197 000	Spanisch	Quetzal
	**Panama**	Panama	77 082	2 466 000	Spanisch, Englisch	Balboa
	**Costa Rica**	San José	51 100	3 064 000	Spanisch	Costa-Rica-Colón
	**Dominikan. Republik**	Santo Domingo	48 442	7 313 000	Spanisch	Dominikanischer Peso
	**Haiti**	Port-au-Prince	27 400	6 625 000	Französisch, Kreolisch	Gourde
	**Belize**	Belmopan	22 965	189 000	Englisch	Belize-Dollar
	**El Salvador**	San Salvador	21 041	5 392 000	Spanisch	Colón
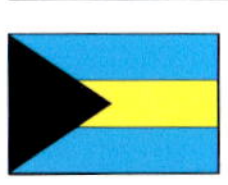	**Bahamas**	Nassau	13 939	259 000	Englisch, kreolisches Englisch	Bahama-Dollar
	**Jamaika**	Kingston	10 991	2 375 000	Englisch	Jamaika-Dollar
	**Dominica**	Roseau	751	71 000	Englisch, kreol. Franz.	Ostkaribischer Dollar
	**Saint Lucia**	Castries	616	153 000	Englisch, kreol. Franz.	Ostkaribischer Dollar

	STAAT	HAUPTSTADT	FLÄCHE (km^2)	EINWOHNER	SPRACHE	WÄHRUNG
	**Antigua und Barbuda**	Saint John's	442	64 000	Englisch, kreolisches Englisch	Ostkaribischer Dollar
	**Barbados**	Bridgetown	431	258 000	Englisch	Barbados-Dollar
	**Saint Vincent und Grenadinen**	Kingstown	389	108 000	Englisch, kreolisches Englisch	Ostkaribischer Dollar
	**Grenada**	Saint George's	344	101 000	Englisch	Ostkaribischer Dollar
	**Saint Kitts und Nevis**	Basseterre	269	44 000	Englisch, kreolisches Englisch	Ostkaribischer Dollar

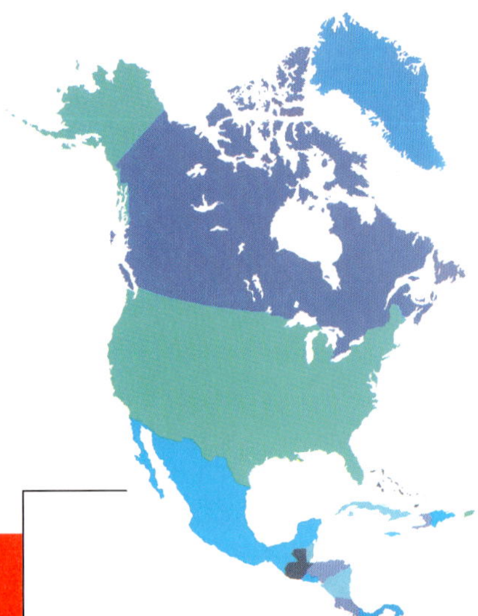

Amerikanische Superlative

• **Der größte Golf** ist mit 1 544 000 km^2 der Golf von Mexiko.

• **Die höchsten Bäume der Welt** wachsen in Kalifornien. Es sind die Riesensequoien, auch Mammutbäume genannt, die eine Höhe bis zu 117 m erreichen können.

• **Der wasserreichste Fluß** ist der Amazonas, der so breit und so tief ist wie kein anderer Strom der Erde. Sein Einzugsgebiet ist 7 050 000 km^2 groß. Die genaue Länge des Amazonas läßt sich nicht feststellen, weil er sich im Delta in viele Arme teilt.

• **Der höchstgelegene See** ist der Titicaca-See auf 3810 m in den Anden, zwischen Bolivien und Peru.

• **Der höchste Wasserfall** ist der Salto Angel in Venezuela mit 979 m Fallhöhe.

STAATEN SÜDAMERIKAS

(nach Größe geordnet)

	STAAT	HAUPTSTADT	FLÄCHE (km²)	EINWOHNER	SPRACHE	WÄHRUNG
	**Brasilien**	Brasilia	8 511 996	146 000 000	Portugiesisch	Real
	**Argentinien**	Buenos Aires	2 780 092	32 713 000	Spanisch	Argentinischer Peso
	**Peru**	Lima	1 285 216	21 998 000	Spanisch, Ketschua	Neuer Sol
	**Kolumbien**	Bogotá	1 141 748	33 613 000	Spanisch, Chibcha	Kolumbianischer Peso
	**Bolivien**	La Paz* und Sucre	1 098 581	7 612 000	Spanisch, Ketschua, Aimar	Boliviano
	**Venezuela**	Caracas	912 050	19 733 000	Spanisch, Indianersprachen	Bolivar
	**Chile**	Santiago	756 626	13 386 000	Spanisch	Chilenischer Peso
	**Paraguay**	Asunción	406 752	4 004 000	Spanisch, Guarani	Guaran
	**Ecuador**	Quito	283 561	9 819 000	Spanisch	Sucre
	**Guyana**	Georgetown	214 970	760 000	Englisch, kreolisches Englisch	Guyana-Dollar
	**Uruguay**	Montevideo	176 215	3 112 000	Spanisch	Uruguayischer Neuer Peso
	**Surinam**	Paramaribo	168 820	417 000	Niederländisch, Indianerspr.	Surinam-Gulden
	**Trinidad und Tobago**	Port of Spain	5 123	1 253 000	Englisch, Hindi, Spanisch	Trinidad-and-Tobago-Dollar

* Regierungssitz

Französisch-Guayana ist ein Übersee-Département Frankreichs.

Amphibien

Einteilung – Die Amphibien teilt man ein in Blindwühlen, Schwanzlurche und Froschlurche. Nur im Meer, in den trockensten Wüsten und in den Polargebieten gibt es keine Amphibien.

Die Zoologen bezeichnen alle Tiere, die im Larvenstadium im Wasser, als erwachsene Tiere aber an Land leben, als Amphibien (Doppellebige) oder Lurche. Ihre Atmungsorgane verändern sich in der Wachstumsphase: Die Jungtiere im Wasser atmen durch Kiemen wie Fische, ausgewachsene Tiere entwickeln Lungen, um an Land atmen zu können. Fast alle Amphibien legen ihre Eier (Laich) im Wasser ab. Daraus entwickeln sich dann die Larven.

Der Kammmolch lebt in stehenden Gewässern. In der Paarungszeit wird die Färbung der Männchen leuchtender.

Der Froschlaich besteht aus etwa 4000 Eiern in einer Gallerthülle. Frisch ausgeschlüpfte Kaulquappen haben einen Schwanz und Kiemen, aber noch keine Beine. Die Hinterbeine entwickeln sich vor den Vorderbeinen.

Farben – Viele Lurcharten weisen leuchtende Farben auf. Bei manchen Arten produzieren spezielle Drüsen in der Haut Giftstoffe.

Entwicklung des Lebens
Tarnung
Tiere, aussergewöhnliche
Winterschlaf

Der Frosch (links) – Von den Froschlurchen, meist einfach Frösche genannt, gibt es ungefähr 2600 Arten. Manche davon haben so lustige Namen wie Ochsenfrosch, Haarfrosch, Schafsfrosch, Leopardfrosch und Goliathfrosch. Die Froschzehen sind klebrig und geben guten Halt. Die großen, vorstehenden Augen drücken auf die Mundinnenseite und helfen so beim Kauen.

Die Kröte (links) sieht mit ihrem plumpen, warzenbedeckten Körper zwar eklig aus, ist aber für die Landwirtschaft ein sehr nützliches Tier: Sie ernährt sich nämlich von Pflanzenschädlingen. Sie fängt diese, indem sie ihre elastische Zunge nach vorne aus dem Maul schnellen läßt, so daß die Insekten daran kleben bleiben. Anders als viele Froscharten lebt die Kröte an Land und kehrt nur zur Laichablage ins Wasser zurück.

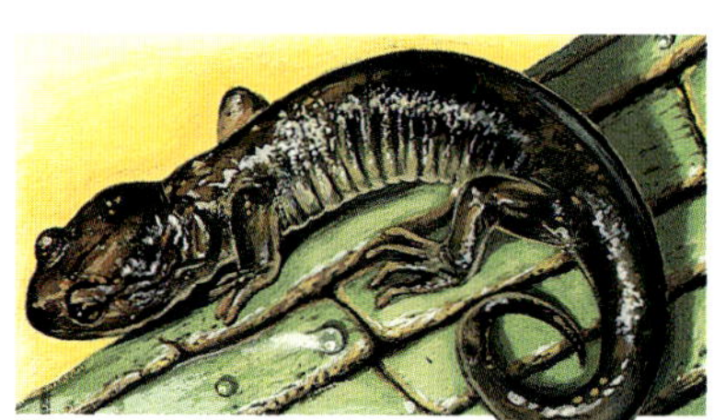

Der Klettersalamander *Aneides* ist ein geschickter Kletterer und lebt hauptsächlich auf Bäumen. Am Boden verkriecht er sich in feuchte Höhlungen. Selbst an den Zehenspitzen sitzen Atmungsorgane.

ANTARKTIS

Die Antarktis wird auch als Südpolargebiet oder sechster Kontinent bezeichnet. Ihre Gesamtfläche von 14 107 637 km^2 setzt sich aus Festland und Packeis, also schwimmenden Eisschollen, zusammen. Die Antarktis ist der Erdteil mit den tiefsten Temperaturen. Sechs Monate im Jahr ist es hier ohne Unterbrechung taghell, in den übrigen sechs Monaten ebenso ständig dunkel. Als erstes Forscher erreichte der Norweger R. Amundsen im Jahre 1911 den Südpol.

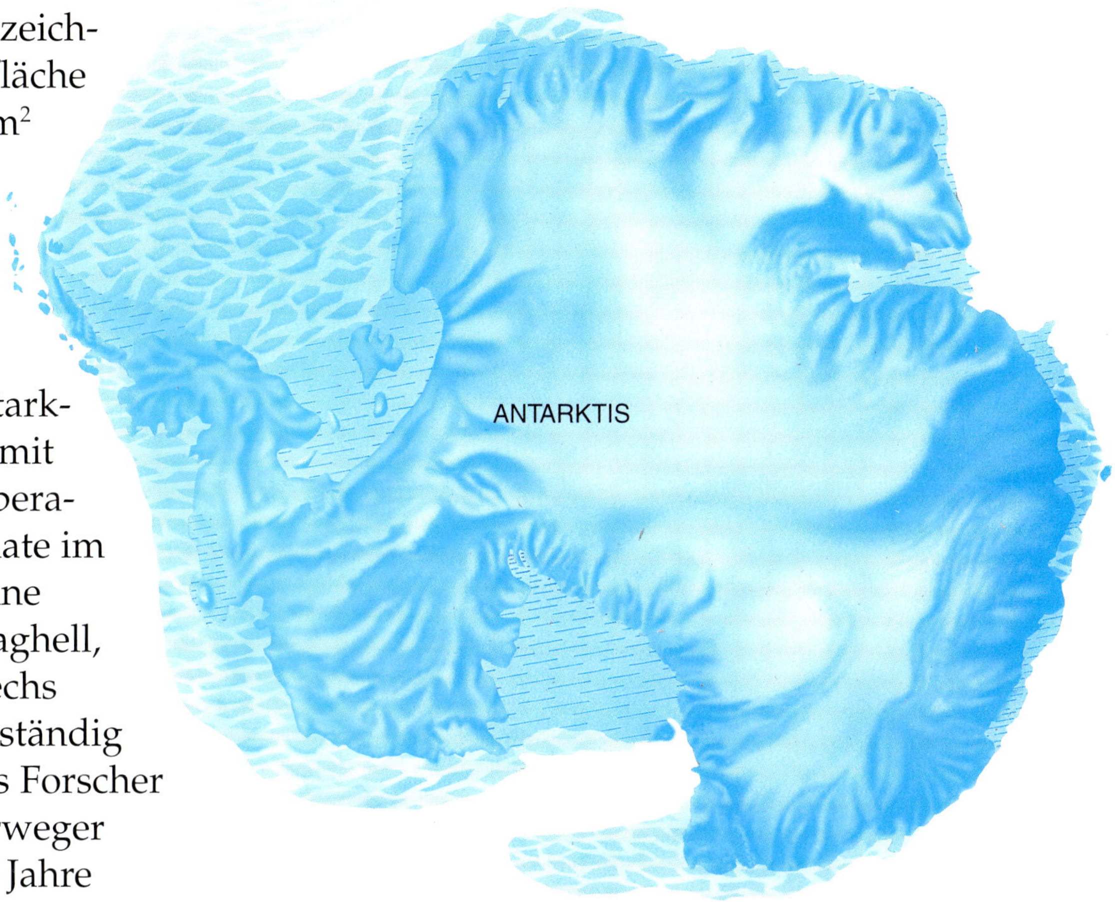

Menschenleere Eiswüste – In diesem Erdteil hat man keinerlei Spuren einheimischer Völker gefunden. Heute noch ist er bis auf vereinzelte Forschungsstationen, die verschiedenen Staaten gehören, menschenleer. Auch für die Tiere ist die Antarktis eine unwirtliche Gegend. An den Küsten leben jedoch Seelöwen, Pinguine, Möwen und Albatrosse – also durchwegs Tiere, die wissen, wie man sich Nahrung aus dem Wasser holt. Das Eismeer bevölkern verschiedene Walarten.

Nur in der Antarktis gibt es Kolonien von Pinguinen, die ausgezeichnete Schwimmer sind und bis zu 20 m tief tauchen können.

ENTDECKER
TIERE DER POLARGEBIETE

Albatrosse brüten – wie die anderen Vögel in dieser Eiswüste – das einzige Ei aus, indem sie es mit den Federn ihrer Flügel vor Kälte schützen.

ARABER

Auf der arabischen Halbinsel lebten schon im 1. Jahrtausend v. Chr. Araberstämme als Nomaden und Halbnomaden. Die untereinander häufig verfeindeten Stämme schlossen sich erst zusammen, als Mohammed (570-632 n. Chr.), ein Viehhüter und Begleiter von Handelskarawanen, den Koran verfaßte, in dem er den Glauben an den einen Gott Allah predigte, als dessen Prophet er auftrat. 622 mußte Mohammed nach Medina fliehen; das Jahr dieser Übersiedlung (arabisch: *Hedschra*) ist der Beginn einer neuen Religion (Islam) und der arabischen Zeitrechnung. Als Mohammed starb, gelang es seinen Nachfolgern, den Kalifen, die Wüstenstämme im Namen Allahs zu vereinigen.

Die Moschee ist das islamische Gotteshaus. Unten: Ruinen der Moschee Bibi Chanum (erbaut 1399-1404) in Samarkand (Usbekistan). Sie wurde von Tamerlans Lieblingsfrau in Auftrag gegeben.

Heiliger Krieg – Die Kalifen führten die Araber in einen lange dauernden Krieg, um alle Ungläubigen zum Islam zu bekehren; dieser versprach jedem das Paradies, der im Kampf für den Glauben starb. Die Araber eroberten ein großes Reich, das sich vom Indus bis zu den Mittelmeerküsten Afrikas und sogar bis nach Spanien erstreckte. Besiegt wurden sie schließlich 732 bei Tours und Poitiers von Karl Martell, einem Vorfahren von Karl dem Großen.

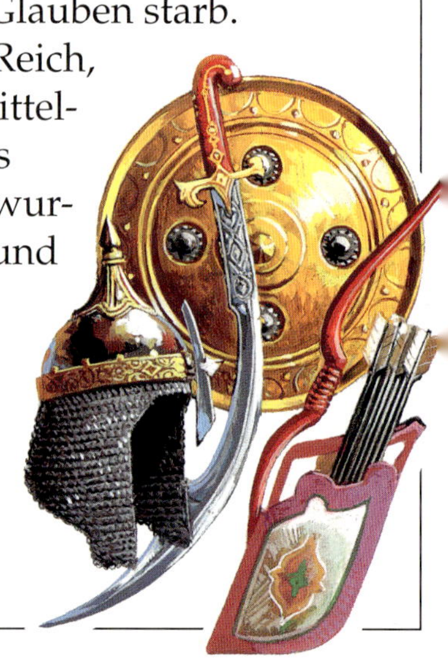

ISLAM
KARTOGRAPHIE

Architektur

Die Architektur (Baukunst) ist die Wissenschaft von der Planung und Errichtung von Bauwerken. Die Architekten richten sich beim Entwurf nach den Schönheitsidealen ihrer Zeit, wenden aber je nach Konstruktion und Zweck unterschiedliche Techniken an.

Die Sphinx von Gise in Ägypten ist 57 m lang und 20 m hoch; der Kopf auf dem Löwenkörper stellt den Pharao Chephren dar.

Die Baukunst der Römer
Bei der Errichtung von Palästen, Amphitheatern, Aquädukten und Brücken erwiesen sich die Römer als kunstverständige, aber auch praktisch denkende Baumeister.

Der Parthenon ist Athene, der Schutzgöttin der Stadt, geweiht.

Bauwerke des klassischen Altertums – Der 447-438 v. Chr. errichtete Parthenon auf der Akropolis in Athen ist ein dorischer Tempel aus pentelischem Marmor mit je 8 Säulen an der Stirn- und Rückseite sowie 17 an den Längsseiten.

Das Forum Romanum:
1. Tempel, einem Gott geweiht
2. Umfassungsmauer
3. Reiterstandbild
4. Zweigespann im Galopp
5. Senator
6. Gladiator
7. Von Sklaven getragene Sänfte

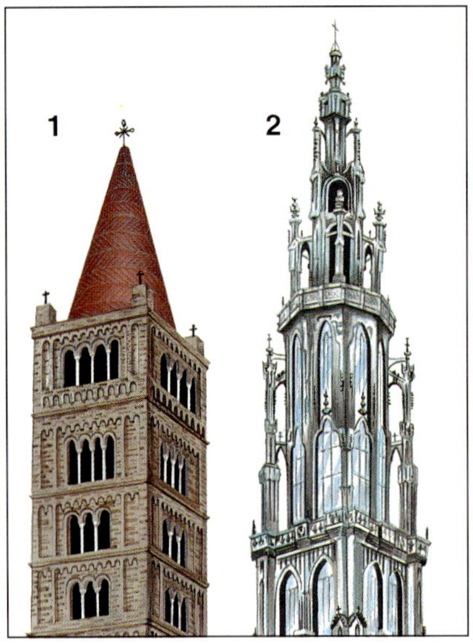

1. Romanischer Kirchturm
2. Gotischer Kirchturm

Romanik und Gotik
Im 11. und 12. Jahrhundert entwickelte sich der romanische Baustil. Seine Merkmale sind Rundbogen und Beschränkung auf das Wesentliche. Ab Ende des 12. Jahrhunderts entstanden Bauwerke im gotischen Stil, der bis zum 16. Jahrhundert in ganz Europa verbreitet war. Typisch für die Gotik sind Spitzbogen und Fialen, die Bauwerke scheinen in die Höhe zu streben.

Moderne Architektur – Der technische Fortschritt zu Beginn unseres Jahrhunderts wirkte sich auch auf die Baukunst aus. Man verwendete neue Baustoffe wie Eisen, Stahl, Glas und Beton, suchte nach funktionellen Formen und bemühte sich vor allem um bestmögliche Nutzung der verfügbaren Flächen.

Nach dem französischen Architekten G. A. Eiffel benannt ist der 300 m hohe, ganz aus Eisen erbaute Eiffelturm in Paris. Er wurde 1887-1889 für die Weltausstellung errichtet.

Um die verfügbaren Flächen bestmöglich zu nutzen, baute man in den Großstädten riesige Wolkenkratzer. Das Empire State Building in New York ist 382 m hoch. Es wurde 1931 von den Architekten Shreve, Lamb und Harmon erbaut.

ÄGYPTER; BUDDHISMUS
GLAS; GRIECHEN
HINDUISMUS; ISLAM
KATHEDRALE, GOTISCHE✓
KIRCHE, ROMANISCHE✓
NEW YORK✓; RENAISSANCE✓
RÖMER; WOLKENKRATZER✓

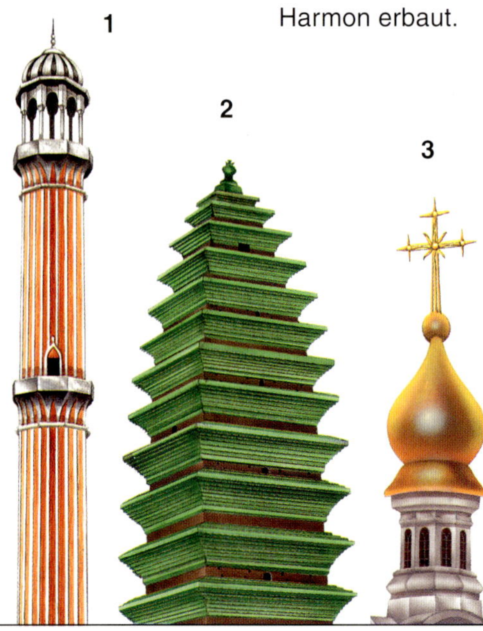

1. Minarett der Jama-Masjid-Moschee in Delhi
2. Chinesische Pagode in Tientsin
3. Höhlenkloster in Kiew

Religion und Architektur
Christliche Kathedralen, buddhistische Pagoden, tibetische Klöster: Jede Religion hat ihre besonderen Bauformen für die Sakralbauten, in denen sich die Gläubigen zum Gebet versammeln oder Mönche und Priester leben, entwickelt.

BEDROHTE ARTEN

Der Luchs ist eine Raubkatze mit geflecktem Fell. In Europa sehr selten geworden sind der Gemeine Luchs und der Pardelluchs. Weitere Arten sind der Nordluchs, der Wüstenluchs und der Rotluchs Nordamerikas. Viele Raubkatzen wie Leopard und Gepard sind gefährdet und gehören deshalb schon seit langem zu den geschützten Arten.

Jeden Tag stirbt auf der Welt eine Pflanzenart aus. Ihr Verschwinden führt wiederum zum Aussterben der Tierarten, die von dieser Pflanze abhängen. Jeder Lebensraum (Habitat) und jede darin lebende Art sind in einem empfindlichen Gleichgewicht miteinander verbunden, das durch das Eingreifen des Menschen jetzt gestört wird. Durch Jagd, Abholzung und Umweltverschmutzung werden manche Arten immer seltener.

Tiger sind Raubkatzen, die ein leuchtend gelb-rotes Fell mit schwarzen Streifen haben. Ihr Lebensraum sind die Urwälder Asiens, von Sibirien bis Südasien. Die Knochen und andere Körperteile des Tigers werden in der traditionellen chinesischen Medizin verwendet, daher wurde der Tiger jahrhundertelang systematisch gejagt. Drei Unterarten des Tigers sind bereits ausgestorben (die Inseltiger von Java und Bali sowie der Kaspitiger). Insgesamt gibt es etwa noch 7000 lebende Exemplare.

Nur wenige tausend Orang-Utans (unten) überleben heute noch in Indonesien und Malaysia. In Gefahr ist auch der Berggorilla des tropischen afrikanischen Urwalds.

Schraubenhornziege – *Verbreitungsgebiet:* Himalaja-Region. *Bestand:* rasch zurückgehend. *Vom Aussterben bedroht:* wegen ihrer Hörner zu stark gejagt.

Afrikanischer Elefant – *Verbreitungsgebiet:* Zentralafrika. *Bestand:* 600-700 000 Exemplare. *Vom Aussterben bedroht:* wegen des Elfenbeins zu stark gejagt.

Florida-Jaguar – *Verbreitungsgebiet:* Südflorida. *Bestand:* weniger als 50 Exemplare. *Vom Aussterben bedroht:* Zerstörung ihres Lebensraums durch Kahlschlag.

Saiga – *Verbreitungsgebiet:* Steppenregion von Kasachstan bis zur Mongolei. *Bestand:* etwa 500 000 Exemplare. *Vom Aussterben bedroht:* wegen der Jagd auf die Hörner.

Komodo-Waran –*Verbreitungsgebiet:* Indonesische Inseln. *Bestand:* 700-000 Exemplare. *Vom Aussterben bedroht:* wegen der Zerstörung seines Lebensraumes.

Großer Panda mit Jungem. Der Panda ist das Symboltier des World Wildlife Funds (WWF).

Viele Raubvögel, wie der Kondor, sind gefährdet. Auch der Weißkopfseeadler (oben), das Wappentier der USA, stand vor dem Aussterben, aber seitdem er zur geschützten Art erklärt wurde, vermehrt er sich wieder.

Panda – Pandas sind die seltensten Bären der Welt. Sie leben in Tibet, Nepal und Westchina bis zu einer Höhe von 3000 Metern. Die Familie der Pandas besteht aus dem Großen Panda (mit schwarz-weiß geflecktem Fell) und dem Kleinen Panda, der kleiner ist und ein gelbliches Fell aufweist; er wird auch Katzenbär genannt. Sie ernähren sich von Bambusblättern und -sprossen.

Meeresschildkröten – Auch diese Reptilien sind vom Aussterben bedroht. Die Suppenschildkröten verwechseln oft ins Wasser geworfene Plastiktüten mit Quallen und ersticken, wenn sie sie schlucken.

Die Eier der Meeresschildkröten werden am Strand im Sand abgelegt. Sobald die Jungen geschlüpft sind, streben sie dem Meer zu. Viele werden von Vögeln gefressen und nur die, die Glück haben, erreichen das Wasser.

Zum Schutz der Natur – Seit 1973 regelt ein internationales Artenschutz-Abkommen den Handel mit Pflanzen- und Tierarten, die vom Aussterben bedroht sind. Die Arten werden, je nach der Form des Schutzes, den sie brauchen, in drei Kategorien eingeteilt. Zu den geschützten Arten zählen nicht nur Tiere, sondern auch Pflanzen, wie Orchideen und Kakteen. Mehr als hundert Länder haben dieses Abkommen unterzeichnet. Es gibt viele Vereinigungen, die sich dem Schutz der Umwelt und der Rechte der Tiere widmen. Dazu gehören der WWF (Word Wildlife Fund), Greenpeace, Europe Conservation. In Deutschland, Österreich und der Schweiz setzen sich eine Reihe internationaler, staatlicher und privater Institutionen für den Natur- und Umweltschutz ein. Viele Organisationen widmen sich gezielt dem Schutz der Meerestiere wie der Wale, insbesondere des Grönlandwales.

Afrikanische Arten – Viele sind gefährdet, darunter der Schimpanse und der afrikanische Elefant, der wegen des Elfenbeins seiner Stoßzähne gejagt wird. Sehr selten geworden sind auch das Breitmaulnashorn (etwa 5900 Exemplare) und das Spitzmaulnashorn (16 000 Exemplare): Ihr Horn war sehr begehrt.

In Australien, Afrika, Nord- und Südamerika gibt es Naturparks und große Reservate, in denen die Tiere geschützt sind. Links: eine Giraffe, ein afrikanisches Tier, das aber nicht vom Aussterben bedroht ist.

Dronte – Dieser Vogel, der zur Familie der Taubenartigen gehörte, ähnelte einem großen, flugunfähigen Truthahn. Er hatte einen kräftigen Schnabel und kurze Beine und war schon zur Zeit der Entdeckung der Mauritius-Inseln 1507 selten. 1861 starb die Dronte aus, weil sie von portugiesischen Fischern zu stark gejagt wurde.

Dronte

Affen; Giraffen
Katzenartige Raubtiere
Ozeanien; Raubvögel
Reptilien
Tierwelt Afrikas; Tiger
Umwelt und Ökologie

Asien

Asien ist der größte aller Kontinente. Der Ural trennt ihn von Europa, mit dem zusammen er den Doppelkontinent Eurasien bildet. Aufgrund seiner Größe weist er viele verschiedene Landschaftsformen auf. Asien ist der bevölkerungsreichste Erdteil; hinsichtlich der Bevölkerungsdichte (Anzahl der Personen pro km²) steht er jedoch an zweiter Stelle hinter Europa.

Oben: Maskentänzer auf einem Volksfest in Tibet. Die Traditionen des Hochlands von Tibet lassen den Einfluß der benachbarten chinesischen und indischen Kultur erkennen.

Vielfalt der Völker – Über die Hälfte der Erdbewohner lebt in Asien. Man unterscheidet drei große Gruppen: Die zahlenmäßig stärkste Gruppe sind die Mongoliden (gelbe Rasse; dazu gehören auch die in vorgeschichtlicher Zeit abgewanderten Indianer und Inuit), die mit Ausnahme Vorderasiens den ganzen Kontinent bevölkern; zu den Europiden (weiße Rasse), die in Vorder- und Südasien verbreitet sind, zählen die Araber, Armenier, Kaukasier, Perser und Singhalesen. Die Australiden setzen sich aus vielen kleinen dunkelhäutigen Gruppen zusammen. All diese Rassen haben sich im Laufe der Jahrhunderte miteinander vermischt.

Die abgelegenen Dörfer sind nur zu Fuß über schmale Pfade und Brücken (links), die die tief eingeschnittenen Täler überqueren, zu erreichen.

Die Tibeter begrüßen Neuankömmlinge mit Tee als Willkommenstrunk.

Tibet ist ein autonomes Gebiet der Volksrepublik China, das sich fast genau mit dem Hochland von Tibet deckt. Aus diesem größten Hochland der Erde ragen sehr hohe Gebirge empor; sie werden von tief eingeschnittenen Tälern durchzogen. In diesen Gebirgen liegen die großen Klöster der buddhistischen Mönche, die einst mit ihrem Oberhaupt, dem Dalai Lama, über dieses Land herrschten. Die Menschen leben als Viehzüchter und Hirten hauptsächlich in den südlichen Tälern.

Der Yak ist das typische Hausrind dieses Gebiets. Er hat ein langes, wolliges Fell, ist gegen rauhe Witterung unempfindlich und wird oft als Last- und Reittier für Transporte auf den steilen Gebirgspfaden eingesetzt.

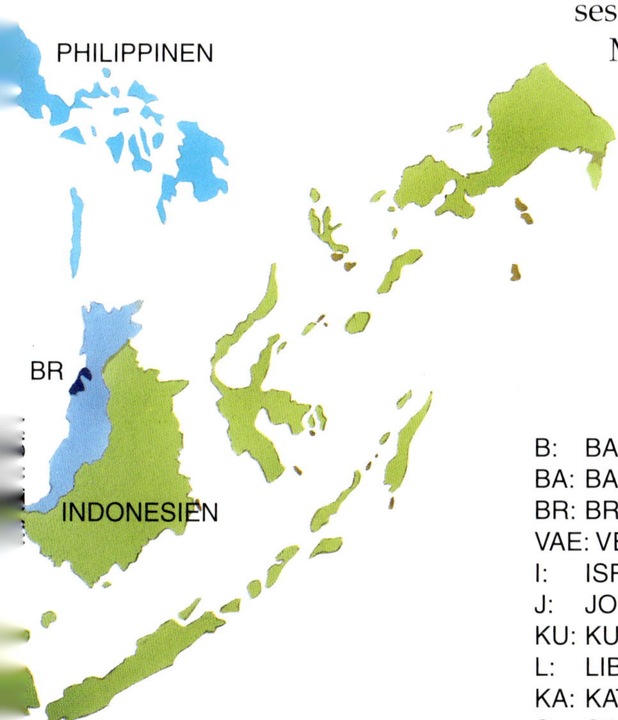

B: BAHRAIN
BA: BANGLADESCH
BR: BRUNEI
VAE: VEREINIGTE ARABISCHE EMIRATE
I: ISRAEL
J: JORDANIEN
KU: KUWAIT
L: LIBANON
KA: KATAR
S: SINGAPUR

☞ Entdecker
Steppe
Urwald, asiatischer

STAATEN ASIENS

(nach Größe geordnet)

	STAAT	HAUPTSTADT	FLÄCHE (km^2)	EINWOHNER	SPRACHE	WÄHRUNG
	**China** (Volksrepublik)	Peking (Beijing)	9 536 499	1 156 000 000	Chin., Uigurisch, Tibetisch	Renminbi-Yuan
	**Indien**	Neu-Delhi	3 287 782	850 000 000	Hindi, Englisch	Indische Rupie
	**Saudi-Arabien**	Riad	2 153 168	15 267 000	Arabisch	Saudi-Riyal
	**Indonesien**	Jakarta	1 948 732	182 000 000	Bahasa	Indonesische Rupiah
	**Iran**	Teheran	1 648 196	56 250 000	Persisch	Rial
	**Mongolei**	Ulan-Bator	1 566 500	2 140 000	Mongolisch	Tughrik
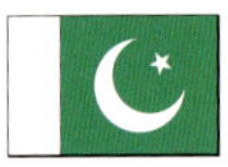	**Pakistan**	Islamabad	796 095	115 000 000	Urdu, Englisch	Pakistanische Rupie
	**Türkei**	Ankara	779 452	57 327 000	Türkisch	Türkisches Pfund
	**Myanmar** (früher: Birma)	Rangun	678 033	42 561 000	Birmanisch, Englisch	Kyat
	**Afghanistan**	Kabul	652 225	16 922 000	Dari, Paschtu	Afghani
	**Jemen**	Sana	527 968	11 843 000	Arabisch	Jemen-Rial
	**Thailand**	Bangkok	513 115	55 884 000	Thai	Baht
	**Irak**	Bagdad	434 128	17 903 000	Arabisch, Kurdisch	Irak-Dinar
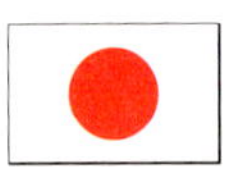	**Japan**	Tokio	372 819	124 000 000	Japanisch	Yen
	**Malaysia**	Kuala Lumpur	329 758	18 239 000	Malaiisch, Engl., Chinesisch	Malaysischer Ringgit
	**Vietnam**	Hanoi	329 566	67 589 000	Vietnamesisch	Dong
	**Philippinen**	Manila	300 000	62 000 000	Pilipino, Englisch	Philippinischer Peso

	STAAT	HAUPTSTADT	FLÄCHE (km²)	EINWOHNER	SPRACHE	WÄHRUNG
	**Laos**	Vientiane	236 800	4 262 000	Lao, Französisch	Neuer Kip
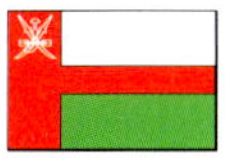	**Oman**	Maskat	212 457	1 559 000	Arabisch, Englisch	Rial Omani
	**Syrien**	Damaskus	185 180	12 524 000	Arabisch	Syrisches Pfund
	**Kambodscha**	Phnom Penh	181 035	8 781 000	Khmer, Französisch	Riel
	**Nepal**	Katmandu	147 181	19 379 000	Nepali, Bihari	Nepalesische Rupie
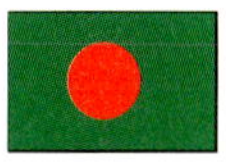	**Bangladesch**	Dakka	143 998	105 000 000	Bengali, Englisch	Taka
	**Nordkorea**	Pjöngjang	120 538	22 937 000	Koreanisch	Nordkoreanischer Won
	**Südkorea**	Seoul	99 143	43 530 000	Koreanisch	Südkoreanischer Won
	**Jordanien**	Amman	97 740	3 285 000	Arabisch	Jordan-Dinar
	**Vereinigte Arabische Emirate**	Abu Dhabi	83 600	1 945 000	Arabisch	Dirham
	**Sri Lanka**	Colombo	65 610	17 247 000	Singhalesisch, Tamil	Sri-Lanka-Rupie
	**Bhutan**	Thimphu	47 000	1 476 000	Dsongha	Ngultrum, indische Rupie
	**Taiwan**	Taipeh	36 202	20 489 000	Chinesisch	Neuer Taiwan-Dollar
	**Israel**	Jerusalem	20 700	4 975 000	Hebräisch	Schekel
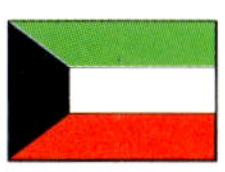	**Kuwait**	Kuwait	17 818	2 241 000	Arabisch	Kuwait-Dinar
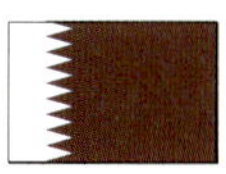	**Katar**	Doha	11 437	455 000	Arabisch	Katar-Riyal
	**Libanon**	Beirut	10 400	2 965 000	Arabisch, Engl., Französisch	Libanesisches Pfund
	**Zypern**	Nikosia	9 251	710 000	Griechisch, Türkisch	Zypern-Pfund

	STAAT	HAUPTSTADT	FLÄCHE (km^2)	EINWOHNER	SPRACHE	WÄHRUNG
	**Brunei**	Bandar Seri Begawan	5 765	264 000	Malaiisch, Engl., Chin.	Brunei-Dollar
	**Bahrain**	Manama	678	516 000	Arabisch, Englisch	Bahrain-Dinar
	**Singapur**	Singapur	641	2 873 000	Englisch, Chin., Malaiisch, Tamil	Singapur-Dollar
	**Malediven**	Malé	298	222 000	Divehi, Englisch	Malediven-Rupie

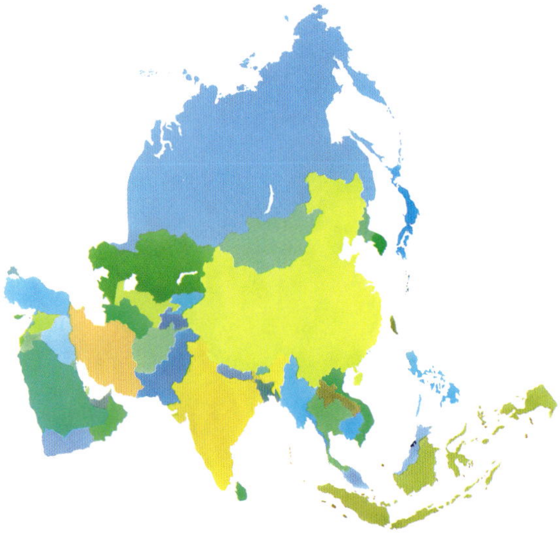

ASIATISCHE SUPERLATIVE

- **Der größte Kontinent**: Asien hat eine Fläche von rund 44 500 000 km^2.
- **Die größte Meerestiefe**: Der Pazifik ist im Marianengraben 11 034 m tief.
- **Der größte Archipel**: Zu Indonesien gehören 13 000 Inseln.
- **Der tiefste See**: Der Baikalsee erreicht an der tiesten Stelle 1620 m.
- **Der größte See**: Das Kaspische Meer (371 800 km^2) ist trotz seines Namens ein See.
- **Das weiteste Delta**: Das Gangesdelta, mit einer Fläche von 75 000 km^2.
- **Der höchste Berg**: Der Mount Everest im Himalaja ist 8848 m hoch.
- **Die weiträumigste Hochebene**: Das Hochland von Tibet (mit 200 000 km^2).
- **Das tiefste Tal**: 4000 m tief eingegraben ist die Schlucht des Kali Gandak im Himalaja (Nepal).
- **Der höchste Paß**: Auf 5575 m Meereshöhe liegt der Karakoram-Paß.

Bären

Braunbär

Die verschiedenen Bärenarten sind in Europa, Asien, Nord- und Südamerika verbreitet. Der Malaienbär ist mit 1,20 m der kleinste. Der Eisbär dagegen wird 3 m lang und erreicht ein Gewicht von bis zu 700 kg. Bären haben einen massigen Körper, eine längliche Schnauze, kurze, runde Ohren und große, kräftige Pranken mit fünf krallenbewehrten Zehen. Sie sehen schlecht, dafür ist ihr Geruchssinn um so besser.

Grizzly – Nordamerikanischer Braunbär, der in den Wäldern der Rocky Mountains lebt. Er wird bis zu 2,5 m lang, und sein Fell ist eisgrau.

Brillenbär: Er lebt in den südamerikanischen Anden.

Bärenmutter mit Jungen (rechts) – Der Braunbär hat meist zwei Junge. Sie sind bei der Geburt mitten im Winter nur gut mäusegroß und bleiben etwa zwei Jahre bei der Mutter.

Verhalten des Braunbären – Wenn er überrascht oder gereizt wird, richtet er sich auf den Hinterbeinen auf, bewegt die riesigen Pranken hin und her und schnaubt. Den Winter verbringt er in einer gut geschützten Höhle.
Mutter Bär (rechts) wacht sorgsam über ihre Kleinen. Wenn Gefahr droht, treibt sie sie auf Bäume und klettert dann selbst wieder hinab, um sie zu verteidigen.

Plüschbärchen gehören zu den von Kindern am meisten geliebten Tieren.

Säugetiere
Tiere der Polargebiete
Tierwelt Europas
Tierwelt Nordamerikas
Winterschlaf

Bäume und Blätter

Die Bäume spielen im Kreislauf der Natur eine lebenswichtige Rolle. Die Blätter nehmen Kohlendioxid aus der Luft auf und erzeugen den für Mensch und Tier lebensnotwendigen Sauerstoff. Ohne die Pflanzen gäbe es kein Leben auf der Erde: Das ist der Grund, warum die Wälder erhalten und geschützt werden.

Im Orient ist der Baum ein Symbol des Lebens: Die Wurzeln stellen die Herkunft des Menschen dar, die Früchte sind die Kinder, die er hinterläßt.

Der Saft – Von den Wurzeln steigt das Wasser im Stamm auf und gelangt in die Blätter, die Kohlendioxid aus der Luft aufnehmen. Das Chlorophyll (Blattgrün) ermöglicht der Pflanze, das Sonnenlicht in Energie umzusetzen und damit aus Wasser und Kohlendioxid die Nahrung für die Pflanze – den Saft – herzustellen. Über die Blätter kommt der Saft in die Zweige und ernährt alle Teile des Baumes.

Der Ausschnitt zeigt vergrößert die feinen Saugwurzeln mit den Wurzelhaaren, die das Bodenwasser aufnehmen.

Manche Bäume, wie der japanische Ahorn (unten), haben das ganze Jahr lang rote Blätter, weil sie rote Farbstoffe (Pigmente) enthalten.

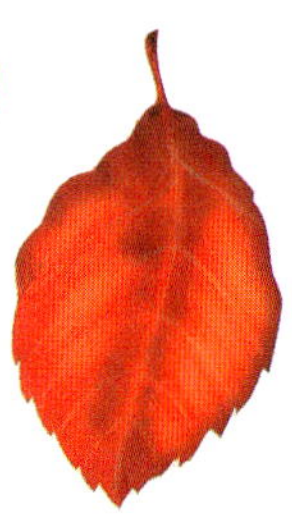

Blattformen – Manche Blätter sind lang und schmal (wie bei der Weide), oval (Kirschbaum), herzförmig (Haselstrauch), nadelförmig (Tannen und Fichten), gezackt oder gefiedert. Andere sehen aus wie die Finger einer ausgestreckten Hand.

Das Chlorophyll (Blattgrün) ist deshalb so wichtig, weil damit die Pflanze das Sonnenlicht als Energiequelle für die Umwandlung von Wasser und Kohlendioxid in Saft nutzen kann. Außerdem gibt es den Blättern die grüne Farbe. Im Herbst werfen viele Bäume ihr Laub ab (oben): Bevor die Blätter abfallen, verfärben sie sich gelb, weil ihnen das Chlorophyll fehlt. Manche Bäume hingegen haben das ganze Jahr über rote Blätter, weil sie rote Pigmente enthalten, die das Grün des Chlorophylls verdecken.

Silberweide

Kirschbaum

Stechpalme

Japanischer Ahorn

Immergrüne Bäume – In kalten Regionen gibt es Bäume (wie die Kiefern und Tannen, den Kirschlorbeer und die Steineiche), die nicht das gesamte Laub auf einmal abwerfen, sondern nach und nach erneuern, daher heißen sie immergrüne Bäume. Ein harziger Film überzieht ihre Blätter zum Schutz gegen die Kälte.

Eberesche

Goldregen

Robinie

Fichte (Rottanne)

Pinus radiata
(Monterey-Kiefer)

Eibe

Blumen und Blüten
Samen
Umwelt und Ökologie

Bienen

Bienen heißen all die 20 000 Insektenarten der Überfamilie *Apoidea* der Ordnung der stacheltragenden Hautflügler. Einige von ihnen sind nur 2 mm lang, andere 3 cm. Im Bienenvolk herrscht eine strenge Hierarchie. Es besteht aus vielen tausend Arbeitsbienen, aber nur einer Königin (Weisel), die doppelt so groß ist wie die anderen. Die Arbeitsbienen sind unfruchtbare Weibchen; nur die Königin pflanzt sich fort. Sie wird im Flug von den Drohnen, den männlichen Bienen, befruchtet.

Der Imker trägt beim Honigsammeln Schutzkleidung. Er räuchert den Bienenstock aus, um die Bienen zu betäuben. Dann nimmt er das Dach ab und holt die mit Honig gefüllten Waben heraus. In einer Zentrifuge wird der Honig aus den Waben geschleudert.

Die Biene trägt Pollen von einer Blüte zur anderen.

Die Honigbienen bauen ihre Waben in Baumhöhlen oder Felsnischen. Die Imker bringen die Bienenvölker in Beuten unter; dort bauen diese dann die Waben.

Die Wabenzellen (unten) sind sechseckig. Diese Form ist mit dem kleinstmöglichen Aufwand an Wachs, das die Bienen in den Wachsdrüsen erzeugen, zu bauen.

Die Honigsorten unterscheiden sich in Farbe und Geschmack:
1. Eukalyptusblütenhonig
2. Lindenblütenhonig
3. Akazienblütenhonig
4. Orangenblütenhonig
5. Kastanienblütenhonig

Das Bienenvolk besteht aus vielen tausend Bienen. Ein Teil von ihnen erzeugt Wachs und baut daraus die sechseckigen Brut- und Honigzellen. Andere halten den Stock sauber oder belüften ihn durch Flügelschlagen. Wieder andere erzeugen Honig.

Das Schwärmen – Wenn der Stock voll ist, schwärmt die Königin mit der Hälfte der Arbeitsbienen aus. Bis der Schwarm einen geeigneten Unterschlupf findet, hängt er traubenförmig an einem Zweig.

Farbsignale – Die Bienen können für den Menschen unsichtbare Farbsignale an den Blüten erkennen, die wie Landebahnen den Weg zum Nektar weisen.

1. Honigwabe.
2. Die Königin schlüpft aus der Weiselzelle.
3. Biene beim Nektarsaugen.
4. Bienen beim Füttern der Larven.

Der Hochzeitsflug findet statt, wenn die Bienenkönigin eine Woche alt ist. Hunderte von Drohnen versuchen sie zu begatten, doch nur ganz wenigen gelingt dies. Nach der Begattung werden sie vertrieben. Die befruchtete Königin legt täglich bis zu 2000 Eier, im Laufe ihres 4-5jährigen Lebens über zwei Millionen.

Bienen stechen nur, wenn sie gereizt werden. Ihr Stachel erhält sein Gift aus der Giftdrüse.

Das Leben im Bienenstock – Die unfruchtbaren Arbeitsbienen leben etwa einen Monat lang. Bis zum zehnten Tag putzen sie die Zellen und füttern die Larven. Dann helfen sie beim Wabenbau und gehen auf Erkundungsflüge. Anschließend bewachen sie den Stock und wehren Feinde ab. Schließlich fliegen sie als Sammelbienen zum Sammeln von Pollen aus.

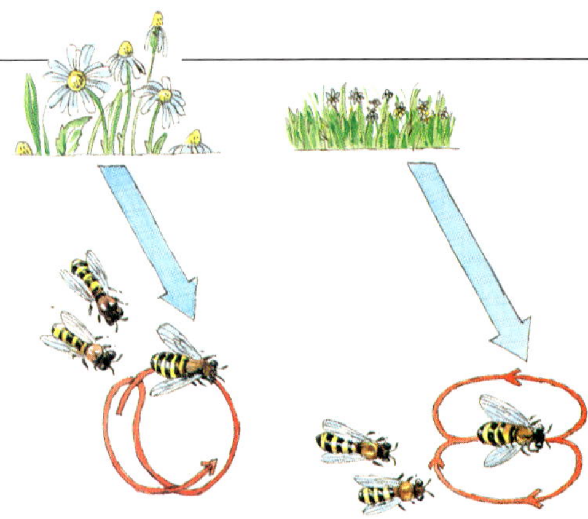

Rundtanz: Nektar in weniger als 100 m Entfernung.

Schwänzeltanz: Nektar in mehr als 100 m Entfernung.

Tanzsprache
Durch Form, Winkel und Geschwindigkeit des Tanzes, der die Sonne als Bezugspunkt benutzt, beschreiben die Arbeitsbienen ihren Kolleginnen, wo und in welcher Entfernung Nektar zu finden ist.

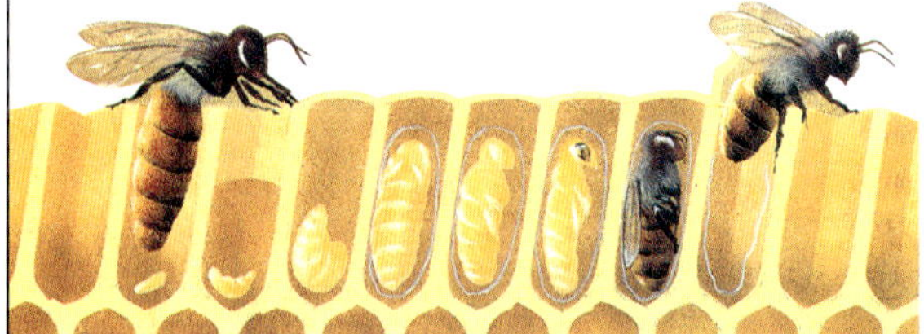

Larven, die später zu Königinnen werden, bekommen als Futter zunächst Gelée royale, später Honig und Pollen. Aus den Larven werden Puppen, schließlich ausgewachsene Bienen. Unten im Stock liegen die Weiselzellen, in denen Königinnen gezogen werden.

Der Kopf der Biene sieht wie der eines außerirdischen Wesens aus: Augen, die in alle Richtungen sehen, lange Fühler und ein seltsam aussehender rüsselförmiger Mund.

Blumen und Blüten
Insekten
Tiere auf dem Bauernhof
Wiese

Blumen und Blüten

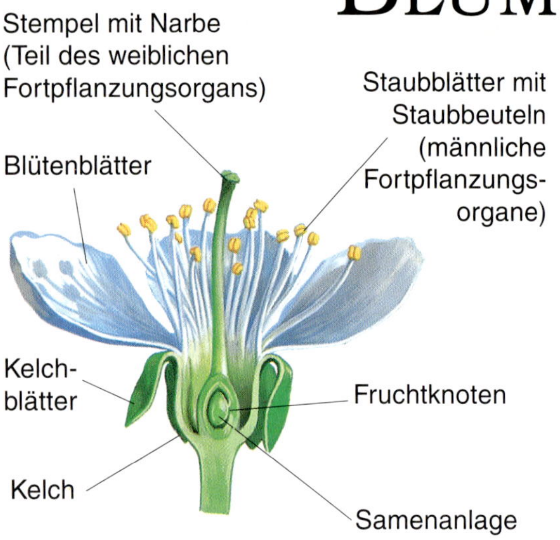

Vor mehr als 70 Millionen Jahren, als die Dinosaurier die Erde bevölkerten, gab es noch keine Pflanzen mit Blüten. Die Blumen bekamen ihr heutiges Aussehen erst später, als sich viele Insektenarten entwickelt hatten – ohne die von Blüte zu Blüte fliegenden Insekten können sie sich nämlich nicht fortpflanzen. Doch nicht nur Insekten, auch andere Tiere ernähren sich vom Blütennektar und tragen den Pollen aus – zum Beispiel Kolibris und Fledermäuse. Manchmal übernimmt auch der Wind die Rolle des Bestäubens.

Wie sie sich fortpflanzen – Die Blüten enthalten die Fortpflanzungsorgane der Pflanzen. Insekten oder der Wind tragen Pollenkörner aus den Staubbeuteln zur Narbe einer anderen Blüte. Mit der Bestäubung vollzieht sich die Befruchtung der Eizelle, die dann die Frucht hervorbringt, und aus deren Samen entsteht eine neue Pflanze.

Die Grashalme einer Wiese sind lange, schmale Blätter, aus denen sich je nach Grasart verschieden geformte kleine Ähren entwickeln.

Klee
Am weitesten verbreitet ist der violett blühende, dreiblättrige Wiesenklee. Vierklee (mit einem zusätzlichen Blatt) ist selten und gilt als Glücksbringer.

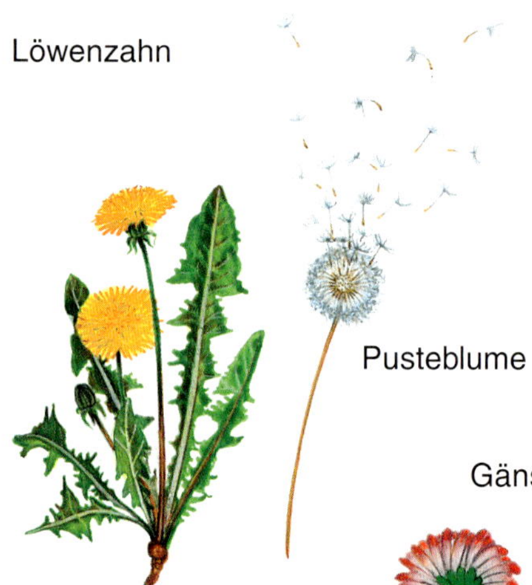

Gänseblümchen

Margerite
Von dieser weit verbreiteten Wiesen- und Gartenblume, die zur Familie der Korbblütler gehört, gibt es viele Arten.

Farben, Düfte und Formen – Die Vielfalt der Blumen ist unglaublich: Manche haben runde Blütenblätter, andere spitze oder andere ovale. Die Farben sind sehr lebhaft, der Duft ist oft intensiv, um Insekten anzulocken.

Anemonen gibt es in vielen Farben.

Tulpen werden heute vor allem in Holland gezüchtet.

Wilde Veilchen wachsen im Frühjahr in den Wäldern.

Die Rosen haben Dornen, die Verfolger fernhalten.

1

2

Die Getreidefelder werden bunt durch das Rot der Mohnblumen (1) und das Blau der Kornblumen (2).

Bäume und Blätter
Bienen; Gartenbau
Insekten
Pflanzenheilkunde
Samen; Wiese

Schön und nützlich – Die Geranie (oder Pelargonie) ist ein beliebter Balkonschmuck und wird in vielen Sorten gezüchtet: als rankende Efeu-Pelargonie, mit einfachen oder gefüllten, roten oder rosa Blüten. Mache Sorten mit sehr intensivem Duft liefern Geraniumöl für die Parfümindustrie oder Geranienessenz zur Herstellung von mückenabweisenden Lotionen.

Seerosen sind Wasserpflanzen.

Die Narzisse ist eine stark duftende Blume. Die verbreitetsten Arten sind die Weiße Narzisse mit gelbem Kelch und die Gelbe Narzisse (Märzenbecher).

BOLÍVAR, SIMÓN

Bolívar studierte in Europa, wo er sich für die Ideale der Freiheit und Demokratie begeisterte, und kehrte anschließend nach Venezuela zurück. Dort beschloß er, für die Unabhängigkeit der spanischen Kolonien in Südamerika zu kämpfen. 1810 war er am Aufstand gegen die Spanier in Caracas beteiligt. 1813 befreite er mit einem Heer von Freiwilligen Venezuela, übernahm dort 1814 die Macht, mußte aber dann fliehen. 1816 kam er zurück, um einen Staatenbund südamerikanischer Staaten zu gründen. Er befreite Neu-Granada und wurde zum Präsidenten der Republik Groß-Kolumbien ausgerufen (1819).

Símon Bolívar (1783-1830) bekam den Beinamen *Libertador*.

Auf dem Aventin in Rom schwor Bolívar, für die Befreiung seiner Heimat zu kämpfen.

Die Siedler – Zu Bolívars Zeit teilten sich Spanien und Portugal die Herrschaft über Lateinamerika. Bei den Siedlern, die dort lebten, wurde der Drang nach Selbständigkeit immer größer. Sie wollten die Reichtümer ihrer Länder selbständig verwalten, ohne dem Mutterland darüber Rechenschaft ablegen zu müssen.

Das Ende eines Traums – An Groß-Kolumbien angeschlossen wurden 1822 Peru und Ecuador. Aus dem nördlichen Teil Perus wurde 1825 die nach dem Freiheitshelden benannte Republik Bolívar, das spätere Bolivien. Die einzelnen Bundesstaaten versuchten jedoch mehrmals, selbständig zu werden. Auf der Konferenz von Panama (1826) begriff Bolívar, daß sein Traum von einem großen Bundesstaat gescheitert war, und er dankte ab.

Bolívar führte seine Landsleute in den Aufstand gegen die Spanier.

KOLUMBUS, CHRISTOPH
KULTUREN, PRÄKOLUMBIANISCHE

Bücher

Die Erfindung des Buchdrucks mit beweglichen Lettern geht auf den Deutschen Johannes Gutenberg im 15. Jh. zurück. Diese Technik ermöglichte die serienmäßige Buchproduktion, wodurch die Druckerzeugnisse billiger und für alle erschwinglich wurden. Heute werden Bücher mit schnellaufenden Maschinen gedruckt.

Das erste von Gutenberg gedruckte Buch (1455) war eine Bibel in lateinischer Sprache.

Schriftrollen – Früher waren Bücher Blätter, die zwischen zwei Holzstäben aufgerollt waren. Erst später erschienen Bücher, die Seite für Seite aufgeblättert werden konnten.

Die mittelalterlichen Bücher waren mit farbigen Illustrationen, den sog. Miniaturen, ausgeschmückt.

Handschriften – Im Mittelalter wurden Bücher von Mönchen von Hand geschrieben. Diese sog. Handschriften waren Kopien der Texte alter griechischer oder lateinischer Autoren, die in Originalsprache abgeschrieben wurden. Die ersten Bände in der Sprache des Volkes, erschienen mit der Erfindung des Buchdrucks.

Computer
Gutenberg, Johannes
Klöster

Entwurf

Umbruch am Computer

Druckmaschine

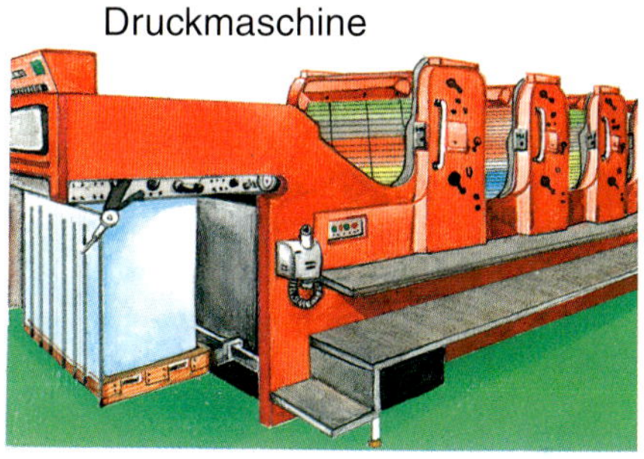

gedrucktes und gebundenes Buch

Wie heute ein Buch entsteht – Die Idee zu einem Buch kann vom Autor, aber auch vom Verleger kommen, der entscheidet, welches Buch veröffentlicht wird. Der Grafiker entwirft am Bildschirm den Buchumschlag. Der Text wird mit dem Computer gesetzt und die Farbabbildungen werden eingebaut. Dann bereitet der Lithograph die Filme für den Druck vor. In der Druckerei wird das Buch auf große Bögen gedruckt, die in der Buchbinderei gefalzt, beschnitten und in den Umschlag eingehängt werden.

Buddhismus

Weltweit haben die philosophisch-religiösen Lehren des Buddhismus etwa 600 Millionen Anhänger. Der Stifter dieser Lehre war Prinz Siddhartha Gautama (565-486 v. Chr.), der im Alter von knapp 30 Jahren dem Reichtum entsagte und sich der Suche nach den vier heiligen Wahrheiten widmete. Als ihm die Erleuchtung zuteil wurde, verstand er, daß das Glück nur durch Überwindung des Verlangens nach Leben und irdischen Genüssen sowie durch friedliches Zusammenleben mit Menschen und Dingen erreicht werden kann. Seine Schüler nannten ihn daher Buddha, den Erleuchteten.

Unten: das *Rad des Lebens*, das den ewigen Kreislauf von Geburt und Wiedergeburt darstellt.

Oben und unten: Statuen des meditierenden Buddha.

Buddhismus in Tibet – In der Abgeschiedenheit der Hochgebirge von Tibet gründeten einige Schüler Buddhas Gemeinschaften, in denen sie als Mönche nach den Lehren des Meisters lebten. Das Oberhaupt der tibetischen Mönche, der Dalai Lama, wurde bis zur Besetzung Tibets durch China (1959) auch als Staatenlenker angesehen.

Die ältesten Kultdenkmäler des Buddhismus sind die Stupas. Sie bestehen aus einer großen Zentralkuppel, in der sich die Reliquienkammer befindet, und aus einem darüberliegenden quadratischen „Haus", von dem eine Stange mit einer Scheibe emporragt.

Als Siddhartha sich in den Wald zurückzog, breitete ein Baum seine Zweige über ihn, damit niemand ihn beim Meditieren störte.

Architektur
Christentum
Hinduismus; Inder
Islam; Judentum

Nirwana – Um die vollkommene Glückseligkeit (Nirwana) zu erlangen, muß sich der Mensch von allem Irdischen lösen und den acht Regeln, dem edlen, achtfachen Pfad, folgen.

Burg und Schloss

Im Mittelalter waren die Burgen befestigte Wohnsitze, in denen ein Lehnsherr mit seiner Familie lebte. Nach den Kreuzzügen entwickelten sich neue Wehranlagen. Man verstärkte die Befestigungen durch doppelte oder dreifache Ringmauern und schmale Schießscharten.
Vom 14. Jahrhundert an wurde die Burg zum Verwaltungszentrum. Innerhalb der Burgmauern mit Wehrgang und Wachttürmchen lag der eigentliche Wohnbau, der Palas, mit Rittersaal und Wirtschaftsräumen, häufig auch ein starker Turm, der Bergfried, der im Notfall Zuflucht bot. Im 15. und 16. Jahrhundert wandelte sich die Burg zum Schloß. Besonders prachtvoll sind die Loire-Schlösser in Frankreich.

Märchenschlösser – In vielen Märchen kommt ein Schloß vor, zum Beispiel in *Dornröschen, Schneewittchen, Aschenputtel, Der gestiefelte Kater, Blaubart* und *Die Prinzessin auf der Erbse.*

Auf der Burg wurde gelegentlich zur Unterhaltung der Gäste ein Turnier oder *Tjost* abgehalten.

Häuser
Märchen und Fabeln
Mittelalter
Ritter

Cäsar, Gaius Julius

Cäsar (100-44 v. Chr.) war ein römischer Feldherr, der Gallien sowie einen Teil von Britannien eroberte und bis nach Ägypten vordrang. Mit Pompejus und Crassus schloß er 60 v. Chr. das erste Triumvirat und wurde 59 v. Chr. Konsul. Nach dem Tod von Crassus wendete sich Pompejus mit dem Senat zusammen gegen Cäsar. Nach langen, siegreichen Kämpfen gegen seine Feinde wurde Cäsar der Titel eines Diktators verliehen. An den Iden (15.) des März 44 v. Chr. wurde Cäsar von Verschwörern erdolcht, weil diese glaubten, er wolle die Macht an sich reißen und das Ende der Republik herbeiführen.

In Rom ließ Cäsar großartige Bauwerke errichten, organisierte die Verwaltung neu und führte den Julianischen Kalender ein. Seine Kriegsberichte *De bello gallico* und *De bello civili* machten ihn als Schriftsteller bekannt.

Nach Cäsars Tod verbündete sich Kleopatra 43 v. Chr. mit Antonius, einem Römer, der zusammen mit Oktavian und Lepidus das zweite Triumvirat geschlossen hatte, zum Kampf gegen Rom. Nach der Niederlage in der Seeschlacht bei Actium (31 v. Chr.) beging Kleopatra Selbstmord, indem sie sich von einer Aspisnatter beißen ließ.

Siegreiche Feldzüge – Nach Abschluß des ersten Triumvirats brach Cäsar auf und eroberte Gallien. 55 und 54 v. Chr. führte er zwei Feldzüge gegen Britannien und schlug anschließend den von Vercingetorix angeführten Aufstand in Gallien (52 v. Chr.) nieder (rechts). 49 v. Chr. kehrte er gegen den Willen des Senats mit seinem Heer über den Grenzfluß Rubikon als Sieger nach Rom zurück. 48 v. Chr. besiegte er Pompejus bei Pharsalos. In Ägypten verhalf er Kleopatra dazu, daß sie den Königsthron besteigen konnte.

Ägypter
Frauen, berühmte
Römer

Chinesen

Die chinesische Kultur entwickelte sich ab ca. 2000 v. Chr. im Tal des Gelben Flusses. Zum erstenmal geeint wurde China unter der Ch'in-Dynastie von Shi Huang-ti („Erster Erlauchter Kaiser") im Jahr 221 v. Chr. In dieser Zeit wurde die Große Mauer zur Verteidigung der Nordgrenzen gebaut. 1215 eroberte Dschingis-Khan nach langer Belagerung Peking. Die letzte Dynastie, die Ch'ing-Dynastie, endete 1911. In China wurde die Republik ausgerufen. Es kam zu einem Bürgerkrieg und zu Auseinandersetzungen mit Japan, die 1949 mit dem Sieg des kommunistischen Präsidenten Mao Tse-tung endeten.

Oben: Chinesen bei der Herstellung von Porzellanvasen. Am begehrtesten waren die blauweiß bemalten Porzellangefäße der Ming-Dynastie.

Chinesische Bauern bei der Feldarbeit.

Der Philosoph Konfuzius lebte im 6. Jahrhundert v. Chr. Seine Lehre beruht auf ethischem Empfinden, Harmonie und Mäßigung.

Marco Polo (1254-1324) war ein venezianischer Kaufmann, der im Alter von 17 Jahren seinen Vater und seinen Onkel auf einer Reise von Venedig nach Peking begleitete, um dem chinesischen Herrscher Kublai-Khan (unten) eine Botschaft von Papst Gregor X. zu überbringen.

Erfindungen – Die Chinesen erfanden den Kompaß. Sie waren die ersten, die aus Baumrinde Papier herstellten und ein Druckverfahren entwickelten. Sie entdeckten das Schießpulver, das sie für Feuerwerke verwendeten.

Dschingis-Khan
Feuerwaffen
Gutenberg, Johannes
Japaner
Mauer, chinesische ✓

CHRISTENTUM

Die Bibel umfaßt das Alte und das Neue Testament. Letzteres besteht aus den vier Evangelien, die das Leben des Messias erzählen, dessen Erscheinen von den Propheten angekündigt wurde: Jesus Christus, geboren in Bethlehem, in Galiläa. Jesus hat mit seinem Opfertod am Kreuz die Menschheit von allen Sünden erlöst. Nach seinem Tod predigten zwölf Apostel unter Führung von Petrus die neue Heilslehre und trugen sie in alle Welt.

Die ersten Christen – Viele römische Kaiser wie Nero und Diokletian verfolgten die Christen lange Zeit. Sie mußten sich in unterirdischen Katakomben verstecken, um ihre Gottesdienste zu feiern. Erst 313 gestand ihnen Kaiser Konstantin im Mailänder Edikt die freie Ausübung ihrer Religion zu.

Christen in den Katakomben

Das Lamm (oben) ist ein altes christliches Symbol. Es stellt das unschuldige Opferlamm Christus dar.

Evangelium bedeutet Frohe Botschaft. Die vier Evangelien wurden zwischen Mitte und Ende des ersten Jahrhunderts von Matthäus (1), Markus (2), Lukas (3) und Johannes (4) niedergeschrieben. Am 25. Dezember (Weihnachten) feiern wir Christi Geburt.

BUDDHISMUS
HINDUISMUS
ISLAM; JUDENTUM
KATHEDRALE, GOTISCHE✓
KIRCHE, ROMANISCHE✓
KLOSTER; RÖMER

Zur Erinnerung an die Geburt Christi stellt man zu Weihnachten die Krippe auf. Die erste Krippendarstellung (1223) geht auf den heiligen Franziskus zurück. Der Brauch, immergrüne Bäume zu schmücken, ist dagegen mehr als tausend Jahre alt und dürfte germanischen Ursprungs sein. Unsere Zeitrechnung zählt die Jahre seit Christi Geburt.

Churchill, Winston

Rund dreißig Jahre lang spielte Churchill als Abgeordneter, Minister, Schatzkanzler und Erster Lord der Admiralität als englischer Staatsmann eine bedeutende Rolle. 1940 wurde er Premierminister einer Koalitionsregierung. Im 2. Weltkrieg war er im Kampf gegen Deutschland die Symbolfigur des Durchhaltewillens und der unerschütterlichen Siegeszuversicht Englands.

Winston Churchill (1874-1965) mit zum V gespreizten Fingern. Das V-Zeichen stand für *Victory* (Sieg).

Nobelpreisträger – Churchill schrieb mehrere geschichtliche Werke, unter anderem eine Sammlung von Erinnerungen mit dem Titel *Der Zweite Weltkrieg*, die ihm 1953 den Nobelpreis für Literatur eintrug.

Der kalte Krieg – Nach Kriegsende wurde Churchill Oppositionsführer. In Fulton (USA) erläuterte er seine Theorien, wonach der sowjetischen Expansion ein Riegel vorgeschoben werden müsse. Das trug zum Ausbruch des kalten Krieges, des sog. Ost-West-Konfliktes (einer Phase der Spannungen insbesondere zwischen den Großmächten UdSSR und USA) bei. 1951-1955 war Churchill noch einmal Premierminister.

Links: Szene aus der Luftschlacht um England (1940), in der sich die britische und die deutsche Luftwaffe erbitterte Gefechte lieferten.

DICHTER UND SCHRIFTSTELLER
FEUERWAFFEN
WELTKRIEGE

Dampfkraft

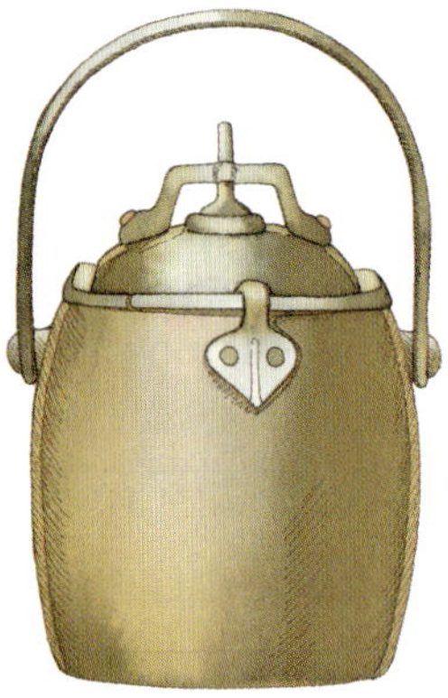

Drucktopf

Der griechische Physiker Heron baute im 1. Jh. v. Chr. die erste Dampfmaschine, die *Äolipile*. Der nächste Pionier der Dampfkraft war der Franzose Denis Papin, der 1679 einen Dampfkochtopf erfand. Bei der Beobachtung des komprimierten Gases, das aus dem Sicherheitsventil austrat, kam ihm die Idee, eine Maschine zu bauen, deren Kolben vom Dampfdruck bewegt wurden.

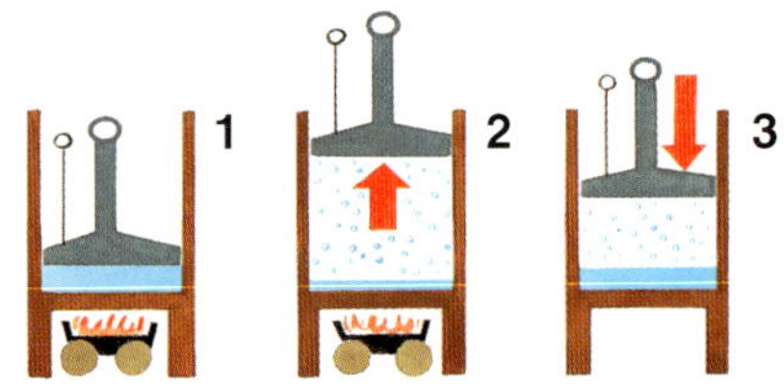

Prinzip des Papin'schen Topfes (oben): Wenn das Wasser im Zylinder zu kochen beginnt (1), entsteht komprimierter Wasserdampf. Der Dampf drückt den Kolben nach oben (2). Wenn er abkühlt, verringert sich das Dampfvolumen, und der Kolben bewegt sich abwärts (3).

Der Dampfwagen von Cugnot (oben) wurde um 1769 von der französischen Armee als Zugmaschine für die Geschütze verwendet.

Lokomotiven – Im Jahre 1765 erfand der Schotte James Watt die Dampfmaschine, die zum Wahrzeichen der industriellen Revolution werden sollte. Bald darauf wurden die ersten Fahrzeugmotoren gebaut. Zu Beginn des 19. Jh. erfanden George Stephenson und sein Sohn Robert die Dampflokomotive, die sie *Rocket* (Rakete) nannten.

Forscher und Erfinder
Lokomotive✓
Reisen, früher
Verkehrsmittel

Dichter und Schriftsteller

Je nach Stil und behandeltem Thema unterscheidet man verschiedene Literaturgattungen. In Prosa oder Versform beschreiben Dichter die Wirklichkeit, wie sie sie erleben, sowie ihre Gefühle, Vorstellungen und Ideen.

Dem blinden griechischen Dichter Homer (etwa 8. Jh. v. Chr.) werden die *Ilias* und die *Odyssee* zugeschrieben, Versepen, die die Geschichte des Trojanischen Krieges bzw. die Irrfahrten des Odysseus erzählen.

Dante Alighieri (1265-1321) aus Florenz, Italien, dichtete die *Divina Commedia*. Darin beschrieb er seine Reise durch die Hölle, das Fegefeuer und das Paradies. Anfangs war sein Führer der Dichter Vergil, danach die Dame seines Herzens, Beatrice, und zuletzt der heilige Bernhard.

ALCOTT, LOUISA MAY
CHURCHILL, WINSTON
ELISABETH I.
GRIECHEN
JUGENDLITERATUR
MÄRCHEN UND FABELN
MELVILLE, HERMAN
MYTHEN UND SAGEN
STEVENSON, ROBERT LOUIS
SWIFT, JONATHAN

Der Engländer Charles Dickens (1812-1870) schrieb die humoristischen *Pickwick Papers* sowie die Romane *Oliver Twist* und *David Copperfield*. Er übte Kritik an den sozialen Mißständen seiner Zeit, ließ seine Geschichten jedoch gut ausgehen.

Honoré de Balzac (1799-1850), ein französischer Schriftsteller, zeichnete in seiner Romanreihe *La comédie humaine* ein umfassendes Bild der Pariser Gesellschaft.

William Shakespeare (1564-1616) war der herausragende Dichter der elisabethanischen Zeit. Er schrieb viele Dramen, zu deren bekanntesten zählen: *Romeo und Julia, Heinrich IV., Der Widerspenstigen Zähmung, Ein Sommernachtstraum, Hamlet, Othello, König Lear, Macbeth* und *Der Sturm.*

Dinosaurier

Die Reptilien der Urzeit breiteten sich rasch aus, darunter auch die Dinosaurier (Schreckliche Echsen). Sie traten vor 225 Millionen Jahren auf und starben vor 65 Millionen Jahren aus. Dank fossiler Funde können wir zwar ihr Knochengerüst und ihren Körperbau rekonstruieren, aber über ihre Färbung wissen wir nichts. Man kann sie sich also durchaus auch so farbenfroh wie andere, heute noch lebende Reptilien vorstellen: Die Harlekin-Korallenschlange zum Beispiel ist rot, schwarz und gelb geringelt, das Chamäleon kann viele Farben annehmen.

Unter den Landtieren war Diplodocus der längste: er wurde bis zu 30 m lang!

Die Färbung der Dinosaurier können wir heute nicht mehr feststellen.

Die Komodo-Warane oder -Drachen auf einigen Sundainseln in Ozeanien sind eine Art aus der Urzeit, die bis heute überlebt hat.

Pteranodon

1. Diplodocus
2. Stegosaurus
3. Pteranodon
4. Brachiosaurus
5. Ankylosaurus
6. Tyrannosaurus

Die Eier hatten eine harte, poröse und daher luftdurchlässige Schale, die aus ähnlichem Material bestand wie Knochen. Während der Entwicklung des Jungen wurde sie immer dünner; ihre Bestandteile wurden in die wachsenden Knochen eingebaut.

Erdzeitalter – Die vier Erdzeitalter – Präkambrium, Paläozoikum, Mesozoikum und Känozoikum – werden in Formationen und diese in Abschnitte unterteilt. In der Trias, einer Formation des Mesozoikums (Erdmittelalters), traten die ersten Dinosaurier auf.

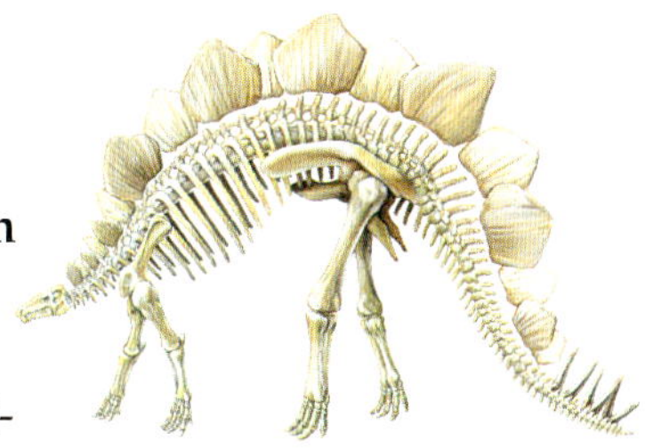

Dinos im Museum
Paläontologie ist die Wissenschaft, die sich mit Fossilien, deren Herkunft und Entstehung beschäftigt. Die Paläontologen vergleichen Knochenfunde aus der Urzeit mit bereits zugeordneten Skeletteilen und fügen sie dann auf einem Metallgerüst zusammen. Wenn Knochen fehlen, bildet man sie aus Gips oder Kunststoff nach.

Tyrannosaurus heißt übersetzt Herrscherechse. Er lebte vor 70 Millionen Jahren.

Der Tyrannosaurus war mit 15 m Länge der größte fleischfressende Dinosaurier und Zweibeiner. Er lief auf seinen kräftigen Hinterbeinen. Die Vorderbeine waren kurz und hatten nur zwei Finger.

Überlebende – Die Vögel sind Nachkommen der Dinosaurier. Das erkennt man an den Schuppen, die sie an den Beinen haben. Wenn man die Umrisse eines Dinosauriers mit denen eines gerupften Huhnes vergleicht, erkennt man die Ähnlichkeit. Frisch geschlüpfte Küken ohne Federn sehen wie seltsame Eidechsen aus!

Pteranodon
Dieser Flugsaurier konnte – wie eine Fledermaus – seitlich am Körper angewachsene, große Hautfalten wie Flügel ausspannen und im Gleitflug über dem Meer auf Fischfang gehen.

Leben im Wasser
Der Brachiosaurus wurde im Lauf seiner Entwicklungsgeschichte – wie andere Dinosaurier – so groß und schwer, daß er sich kaum mehr rühren konnte. Daher gewöhnte er sich daran, ständig im Wasser zu leben: Dort kam er mit seinem Körpergewicht (50 Tonnen!) besser zurecht. Sein Hals war so lang wie ein Giraffenhals.

Der Brachiosaurus wog soviel wie zehn Elefanten.

Dimetrodon, ein Reptil mit Fächer auf dem Rücken; es lebte im Perm (letzte Periode des Erdaltertums).

Stegosaurus, mit Knochenplatten auf dem Rücken und Stacheln am Schwanz; Länge bis zu 9 m.

Wertvolle Informationen
Die Fußabdrücke der Dinosaurier geben Aufschluß über ihre Lebensgewohnheiten. Man hat Fußspuren von erwachsenen Dinosauriern neben denen frisch geschlüpfter Jungen gefunden: Die Mütter ließen also die Kleinen nach dem Schlüpfen nicht allein.

Oben: Trachodon, ein Entenschnabel-Saurier, im Kampf mit einem Tyrannosaurus.

Der kleine Nager Morganucodon war ein Säugetier und lebte vor 150 Millionen Jahren.

Warum die Dinosaurier ausstarben, ist bis heute rätselhaft. Vielleicht fraßen die ersten Säugetiere ihre Eier auf. Vielleicht waren die Dinosaurier einfach zu dick und schwerfällig geworden, so daß sie verhungerten. Aber auch eine plötzliche Klimaveränderung, ein Erdbeben, Vulkanausbruch oder Meteoritenhagel, der eine die Sonne verfinsternde Staubwolke aufwirbelte, könnte ihren Untergang bewirkt haben.

Entwicklung des Lebens
Fossilien; Krokodile
Reptilien; Vögel

Stammbaum des Pferdes: **1.** Eohippus **2.** Orohippus **3.** Mesohippus **4.** Parahippus **5.** Pliohippus, dem heutigen Pferd schon sehr ähnlich **6.** Przewalskipferd, die einzige heute noch lebende Art der Urzeitpferde.

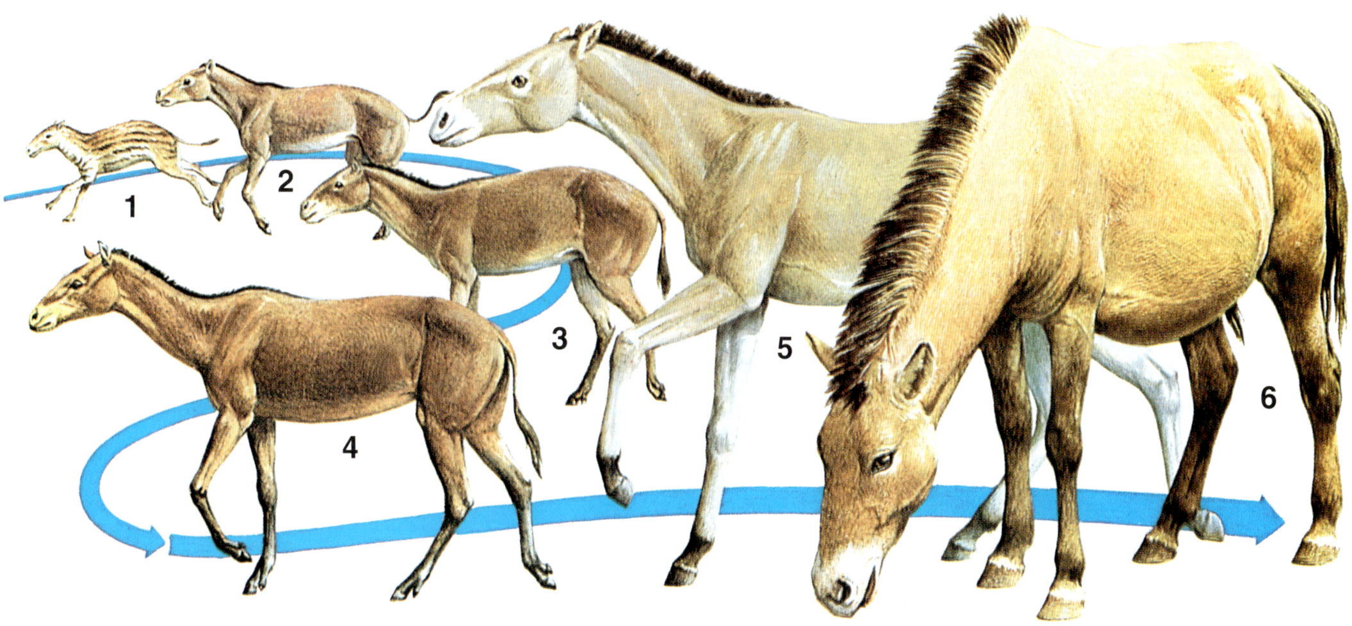

Dschingis-Khan

Als junger Mann nannte sich Dschingis-Khan (etwa 1155-1227) Temudschin (Schmied). Ihm gelang es 1206, alle Mongolenstämme unter seiner Herrschaft zu vereinen und den Titel Dschingis-Khan (Herr über die Welt) zu erringen. Er starb durch einen Sturz vom Pferd. Nach seinem Tod zerfiel das riesige Reich, das sich vom Chinesischen bis zum Kaspischen Meer und vom Persischen Golf bis in den Süden Sibiriens erstreckte, infolge von Nachfolgestreitigkeiten.

Eroberungen – Dschingis-Khan griff die chinesische Provinz Kansu und die Mandschurei an, durchbrach die Große Mauer und belagerte Peking, das er 1215 eroberte. Er bemächtigte sich Turkestans und auch des türkisch-iranischen Reiches (1220-1221). Seine Statthalter gelangten dann bis in die Ukraine. Als das Reich die größte Ausdehnung erreicht hatte, starb Dschingis-Khan.

Mongolische Tracht zur Zeit Dschingis-Khans

Dschingis-Khan vertraute die Verwaltung des Reiches persischen und chinesischen Beamten an. Er war sich der kulturellen Unterlegenheit seiner Nomadenkrieger durchaus bewußt.

Chinesen
Mauer, chinesische✓

Elefanten

Der Elefant ist das größte Landsäugetier. Sein Rüssel dient ihm zum Atmen und zum Greifen von Nahrung. Unter Wasser benützt er ihn als Atemschlauch. Beim Baden saugt der Elefant mit dem Rüssel Wasser an und spritzt es sich dann über den Körper. Die oberen Schneidezähne sind als Stoßzähne aus Elfenbein ausgebildet und wachsen ständig. Das Alter kann man anhand der Abnützung der Backenzähne errechnen.

Der afrikanische Steppenelefant (oben) ist bulliger als der asiatische und hat größere Ohren. Weil er von Wilddieben wegen des Elfenbeins gejagt wird, steht er heute in Reservaten unter Naturschutz.

Das Mammut war ein Vorfahre des Elefanten. Es starb am Ende der Eiszeit aus. Es war kleiner als der Elefant, hatte ein zottiges Fell, kleine Ohren und etwa 3 m lange gebogene Stoßzähne.

Der asiatische oder indische Elefant (rechts) hat kleine, dreieckige Ohren. Bis zu einem Alter von 10-20 Jahren ist er leicht zu zähmen. Für die Verrichtung schwerer Arbeiten ist er sehr nützlich.

Elefantenjunge werden nach einer Tragzeit von 22 Monaten geboren und wiegen etwa 100 Kilo. Nach 15-30 Minuten sind sie bereits auf den Beinen und suchen die Zitzen der Mutter, die sie vier Jahre lang säugt.

Wenn Elefantenjunge Hindernisse überwinden müssen, helfen ihnen die Mütter, indem sie sie mit dem Rüssel ziehen oder stützen.

Links: afrikanischer Steppenelefant in seinem Lebensraum.

Wissenswertes
Wenn Elefanten gestört oder erschreckt werden, stoßen sie schrille Trompetentöne aus. Normalerweise schlafen sie im Stehen, nicht im Liegen. Das Spreizen der Ohren ist ein Zeichen der Abwehrbereitschaft.

Säugetiere
Tierwelt Afrikas

Elektrizität

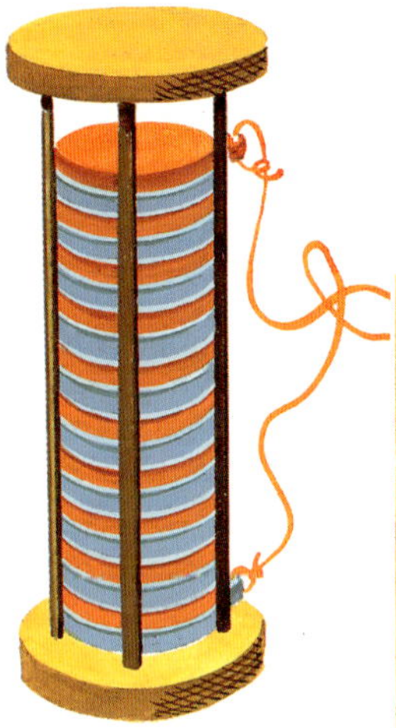

Nach A. Volta (1745-1827) ist die Einheit für Spannung, das *Volt*, benannt.

Schon in der Antike hatten die Menschen entdeckt, daß manche Gegenstände, wenn man sie rieb, andere, leichtere Gegenstände anzogen. Doch erst im 18.-19. Jahrhundert wurde die Elektrizität wirklich erforscht. Die Volta-Säule (links) war eines der ersten Geräte, mit denen sich ein richtiger Stromfluß erzeugen ließ. Sie bestand aus Kupfer- und Zinkplatten, die man in einem Säurebad abwechselnd aufeinanderlegte; die chemische Reaktion erzeugte Strom. Unsere heutigen Batterien funktionieren nach demselben Prinzip, verwenden jedoch andere Materialien.

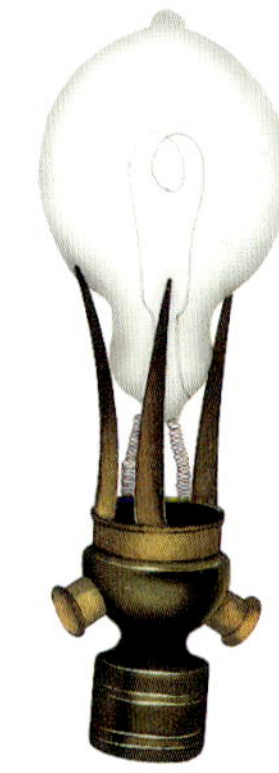

Eine der ersten elektrischen Glühbirnen.

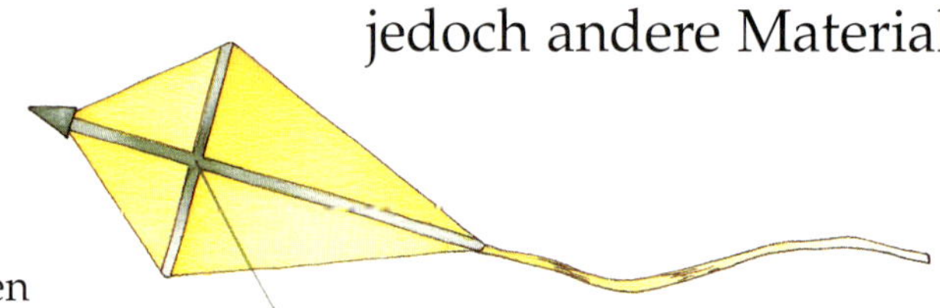

Blitzableiter – 1752 ließ Benjamin Franklin während eines Gewitters einen Drachen steigen, an dessen Draht er einen Schlüssel gebunden hatte. In Bodennähe versprühte der Schlüssel Funken. Franklin riskierte einen Blitzschlag, fand aber so heraus, wie man einen Blitzableiter baut. Er ließ Metallkabel von mehreren Hausdächern herunter bis in die Erde verlegen. Wenn der Blitz in die Häuser einschlug, leitete der Metallkern der Kabel die Elektrizität in die Erde ab.

Praktische Anwendungen – 1821 führte M. Faraday vor, wie man elektrischen Strom als Energiequelle nutzen kann. 1831 baute er den ersten Stromgenerator, 1866 Werner von Siemens den ersten selbsterregenden Dynamo. T. A. Edison stellte eine brauchbare Glühlampe her, in der elektrischer Strom einen Kohlefaden zum Glühen brachte. Für elektrisches Licht brauchte man plötzlich große Mengen Energie. Das erste Kraftwerk entstand 1882 in New York nach Edisons Plänen.

Energie
Forscher und Erfinder
Fortschritt

Werner von Siemens (1816-1892) entdeckte 1866 das dynamoelektrische Prinzip und baute den ersten selbsterregenden Dynamo.

Elisabeth I.

Sie war drei Jahre alt, als ihre Mutter, Anna Boleyn, von ihrem Gatten, Heinrich VIII., zum Tod verurteilt wurde. Die Stiefschwester Maria ließ sie im Tower von London einsperren. Sie wollte sie umbringen, um zu verhindern, daß sie den Thron besteigt, aber nach dem Tod von Maria wurde Elisabeth 1558 Königin. Sie regierte mit weisem Verstand, und während ihrer Regierungszeit, die man das Elisabethanische Zeitalter nennt, wurde England zu einer politischen und wirtschaftlichen Großmacht.

Links: Elisabeth I. mit dem Hermelin (1585), von W. Segar.

1533: Sie wird als Tochter von Heinrich VIII. und Anna Boleyn geboren.
1536: Die Mutter wird des Hochverrats beschuldigt.
1554: Elisabeth wird im Tower von London eingesperrt.
1558: Sie besteigt den Thron.
1559: Wiedereinsetzung der Anglikanischen Kirche.
1587: Maria Stuart wird hingerichtet.
1588: Sie schlägt die unbesiegbare Armada.
1603: Sie stirbt.

Neben Musik und Literatur erlebte auch das Theater unter Elisabeth I. eine Blütezeit: Man führte die Werke von William Shakespeare (1564-1616) auf.

Maria Stuart – Königin von Schottland (1542-1587) verzichtete zugunsten ihres Sohnes Jakob auf den Thron (1567). Die Katholiken, die der spanische König Philipp II. unterstützte, verwickelten sie in ein Komplott. Elisabeth entdeckte es und verurteilte Maria zum Tode.

Elisabeth I. beauftragte Francis Drake (oben), die spanischen Kolonien in Amerika anzugreifen.

Dichter und Schriftsteller
Frauen, berühmte Kleidung; Piraten

1588 entsandte Philipp II. die unbesiegbare Armada gegen England. Viele der Schiffe sanken in einem Sturm, der Rest wurde von den Engländern besiegt.

Energie

Manche Kraftwerke nutzen den Temperaturunterschied zwischen dem Meeresgrund und dem Oberflächenwasser für die Energiegewinnung.

Als Energiequellen nutzt der Mensch bisher vor allem Dampf, Kohle, Wasser- und Wärmekraft, Erdöl und Kernenergie. In jüngster Vergangenheit hat man aber verstärkt nach erneuerbaren, umweltverträglichen Energiequellen gesucht, wie z. B. die Sonnenenergie und der Wind.

Windenergie – In Gebieten mit gleichmäßig starkem Wind kann man mit Windgeneratoren, großen Windrädern, die mit Generatoren gekoppelt sind, Strom erzeugen und speichern.

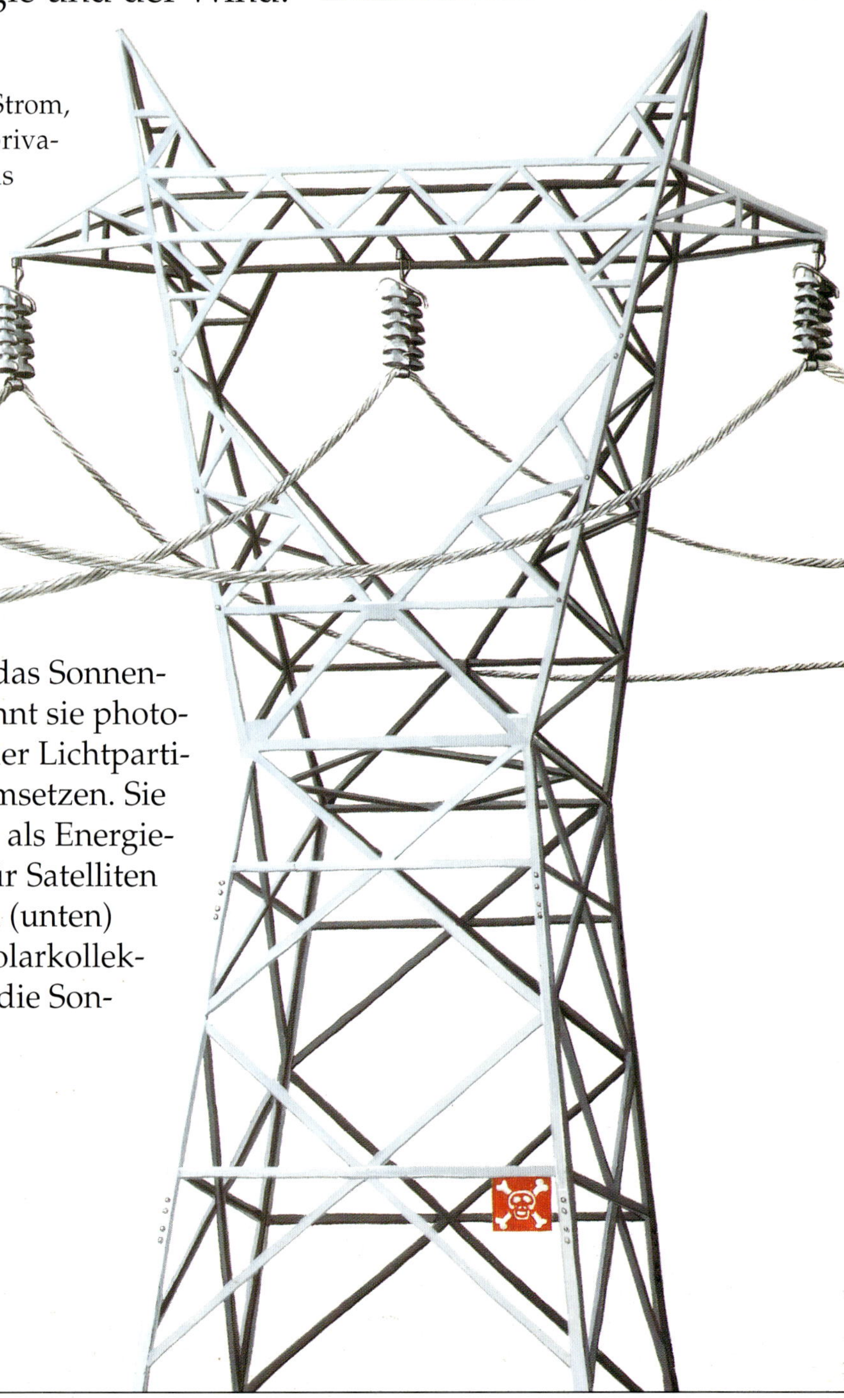

Kraftwerke erzeugen den Strom, den die Industrie und die privaten Haushalte brauchen, aus Wärmeenergie (Verbrennung von Kohle und Erdöl), Wasserkraft oder Kernenergie.

Hochspannungsleitungen verteilen den in den Kraftwerken erzeugten Strom.

Sonnenenergie – Solarzellen wandeln das Sonnenlicht in elektrischen Strom um. Man nennt sie photovoltaische Zellen, weil sie die Energie der Lichtpartikel (Photonen) in elektrische Energie umsetzen. Sie werden auch als Energielieferanten für Satelliten im Weltraum (unten) eingesetzt. Solarkollektoren nutzen die Sonnenwärme.

Elektrizität
Forscher und Erfinder
Sonne; Umwelt und Ökologie
Verkehrsmittel

Entdecker

Odysseus entdeckte auf seiner Rückreise von Troja nach Ithaka unbekanntes Land.

Schon in alten Zeiten unternahm der Mensch aus Abenteuerlust, aber auch aus dem Wunsch heraus, neue, reiche Länder zu entdecken, Forschungsreisen. Die Phönizier erforschten, gefolgt von den Griechen, den Mittelmeerraum. Die Römer besiedelten Britannien. Im Mittelalter erforschten die Araber die Sahara, während die Wikinger sich in Grönland niederließen.

Marco Polo (1254-1324), ein venezianischer Kaufmann, erforschte Asien und gelangte bis nach China. Seine Abenteuer hat er in dem Buch *Milione* festgehalten.

Große Entdecker:

1. Erich der Rote, normannischer Heerführer und Seefahrer (etwa 940-1007).

2. Mit drei Karavellen brach Christoph Kolumbus nach Westen auf und landete in Amerika.

3. Vasco da Gama (1469-1524), portugiesischer Seefahrer, gelangte bis zum indischen Hafen Calicut.

4. James Cook unternahm drei Reisen in den Pazifik.

5. Die Forscher Stanley und Livingstone bei ihrem berühmten Treffen am Tanganjikasee.

6. Der Norweger Roald Amundsen gelangte als erster Mensch an den Südpol.

Christoph Kolumbus (1451-1506), ein Seefahrer aus Genua, landete am 12. Oktober 1492 an der Küste Amerikas, ohne sich jedoch bewußt zu werden, daß es sich um einen neuen Kontinent handelte.

Eine der drei Karavellen, mit denen Kolumbus den Atlantik überquerte und die Neue Welt erreichte.

Ein neues Zeitalter – Im 15. und 16. Jahrhundert machten die Entdeckungen dank nautischer Erfindungen wie dem Kompaß, dem Steuerruder und Verbesserungen der Takelage große Fortschritte. Spanier und Portugiesen suchten einen neuen Weg nach Indien und brachten von ihren langen Reisen kostbare Waren wie Gewürze mit.

Ferdinand Magellan (1480-1521), portugiesischer Seefahrer.

Magellan – Er umsegelte als erster den Erdball. Von Spanien aus stach er in See, gelangte nach Patagonien und gab der Meerenge, die Südamerika von Feuerland trennt, seinen Namen. Dann überquerte er den Pazifischen Ozean und kam zu den Philippinen, wo er starb. Die Expeditionsmannschaft kehrte schließlich nach Spanien zurück (1529).

Der Norweger Roald Amundsen (1872-1928), rechts, erreichte 1911 den Südpol und überflog 1926 an Bord des Luftschiffs *Norge* den Nordpol.

Robert Scott (1868-1912), links, erreichte fünf Wochen nach Roald Amundsen den Südpol.

David Livingstone (1813-1873), Brite, erforschte Afrika. Am Tanganjikasee fand der Forscher Henry M. Stanley den lange Zeit Vermißten.

James Cook (1728-1779), englischer Kapitän, unternahm drei lange Reisen in den Pazifik und erforschte zuerst die Südmeere und Tahiti, später Neuseeland und die Hawaii-Inseln.

AFRIKA; AMERIKA
ANTARKTIS; ASIEN
ERICH DER ROTE; KARL V.
KARTOGRAPHIE
KOLUMBUS, CHRISTOPH
KULTUREN, PRÄKOLUMBIANISCHE
SEGELSCHIFFE✓

Entwicklung des Lebens

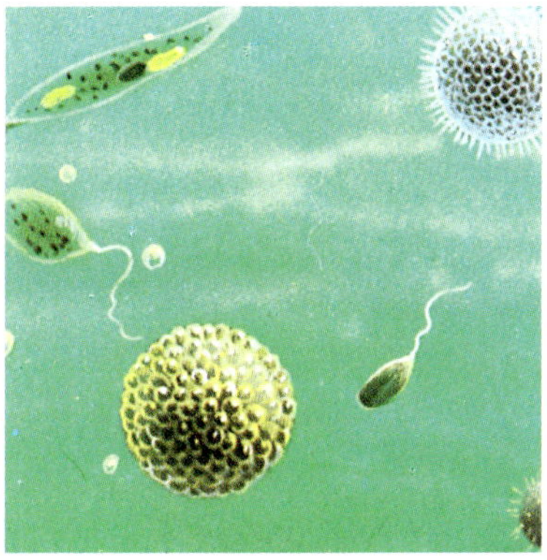

Das Leben entstand in dem großen Meer, das vor etwa 3 Milliarden Jahren den größten Teil der Erde bedeckte. Die ersten Lebewesen waren Algen. Vom Wasser ging das Leben auf das Festland über: Aus Fischen entwickelten sich die ersten Amphibien, aus diesen die Reptilien und vor etwa 225 Millionen Jahren die Dinosaurier. Die warmblütigen Säugetiere konnten sich aber erst behaupten, als die Dinosaurier ausgestorben waren.

Die ersten mikroskopisch kleinen Lebewesen entstanden aus dem Urschleim, der Grundsubstanz, (oben), aus der die ersten mehrzelligen Organismen (rechts) hervorgingen.

Qualle

Schwamm

Vielborstige Ringelwürmer

Unten: Meeresgrund vor etwa 400 Millionen Jahren.

Primitive Korallen

Pfeilwürmer

Seestern

Nachbildung eines
Waldes in der Urzeit

Moschops;
ein Reptil der
Vorzeit

Als die Erde trockener wurde, erwarben viele Fische die Fähigkeit, außerhalb des Wassers kurze Zeit zu atmen (oben). Von diesen Fischen leiteten sich möglicherweise die ersten Amphibien ab, die sich in der Folge in viele Arten weiterentwickelten. Manche Amphibien begannen, Eier mit harter Schale zu legen. Sie brauchten nicht mehr im Wasser zu leben. Aus ihnen entwickelten sich die ersten Reptilien.

Die Pteranodonten waren keine
Vögel, sondern Flugsaurier.

Amphibien
Dinosaurier
Meer
Reptilien

Erde

Wie ist die Erde entstanden? Wir wissen es zwar nicht genau, aber vermutlich sind vor Milliarden Jahren aus einer glühenden Gas- und Staubwolke Teilchen entstanden, die sich verdichteten, verfestigten und durch die Rotation in der umgebenden Materie immer größer wurden. Aus dem Kern dieser Wolke wurde die Sonne, aus den kleineren Kernen bildeten sich die Planeten des Sonnensystems, zu denen auch die Erde gehört.

Bewegungen der Erdkruste – Die Erdkruste besteht aus Platten, die sich ständig verschieben, ohne daß wir das merken. Das derzeitige Antlitz der Erde ist das Ergebnis dieser Bewegungen in vielen Millionen Jahren und wird sich auch noch weiter verändern. Die Abbildung unten zeigt einige Phasen dieser Verschiebungen.

Am Anfang war die Erdoberfläche ein Lavameer.

Die Erdkruste – Vor etwa 4,5 Milliarden Jahren begann die glühende Masse (Magma) fest zu werden. Vor etwa 3,5 Milliarden Jahren setzte eine Abkühlung der Erde ein, es bildete sich die Erdkruste. Durch die Abkühlung schrumpfte das Volumen der Erde, so daß die Kruste Falten bildete: Es entstanden die ersten Gebirge.

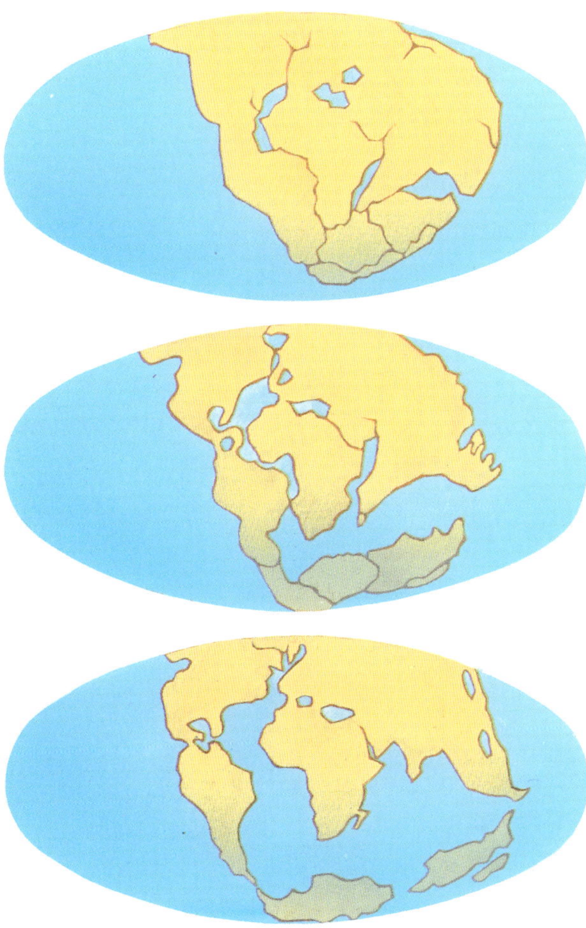

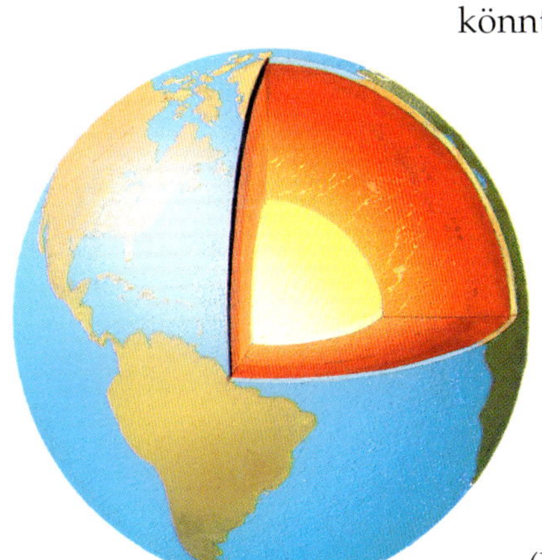

Das Erdinnere – Wenn wir die Erde aufschneiden könnten (wie im Bild links), könnten wir die drei Schichten des Erdinneren erkennen: ganz außen die harte, kalte Erdkruste; darunter liegt der Erdmantel, eine feste Schicht, und ganz innen der dichte Kern aus Nickel und Eisen (Nife-Kern). Die äußere Schicht des Erdkerns besteht aus flüssiger, glühender Materie wie die Erde zu Beginn; der innere Kern ist fest.

Land und Wasser – In der Abkühlungsphase der Erdgeschichte, als die ersten Gebirge entstanden, stiegen große Mengen Wasserdampf aus den Gesteinsmassen auf. Der Dampf verdichtete sich zu Wolken, und es setzten sintflutartige Regenfälle ein, die jahrtausendelang andauerten. Es bildeten sich Flüsse und Wasseransammlungen, die die Hohlräume der Erdkruste füllten. Es entstanden die Urmeere. Die Wolkenschicht wurde immer dünner, die Sonne begann zu scheinen und erwärmte mit ihren Strahlen die Erde.

Suezkanal (Ägypten)

Daryacheh-ye Bakhtegan (Iran)

Beim Verlassen des Raumschiffes tragen die Astronauten Schutzanzüge, in denen der gleiche Luftdruck wie in der Erdatmosphäre aufrechterhalten wird.

Erderkundung aus dem Weltraum – Die Aufnahmen, die die ersten Raumschiffe von der Erde machten, zeigten, daß die Oberfläche der Erdkugel zu zwei Dritteln aus Wasser und zu einem Drittel aus Festland besteht. Die Erde ist einer der Planeten des Sonnensystems und dreht sich sowohl um sich selbst als auch um die Sonne.

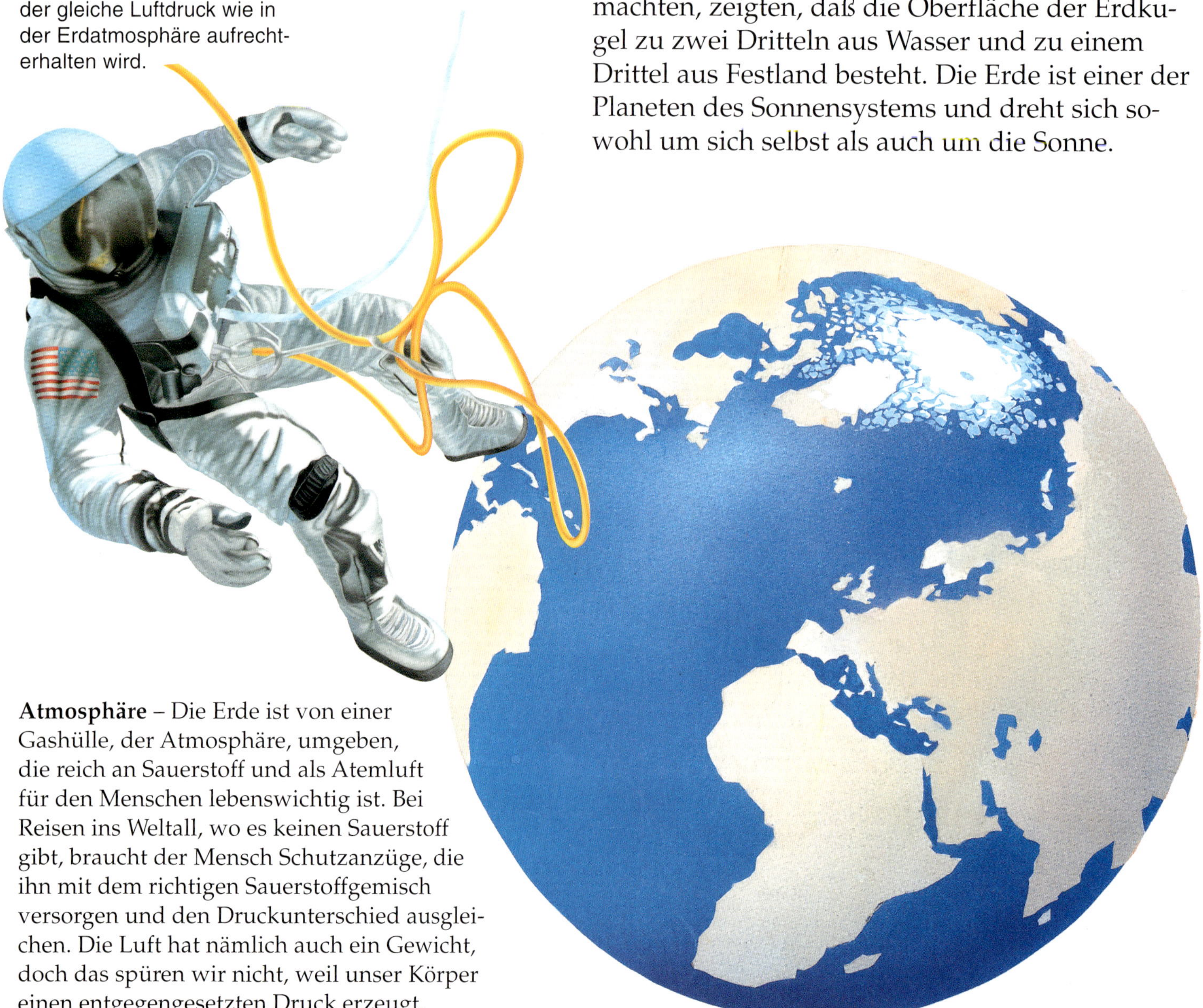

Atmosphäre – Die Erde ist von einer Gashülle, der Atmosphäre, umgeben, die reich an Sauerstoff und als Atemluft für den Menschen lebenswichtig ist. Bei Reisen ins Weltall, wo es keinen Sauerstoff gibt, braucht der Mensch Schutzanzüge, die ihn mit dem richtigen Sauerstoffgemisch versorgen und den Druckunterschied ausgleichen. Die Luft hat nämlich auch ein Gewicht, doch das spüren wir nicht, weil unser Körper einen entgegengesetzten Druck erzeugt.

Satellitenbilder – Sie werden von Erdsatelliten im Weltall gemacht und in die Auswertungszentren auf der Erde gefunkt. Diese neue Sicht unseres Planeten ermöglicht eingehendere Beobachtungen der Erde, der anderen Planeten sowie genaue Messungen und Wettervorhersagen.

Am 4. Oktober 1957 startete Sputnik I, der erste künstliche Erdsatellit, aus der Sowjetunion ins All und umkreiste die Erde bis zum 4. Januar 1958. Seither sind viele andere, immer komplizierter gebaute Satelliten in Umlaufbahnen gebracht worden.

GEBIRGE; HIMMEL
JAHRESZEITEN
KARTOGRAPHIE; MEER
MINERALE UND GESTEINE
MOND; PLANETEN
RAUMFAHRT; SONNE
VULKANE; ZEITZONEN

Das einzige von Menschenhand geschaffene Bauwerk, das man aus dem Weltall sehen kann, ist die etwa 6400 km lange Chinesische Mauer. Das Bild rechts zeigt, wie eine Ackerbaulandschaft aussieht, wenn man sie vom Flugzeug aus betrachtet.

PRÄHISTORISCHE ERFINDUNGEN

Primitive Waffen

Eine der grundlegenden Entdeckungen war die des Feuers. Es wurde zum Heizen und zum Beleuchten, zur Abwehr wilder Tiere, zum Kochen und Haltbarmachen von Lebensmitteln verwendet.
Schon vor 40 000 Jahren entdeckten die Menschen, daß man auf schwimmenden Baumstämmen Wasserläufe überqueren konnte. Aus Weiden- oder Binsen flochten sie erste Fischreusen (unten).
Bis zur Erfindung von Pfeil und Bogen erlegten die Jäger ihre Beute mit primitiven Speeren. Der Mensch lernte auch, Metalle zu schmelzen und immer bessere Geräte herzustellen.
Man erzielte Fortschritte in der Viehzucht: Um 3000 v. Chr. begann man, Kühe und Schafe zu halten. Pferde wurden ab 2000 v. Chr. als Haustiere gezüchtet. Die Erfindung des Rades war bahnbrechend für die Entwicklung des Verkehrswesens.

Für den Fischfang benutzten die Menschen der Frühzeit Angelhaken aus Knochen und später aus Metall.

Alte Gerätschaften – Aus behauenen Feuersteinen stellten unsere Vorfahren scharfe, mandelförmige Schneidwerkzeuge (Faustkeile) her. Aus Tierknochen fertigten sie Geräte aller Art, wie Angelhaken und Nadeln zum Zusammennähen der Tierhäute.

Landwirtschaft und Dörfer – Der Übergang zum Ackerbau veränderte das Leben der frühen Menschen entscheidend. Zwischen dem 9. und 7. Jahrtausend v. Chr. entstanden die ersten Bauerndörfer. Mit Hilfe des Pfluges gelang es, den Boden vor der Aussaat aufzulockern, um ihn fruchtbarer zu machen. Man baute auch Kanäle und Deiche, um die Felder zu bewässern. Pfahlbauten schützten die Bewohner in Sumpfgebieten vor wilden Tieren und vor der Nässe.

Altes Bauerndorf

Phasen eines Bronzegusses (Wandmalerei aus einem Grab in Theben, Ägypten): **1.** Schmelzen der Bronze in einem Tiegel. Die Blasebälge werden mit den Füßen betätigt. **2.** Mit gebogenen Holzstangen wird der Tiegel hochgehoben. **3.** Die Bronze wird in den oberen Teil der Form gegossen. **4.** Weitere Bronzebarren werden zum Schmelzen herbeigeschafft.

Zweirädrige Wagen, sog. Streitwagen, gab es schon bei den Sumerern und Ägyptern. Sie waren leicht und schnell. Zuerst wurden sie im Krieg für schnelle Angriffe eingesetzt. Später wurde der Wagen das gängige Transportmittel.

Metalle – Die meisten Metalle kommen in der Natur nicht in reinem Zustand vor. Der Mensch lernte deshalb erst spät, Metall aus den Erzen zu schmelzen. Die traditionelle Einteilung der prähistorischen Zeit in Steinzeit, Bronzezeit und Eisenzeit spiegelt die Fortschritte in der Metallverarbeitung wider. Zuerst verwendete man Steine und Kupfer, dann gelang die Verschmelzung von Kupfer mit Zinn zu Bronze. Erst später entdeckte der Mensch das Eisen, das nur bei hoher Temperatur schmilzt.

Unten: Mühlrad;
rechts: Rad, das in der Metallverarbeitung eingesetzt wurde.

Das Rad wurde vermutlich aufgrund der Beobachtung erfunden, daß sich schwere Gegenstände auf Rollen leichter fortbewegen lassen. Die ersten Räder waren schwere Scheiben aus massivem Holz. Dann versuchte der Mensch, sie durch Löcher leichter zu machen. Noch leichter und schneller waren dann die Räder mit Speichen.

Wasserräder – Große, von Wasserläufen angetriebene Räder dienten dazu, das Wasser zur Bewässerung der Felder auf Kanäle zu verteilen. Im Mittelalter wurde das Wasserrad auch in den Hüttenwerken eingesetzt. Nach dem gleichen Prinzip arbeiteten auch die ersten Mühlen.

Ägypter
Forscher und Erfinder
Kulturen Mesopotamiens
Menschen der Urzeit

Erich der Rote

Den Spitznamen „Der Rote" bekam Erich, ein normannischer Seefahrer (etwa 940-1007), wegen seiner Haarfarbe. Er ließ sich in Island nieder und organisierte 985 eine Expedition, in deren Verlauf er Grönland (Grünes Land) entdeckte. Im folgenden Jahr kam er mit 25 Schiffen und 5000 Wikingern dorthin zurück. Die Besiedlung führte sein Sohn Leif fort, der wohl als erster die Küsten Nordamerikas (von ihm Vinland genannt) erreichte.

Wikingerschiff – Schnelles Transportmittel für Waren und Menschen. Dieses Schiff war ein Symbol für Reichtum und Ansehen. Besonders bedeutende Anführer wurden oft auf ihrem Schiff verbrannt, das dann eingegraben oder angezündet und auf offener See versenkt wurde.

In Wikingerdörfern wurde Vieh gezüchtet, und man widmete sich vor allem dem Fischfang. Wenn wikingische Siedler sich in einem Land niederließen, führten sie ihr Vieh mit sich und brachten auch viele andere Rohstoffe mit, wie z. B. Holz, das in Grönland Mangelware war.

Den Bug eines Wikingerschiffes zierte meist ein geschnitzter Tierkopf.

Schiffahrt – Die Wikingerschiffe waren sehr fortschrittliche Konstruktionen, erlitten aber wegen ihres niedrigen-Schiffsbordes häufig Schiffbruch. Zum Gedenken an die Seefahrer, die nicht zurückkehrten, stellte man Steine auf, in die Runen (Buchstaben des Wikingeralphabets, denen man magische Kräfte zuschrieb) eingeritzt wurden.

Entdecker
Segelschiffe✓
Verkehrsmittel
Völkerbewegungen in Europa
Wikingerdorf✓

Ernährung

Der Körper braucht abwechslungsreiche und ausgewogene Kost. Die Nährstoffe teilt man ein in Eiweiße, Fette und Kohlenhydrate (Stärke und Zucker). Wichtig sind außerdem Vitamine und Mineralsalze.

Flüssigkeitsbedarf
Jeder Mensch sollte täglich ein bis zwei Liter Wasser trinken, möglichst in zeitlichem Abstand zu den Mahlzeiten.

Bei Tiefkühlkost und Konserven geht ein Teil der Nährstoffe verloren, daher sind Frischwaren vorzuziehen.

ÜBERSICHT ÜBER DIE VITAMINE
(enthalten in / erhöhter Bedarf bei)

Vitamin A: Obst, Gemüse, Eier, Leber und Butter / Bei Sehstörungen und im Wachstum.
Vitamin B_1: Vollkornprodukte, Leber / Bei Kreislaufstörungen.
Vitamin B_2: Vollkornprodukte, Eier und Milch / Bei Dermatitis und Wachstumsstörungen.
Vitamin PP/B_3: Fleisch und Hefe / Bei Dermatitis und Magenbeschwerden.
Vitamin B_5: In fast allen Nahrungsmitteln / Bei Magenbeschwerden und nervösen Störungen.
Vitamin B_6: Fleisch, Fisch, Obst und Gemüse / Nervosität und Dermatitis.
Vitamin B_9: Rohes Gemüse, Eier und Milch / Bei Anämien.
Vitamin B_{12}: Fleisch, Eier und Milch / Bei Anämien und Nervosität.
Vitamin C: Grünes Gemüse und Obst (Zitrusfrüchte) / Gegen Skorbut.
Vitamin D: Lebertran, Milch und Gemüse / Bei Knochenerkrankungen.
Vitamin E: Tierische und pflanzliche Öle / Bei Unfruchtbarkeit und Nervenleiden.
Vitamin H: Eier und Leber / Bei Schwächezuständen und Dermatitis.
Vitamin K: Frisches Blattgemüse / Bei Blutgerinnungsstörungen.
Vitamin P: Gemüse und Obst / Bei schwachen Kapillarwänden.

Früchte, exotische
Gemüse; Getreide
Kochrezepte
Körper, menschlicher
Obst; Pilze; Skelett

Europa

In der Tundra findet man die Zeltdörfer der Lappen, die als Nomaden leben. Für ihre Zelte bauen sie zuerst Gerüste aus Baumästen und überziehen diese dann mit Rentierfellen.

Europa gehört wie Asien und Afrika zur *Alten Welt*. Mit über 700 Millionen Einwohnern ist es der Erdteil mit der höchsten Bevölkerungsdichte. Im 19. Jahrhundert setzte eine Abwanderung der Landbevölkerung in die Industriegebiete ein, in denen Großstädte entstanden.

In Europa lebten große Philosophen wie Sokrates, Descartes und Kant, große Musiker wie Vivaldi, Bach und Mozart, und Wissenschaftler wie Newton, Pasteur und Einstein.

Die Lappen sind stark im Brauchtum ihres Volkes verwurzelt. Auch das Geschirr der Rentiere schmücken sie in den bunten Farben ihrer Volkstracht.

Von der EWG zur EU – 1957 wurde die Europäische Wirtschaftsgemeinschaft (EWG) mit dem Ziel gegründet, durch den freien Austausch von Rohstoffen, Arbeitskräften und Kapital eine gleichmäßige wirtschaftliche Entwicklung der Staaten zu erreichen. Seit dem 1. November 1993 heißt sie Europäische Union (EU). Die 15 Mitgliedsstaaten sind: Belgien, Dänemark, Deutschland, Finnland, Frankreich, Griechenland, Großbritannien, Irland, Italien, Luxemburg, Niederlande, Österreich, Portugal, Schweden und Spanien.

Lappland – Diese Region liegt nördlich des Polarkreises und wird überwiegend von den Lappen bewohnt, die früher als Nomaden mit Schlitten und auf Skiern umherzogen. Heute sind sie seßhaft und betreiben Fischfang und Rentierzucht. Das Klima ist dort subpolar mit ganzjährig sehr niedrigen Temperaturen, Dauerfrostboden und wenig Niederschlägen in Form von Schnee. In dieser Gegend, die man Tundra nennt, gibt es zahlreiche Nadelbäume, Flechten, Moose, Kräuter und niedrige Sträucher.

AL: ALBANIEN
AND: ANDORRA
B-H: BOSNIEN-HERZEGOWINA
CH: SCHWEIZ
FL: LIECHTENSTEIN
HR: KROATIEN
L: LUXEMBURG
M: MOLDAWIEN
MA: MAZEDONIEN
MC: MONACO
NL: NIEDERLANDE
RSM: SAN MARINO
SCV: VATIKANSTADT
SLO: SLOWENIEN

SPRACHE UND SCHRIFT, DEUTSCHE ✓
TIERWELT EUROPAS
TUNDRA

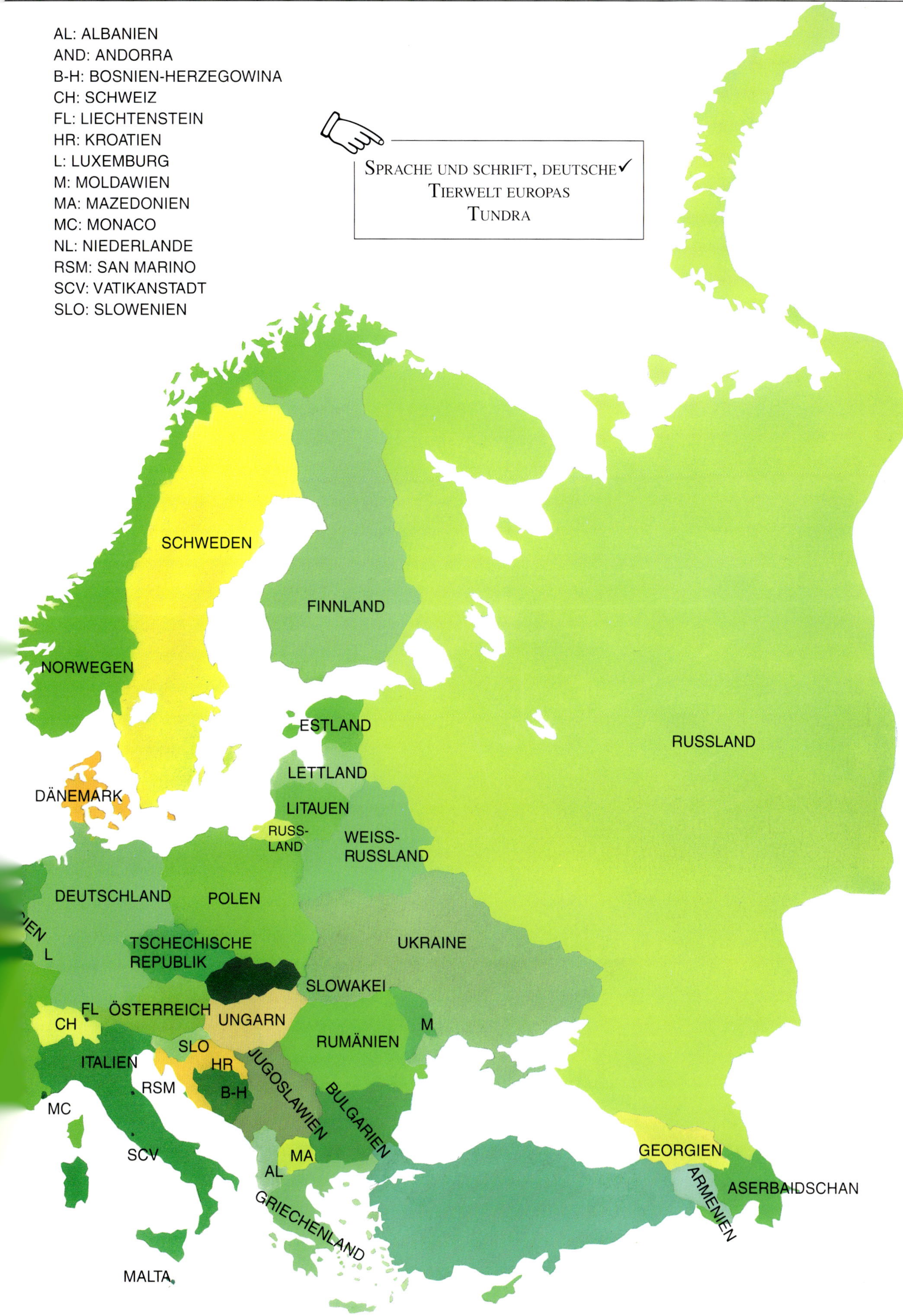

Staaten Europas

(nach Größe geordnet)

STAAT	HAUPTSTADT	FLÄCHE (km²)	EINWOHNER	SPRACHE	WÄHRUNG
Frankreich	Paris	543 965	56 897 000	Französisch	Franc
Spanien	Madrid	505 954	37 000 000	Spanisch	Peseta
Schweden	Stockholm	449 964	8 642 000	Schwedisch	Schwedische Krone
Deutschland	Berlin, Bonn*	356 854	79 800 000	Deutsch	Deutsche Mark
Finnland	Helsinki	338 145	5 029 000	Finnisch, Schwedisch	Finnmark
Norwegen	Oslo	323 877	4 262 000	Norwegisch	Norwegische Krone
Polen	Warschau	312 683	38 244 000	Polnisch	Zloty
Italien	Rom	301 302	56 750 000	Italienisch	Lira
Großbritannien**	London	244 100	55 487 000	Englisch	Pfund Sterling
Rumänien	Bukarest	237 500	22 750 000	Rumänisch	Leu
Griechenland	Athen	131 957	10 269 000	Griechisch	Drachme
Bulgarien	Sofia	110 994	8 500 000	Bulgarisch	Lew
Island	Reykjavik	102 819	258 000	Isländisch	Isländische Krone
Jugoslawien (Serbien und Montenegro)	Belgrad	102 173	10 337 000	Serbisch, Albanisch, Ungarisch	Jugoslawischer Dinar
Ungarn	Budapest	93 033	10 341 000	Ungarisch	Forint
Portugal	Lissabon	91 985	9 600 000	Portugiesisch	Escudo
Österreich	Wien	83 859	7 823 000	Deutsch	Schilling

* Regierungssitz bis zum Jahr 2000

** Das Vereinigte Königreich Großbritannien und Nordirland umfaßt England, Schottland, Wales, Nordirland und mehrere Inseln.

STAAT	HAUPTSTADT	FLÄCHE (km²)	EINWOHNER	SPRACHE	WÄHRUNG
Tschechische Republik	Prag	78 864	10 300 000	Tschechisch	Tschechische Krone
Irland	Dublin	70 285	3 523 000	Irisch, Englisch	Irisches Pfund
Litauen	Wilna	65 200	3 741 000	Litauisch, Russisch	Lita
Lettland	Riga	64 500	2 648 000	Lettisch, Russisch	Lat
Kroatien	Zagreb	56 538	4 765 000	Kroatisch	Kuna
Bosnien-Herzegowina	Sarajevo	51 129	4 366 000	Serbokroatisch	Bosnischer Dinar
Slowakei	Bratislava	49 036	5 270 000	Slowakisch	Slowakische Krone
Estland	Tallinn	45 100	1 560 000	Estnisch, Russisch	Estnische Krone
Dänemark	Kopenhagen	43 093	5 154 000	Dänisch	Dänische Krone
Niederlande	Amsterdam Den Haag*	41 526	15 100 000	Niederländisch	Holländischer Gulden
Schweiz	Bern	41 285	6 871 000	Deutsch, Französisch, Italienisch, Rätoromanisch	Schweizer Franken
Belgien	Brüssel	30 518	9 980 000	Französisch, Flämisch, Deutsch	Belgischer Franc
Albanien	Tirana	28 748	3 301 000	Albanisch (Toskisch)	Lek
Mazedonien	Skopje	25 713	2 034 000	Mazedonisch, Albanisch	Denar
Slowenien	Ljubljana	20 251	1 975 000	Slowenisch	Slowenischer Tolar
Luxemburg	Luxemburg	2 586	385 000	Franz., Deutsch, Letzeburgisch	Luxemburgischer Franc
Andorra	Andorra la Vella	453	54 000	Katalanisch, Spanisch	Französischer Franc, spanische Peseta
Malta	Valletta	316	357 000	Englisch, Maltesisch	Malta-Pfund

* Regierungssitz

	STAAT	HAUPTSTADT	FLÄCHE (km^2)	EINWOHNER	SPRACHE	WÄHRUNG
	**Liechtenstein**	Vaduz	160	29 000	Deutsch	Schweizer Franken
	**San Marino**	San Marino	61	23 000	Italienisch	Italienische Lira
	**Monaco**	Monaco	1,95	29 000	Französisch	Französischer Franc
	**Vatikanstadt**		0,44	1 000	Italienisch	Italienische Lira

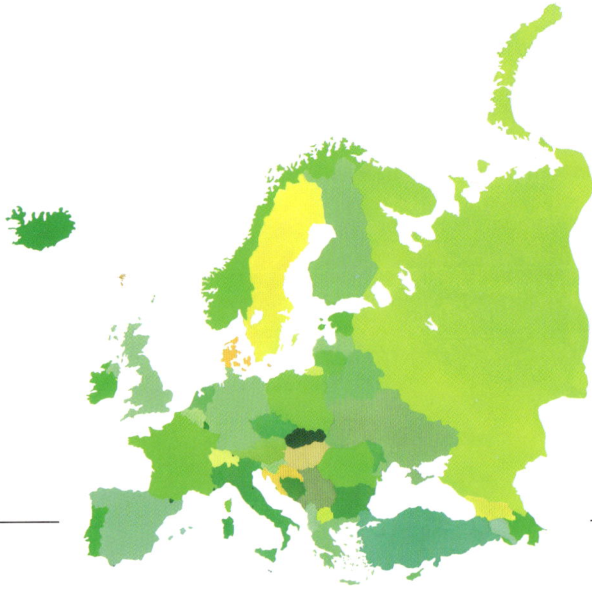

Europäische Superlative

- **Der längste Gebirgszug**: Die Karpaten erstrecken sich über 1300 km.
- **Der längste Fluß**: die Wolga mit 3531 km.
- **Der größte See**: Der Ladogasee im Nordwesten Rußlands ist 17 700 km^2 groß.
- **Der höchste Wasserfall** ist mit 421 m Fallhöhe der Gavernie-Fall in den französischen Pyrenäen.
- **Die größte Insel** ist Großbritannien mit 229 885 km^2.
- **Die Halbinsel mit der größten Fläche** ist Skandinavien (ungefähr 800 000 km^2).
- **Die höchstgelegene Hauptstadt:** La Vella, 1070 m Höhe über dem Meeresspiegel.
- **Der bedeutendste Hafen**: Rotterdam in den Niederlanden.
- **Der längste Eisenbahntunnel**: der Kanaltunnel (50,5 km).
- **Die Hauptstadt mit der größten Einwohnerzahl**: Moskau (ungefähr 9 Millionen Einwohner).

GEMEINSCHAFT UNABHÄNGIGER STAATEN (GUS)

	STAAT	HAUPTSTADT	FLÄCHE (km²)	EINWOHNER	SPRACHE	WÄHRUNG
	**Rußland**	Moskau	17 075 400	147 386 000	Russisch	Rubel
	**Kasachstan**	Alma-Ata	2 717 300	16 792 000	Kasachisch, Russisch	Tenge
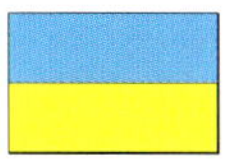	**Ukraine**	Kiew	603 700	51 944 000	Ukrainisch	Karbowanez
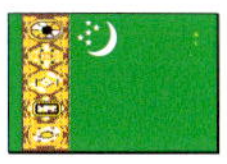	**Turkmenistan**	Aschgabat	488 100	3 714 000	Turkmenisch, Russisch	Manat
	**Usbekistan**	Taschkent	447 400	20 708 000	Usbekisch, Russisch	Sum
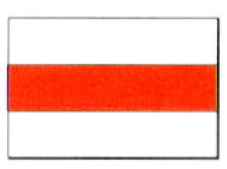	**Weißrußland**	Minsk	207 600	10 260 000	Weißrussisch, Russisch	Weißrussischer Rubel
	**Kirgisien**	Bischkek	198 500	4 422 000	Kirgisisch, Russisch	Som
	**Tadschikistan**	Duschanbe	143 100	5 359 000	Tadschikisch, Russisch	Tadschikischer Rubel
	**Aserbaidschan**	Baku	86 600	7 137 000	Türkisch, Aseri, Russisch	Manat
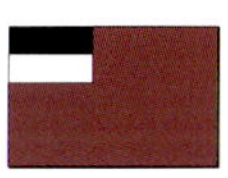	**Georgien**	Tiflis	69 700	5 464 000	Georgisch	Kupon
	**Moldawien**	Kischinjow	33 700	4 363 000	Rumänisch, Russisch	Moldawischer Lei
	**Armenien**	Eriwan	29 800	3 288 000	Armenisch, Russisch, Kurdisch	Dram

Die Gemeinschaft Unabhängiger Staaten (GUS) wurde im Dezember 1991 als Bündnis für wirtschaftlich-militärische Zusammenarbeit von den unabhängigen Staaten Armenien, Aserbaidschan, Kasachstan, Kirgisien, Moldawien, Rußland, Tadschikistan, Turkmenistan, Ukraine, Usbekistan und Weißrußland gegründet. Georgien trat 1993 der GUS bei. Estland, Lettland und Litauen hingegen taten dies nicht, sondern bekräftigten wiederholt ihre Absicht, selbständig zu bleiben.

Feuerwaffen

Das Schwarzpulver wurde von den Chinesen erfunden, die es jedoch nicht für militärische Zwecke, sondern für Feuerwerkskörper verwendeten. Nach Europa kam es um 1300. In der ersten Hälfte des 16. Jahrhunderts rüsteten Heinrich VIII., Heinrich II. und Karl V. das englische, französische bzw. spanische Heer mit Kanonen, Bombarden, Pistolen, Musketen und Karabinern aus. Die Feldschlangen der venezianischen Galeeren trugen entscheidend zum Sieg über die Türken in der Seeschlacht von Lepanto (1571) bei.

Oben: Füsiliere zu Pferd. Im Dreißigjährigen Krieg (1618-1648) kamen auf beiden Seiten große Mengen von Schußwaffen zum Einsatz.

Chinesen
Friedrich der Grosse
Weltkriege

Die Geschützbedienung leistete die Schwerarbeit, der Bombardier oder Geschützführer war für die Treffgenauigkeit verantwortlich.

Die Luftschlacht um England (August/September 1940) war ein erbittertes Gefecht zwischen den Spitfire-Jägern der englischen Royal Air Force und den Messerschmitt-Jagdflugzeugen der deutschen Luftwaffe.

Militärflugzeuge – Im Ersten Weltkrieg wurden erstmals Flugzeuge als Gefechtswaffen (Jagdflugzeuge) und Bomber eingesetzt. Für den Luftkrieg wurden spezielle mit den Propellern synchronisierte Maschinengewehre entwickelt. Viele Piloten zeichneten sich durch großen Mut aus; der berühmteste von ihnen war der *Rote Baron,* Manfred von Richthofen. Im Zweiten Weltkrieg entschieden die immer zielgenauer operierenden und stärker bewaffneten Flugzeugverbände viele wichtige Schlachten.

Fische

Man kennt heute etwa 25 000 verschiedene Fischarten. Das Skelett ist entweder knöchern (Knochenfische) oder knorpelig (Knorpelfische). Die schleimige Haut ist mit Schuppen bedeckt. Fische haben paarig angeordnete Schwimmflossen (Brust- und Bauchflossen) sowie unpaarige Flossen (Schwanz-, After- und Rückenflossen). Die meisten Fische legen Eier und atmen durch die Kiemen.

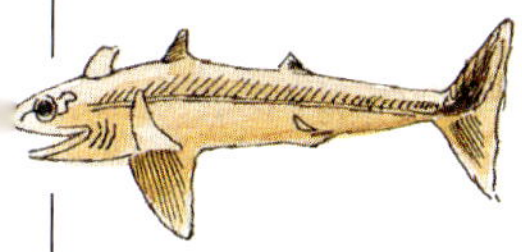

Cladoselache, prähistorischer Hai.

Von links: Ganoidschuppen (wie beim Knochenhecht), Kamm- oder Ctenoidschuppen (wie beim Flußbarsch), Plakoidschuppen (wie beim Hai), Rund- oder Zykloidschuppen (wie beim Lachs).

Die Schuppen – Es sind kleine, abgerundete Knochenplättchen, die unter der Haut liegen. Jedes Plättchen sitzt in einer taschenförmigen Vertiefung. Die Schuppen überlagern sich wie Dachziegel und bilden Querreihen.

Die Kiemen – Sie sitzen an beiden Seiten des Kopfes und sind mit vielen Blutgefäßen ausgestattet. Der im Wasser enthaltene Sauerstoff gelangt durch das Maul zu den Kiemen und von dort ins Blut.

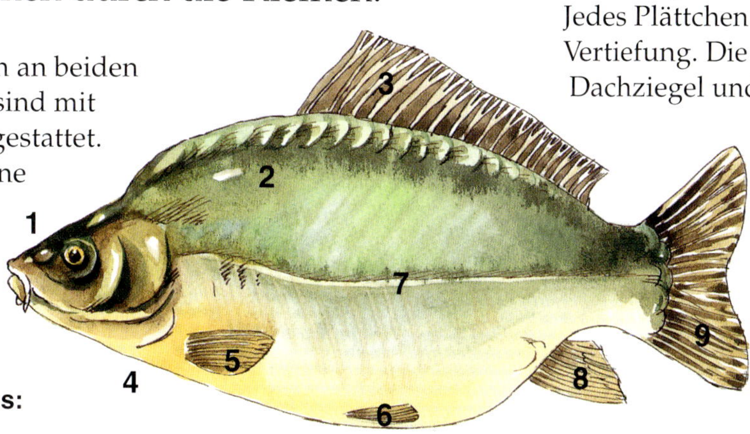

Anatomie eines Karpfens:

Körperteile: 1. Kopf **2.** Rücken **3.** Rückenflosse **4.** Brust **5.** Brustflosse **6.** Bauchflosse **7.** Seitenlinie **8.** Afterflosse **9.** Schwanzflosse.

Der Dorsch legt pro Laichgang bis zu 6 Millionen Eier ab.

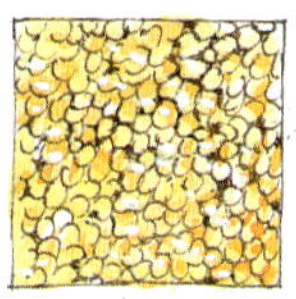

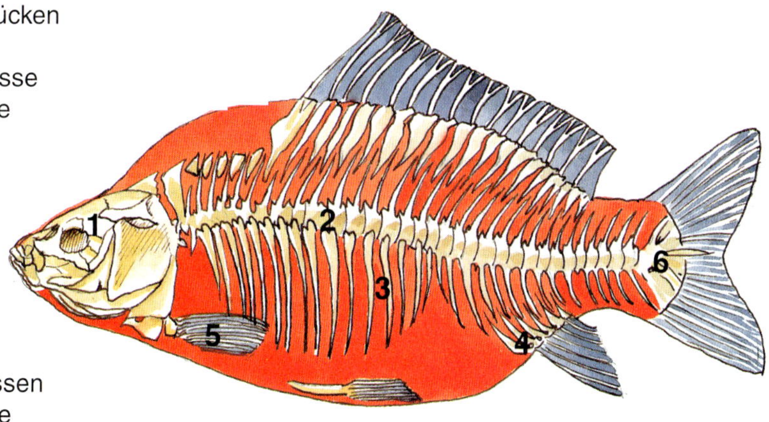

Skelett: 1. Schädel **2.** Wirbelsäule **3.** Rippen **4.** Stützgräten für die Flossen **5.** Strahlen der Brustflosse **6.** Flossenträger (Hypuralia).

Im Frühjahr – Viele Fische gehen auf der Suche nach einem geeigneten Ort für die Fortpflanzung auf Wanderschaft. Die Weibchen legen ihre Eier ungeschützt auf dem Grund der Gewässer ab. Es gibt lebendgebärende Arten, wie z. B. die Dornhaie und Hammerhaie.

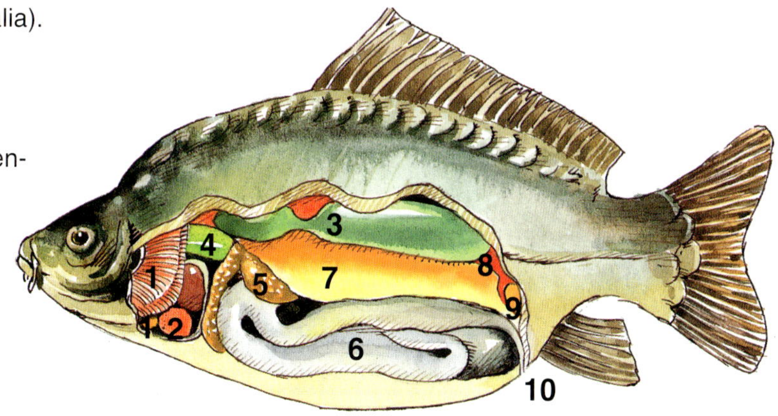

Innere Organe: 1. Kiemenlamellen **2.** Herz **3.** Schwimmblase **4.** Speiseröhre **5.** Leber **6.** Darm **7.** Hoden **8.** Nieren **9.** Harnblase **10.** After.

Die Schwimmblase zieht sich zusammen, wenn der Fisch in tiefere Gewässer absteigt, und dehnt sich wieder aus, wenn er an die Oberfläche steigt.

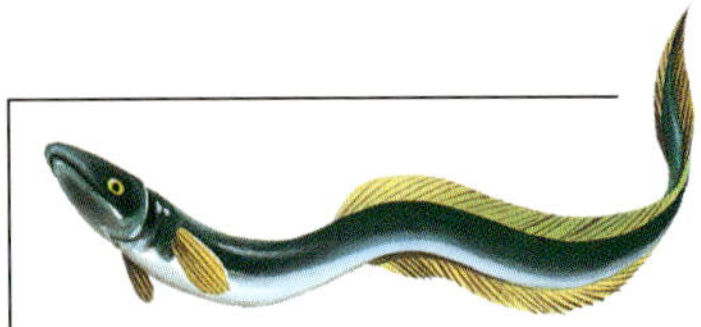

Die Aale *(Anguilla anguilla)* wandern in die Sargassosee, um sich fortzupflanzen. Die frisch geschlüpften Aale nennt man Weidenblattlarven; vor der Fortpflanzung heißen sie Glasaale, und die fortpflanzungsbereiten Weibchen werden Blankaale genannt.

Der Lachs *(Salmo salar)* schwimmt zur Eiablage flußaufwärts. Er kann bis zu 15 kg wiegen und bis zu 1,20 m lang werden.

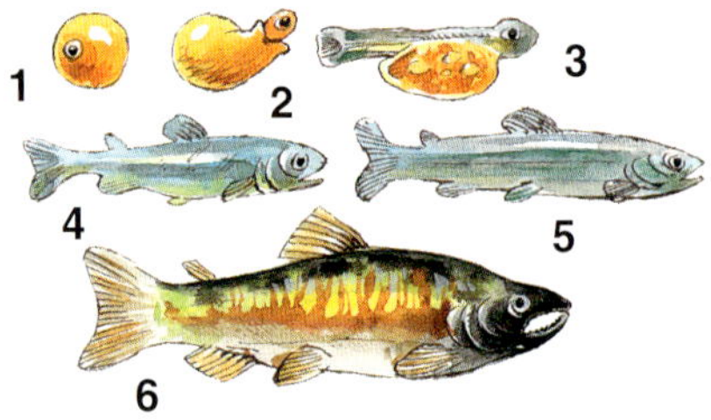

Entwicklung des Lachses: 1. Befruchtetes Ei **2.** Aufbrechen des Eis **3.** Larve mit Dottersack **4.** Junglachsstadium (*Sälmling*) **5.** Die Junglachse verwandeln sich vor der Wanderung in *Blanklachse* **6.** Erwachsenes Männchen.

Piranha – Ein Knochenfisch aus der Ordnung der Karpfenfische (Gattung *Serrasalmus*). Er wird bis zu 30 cm lang und lebt in Schwärmen in den Flüssen Südamerikas. Wenn ein Tier in ein von Piranhas verseuchtes Gewässer fällt, wird es bis zum Skelett abgenagt. Diese Fische greifen auch den Menschen an.

Piranha

Die Flußbarbe *(Barbus barbus)* verwendet die Fortsätze, die seitlich von ihrer Oberlippe herabhängen, um den Grund der Wasserläufe abzusuchen.

Barbe

Forelle, ein Fisch aus der Familie der Lachsfische (Gattung *Salmo*)

Forelle – Die Bachforelle *(Salmo trutta fario)* wird etwa 50 cm lang, die Seeforelle *(Salmo trutta lacustris)* bis zu 30 kg schwer und 1 m lang; die Regenbogenforelle *(Salmo gairdneri)* ist ca. 60 cm lang.

Der Stör ist ein Seefisch, der im Frühjahr zum Laichen flußaufwärts schwimmt. Der Atlantische Stör *(Acipenser sturio)* wird 4 m lang und kann bis zu 100 kg Eier enthalten, die als Kaviar verkauft werden.

Karpfen

HAUSTIERE
KNORPELFISCHE; MEER
MEERESGRUND
TARNUNG; TIEFSEE
TIERE, AUSSERGEWÖHNLICHE
TIERWANDERUNGEN

1. Große Schwebrenke **2.** Weißling **3.** Forelle **4.** Stör **5.** Hecht **6.** Flußbarsch **7.** Unio (Malermuschel).

FORSCHER UND ERFINDER

Eine wissenschaftliche Entdeckung ist die Lösung eines der Rätsel, die die Natur und die menschliche Existenz uns aufgeben; eine Erfindung ist etwas, was es vorher noch nicht gab. Die Schwerkraft zum Beispiel wurde entdeckt, die Uhr und das Fernsehen erfunden.

Die Französin Marie Curie erforschte die Radioaktivität und entdeckte 1898 das Radium.

Der Deutsche Albert Einstein (1879-1955) revolutionierte zu Beginn des 20. Jahrhunderts die Physik, indem er das Verhältnis zwischen Energie und Masse entdeckte.

Der Franzose Blaise Pascal (unten) baute im Alter von 19 Jahren die erste Rechenmaschine.

Der Franzose A. L. Lavoisier (1743-1794) wies nach, daß nichts entsteht, nichts vergeht, alles sich wandelt (unten).

Die experimentelle Methode wurde von Galileo Galilei eingeführt. Auf ihr beruht die moderne Naturwissenschaft, die wissenschaftliche Theorien auf Experimente aufbaut. Isaac Newton (1643-1727) war ein englischer Physiker, Mathematiker und Astronom, der die Grundgesetze der Mechanik und das Gravitationsgesetz (1687) aufstellte.

Roger Bacon (um 1220-1292): englischer Philosoph und Mathematiker. Er war mit seinen Experimenten seiner Zeit so weit voraus, daß er wegen Ketzerei zum Tod verurteilt wurde.

Patent – Ein Erfinder verkauft kein fertiges Produkt, sondern eine Idee. Um das Urheberrecht für eine Erfindung zu beanspruchen, muß man ein Patent anmelden und erhalten. Das Patent schützt das Urheberrecht, das heißt der Inhaber des Patents hat bei jeder Verwertung seiner Erfindung Anspruch auf einen Teil des damit erzielten Gewinns.

Der Engländer George Stephenson und sein Sohn Robert (19. Jh.) sind die Erfinder der Dampflokomotive für den Personenverkehr.

Der Italiener Galileo Galilei (1564-1642) untermauerte die Lehre des Kopernikus, wonach die Erde um die Sonne kreist und nicht umgekehrt. Er ist der Erfinder des Fernrohrs, mit dem die Bewegungen der Gestirne besser beobachtet werden können.

Der Schotte James Watt (1736-1819) verbesserte die Dampfmaschine, so daß sie in der Industrie verwendet werden konnte.

Der Amerikaner T. A. Edison (1847-1931) ließ über 3000 Erfindungen patentieren, darunter die heute noch verwendete elektrische Glühbirne.

Der Franzose Louis Pasteur (1822-1895) entwickelte die Schutzimpfung gegen Tollwut, eine durch Tiere übertragbare Krankheit.

Die Brüder Montgolfier (17. Jh.) erfanden den Heißluftballon, die nach ihnen benannte Montgolfière.

Der Deutsche Karl Benz (1844-1929) baute 1885 das erste Automobil mit Explosionsmotor.

Was müßte noch erfunden werden? – Heute bemüht sich die Forschung um eine Verbesserung der Lebensqualität, z. B. durch die Entwicklung neuer Medikamente und Erschließung erneuerbarer, umweltverträglicher Energiequellen.

Dampfkraft
Elektrizität; Energie
Erfindungen, prähistorische; Fortschritt
Kino und Film
Leonardo da Vinci
Medizin, Optik
Reisen, früher; Uhren
Verkehrsmittel

Fortpflanzung

Eizelle

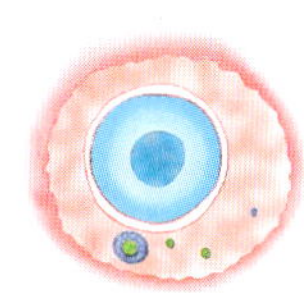

Samenzelle

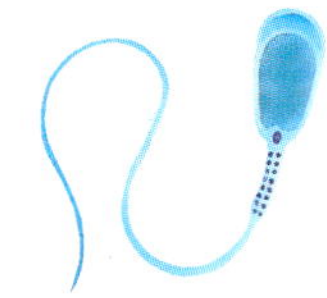

Neues menschliches Leben entsteht aus der Vereinigung einer Eizelle (*Ovum*) der Frau mit einer Samenzelle (*Spermium*) des Mannes. Jede Zelle enthält 23 Chromosomen mit den Erbinformationen. Die Samenzelle befruchtet die Eizelle in einem der Eileiter. Aus dieser befruchteten Eizelle, der Zygote, entwickelt sich das Baby.

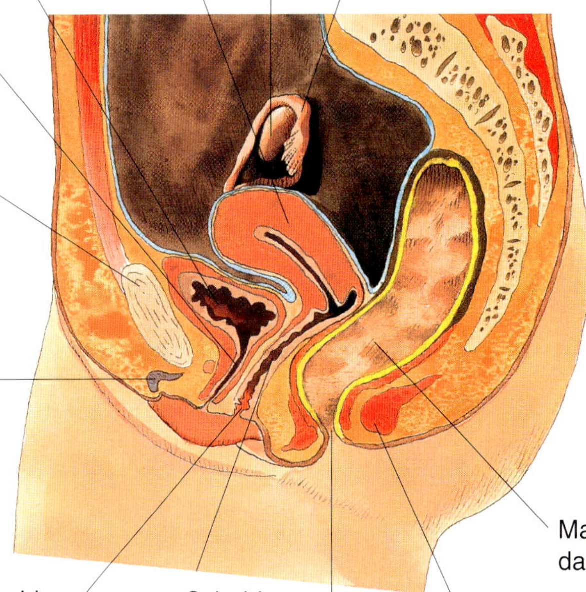

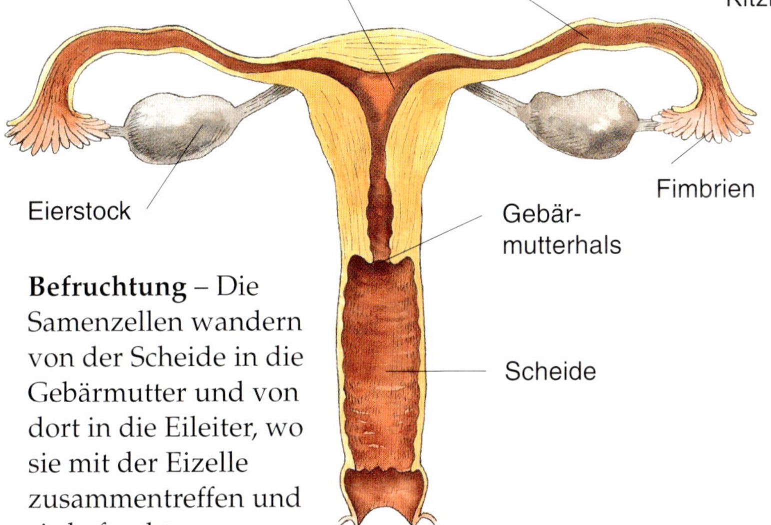

Befruchtung – Die Samenzellen wandern von der Scheide in die Gebärmutter und von dort in die Eileiter, wo sie mit der Eizelle zusammentreffen und sie befruchten.

Die Samenzellen sind in der Samenflüssigkeit (*Sperma*) enthalten, die sich beim Geschlechtsverkehr aus dem Penis des Mannes in die Scheide der Frau ergießt.

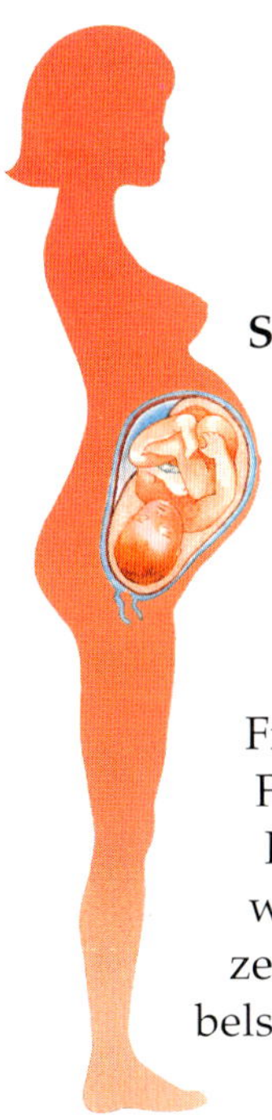

Schwangerschaft Neun Monate lang lebt der Fetus im Bauch (Gebärmutter) der Mutter. Er schwimmt im Fruchtwasser, der Flüssigkeit in der Fruchtblase, und wird von der Plazenta über die Nabelschnur mit Nährstoffen versorgt.

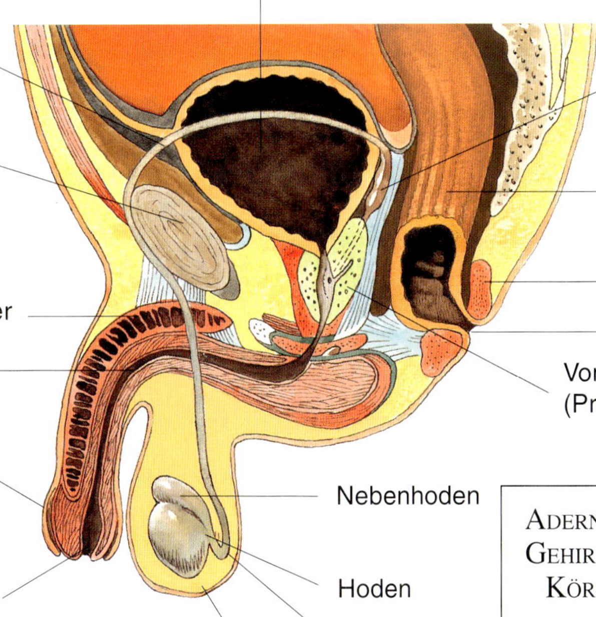

Adern und Blutkreislauf
Gehirn und Sinnesorgane
Körper, menschlicher
Muskeln
Skelett

Fortschritt

Die Einführung der Elektrogeräte veränderte das Alltagsleben gewaltig. Ende des 19. und zu Beginn des 20. Jahrhunderts hielten moderne Errungenschaften wie elektrisches Licht, fließendes Wasser, Grammophon, Radio und Telefon Einzug in die Haushalte. Um 1930 wurden die ersten Fernsehsendungen ausgestrahlt und neue Materialien erfunden: Nylon und andere Kunststoffe. Um 1970 baute man die ersten Roboter, und die Computer kamen auf den Markt.

Das erste elektrische Bügeleisen (1882) bestand aus einer Platte, die sich aufgrund eines elektrischen Widerstandes erhitzte.

Elektrische Hausgeräte – Die Nähmaschine wurde im Jahr 1851 von dem Amerikaner Singer erfunden, der seine Erfindung patentieren ließ und in New York die heute noch bestehende Gesellschaft gleichen Namens gründete. Der elektrische Staubsauger wurde 1901 erfunden. Mixer gibt es seit 1910, Boiler und Föhn wurden Anfang des 20. Jh. patentiert. Elektrische Kühlschränke kamen um 1920 auf den Markt.

Abgebildete Geräte:
1. Schreibmaschine
2. Spülklosett
3. Fließendes heißes und kaltes Wasser
4. Grammophon
5. Elektrischer Staubsauger
6. Telefon
7. Elektrische Beleuchtung
8. Bügeleisen
9. Nähmaschine

Radio – Nach eingehender Beschäftigung mit den von R. H. Hertz entdeckten elektromagnetischen Wellen führte Guglielmo Marconi im Jahre 1895 ein aufsehenerregendes Experiment durch: Ihm gelang die drahtlose Übertragung von Funksignalen über eine Entfernung von mehr als einem Kilometer. Dafür erhielt er 1909 den Nobelpreis für Physik.

Grammophon – 1877 erfand T. A. Edison den Phonographen, ein Abspielgerät für Tonaufzeichnungen. Als 1888 die erste Schallplatte hergestellt wurde, begann das Zeitalter des Grammophons, dessen winzige Nadel die Spurrillen auf der Platte „las".

Telefon – J. Ph. Reis baute 1861 den ersten „Fernsprecher", der die menschliche Stimme elektrisch übertragen konnte. Doch erst nach der Erfindung des elektromagnetischen Telefons durch Bell und des Kohlemikrophons durch Edison setzte die stürmische Entwicklung der Fernsprechtechnik ein. Heute sind die Telefone in der Regel durch Kabel miteinander verbunden. Die Fernsprechübertragung zwischen den Kontinenten funktioniert aber über Funksatelliten. Handys sind drahtlose Telefone, die über eine Funkstation wählen. Mit dem Modem kann man über Telefonleitungen auch Computerdaten austauschen, mit dem Telefax Vorlagen fernkopieren.

Fernsehen – Das wichtigste Bauelements des Fernsehens ist die Bildröhre, eine Weiterentwicklung der bereits 1897 erfundenen Braun'schen Röhre. Die Antenne am Dach empfängt die elektromagnetischen Wellen und leitet sie an das Fernsehgerät weiter. Der Elektronenstrahl der Bildröhre „beschießt" den Bildschirm mit Strom, so daß mehr oder weniger helle Punkte aufleuchten und das Fernsehbild aufbauen.

Computer – Die Herstellung von Personalcomputern stieg in den siebziger Jahren sprunghaft an, als elektronische Bauteile erfunden wurden, die auf winzigem Raum Riesenmengen von Daten speichern können: die Chips.

Platte aus Isoliermaterial, auf die elektrische Schaltkreise aufgedruckt werden.

COMPUTER
ELEKTRIZITÄT
FORSCHER UND ERFINDER
INFORMATIK

Fossilien

Urzeitlicher Meeresgrund mit Panzerfischen und kieferlosen Fischen.

Viele prähistorische Fische, Insekten und Pflanzen sind nach ihrem Absterben im Sand des Meeresgrundes festgehalten worden. Durch die Einwirkung der Mineralsalze im Wasser versteinerten ihre Überreste. Fossilien sind die Spuren, die diese Lebewesen der Urzeit hinterlassen haben.

Dinosaurier
Muscheln und
Schnecken

Ichthyosaurier

Schneckenhaus
Unten: ein großer Ammonit. Die harte Schale dieser Kopffüßer blieb Millionen Jahre lang im Gestein eingeschlossen.

Fossilien von Pflanzen und Insekten:
1. *Alethoptheris*
2. *Calamites*
3. *Lepidodendron*
4. *Meganeura*
5. *Eugereon*
6. *Eophrynus*
7. *Seymouria babylorensis*

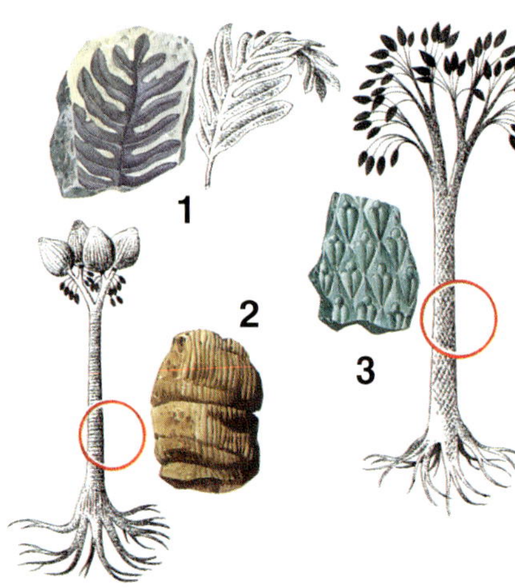

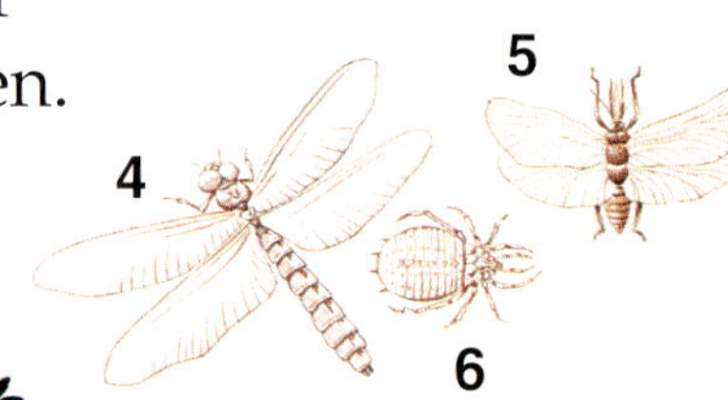

Fotografie

Die erste erhaltene Fotografie von Niepce (oben rechts) entstand auf einer mit lichtempfindlichem Asphalt beschichteten Zinkplatte.

Bereits 1816 gelang es dem Franzosen Niepce erstmals, das Bild der Camera obscura mit chemischen Mitteln vorübergehend festzuhalten. In Zusammenarbeit mit Daguerre (1787-1851) entstand etwa zehn Jahre später das erste erfolgreiche fotografische Verfahren, das die mit einer Camera obscura gemachten Aufnahmen auf einer versilberten und mit Jod behandelten Kupferplatte fixierte (*Daguerrotypie*). Zur gleichen Zeit erfand der Engländer Talbot (1800-1877) das heute gebräuchliche Negativ-Positiv-Verfahren auf Papier. 1904 entwickelten die Gebrüder Lumière eine Platte für die Farbfotografie.

Metallkamera aus der Frühzeit der Fotografie.

Die Camera obscura – die Vorläuferin des Fotoapparates – war ein lichtdichter Kasten mit einem winzigen Loch (Blende) in der einen Wand und einer Mattscheibe an der gegenüberliegenden Wand, auf der ein auf dem Kopf stehendes, seitenverkehrtes Bild entstand. Spätere Kameras verwendeten Linsen, mit denen man immer schärfere und kontrastreichere Aufnahmen erzielte.

Informatik
Kino und Film

Kameras – Anfang des 20. Jahrhunderts wurden die ersten kleinen, handlichen Kameras gebaut. Man fotografierte auf Platten und auf Rollfilm. Mit den neuesten Verfahren lassen sich Aufnahmen auf magnetooptischen Speicherplatten digital speichern.

BERÜHMTE FRAUEN

Königin Victoria (1819-1901) bestieg 1837 den englischen Thron.

Einige Frauen sind durch ihre Taten, Werke oder Denkweisen in die Geschichte eingegangen. Das Alte Testament berichtet von weisen, mutigen Frauen wie Sara, Judith und Esther. In Schulbüchern erwähnt werden z. B. Kleopatra, die ehrgeizige Königin Ägyptens (68-30 v. Chr.) oder Marie-Antoinette, die unglückliche französische Königin, die 1793 enthauptet wurde. Andere Frauen schufen literarische Werke, wie Emily Dickinson (1830-1886) oder Emily Brontë. Einige wurden als Wissenschaftlerinnen berühmt, wie Marie Curie (1867-1934), die für ihre Entdeckung des Radiums den Nobelpreis erhielt, andere als Bühnengrößen, wie die Schauspielerin Eleonora Duse (1859-1924), die Tänzerin Isadora Duncan (1878-1927) und die Opernsängerin Maria Callas (1923-1977).

Mittelalter – Hildegard von Bingen (1098-1179), eine für ihre mystischen Visionen berühmte deutsche Klosterfrau, die wundervolle Gedichte schrieb. Sie interessierte sich auch für Musik und Naturwissenschaften. Die heilige Klara (1193-1253) gründete unter dem Einfluß des heiligen Franziskus den Klarissenorden. Mathilde von Canossa (1046-1115) unterstützte Papst Gregor VII. gegen Kaiser Heinrich IV., der sich 1077 in der Felsenburg von Canossa erniedrigte und den Papst um Vergebung bat. Eleonora von Aquitanien (1122-1204), die Gattin Ludwigs VII. von Frankreich, heiratete später Heinrich II. von England. Sie führte die Regentschaft, als ihr Sohn Richard Löwenherz zum dritten Kreuzzug aufbrach.

Elisabeth I. (1533-1603), links, machte England zu einer großen Handels- und Seemacht.

Florence Nightingale (1820-1910) wurde als „Dame mit der Lampe“ im Krimkrieg berühmt, weil sie als Krankenschwester auch nachts nach den Verwundeten sah. Ab 1856 reformierte sie die Krankenpflege in England.

ELISABETH I.
JEANNE D'ARC
KATHARINA DIE GROSSE
RICHARD LÖWENHERZ

Sally K. Ride (geb.1951) flog 1983 als erste Amerikanerin an Bord der Raumfähre *Challenger* ins All.

Amy Johnson (links) war eine Pionierin der Luftfahrt. 1930 flog sie von London nach Australien (16 000 km in 19 Tagen). Im Zweiten Weltkrieg tat sie in der Royal Air Force Dienst. Amelia Earhart (USA) war die erste Frau, die den Atlantik (1928) und den Pazifik (1934) überflog.

Feminismus – Ab dem Ende des 19. Jahrhunderts kam es zu Bewegungen, die rechtliche, politische, soziale und kulturelle Gleichberechtigung für die Frauen forderten. Die Feministinnen, auch Suffragetten genannt, verlangten bessere Arbeitsbedingungen, vor allem aber das Wahlrecht. Der erste Kongreß fand in Seneca Falls im Jahr 1848 statt. In manchen amerikanischen Staaten waren die Frauen ab 1869 wahlberechtigt, in Deutschland ab 1918. 1958 erhielten die Frauen in Deutschland die volle Gleichberechtigung.

Mutter Teresa hat ihr Leben dem Dienst an den Hungernden, Waisen, Kranken und Sterbenden der indischen Stadt Kalkutta gewidmet. 1979 erhielt sie den Friedensnobelpreis.

Friedrich der Grosse

Preußen war zu Anfang des 18. Jh. ein Kleinstaat, wurde aber unter Führung Friedrichs II., des Sohnes von Friedrich Wilhelm I., zu einer Großmacht. 1740 bestieg Friedrich den Thron. Er hatte eine streng militärische Erziehung genossen und war ein aufgeklärter Herrscher. Er reformierte die Grundschule, schaffte die Folter ab und führte ein Bürgerliches Gesetzbuch ein (1745-1751). Es gelang ihm, Schlesien von Österreich zu erobern. Von 1756 bis 1763 kämpfte er im Siebenjährigen Krieg gegen die verbündeten Truppen Österreichs, Frankreichs und Rußlands.

Porträt Friedrichs II. von Preußen, genannt der Große.

1712: Geburt in Berlin.
1740: F. folgt seinem Vater auf den Thron.
1741-45: Krieg gegen Österreich, Eroberung Schlesiens.
1756-1763: Siebenjähriger Krieg.
1763-1778: Wiederaufbau Preußens.
1786: F. stirbt in Potsdam.

1730 versuchte Friedrich mit Hilfe seines Freundes Katte ins Ausland zu fliehen. Der Vater sperrte ihn wegen Hochverrats in der Festung von Küstrin ein und ließ Katte hinrichten.

Militärgenie – Friedrich II. erneuerte das Rekrutierungssystem der Truppen und sorgte für die Ausbildung der Soldaten. Er führte den Gebrauch des Bajonetts ein. Er war ein großer Stratege und Taktiker; seine Schlachten gelten als Meisterwerke der Kriegskunst. Die Schlacht bei Roßbach (links) brachte einen der berühmtesten Siege Friedrichs. Hier schlugen 20 000 Preußen ein feindliches Heer von mehr als 40 000 Soldaten.

Soldaten des preußischen Heeres:
1. Grenadier **2.** Artillerist **3.** Dragoneroffizier **4.** und **5.** Husaren **6.** Kürassier **7.** Infanterist

Feuerwaffen

EXOTISCHE FRÜCHTE

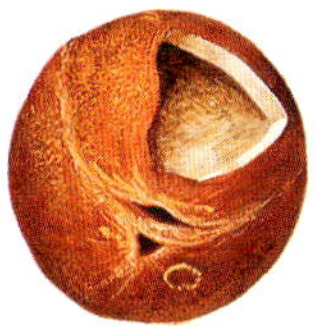

Kokosnuß

Avocado

Mit der Entdeckung Amerikas und der Entwicklung des Kolonialhandels wurden in Europa Früchte eingeführt, die in den heißen Ländern um den Äquator und in den Tropen wachsen. Beim Obsthändler finden wir heute eine reiche Auswahl an exotischen, d. h. aus fernen Ländern stammenden, Früchten wie Kokosnüsse, Datteln, Avocados und Papayas.

Datteln

Papaya

Die Papaya wächst in den Tropen. Sie enthält schwarze Kerne.

Ananas

Ananas – Unter einer harten Schale, die einem Pinienzapfen ähnelt, verbirgt sich ein säuerlich schmeckendes gelbes Fruchtfleisch, das sehr viele Vitamine enthält.

ERNÄHRUNG
OBST

Banane

Banane – Es ist eine sehr zuckerhaltige Frucht, reich an Vitamin A und an Mineralsalzen wie Kalium. Sie ist sehr nahrhaft und das ganze Jahr über zu bekommen, weil die Bananenstauden ganzjährig Früchte tragen.

Gandhi, Mahatma

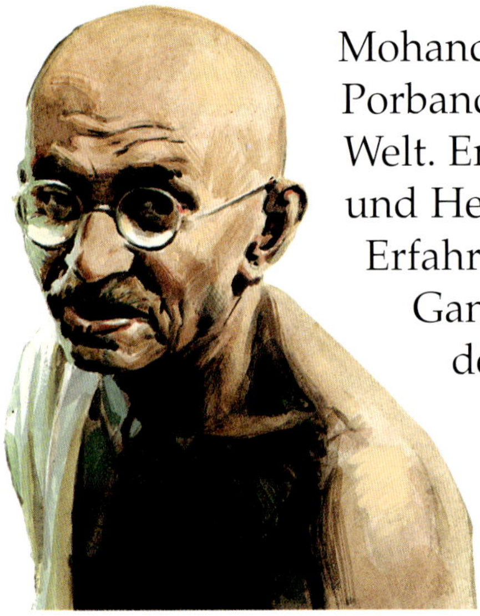

Mohandas K. Gandhi (1869-1948) kam als Sohn reicher Eltern in Porbandar, Indien (das damals eine britische Kolonie war), zur Welt. Er studierte Jura in London, wo er wegen seiner Hautfarbe und Herkunft diskriminiert wurde. Auf Grund dieser frühen Erfahrungen mit Rassismus und Imperialismus interessierte sich Gandhi bald für das Prinzip des passiven Widerstandes und des Gewaltverzichts. Er setzte diese Ideen zuerst in Südafrika in die Tat um, später auch in Indien, wo er die nationale Befreiungsbewegung anführte.

Gandhi kämpfte für seine Landsleute in den damaligen britischen Kolonien Indien und Südafrika.

Gewaltverzicht – Gandhi predigte Gewaltlosigkeit und zivilen Ungehorsam als Protest gegen ungerechte Gesetze. Politische Führer in aller Welt griffen seine Ideen auf. In Indien versuchte Gandhi vergeblich, die Muslime und Hindus zu versöhnen und die Einheit Indiens zu erhalten. 1947 wurde aus dem muslimischen Landesteil der unabhängige Staat Pakistan.

Führer der indischen Unabhängigkeitsbewegung – Nach Indien zurückgekehrt (1914), wurde Gandhi zum Anführer im Kampf um die Unabhängigkeit. Wegen seiner Ansichten und Handlungen wanderte er wiederholt ins Gefängnis. Er überzeugte jedoch viele seiner Anhänger davon, daß durch Gewaltverzicht die Unabhängigkeit zu erreichen sei. Obwohl Gandhi nie ein Amt bekleidete, sah man in ihm den politischen und geistigen Führer Indiens. Er bekam den Beinamen Mahatma, das heißt „große Seele". 1948 wurde er auf dem Weg zum Gebet von einem religiösen Fanatiker ermordet.

Martin Luther King (1928-1968) vertrat in den USA Gandhis Idee des Gewaltverzichts.

Hinduismus
Inder

GARTENBAU

Unter Gartenbau versteht man die Kunst und die Technik, Gärten zu bebauen. Nicht jeder hat das Glück, einen eigenen Garten zu besitzen. Aber auch im Haus kann man Grünpflanzen oder blühende Pflanzen ziehen. Manche Pflanzen müssen am Fenster stehen, andere im Schatten; manche werden oft gegossen, andere selten. Alle Pflanzen brauchen eine beständige Temperatur: Man darf sie nicht zu nahe an die Heizung oder in die Zugluft stellen. Ein wenig Dünger trägt dazu bei, daß sie besser wachsen.

Materialbedarf für den Linsengarten: saugfähige Watte, Linsen, eine flache Schüssel oder Schale und Wasser, mit dem die Baumwolle getränkt wird.

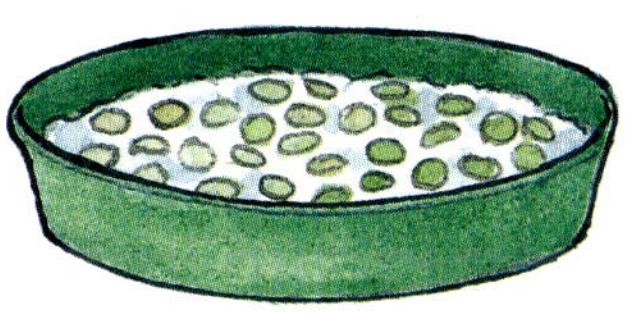

Die Schale, in die die Linsen gelegt wurden, verwandelt sich in kurzer Zeit in einen kleinen grünen Garten.

Linsengarten – Den Boden einer flachen Schale legt man mit wassergetränkter Watte aus und streut darauf die Linsen. Nach etwa einer Woche sieht man die ersten grünen Keime sprießen. Innerhalb weniger Tage wachsen sie auf eine Länge von einigen Zentimetern heran.

Materialbedarf für die Hydrokultur (Pflanzenzucht in Wasser): eine dicke Kartoffel und eine Karotte.

Kartoffel und Karotte – In zwei Glasbehälter, die fast bis zum Rand mit Wasser gefüllt sind, setzt man das Gemüse. Es wird mit zwei Stricknadeln so hoch gehalten, daß es zu drei Vierteln mit Wasser bedeckt ist. Nach einer Wartezeit von ein paar Tagen erscheinen die ersten Wurzeln und dann die Blattbüschel.

Trockenblumen – Frisch gepflückte Blumen und Blüten bleiben getrocknet lange schön und sehen in den unterschiedlichsten Kompositionen hübsch aus – zum Beispiel als Sträuße (dafür müssen die Blumen mit dem Kopf nach unten hängend trocknen) oder als Blumenbilder aus gepreßten Blütenblättern. Blumen und Blätter, die man mit ihrem wissenschaftlichen Namen beschriftet, ergeben ein Herbarium. Stark duftende Blüten (Lavendel, Rosen) füllt man als Duftspender in Stoffsäckchen oder Keramikbehälter.

Wenn man Blüten unterschiedlicher Größe übereinanderlegt (1 und 2), werden Phantasieblumen daraus (3). Dickere Blüten (4) schneidet man mit einer Klinge entzwei und ordnet sie im Profil an.

Wie man Blumen trocknet – Die Blumen werden zwischen zwei Buchseiten, am besten zwischen zwei Blatt Löschpapier, gelegt. Dann beschwert man das Buch mit einem Gewicht; z. B. mit anderen Büchern.

Blumensträuße – Um frische Blumensträuße zu trocknen, bindet man sie mit einem Spagat zusammen, wickelt sie in Zeitungspapier und hängt sie an einem dunklen, gut gelüfteten Ort kopfüber auf, damit sie trocknen und trotzdem ihre Farbe behalten können.

Mit Trockenblumen kann man Heftumschläge, Tagebuchseiten oder den Deckel einer Spanschachtel dekorieren, aber damit auch Tischkarten oder Lesezeichen gestalten.

BLUMEN UND BLÜTEN
GEMÜSE
SAMEN; SPIELE

GEBIRGE

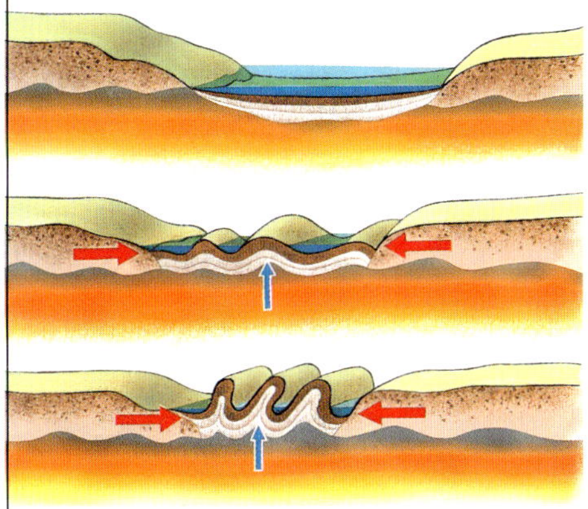

In der Tertiärzeit (vor ca. 70 Millionen Jahren) stießen die Schollen der Erdkruste gegeneinander, überlagerten und wölbten sich und bildeten lange Falten (links), die sich oft über Tausende von Kilometern hinzogen. Diese alten Gebirge sind heute glatt und flach, weil die Erosion, das heißt, die Einwirkung von Wind, Regen, Schnee und Eis, sie abgetragen hat. Jüngere Gebirgsmassive, die in den letzten 50 Millionen Jahren entstanden sind, ragen dagegen noch mit spitzen Gipfeln auf.

Die größten Gebirge – Die größten Gebirge der Welt sind die Rocky Mountains (Nordamerika) und die Anden (Südamerika). Letztere sind der längste Gebirgszug der Welt (7500 km). Himalaja, Alpen und Atlasgebirge dagegen ziehen sich durch Asien, Europa bzw. Nordafrika. Der höchste Berg der Welt ist der Mount Everest (8846 m) im Himalaja. Viele hohe Berge, wie der Kilimandscharo (5895 m, Tansania/Kenia) oder der Fudschisan (3776 m, Japan), sind Vulkane aus erstarrter Lava.

In den Mount Rushmore (USA) gehauene Büsten der amerikanischen Präsidenten Washington, Jefferson, T. Roosevelt und Lincoln.

Oben: Gletscher
Einer der längsten Gletscher der Welt ist der Hubbard-Gletscher (etwa 150 km lang) im Yukongebiet (Kanada) und in Alaska (USA).

Erdbeben – Der riesige Druck, den die Gesteinsmassen nach wie vor aufeinander ausüben (tektonische Platten), ruft oft Erdbeben hervor, die sich in seismischen Wellen fortsetzen. Wenn zwei Platten gegeneinanderprallen und sich übereinanderschieben, entsteht ein Graben, wie der Sankt-Andreas-Graben in Kalifornien, an dem sich die Erde um etwa 5 cm pro Jahr verlagert. Da diese Bewegungen unaufhörlich weitergehen, wird die Erdoberfläche in Millionen Jahren völlig anders aussehen.

ERDE
VULKANE

Gehirn und Sinnesorgane

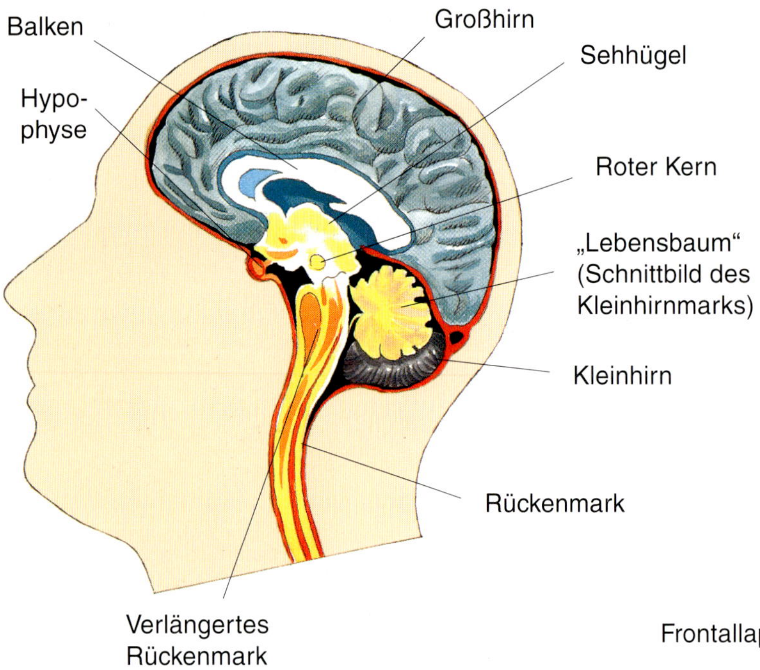

Das Gehirn ist die Steuerzentrale und koordiniert die verschiedenen Teile des Körpers. Das zentrale Nervensystem umfaßt das Gehirn und das Rückenmark. Die peripheren Nerven verbinden Gehirn und Rückenmark mit den übrigen Körperregionen. Auch die Sinnesorgane, mit deren Hilfe wir sehen, schmekken, riechen, hören und fühlen, senden über das periphere Nervensystem Impulse zum Gehirn.

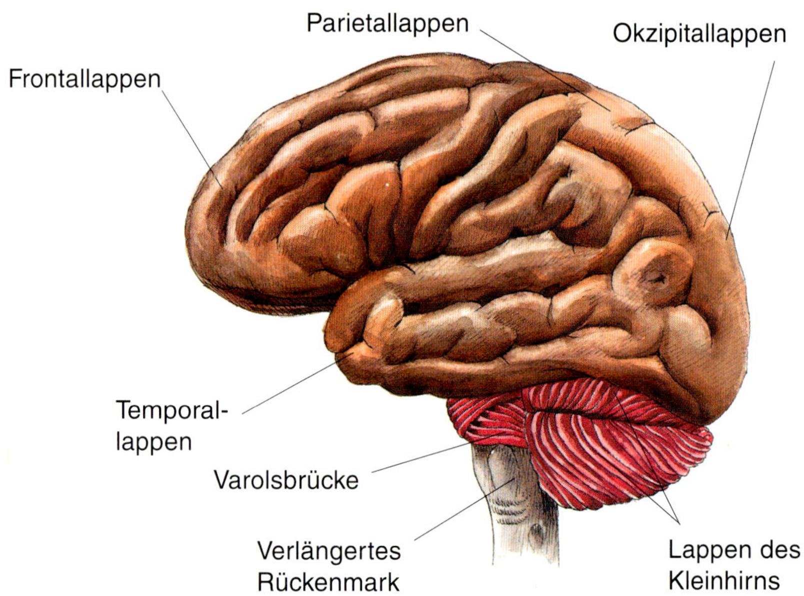

Sehen – Mit den Augen nehmen wir Lichtreize aus unserer Umgebung wahr. Die Lichtstrahlen fallen durch die Hornhaut, die Linse und den Glaskörper auf die Netzhaut, deren lichtempfindliche Rezeptoren über den Sehnerv mit dem Gehirn verbunden sind. Das Auge ist einem Fotoapparat vergleichbar: Die Lichtstrahlen erzeugen verkleinerte, auf dem Kopf stehende Bilder auf der Netzhaut.

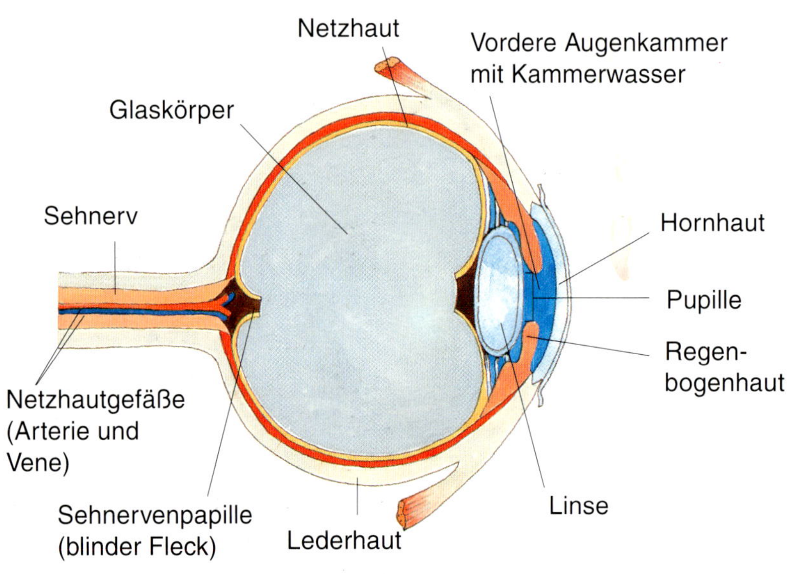

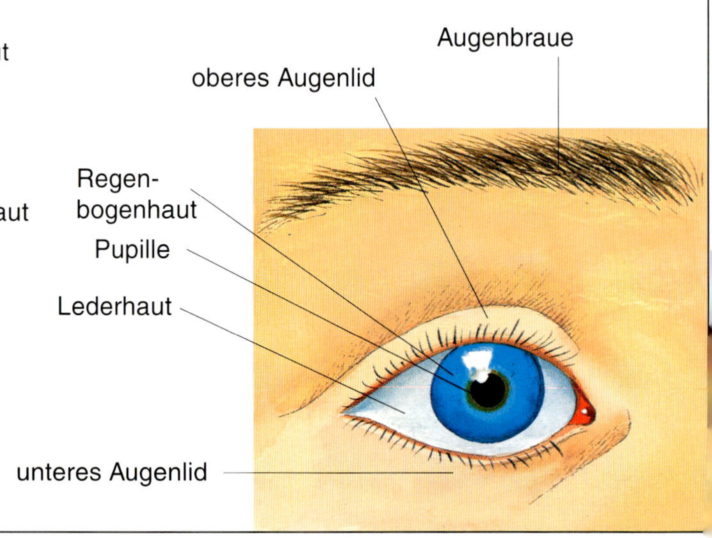

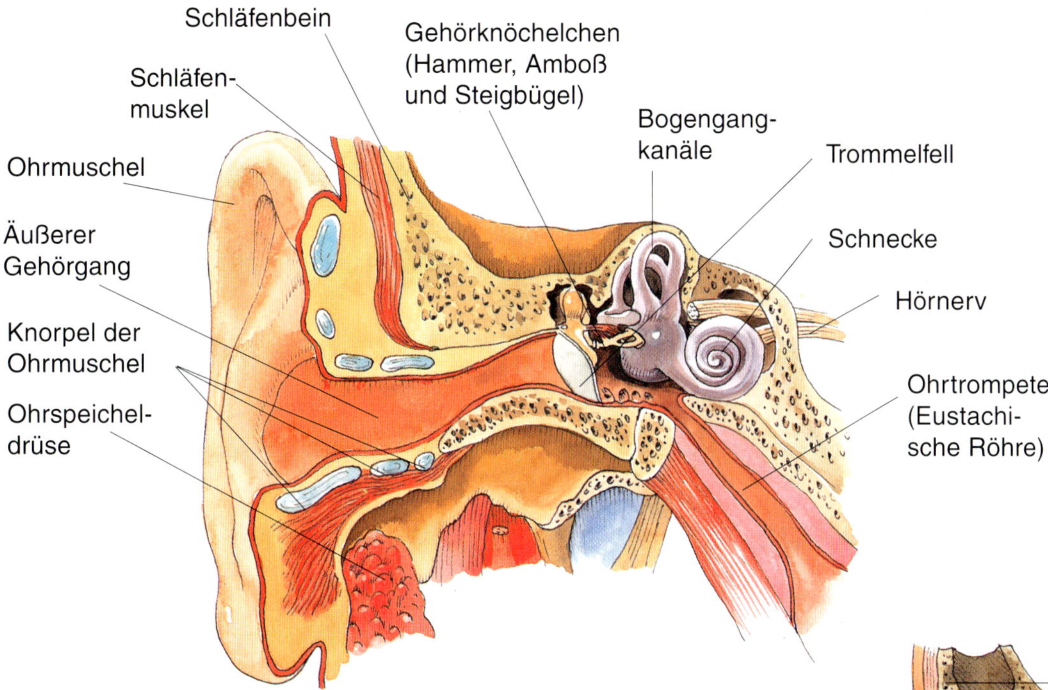

Hören – Der Hörsinn setzt die Schwingungen der Schallwellen in Schallempfindungen um, die das Gehirn dann auswertet. Die Schallwellen gelangen von der Ohrmuschel zum Trommelfell und versetzen es in Schwingung. Die drei Gehörknöchelchen (Hammer, Amboß und Steigbügel) übertragen diese Schwingung auf eine Flüssigkeit im Innenohr und auf den Hörnerv.

Riechen – Feinste Rezeptoren im Naseninnern nehmen Duftstoffe, die mit der Atemluft hereinströmen, auf und leiten die Reize über den Riechnerv an das Gehirn weiter, das die Gerüche erkennt. Der Geschmackssinn und der Geruchssinn hängen eng zusammen. Daher riechen und schmecken wir nichts, wenn wir verschnupft sind.

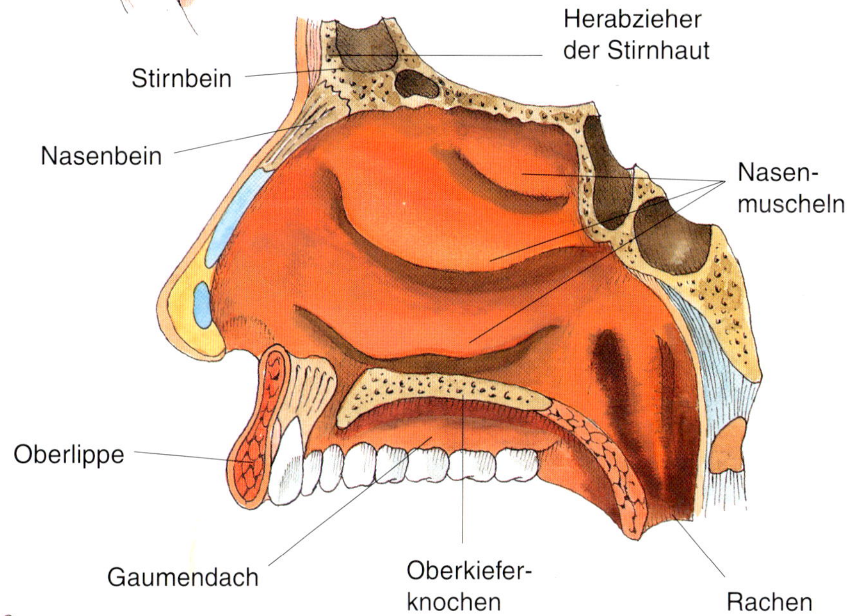

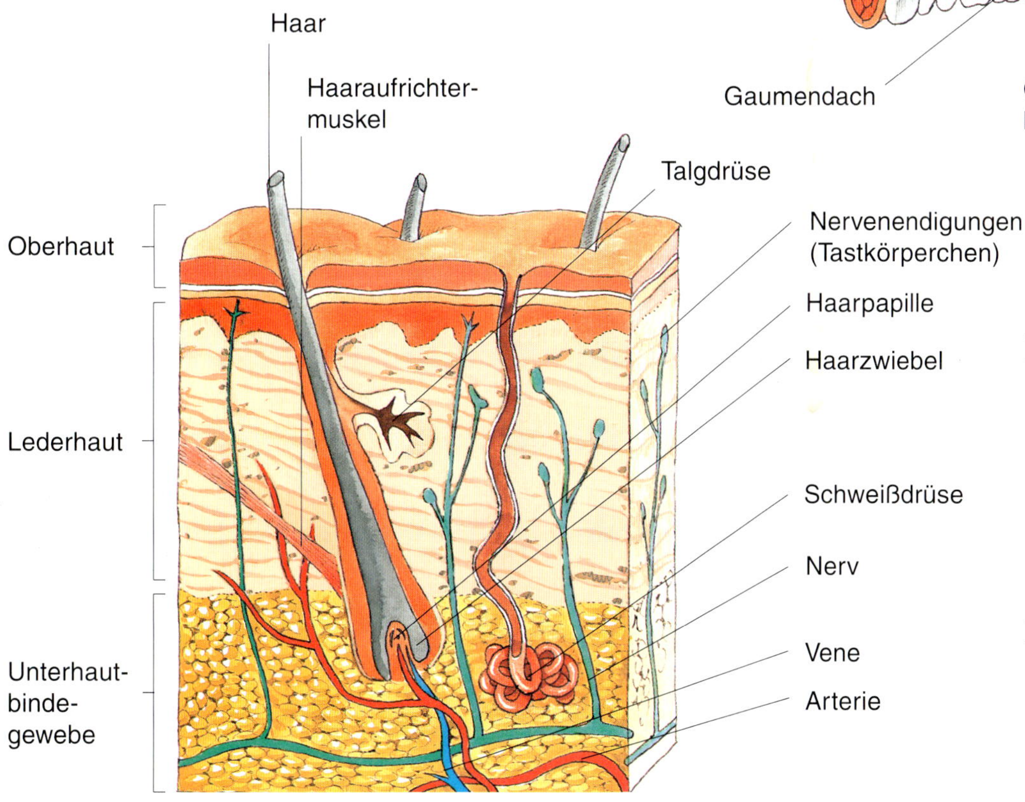

Fühlen können wir dank kleiner Tastkörperchen und Nervenendigungen in der Haut. Der Tastsinn hilft uns, Gegenstände und Empfindungen wie Kälte, Hitze und Schmerz sogar mit geschlossenen Augen wahrzunehmen. Über die sensiblen Fasern der peripheren Nerven werden die entsprechenden Impulse an das Rückenmark und die Großhirnrinde weitergeleitet.

Schmecken – Die Rezeptoren des Geschmackssinns sind die Geschmacksknospen, die auf der Zunge liegen und die Geschmacksreize dem Gehirn melden. Manche Stellen der Zunge erkennen bestimmte Geschmacksqualitäten besser als andere: die Zungenspitze süß und salzig, der hintere Bereich bitter, die Ränder der Mitte salzig. Süß und salzig erkennen wir schneller als bitter und sauer.

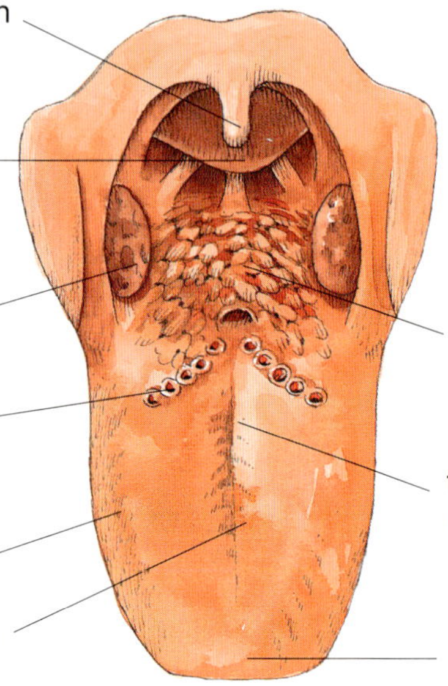

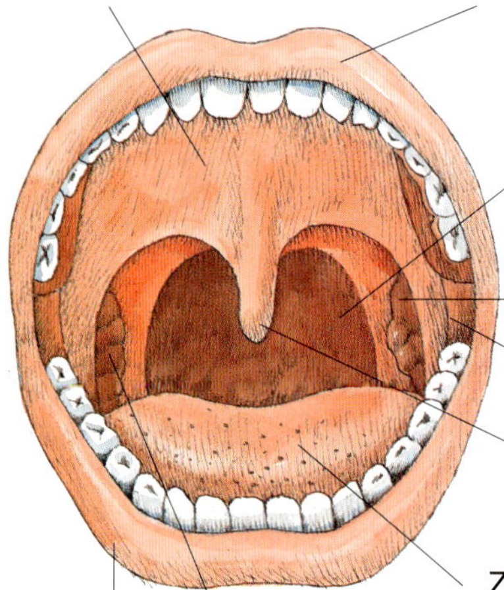

Die Zunge ist ein von einer Schleimhaut überzogener, sehr beweglicher Muskelkörper aus 17 verschiedenen Einzelmuskeln. Der Zungenrücken enthält etwa tausend Geschmacksknospen, mit denen wir Geschmacksqualitäten unterscheiden können.

Adern und Blutkreislauf
Fortpflanzung
Körper, menschlicher
Muskeln
Skelett

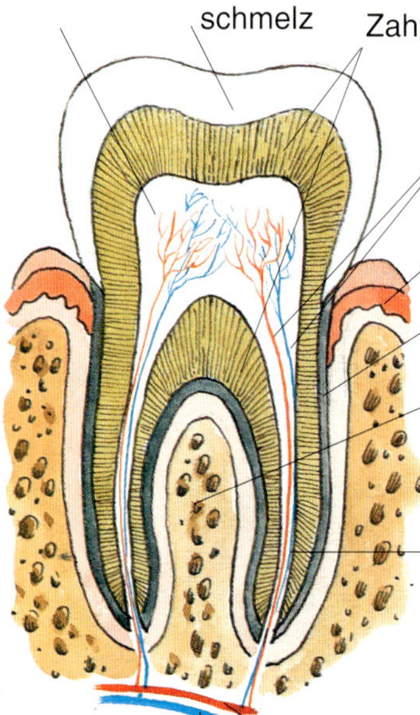

Die Zähne bestehen aus dem Zahnbein und sind vom Zahnschmelz, einer sehr harten Substanz, überzogen. Der sichtbare Teil des Zahns, der die Nahrung zerkaut, heißt Zahnkrone; in ihrem Inneren liegt die Pulpa, die Blutgefäße und Nerven enthält. Die Wurzeln verankern den Zahn im Kieferknochen. Der Durchbruch der Milchzähne beginnt etwa im sechsten Lebensmonat, der der 32 bleibenden Zähne (8 Schneidezähne, 4 Eckzähne, 8 Bakkenzähne, 12 Mahlzähne) etwa im siebten Lebensjahr. Die Eckzähne sind spitz, die Backenzähne und Mahlzähne breit und flach, die Schneidezähne scharfkantig. An schlecht geputzten Zähnen bilden sich Zahnbelag und Karies.

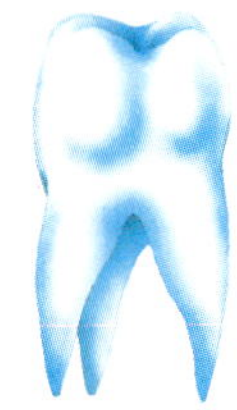

Gemüse

Salatpflanzen gibt es viele: An erster Stelle steht der Kopfsalat (oben), den schon die Römer aßen, gefolgt von Endivien, Feldsalat, Radicchio (oben rechts) und anderen.

Vitamine und Mineralsalze sind in einer Reihe von Gemüsen enthalten und wichtig für das Wachstum und die Gesundheit des menschlichen Körpers. Am besten ißt man sie roh, denn durch das Kochen geht ein Großteil der Vitamine und Mineralsalze verloren. Gemüse kann man im Garten ziehen, aber auch als Treibhausgemüse das ganze Jahr über ernten.

Zucchini

Kürbis

Hülsenfrüchte – Bohnen, Saubohnen, Erbsen und Linsen sind Hülsenfrüchte. Sie enthalten viel Eiweiß und werden daher von Vegetariern als Ersatz für tierisches Eiweiß gegessen.

Erbsen

Bohnen

Kürbisse und Zucchini
Beide Pflanzenarten haben lange Stengel, die am Boden kriechen, und eßbare gelbe Blüten.

Zwiebeln – Sie stellen die unterirdischen Speicherorgane der Pflanze dar und enthalten ein Öl, das die Augen reizt, wenn es verdunstet – daher weinen wir beim Zwiebelschneiden.

Zwiebeln

Auberginen und Paprika
Die Aubergine hat eine violette Farbe und ist in Asien beheimatet. Die verschiedenen Paprikasorten können mild, aber auch sehr scharf sein.

Aubergine

Paprika (mild) und Peperoni (scharf).

Kartoffeln und Tomaten
Die Kartoffeln sind stärkehaltige Wurzelknollen. Tomaten sind auch als Cocktailtomaten und Fleischtomaten im Handel.

Kartoffeln

Tomaten

Spinat (links) enthält Eisen, das wir für die Bildung des roten Blutfarbstoffs Hämoglobin brauchen.

Karotten (oben) sind reich an Vitamin A.

Ernährung
Gartenbau

Getreide

Toastbrot oder Kastenweißbrot

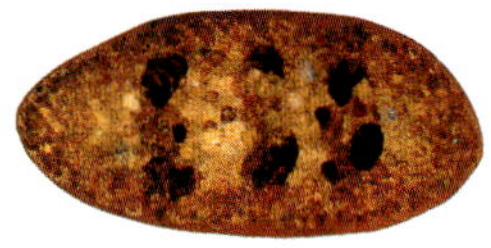

Gewürzlaib

Vollkornbrot

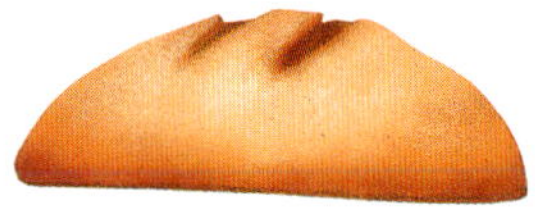

Roggenbrot

Baguette (französisches Stangenweißbrot)

Semmel

Fladenbrot

Milchbrot

Aus Getreide, das reich an Stärke und Proteinen ist, werden Mehl und andere Erzeugnisse für die Ernährung von Mensch und Tier gewonnen. Bekannte Getreidearten sind der Weizen, der Reis, der Mais, die Gerste, der Hafer, der Roggen und die verschiedenen Hirsearten. Brot, das aus dem Mehl von Weizen und anderen Getreidearten gewonnen wird, ist seit altersher in den Ländern der westlichen Welt ein wichtiges Grundnahrungsmittel, wohingegen die Hauptnahrung vieler Völker des Ostens der Reis ist.

Weizen

Reis

Mais

Hafer

Gerste

Wie Brot hergestellt wird – Der Bäcker nimmt Mehl, fügt Wasser, Salz und Hefe hinzu und knetet daraus einen Teig. Diesen Teig läßt er über Nacht an einem geschützten, mäßig warmen Ort ruhen. Am nächsten Morgen teilt er ihn in einzelne Portionen und gibt diesen die gewünschte Form. Dann schiebt er das Brot für etwa eine halbe Stunde in den Ofen, bis sich die Kruste bildet.

In den Mühlen wurde das Korn von den Müllern zu Mehl gemahlen.

Ernährung
Nutzpflanzen

Giraffen

In den Steppen Ost- und Südafrikas leben die Giraffen. Sie haben einen langen Hals und längere Vorder- als Hinterbeine, wodurch ihr Rücken von der Schulter an schräg abfällt. Das rötliche Fell scheint in geometrische Flächen unterteilt zu sein, die am Rücken größer sind als an den Gliedmaßen. Die Mähne ist kurz und dunkel, während der lange Schwanz in einem üppigen braunen Haarbüschel endet. Ausgewachsene Exemplare können bis zu 5 m hoch werden. Giraffen verteidigen sich mit den Vorderhufen, weshalb Löwen sie nur angreifen, wenn sie von der Herde abgesondert sind.

Ein merkwürdiges Gesicht – Der Kopf ist im Verhältnis zum Körper klein. Die Giraffe hat zwei Hörner, kurze, spitze Ohren, große, ausdrucksvolle Augen und sieht so gut, daß sie fast alle Farben unterscheiden kann.

Die Männchen – Um zu ermitteln, wer der Stärkste ist, kämpfen sie miteinander, indem sie mit dem Kopf auf den Hals des Gegners schlagen. Die Weibchen leben mit ihren Jungen für sich. Sie ernähren sich von Pflanzentrieben, die sie mit ihrer bis zu 40 cm langen Zunge abreißen.

Giraffenjunge – Mutter Giraffe bringt ihr Junges im Stehen zur Welt. Dabei fällt das Junge aus etwa 2 m Höhe auf die Erde, steht und läuft aber schon nach wenigen Stunden. Während es Milch trinkt, schleckt die Mutter es sauber.

Arten, bedrohte
Säugetiere; Tarnung
Tierwelt Afrikas

Giraffenbeine – Der Galopp der Giraffe wirkt plump. Sie hebt dabei die Vorderläufe sehr hoch und nimmt den Hals zurück, um das Gewicht auszugleichen. Wenn sie trinken will, spreizt sie die Vorderbeine und senkt den Hals, um ans Wasser zu gelangen.

Glas

Die ersten Gegenstände aus Glas wurden vor etwa 5000 Jahren in Ägypten und in Mesopotamien hergestellt. Die Glasverarbeitung entwickelte sich zunächst nur im Orient. Erst im Mittelalter breitete sie sich auch in Europa, vor allem in Deutschland, Böhmen und Italien (Venedig) aus. Im 16. und 17. Jahrhundert, als das Gußglas aufkam und Scheiben für Bauwerke hergestellt werden konnten, erlebte sie einen starken Aufschwung. Die moderne Architektur setzt Flachglas häufig als Außenhaut von Hochhäusern und in Wintergärten ein.

Glasbläser bei der Arbeit am Blasrohr.

Das Glasblasen ist ein Kunsthandwerk, das noch heute ausgeübt wird. Ein Metallrohr (Pfeife) wird mit dem einen Ende in die flüssige Glasschmelze getaucht. Am anderen Ende bläst man so in die Glasmasse, daß sie die gewünschte Form annimmt, solange sie noch weich ist.

Architektur
Optik

Mittelalterliches Glasfenster mit Heiligendarstellungen.

Glashütte um 1800: Die Glasschmelze aus dem Ofen wird mit Glasbläserpfeifen zu großen Zylindern geblasen.

Griechen

Nach der mykenischen Kultur entstanden gegen Ende des 2. Jahrtausends v. Chr. die Poleis, d. h. unabhängige Stadtstaaten. Die einflußreichsten waren Athen in Attika und Sparta in Lakonien. Solon und Lykurg gaben ihnen die Gesetze. Im 5. Jahrhundert v. Chr. führte die Ausdehnung der Poleis am Mittelmeer zum Krieg mit den Persern, die bei Marathon, Salamis und Plataä geschlagen wurden. Nach einer Blütezeit unter Perikles (495-429 v. Chr.) fiel Athen am Ende des Peloponnesischen Krieges unter die Herrschaft Spartas. Mit Philipp II. von Mazedonien und dem Sieg der Römer (146 v. Chr.) endete die Unabhängigkeit Griechenlands.

Der spartanische Krieger wurde von Kindheit an durch eiserne Disziplin und hartes körperliches Training daran gewöhnt, auch härteste Strapazen auszuhalten.

Die griechischen Künstler stellten auf Terrakottagefäßen geometrische Muster oder mythologische Erzählungen dar, die von Göttern und Helden handeln.

Ilias – Homer (8. Jh. v. Chr.) erzählt in diesem Epos den Trojanischen Krieg. Eine der schönsten Episoden handelt vom Kampf zwischen Hektor und Achilles unter den Mauern von Troja.

Griechische Münzen waren während des Goldenen Zeitalters des Mittelmeerhandels in Umlauf und wurden von allen Händlern als Zahlungsmittel angenommen.

Das Wort *Philosophie* bedeutet „Liebe zur Weisheit". Die ersten großen Philosophen waren Griechen: Pythagoras, Heraklit, Sokrates, Platon, Aristoteles.

Die Kultur – Die Lehrmeister Athens waren hoch geachtet. In den Schulen wurde Dichtkunst, Musik, Tanz und Sport unterrichtet. Anstelle von Büchern benützte man Pergamentrollen. Für Schreibübungen benutzten die Schüler Täfelchen aus weichem Ton oder Wachs, die sie mit Holzgriffeln ritzten. Autoren wie Aischylos, Sophokles und Euripides schufen im 5. Jahrhundert v. Chr. eine neue Theatergattung, die Tragödie.

Gewänder – Die Frau trug eine weite offene (*Peplos*) oder geschlossene (*Chiton*) Tunika mit einem weißen Überwurf (*Himation*) und farbige Bänder im hochgesteckten Haar. Der Mann war bekleidet mit kurzem oder langem Hemd, worüber ein Überwurf getragen wurde. Das Aussehen und Material der Kleidung waren bestimmt durch Alter und gesellschaftlichen Rang.

Alexander der Grosse; Architektur
Dichter und Schriftsteller; Kleidung
Mythen und Sagen
Perser; Sport

Gutenberg, Johannes

Johannes Gutenberg (um 1400-1468) erfand den Buchdruck mit beweglichen Lettern. Er experimentierte mit dieser neuen Technik, mit der er einige Satzproben erstellte. Aber erst 1455 veröffentlichte er die Bibel, das erste Buch, das mit beweglichen Buchstaben gesetzt wurde. Durch den Buchdruck wurde Bildung für alle erschwinglich.

Alter Codex, von einem Kopisten angefertigte Handschrift mit Miniaturen.

Johannes Gutenberg

Chinesen – Schon im 3. Jahrhundert v. Chr. druckten die Chinesen mit Tonsiegeln. Im 15. Jahrhundert begann man, mit Druckerschwärze auf Papier (ebenfalls eine Erfindung der Chinesen) zu drucken. Für den Druck verwendeten die Chinesen in Holzblöcke geschnitzte Stempel.

Bücher
Chinesen

Unten: Druckerei aus dem 15. Jahrhundert. Die montierten und eingefärbten Seiten wurden mit einer Druckpresse gedruckt. **Ausschnitte: 1.** Winkelhaken für bewegliche Lettern **2.** fertige Druckform.

Oben: 1. Die Matrix wird mit einem Stichel hergestellt. **2.** Bewegliche Letter. **3.** Auf der Letter steht der Buchstabe seitenverkehrt, damit er beim Druck richtig erscheint. **4.** Letternguß.

HAFEN

In alten Zeiten zündete man nachts Leuchtfeuer entlang der Küste an, damit die Schiffe die Hafeneinfahrt finden konnten. Heute zeigt das Blinklicht des Leuchtturms den Schiffen an, daß der Hafen nahe ist. Es gibt natürliche Häfen (in einer Bucht oder Flußmündung) und künstliche Häfen, die durch vom Menschen gebaute Dämme geschützt sind.

Häufig gibt es in Fischerhäfen Fischfabriken, wo frisch gefangene Fische gesäubert, eingefroren, zu Fischkonserven verarbeitet, gepökelt oder geräuchert werden.

Hafeneinrichtungen:

1. Leuchtturm
2. u. **3.** Beleuchtung der Hafeneinfahrt
4. Leitdamm (Mole)
5. Kai
6. Ladekran
7. Frachtschiff
8. Yachthafen
9. Luxusyacht
10. Lagerhäuser
11. Hafenamt
12. Schiffswerft mit dazugehörigen Betrieben.

Yachthäfen – Manche Fremdenverkehrsorte haben zwar kleine, aber berühmte Yachthäfen, wie z. B. Portofino und Saint-Tropez. Die verkehrsreichsten Häfen der Welt sind Rotterdam (Niederlande), Singapur und Kobe (Japan).

MEER
NAUTIK✓
SEGELSCHIFFE✓
VERKEHRSMITTEL

Häuser

Die Urmenschen suchten in Höhlen Schutz vor der Kälte und wilden Tieren. Das wissen wir aus Felsbildern, die aus der Zeit um 15 000 v. Chr. z. B. in der Höhle von Lascaux (Frankreich) erhalten geblieben sind. Jede Kultur bringt einen Baustil hervor, der zu den Lebensgewohnheiten der Menschen und dem Klima paßt. So haben die Häuser im hohen Norden oft steile Dächer, damit der Schnee nicht liegen bleibt, in heißen Gegenden manchmal gar kein Dach, sondern eine Terrasse, auf der man das Regenwasser sammelt.

Die ersten Wohnstätten der Menschen waren die Höhlen. In Sumpfgebieten lebten die Menschen der Vorzeit in Pfahlbauten (rechts), die die Feuchtigkeit abhielten.

Zeltdorf der Nomadenvölker in der afrikanischen Sahara-Wüste.

Kuppelförmige Hütte in Ostafrika.

Die Burgen des Mittelalters waren ursprünglich befestigte Dörfer. Später wurden sie zum Wohnsitz des Landesherrn und zum Mittelpunkt des politischen und wirtschaftlichen Lebens. Sie wurden an Stellen gebaut, die gut zu verteidigen waren, und waren von Mauern und Gräben umgeben. Die Bewohner der Umgebung fanden im Kriegsfall in ihren Mauern Schutz.

Der Iglu war das typische Schneehaus der Inuit im Nordpolargebiet. Er wurde auf einem Unterbau aus Walknochen aus Firnblöcken kuppelförmig aufgeschlichtet. Hinein kam man durch einen engen, niedrigen Vorbau.

Ca'd'oro – Dieser Palast am Canal Grande in Venedig, 1421-1440 von den Architekten M. Raverti und G. Bon erbaut, ist ein Meisterwerk der venezianischen Gotik.

Die Villen Palladios – Der Renaissance-Architekt Andrea Palladio (1508-1580) entwarf in Venetien viele Landhäuser im Stil der Antike, die vor allem durch wohldurchdachte Raumanordnung und die Harmonie ihrer Maße bestechen.

Pagoden – In Japan gibt es zwar moderne Städte, doch auch noch Häuser mit althergebrachten Bauelementen, wie dem mit blauen Fliesen gedeckte Pagodendach und den mit Reispapier bespannten Schiebetüren.

Die klassizistischen Landsitze des 18. Jahrhunderts in England (links) mit Säulen und Friesen an den Fassaden waren den Bauwerken der Antike nachempfunden.

Die Häuser im Mittleren Osten sind weiß gestrichen, weil Weiß die Sonnenstrahlen reflektiert und dadurch die Innentemperatur niedriger bleibt.

Afrika; Burg und Schloss; Inuitdorf✓
Japaner
Menschen der Urzeit
Wikingerdorf✓

Der amerikanische Architekt Frank Lloyd Wright (1869-1959) entwarf 1936 für die Familie Kaufmann das berühmt gewordene *Haus am Wasserfall* in Bear Run, Pennsylvania.

Häuser im Norden Europas – Im 16. Jahrhundert erhielten die Fassaden durch Steinsimse, Festereinfassungen und Treppengiebel ein stattliches Ausehen. In den großen Handelszentren reihten sich die Fassaden der Handelskontore (rechts), in denen Büros und Verkaufsräume untergebracht waren, lückenlos aneinander.

Hauskatzen

Die Hauskatze gehört, wie Löwen und Tiger, zur Familie der Katzen: Sie hat demnach ihren Jagdinstinkt bewahrt, auch wenn sie jetzt ein Haustier ist. Wahrscheinlich stammt sie von der afrikanischen Wildkatze ab, die vor etwa einer Million Jahren auftauchte und um das Jahr 2000 v. Chr. gezähmt wurde, um die Vorratslager vor Nagetieren zu schützen. Seither haben sich viele Rassen herausgebildet. Es gibt etwa eine halbe Milliarde Katzen auf der Welt. Die Katze hat fünf sehr gut entwickelte Sinne. Sie ist äußerst beweglich und schnell. Sie verständigt sich mit sechzehn verschiedenen Lauten.

Die Katze streckt die – normalerweise eingezogenen – Krallen nur aus, wenn sie angreift. Ihre Pfoten können kräftig zupacken.

Hauskatze – Im Haus sucht sich die Katze eine Lieblingsecke. Mit ihrer rauhen Zunge leckt sie sich, um das Fell glatt und glänzend zu machen. Wenn sie sich wohl fühlt, schnurrt sie, ein tiefer Ton, der aus dem Brustkorb kommt.

Rexkatze

Siamkatze

Zweifarbige Perserkatze

Marmorierte Zeichnung

Blaue Perserkatze

Schildpattfärbung (nur bei Weibchen)

Haarlose Katze (Sphynx)

Rassen – Es gibt mehr als 100 offizielle Katzenrassen. Sehr häufig sind Mischlinge, also Katzen mit Eltern verschiedener Rassen.

Katzenaugen in der Dämmerung und bei Licht

Magische Augen – Die Augen der Katze können schräg, rund oder mandelförmig sein und viele Farben haben. Bei großer Helligkeit verengen sich die Pupillen zu einem schmalen Schlitz, während sie sich im Dunkeln weiten. Das ermöglicht es der Katze, auch in der Nacht zu sehen.

Die alten Ägypter verehrten die Katzen als heilige Tiere. Nach dem Tod wurden sie mumifiziert und in katzenförmigen Sarkophagen in eigenen Gräbern bestattet (unten).

Fabeltiere – Die Katze ist eine Figur, die in Fabeln und Zeichentrickfilmen häufig vorkommt – vom schlauen *Gestiefelten Kater* bis zur Familie der *Aristocats*, vom *Kater Silvester* bis zu *Tom und Jerry*.

Im alten Rom ersetzte die Katze bei der Mäusejagd den Marder, wie auf einem zeitgenössischen Mosaik zu sehen ist.

Links: In dieser altägyptischen Zeichnung ist die Katze mit einer Leine dargestellt. Auch Leonardo da Vinci war, wie die Zeichnung oben rechts zeigt, von der Geschmeidigkeit der Katzen fasziniert. Rechts: Zeichnung einer stilisierten Katze von Picasso.

Die Jungen – Die Katzenmutter bringt 2 bis 5 Junge zur Welt. Die Tragzeit dauert 9 Wochen. Bei der Geburt sind Augen und Ohren der Katzenjungen geschlossen, aber mit der Nase finden sie die Brustdrüse. Nach zwei Monaten vertragen sie feste Nahrung.

Die Katze schläft im Schnitt 16 Stunden am Tag; diese Schlafzeit setzt sich aus vielen kleinen Nickerchen zusammen.

Wenn eine Katze aus größerer Höhe herabfällt, setzt sie ihren Schwanz als Steuer ein und dreht Kopf und Körper so, daß sie mit allen vier Beinen auf der Erde landet.

Katzen reiben sich an Gegenständen, um ihr Revier zu markieren.

Burmakatze

Spiel – Kleine Katzen spielen gern, indem sie nach ihrem Schwanz haschen und sich balgen. Das Spielen ist sehr wichtig, weil die Jungen dabei lernen, zu jagen und sich zu verteidigen, sowie Kraft, Schläue, Mut und Geschicklichkeit entwickeln – alles Eigenschaften, die eine ausgewachsene Katze braucht. Zu ihren Lieblingsspielzeugen gehören Plastikbälle und Wollknäuel.

HAUSTIERE
KATZENARTIGE RAUBTIERE
SÄUGETIERE

HAUSTIERE

Jedes Kind wünscht sich irgendwann ein Haustier als Spielgefährten. Doch Tiere sind kein Spielzeug: Sie brauchen viel Liebe und sorgfältige Pflege. Käfig, Glasbehälter oder Lager müssen saubergehalten, die Futterzeiten pünktlich eingehalten und tierärztliche Kontrollen veranlaßt werden. Viele Haustiere, vor allem große Hunde, leiden, wenn sie nicht ausreichend Auslauf haben; daher sind sie für die Haltung in einer kleinen Stadtwohnung nicht geeignet.

Maulkorb und Leine braucht man für den Spaziergang mit dem Hund.

Die Katze liebt ihr Herrchen, ist aber weniger anhänglich als ein Hund. Sie hat eine ausgeprägte Persönlichkeit und liebt die Freiheit. Ihr Unabhängigkeitsdrang wird oft als Gleichgültigkeit mißverstanden.

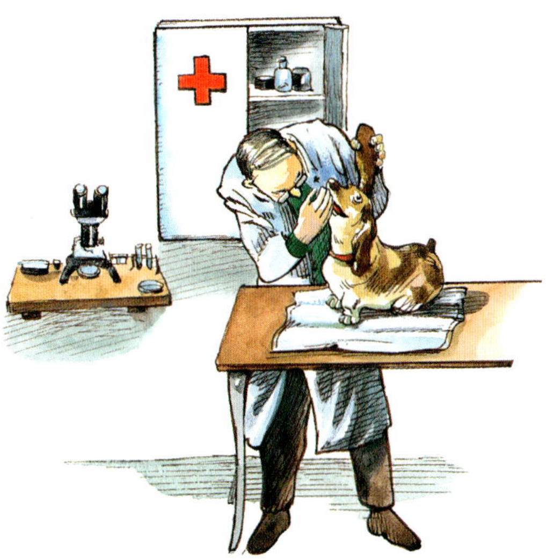

Wasserschildkröten hält man am besten in einem Becken mit Süßwasser. Sie werden 6 - 8 cm lang. Ihre Kiefer haben scharfrandige Hornschneiden.

Im Käfig – Die Kanarienvögel, die heute als Haustiere in der ganzen Welt beliebt sind, leben auf den Kanarischen Inseln in Freiheit. Das Weibchen legt jeweils bis zu sechs Eier. Die Wellensittiche *(Melopsittacus undulatus)* sind etwa 20 cm lang.

Goldfische können bis zu 7 cm lang werden. Das Wasser im Goldfischglas muß täglich gewechselt werden.

Nagetiere fressen Salat, Karotten, Körner, Äpfel und Brotrinden. Sie werden in Käfigen gehalten und spielen gerne mit einem an den Käfigstäben befestigten Laufrad. Zu den Nagetieren gehören die 15-20 cm langen Meerschweinchen (kurzhaarige, langhaarige und Rosetten-Meerschweinchen), die Goldhamster (8 cm; links) und die Tanzmäuse (5 cm).

Der Tierarzt kümmert sich um die Gesundheit der kleinen und großen Haustiere. Er sagt den Besitzern, welche Vorschriften zu beachten sind, impft die Jungtiere und operiert auch, falls es notwendig wird.

FISCHE
HAUSKATZEN
HUNDE
NAGETIERE
SÄUGETIERE
VÖGEL

Himmel

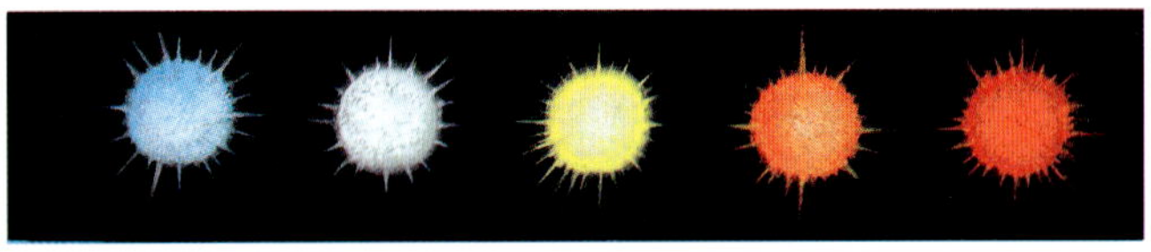

Man kann die Sterne nach ihrer Farbe einteilen.

Schon die Babylonier und Ägypter der Antike beschäftigten sich mit der Astronomie (Himmelskunde). So fasziniert waren die Menschen vom Sternenhimmel, daß sie Sonne und Mond als Gottheiten verehrten. Sie beobachteten die Gestirne mit bloßem Auge. Erst im 17. Jahrhundert erfand Galilei das Fernrohr.

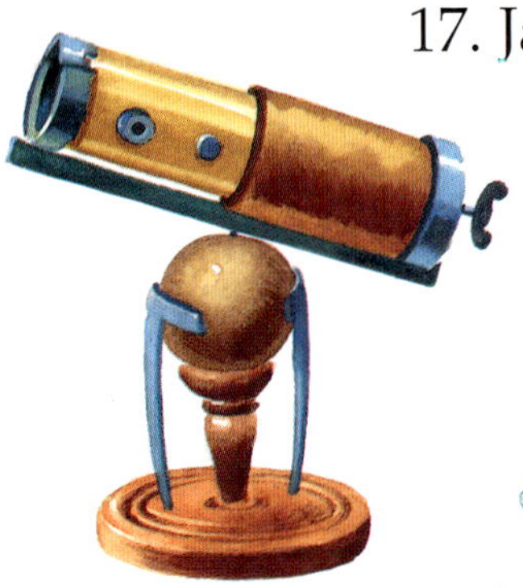

Das erste Spiegelteleskop von Isaac Newton (oben) und das größte Linsenfernrohr (Refraktor) der Welt (Länge 19,4 m; Durchmesser 1,02 m) in der Sternwarte von Yerkes, Wisconsin in den USA (rechts).

Sterne und Galaxien
Die Sterne unterscheiden sich durch Größe, Temperatur, Helligkeit und Farbe (das Farbspektrum reicht von Weiß über Blau bis Dunkelrot) voneinander. Im Weltraum bilden sie Sternsysteme oder -haufen, die auch als Galaxien bezeichnet werden und jeweils Milliarden Sterne enthalten. Unsere Heimatgalaxie ist die Milchstraße.

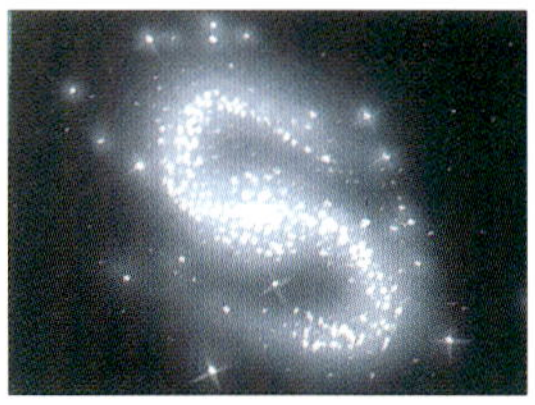

Von oben nach unten: Galaxie in Form einer Spirale mit Querbalken, einer Ellipse und einer einfachen Spirale.

Den Himmel beobachten können die Astronomen heute mit ganz anderen Instrumenten als früher. Die Teleskope in modernen Sternwarten folgen dem eingestellten Stern automatisch, können Bildserien von großen Himmelsgebieten aufnehmen und die Himmelskörper darin vergrößern. Einen wichtigen Beitrag zur modernen Astronomie leisten künstliche Erdsatelliten mit Spezialteleskopen, die Bilder von den Sternen zur Erde senden.

Das Riesenteleskop auf dem Mauna Kea (Hawaii) wurde 1992 fertiggestellt. Es hat einen Durchmesser von 10 m.

Erde; Mond
Optik; Raumfahrt
Sonne
Sternbilder ✓

HINDUISMUS

Für die Hindus gibt es nur einen Gott, der aber unter verschiedenen Namen und Erscheinungsformen angebetet wird. Im Hinduismus (etwa 1500 v. Chr.) hat abwechselnd Brahma, der Schöpfergott, Wischnu, der Bewahrergott, oder Schiwa, der Zerstörergott, Vorrang. Die Hindus glauben an die Reinkarnation, d. h., daß die Seele nach dem Tod bis zur endgültigen Erlösung andere Lebensformen annimmt.

In der Hindu-Religion sind Kühe heilige Tiere.

Wischnu und Schiwa (links) zählen zu den beliebtesten Gottheiten.

Brahma (oben) wird oft mit vier gekrönten Häuptern und acht Armen auf einer Wildgans sitzend dargestellt.

Alltagsrituale – Das Alltagsleben der Hindus ist von religiösen Ritualen durchzogen. Der Hinduismus ist nämlich nicht nur ein Glauben, sondern eine Lebensform, die alle Bereiche menschlicher Existenz regelt. Sehr verbreitet ist der Bilderkult, weil Bilder als Ausdruck des Göttlichen betrachtet werden. Auch Yoga gehört zu den täglichen Ritualen, eine Übung zur Reinigung von Körper und Geist.

Nach der hinduistischen Religion ist die Gesellschaft streng in Kasten eingeteilt.

Hindutempel – In Indien gibt es sehr viele Hindutempel, die häufig in den Fels gehauen sind. Hauptmerkmal dieser Kultstätten ist der Turm, der sich über dem Zentrum des Tempels erhebt. Bei manchen Baustilen umgeben kleinere Türme den Hauptturm. Sie alle sind mit Skulpturen, die verschiedene Gottheiten darstellen, reich verziert.

Tempel des Affengottes Hanuman

ARCHITEKTUR
BUDDHISMUS
CHRISTENTUM
INDER; ISLAM
JUDENTUM

Höhle

Die Fledermäuse sind Höhlenbewohner. Sie ernähren sich überwiegend von Insekten und schlafen hängend, mit dem Kopf nach unten.

Natürliche Hohlräume im Gestein entstehen meist durch die Einwirkung von Wasser. Die längste Höhle der Welt (560 km Grotten, die miteinander verbunden sind) befindet sich im Mammoth Cave National Park in Kentucky (USA); die tiefste (1600 m) ist die Jean-Bernard-Höhle in Savoyen (Frankreich).

Tropfsteine entstehen aus den Kalkablagerungen herabtropfenden Wassers – Stalaktiten an der Höhlendecke und Stalagmiten auf dem Boden. Manchmal wachsen sie zu einer durchgehenden Säule zusammen.

1. Zwergfledermaus
2. Braune Langohrfledermaus
3. Blinder Höhlenaaskäfer
4. Höhlenaaskäfer
5. Höhlenlaufkäfer
6. Blinder Höhlenlaufkäfer
7. Höhlenschnecke
8. Höhlenschnurfüßer
9. Höhlengarnele
10. Höhlentausendfüßer
11. Grottenolm
12. Höhlenflohkrebs

Der 30 cm lange Grottenolm hat vier dünne Beine und schwimmt mit Hilfe seines kräftigen Schwanzes. Er ist blind; seine Augen sind von einer Hautschicht bedeckt.

Minerale und Gesteine

Hörnchen

Das Grauhörnchen lebt in den Eichen- und Nadelwäldern Nordamerikas.

Man unterscheidet zwei Unterfamilien dieser Nagetiere: die Erd- und Baumhörnchen (zu denen die Eichhörnchen gehören) sowie die Flughörnchen. Eichhörnchen sind tagaktive Tiere (die Flughörnchen dagegen Nachttiere). Ihr Haarkleid wechselt von Braun bis Grau. Den buschigen Schwanz setzen sie bei ihren Sprüngen als Fallschirm und Steuerruder ein. Das gemeine Eichhörnchen (*Sciurus vulgaris*) ist in Europa verbreitet, das Grauhörnchen (*Sciurus carolinensis*) und das Streifenhörnchen (*Tamias stratius*) in Nordamerika, das Zwerghörnchen (*Myosciurus*) in Afrika.

Das Eichhörnchen stellt seinen Schwanz auf, um den Gegner zu erschrecken.

Verteidigungshaltung

Angriffshaltung

Wie sie leben – Die Paarungszeit beginnt im Frühjahr und dauert bis in den Sommer hinein. Bei jedem Wurf werden 3 bis 8 Junge geboren. Die wasserdichten Winternester sind mit Blättern und Strauchwerk ausgekleidet und oft in hohlen Baumstämmen verborgen. Die Sommernester sind weich und locker.

Flughörnchen

Nahrung – Das Eichhörnchen ernährt sich von Blüten, Früchten, Sprößlingen und Samen. Es befördert seine Nahrung in weiten Backentaschen. Für den Winter legt es Nahrungsvorräte an.

Nagetiere
Säugetiere
Tierwelt Europas
Winterschlaf

Hunde

Das erste Haustier war der Hund, der vom Wolf abstammt und schon vor 10 000 Jahren vom Menschen gezähmt wurde. Er hat einen hochentwickelten Geruch- und Hörsinn und wird 8-15 Jahre alt (ein Lebensjahr des Hundes entspricht etwa 7 Menschenjahren). Kleine Hunde sind oft langlebiger als große. Haushunde bewachen und schützen das Eigentum ihres Besitzers. Sie reagieren auf Lob und Tadel und sind ihrem Herrn so treu ergeben, daß sie unter Umständen sogar ihr Leben für ihn opfern.

Deutscher Schäferhund

Deutscher Schäferhund
Er hat eine feine Nase und ein dichtes, braunschwarzes Fell. Er ist sehr intelligent. Heute wird er überwiegend im Schutzdienst, in der Bergrettung sowie als Polizei- und Blindenhund eingesetzt.

Jeder Hund braucht einen Freßnapf und eine Wasserschüssel in erreichbarer Nähe.

Der sibirische Husky, ein Verwandter des Wolfes, ist als Schlittenhund in den Polargebieten ein unentbehrlicher Gefährte.

Sibirischer Husky

Wach- und Schutzhunde
Viele Rassen merken sich Befehle und sind daher geeignet für die Ausbildung, die jedoch Zeit, Geduld und Kenntnis der Hundepsychologie erfordert. Nicht alle großen Hunde sind auch Wachhunde; nur wenige Rassen – wie der Deutsche Schäferhund, Dobermann, Boxer, Schnauzer und Rottweiler – haben den dafür nötigen Verteidigungsinstinkt.

Wenn der Hund im Freien lebt, braucht er eine wetterfeste Hütte. Im Haus genügt ein ausgepolsterter Korb.

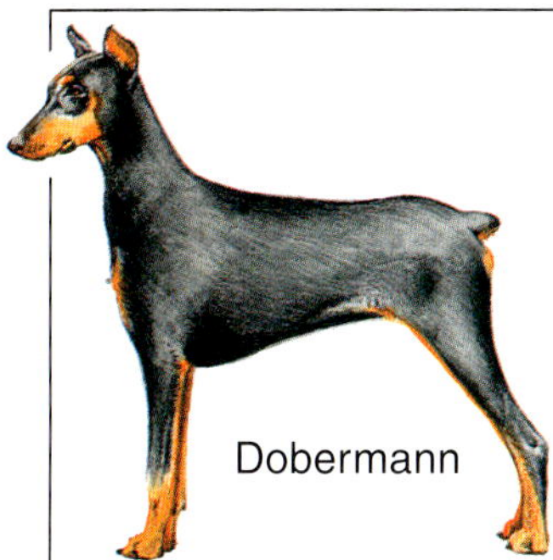

Dobermann

Rasse – Wenn sich Merkmale von Generation zu Generation unverändert weitervererben, spricht man von Rasse. Reinrassige Hunde haben einen Stammbaum, aus dem ihre Abstammung hervorgeht. Bastarde haben Eltern verschiedener Rasse.

Bernhardiner werden zur Rettung im Schnee verirrter Menschen eingesetzt.

Die Bulldogge hat eine plattgedrückte Schnauze, kurze Beine und glattes Fell. Sie wurde früher in England für Stierkämpfe gezüchtet.

Dogge – Rüden dieser Rasse werden bis zu 80 cm groß und 60 kg schwer. Doggen sind respektgebietende Wachhunde, aber nicht allzu angriffslustig.

Dogge

Rekorde – Zu den schwersten Hunden zählen Mastiff und Bernhardiner, zu den kleinsten Chihuahua und Yorkshire-Terrier.

Chihuahua

Bernhardiner

Kurzhaardackel

Yorkshire-Terrier

Die Kleinen
Der Yorkshire-Terrier ist zwar klein, aber ein Raufbold. Kurzhaardackel sind mutig und gute Jagdhunde.

Gesellschaftshunde wie Dackel, Pudel, Pekinese, Chihuahua, Cocker-Spaniel und Yorkshire-Terrier sind meist liebevolle, treue Gefährten. Manche von ihnen erfüllten früher andere Aufgaben: Der Pudel war ein Vorstehhund, der Cocker-Spaniel ein Jagdhund.

Bobtail

Windhund

Der Windhund ist der schnellste (bis zu 64 km/h). Er hat einen schlanken, langgestreckten Körper, scharfe Augen und ist ein guter Jagdhund.

Haustiere
Säugetiere

Jagdhunde müssen eine gute Spürnase und einen starken Jagdtrieb haben. Vorstehhunde (zum Beispiel Pointer, englischer und irischer Setter sowie Gordon-Setter) stellen die Beute und bleiben regungslos stehen, bis der Jäger kommt. Apportierhunde wie der Deutsche Spaniel und der Golden Retriever bringen ihm die Beute. Spürhunde jagen mit dem Menschen mit, zum Beipiel die Foxhounds bei der Fuchsjagd zu Pferd.

Irischer Setter

INDIANER

Als Kolumbus in Amerika landete, nannte er die Einwohner Indios, in der irrigen Annahme, Indien erreicht zu haben. Der Begriff ist geblieben, und noch heute werden sie Indianer Nordamerikas genannt. Die Wirtschaft der Indianer beruhte hauptsächlich auf der Landwirtschaft und der Jagd, vor allem der Bisonjagd. Jeder Teil des erlegten Tieres wurde genutzt: das Fleisch als Nahrung, die Haut zur Anfertigung von Kleidung, Schilden und Zelten, die Sehnen als Nähgarn und Bogensehnen. Heute leben die meisten von ihnen in Reservaten, wo sie versuchen ihre überlieferte Kultur neu zu beleben.

Der Stamm der Irokesen (rechts) lebte in der Gegend des Ontario- und des Eriesees und im Tal des Sankt-Lorenz-Stromes.

Glaube – Allen Stämmen gemeinsam ist der Glaube an einen Schöpfergott, den Großen Geist; sie sind davon überzeugt, daß die Natur von einer lebenspendenden Kraft, genannt Mana, durchdrungen ist.

Rechts: Totem mit übereinandergesetzten Tierfiguren. Es war kein Götzenbild, das angebetet wurde, sondern ein Zeichen, das auf die Herkunft des Stammes hinwies. Unten: alter Cheyenne-Häuptling.

Indianische Behausungen – Die Indianer lebten in Zelten, den sog. Tipis (oben) aus etwa einem Dutzend langer Stäbe, die sich am oberen Ende kreuzten und kreisförmig im Boden befestigt wurden. Sie wurden dann mit Tierhäuten überzogen, aber oben ließ man eine Öffnung für den Rauchabzug frei. Die Einrichtung war einfach: als Bett dienten auf der Erde ausgebreitete Bisonhäute.

Stämme – Die Indianer waren in Stämme gegliedert mit verschiedenen Kulturen, Riten, Überlieferungen und sogar Sprachen. Die Sozialstruktur eines jeden Stammes bestand aus Familien oder Sippen, denen man durch Verwandtschaft väterlicher- oder mütterlicherseits angehörte. Typisch für die Indianer war das Zusammengehörigkeitsgefühl. Wichtig waren die Kriegerverbände, denen das Recht vorbehalten war, in den Rat des Stammes einzutreten.

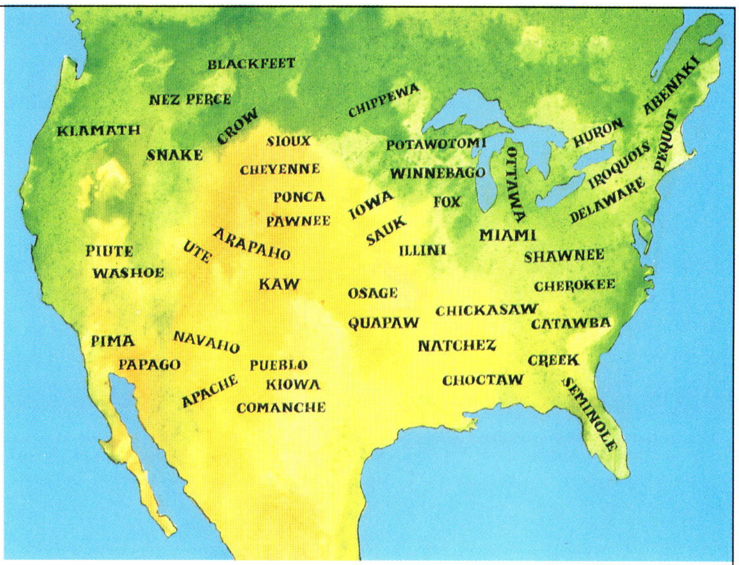

Auf der Karte (oben) sind die wichtigsten Stämme verzeichnet. Das von den Indianern bewohnte Gebiet umfaßte die Ebenen zwischen den Rocky Mountains, dem Mississippi und dem Hoheitsgebiet Kanadas.

Von oben nach unten:
Sioux
Cheyenne
Apache
Sauk
Chickasaw
Irokese

Amerika
Kolumbus, Christoph
Westen, wilder

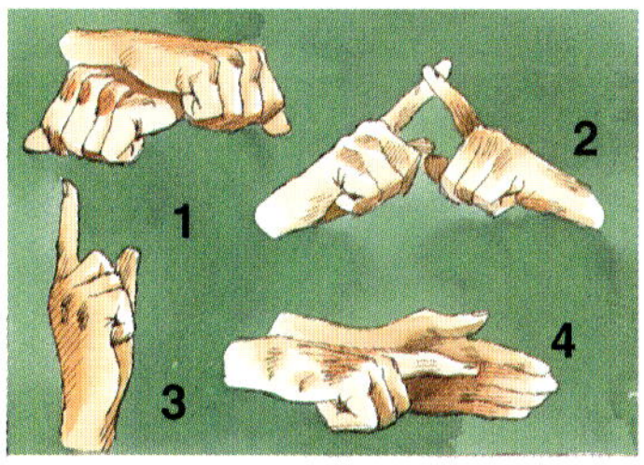

Die Zeichensprache wurde zur Verständigung der Stämme untereinander verwendet.

1. Gefangener
2. Lager
3. Warte auf mich
4. Folge mir

Indianerkriege – Als im 19. Jahrhundert die Eroberung des Westens durch Siedler begann, gruben die Indianer das Kriegsbeil aus, um ihr Land zu verteidigen. Indianerhäuptlinge wie *Rote Wolke, Crazy Horse, Sitting Bull,* trugen den einen oder anderen Sieg davon (Fort Kearny, 1868: Little Big Horn, 1876), aber das amerikanische Heer unter Führung der Generäle W.T. Sherman und P.H. Sheridan war eindeutig überlegen. Nach schrecklichen Schlachten wie der von Washita (1868) und Wounded Knee (1890) wurden die Indianer in Reservate zurückgedrängt und ihr kulturelles Erbe zerschlagen.

INFORMATIK

Wissenschaft, die sich mit den grundsätzlichen Verfahren der Informationsverarbeitung, besonders der Elektronischen Datenverarbeitung (EDV), befaßt. Anwendung findet sie z. B. in der Forschung, der Industrie, der Technik und im Büro.

Anklicken: eine Taste der Maus betätigen.
Apple Computer Inc.: Computerfirma, die 1977 von S. Wozniak und S. Jobs in Cupertino (USA) gegründet wurde. 1977 brachte sie den ersten Personal Computer, Apple I, auf den Markt. Nach dem erfolgreichen Apple II ging sie mit dem Macintosh in Serie.
BASIC: Programmiersprache.
Betriebssystem: Teil der Software, der die Bearbeitungsmöglichkeiten und ihre Zuordnung zu den Anwendungsprogrammen organisiert (z. B. DOS, OS, WINDOWS, UNIX).
Bit (binary digit): Maßeinheit für Datenmenge.
BTX: Sonderdienst, der über Bildschirm und Tastatur Zugang zu einer Datenbank herstellt, über die nützliche Informationen abgefragt werden können.
Byte: Gruppe von 8 Bits.
Chip: Trägerplättchen (Halbleiter), auf dem gedruckte Schaltungen untergebracht sind.
Compact Disc (CD): Kunststoffscheibe mit metallisierter Zwischenschicht. Informationen werden darauf als digitale Signale gespeichert, die mit optischen Abtastgeräten (Laser) gelesen und in Tonsignale, Videobilder oder Computerdaten umgewandelt werden können. Eine CD-ROM (Compact Disc Read Only Memory) ist eine CD, auf der große Datenmengen untergebracht werden können. Sie eignet sich auch für die Bild- und Tonwiedergabe.
CPU (Central Processing Unit): Zentraleinheit, Mikroprozessor.
Cursor: Zeigt die Stelle am Bildschirm, an der gerade eine Eingabe erfolgen kann.
Datenbank: System, in dem große Datenmengen gespeichert sind. Zugang zu den Dateien haben Computer mit den entsprechenden Programmen.
Digital: Wiedergabe von Informationen durch binäre Zeichen.
Diskette: Mit magnetisierbarer Schicht versehene Plastikscheibe zum Speichern zum Daten.
Drucker: Gerät, das die vom Computer bearbeiteten Daten ausdruckt. Es gibt Nadel-, Tintenstrahl- und Laserdrucker.
E-Mail (Electronic Mail): elektronische Post.
Erfassen: Daten systematisch eingeben.
Fax: Abk. für Faksimile. Fernübertragungssystem für Texte und Bilder.
File: Datei, in der Informationen unter einem einzigen Namen angeordnet und abgespeichert sind.
Hardware: Der materielle Teil (Gehäuse) des Computers, im Gegensatz zum logischen (Software).
Hypertext: Beschreibende Sprache für die Darstellung und Verknüpfung von Daten. Unterstützt die Navigation im Meer von Daten, die im World Wide Web (Untermenge des Internets) angeboten werden.
IBM (International Business Machines): 1911 von T. J. Watson in den USA gegründeter Computerhersteller, der 1924 den Namen IBM erhielt. In den 50er Jahren lief dort die Produktion elektronischer Rechner an, in den 70er Jahren die Produktion kommerzieller Heimcomputer.

Maus, an den Computer angeschlossenes Bearbeitungswerkzeug.

Informatik: engl.: computer science; Wissenschaft von der elektronischen Datenverarbeitung.
Input: Eingeben von Daten in den Computer.
Intelligenz, künstliche: Teilbereich der Informatik, der sich mit dem Aufbau von Datenverarbeitungssystemen befaßt, die der menschlichen Intelligenz angenähert werden sollen.
Interface: Schnittstelle zwischen zwei Datenverarbeitungssystemen, die durch einen gemeinsamen Übertragungscode einen Informationsaustausch ermöglicht.
Internet: Datennetz, das computerisierte Dienstleistungen aller Art (von Datenbanken bis E-Mail) anbietet.
Kennwort: Zugangscode zu einem Datensystem oder einer Anwendung.
Kilobyte (KB): Maßeinheit für die Speicherkapazität (1 KB entspricht 1024 Byte).
Maus: an den Computer angeschlossenes Gerät, das die Ausführung von Bearbeitungsvorgängen durch Hin- und Herbewegen auf einer ebenen Arbeitsfläche (Mouse-Pad) und Anklicken einer Taste ermöglicht.
Megabyte: Maßeinheit für die Speicherkapazität; entspricht 1 048 576 Byte.
Modem: gestattet die Übertragung von einem Computersystem zu einem anderen über Telefonleitungen.
Monitor: Bildschirm oder Videogerät des Computers.
Multimediales System: Datenverarbeitungssystem, das die gleichzeitige Anwendung verschiedener Medien (z. B. Text, Bilder, Video, Töne) ermöglicht.
Output: Arbeitsschritt der Weitergabe bearbeiteter Daten an eine Ausgabeeinheit (z. B. Drucker).
Programm: Gesamtheit der Befehle, die den Computer zur Datenverarbeitung befähigen.
Programmiersprache: für die Erstellung der Computerprogramme benützte Syntax (z. B. BASIC, COBOL oder C++).
Raubkopie: ohne Lizenz erstellte Kopie eines Computerprogramms.
RAM (Random Access Memory): Arbeitsspeicher mit „wahlfreiem Zugriff" (Schreib- Lesespeicher).
ROM (Read Only Memory): reiner Lesespeicher; frei adressierbarer Festwertspeicher.
Scanner: elektronisches Gerät für die Abtastung von Texten und Bildern, die im Computer gespeichert werden sollen.
Software: Logischer Teil des Computers, im Gegensatz zu Hardware, dem materiellen Teil des Computers.
Speicher: wichtiges Bauelement des Rechners, das die permanente Abspeicherung (ROM) oder Zwischenspeicherung (RAM) von Daten ermöglicht.
Tastatur (Keyboard): Tastenfeld für die Eingabe von Wörtern oder Befehlen.
Terminal: Arbeitsplatz eines Rechners, der aus Bildschirm und Tastatur besteht.
Videospiel: elektronisches Spiel (Videogame).
Virtual reality (VR): Technik, die die Simulation der Wirklichkeit mit Hilfe sensorbestückter und an den Computer angeschlossener Vorrichtungen (Handschuh, Helm, Overall) möglich macht.
Virus: Programm, das im Speicher eines Computers Schaden anrichten kann, falls es Zugang zu diesem bekommt.
Voice processing: Kommunikation mit dem Computer durch die Stimme.

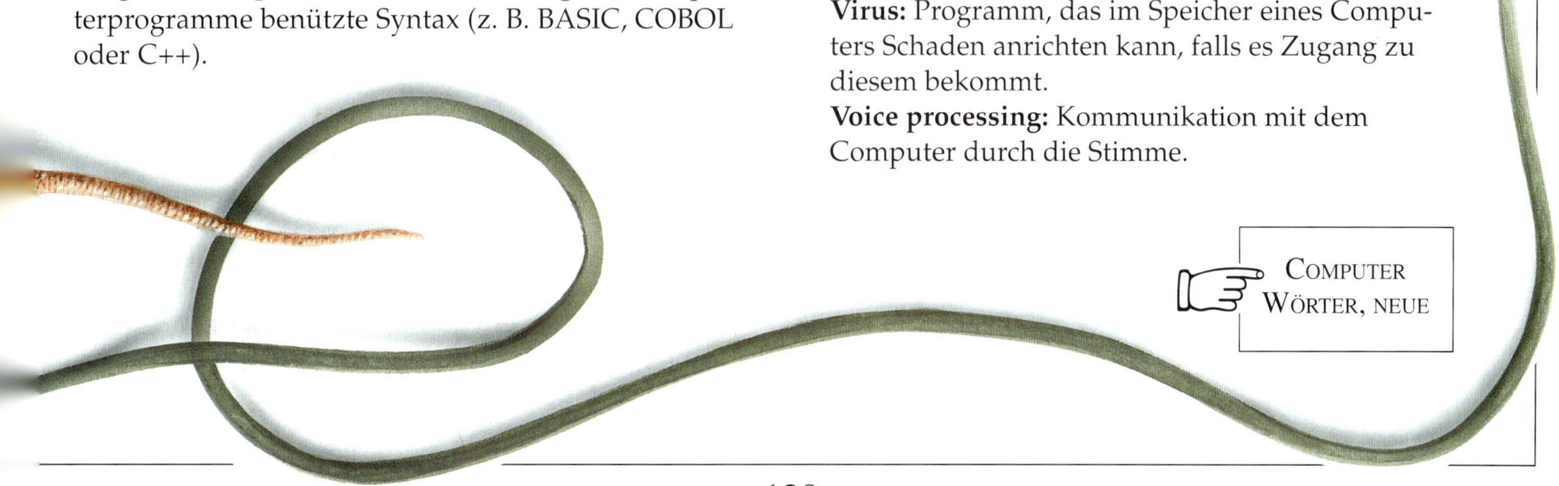

☞ Computer
Wörter, neue

Insekten

Es gibt etwa 750 000 verschiedene Insektenarten: *Apterygota* (Flügellose) und *Pterygota* (Geflügelte); zu letzteren gehören die meisten Ordnungen, wie die Käfer, Hautflügler (Bienen, Wespen, Ameisen), Schmetterlinge und andere.

Manche sind Schädlinge, wie die Wanderheuschrecken, die Flöhe und die Wanzen, andere nützlich, wie die Bienen und die Seidenraupen.

Die Eier der Libelle werden im Süßwasser abgelegt. Diese Insekten können stundenlang fliegen, ohne sich irgendwo niederzulassen.

Biene

Der Stachel der weiblichen Wespe ist giftig. Sie setzt ihn ein, um anzugreifen. Die Biene dagegen sticht nur zur Verteidigung, wenn sie sich angegriffen fühlt.

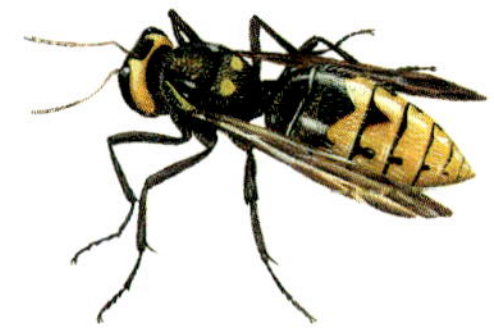

Wespe

Anatomie – Der Insektenkörper besteht aus Kopf (1), Bruststück (2) und Hinterleib (3), Fühlern (4) und Augen (5), sechs Beinen und zwei Paar Flügeln. Der Körper ist mit einem Chitinpanzer überzogen.

Der Siebenpunkt-Marienkäfer frißt Blattläuse und ist daher für den Pflanzenanbau sehr nützlich.

Siebenpunktmarienkäfer

Tsetse-Fliege

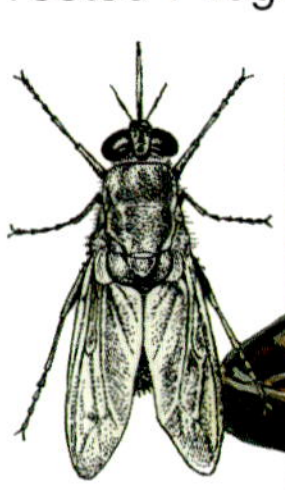

Ernährung – Die Mundwerkzeuge der Insekten bestehen aus der Ober- und Unterlippe sowie dem Ober- und Unterkiefer. Sie fressen alles, von Holz bis Nektar, von Blut bis Papier. Manche beißen, andere kauen oder saugen.

Die Kleidermotte ernährt sich von Geweben. Die Weibchen legen ihre Eier in Stoffe ab, so daß die Larven sofort Nahrung finden.

Krankheiten – Manche Insekten übertragen Krankheiten: Anopheles-Mücken die Malaria, Flöhe Infektionskrankheiten, die in Afrika weit verbreitete Tsetse-Fliege die Schlafkrankheit.

Bestäubung – Insekten bestäuben mit Pollen von einer Blüte die Narbe der nächsten Blüte, die sie besuchen. Im Fruchtknoten vereinigt sich der Pollen der ersten mit den Eizellen der zweiten Blüte und befruchtet sie. Daraus entsteht der Samen.

Ameisen
Bienen
Blumen und Blüten
Samen
Schmetterlinge
Wiese

Islam

Das Wort Islam bedeutet „Hingabe an den Willen Allahs“, des einzigen Gottes. Die Moslems, wie die Anhänger dieser Religion genannt werden, befolgen die Gesetze, die Allah Mohammed, seinem letzten Propheten, diktiert hat und die dieser in einem heiligen Buch, dem Koran, zusammengefaßt hat. Der islamische Kalender zählt die Jahre ab der Hedschra, der Flucht Mohammeds nach Medina (622 n. Chr.).

Arabische Künstler schufen abstrakte Verzierungen, weil der Islam die Darstellung der menschlichen Gestalt verbot.

Najaf-Al-Asraf-Moschee (Irak)

Araber
Architektur
Buddhismus
Christentum
Hinduismus
Judentum

Moscheen – Neben den Kultstätten erhebt sich ein hoher Turm, das sog. Minarett, von dem aus der Muezzin die Gläubigen fünfmal am Tag zum Gebet ruft. Moslems beten kniend und nach Mekka gewandt.

Heilige Kriege – Nach dem Koran verdient derjenige, der im Kampf um den Glauben stirbt, das Paradies. Die Nachfolger Mohammeds begannen deshalb eine Reihe von heiligen Kriegen, die zu Eroberungen in Asien, Afrika und Europa führten.

Jeder Moslem sollte einmal im Leben eine Pilgerfahrt nach Mekka unternehmen, der heiligen Stadt, in der sich der Schwarze Stein (oben) befindet.

Jahreszeiten

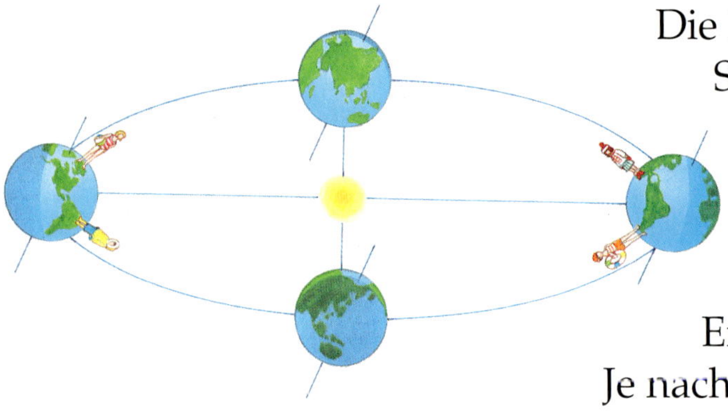

Die Erde dreht sich um sich selbst und um die Sonne. Eine Erdumdrehung dauert 24 Stunden, also einen Tag. Während die eine Seite der Erdkugel von der Sonne beschienen wird, ist auf der anderen Seite Nacht.

Für einen Umlauf um die Sonne braucht die Erde 365 Tage, also ein Jahr.

Je nach ihrer Position zur Sonne ändert sich die Jahreszeit: Es wird Frühling, Sommer, Herbst und Winter.

Die Umlaufbahn der Erde um die Sonne hat die Form einer Ellipse (Abbildung oben). Gleichzeitig dreht sie sich aber auch um sich selbst und wendet dabei der Sonne erst die eine Seite, dann die andere zu.

Wenn es die Sonne nicht gäbe, läge die Erde unter einer so dicken Eisschicht, daß der untere Teil des Eiffelturmes darin verschwände.

Wechsel der Jahreszeiten – Zu jeder Jahreszeit befindet sich die Erde in einer anderen Position zur Sonne. Dieser Wechsel beeinflußt die Atmosphäre und bewirkt unterschiedliche Wetterverhältnisse. Im Winter steht die Sonne niedrig über dem Horizont, ihre Strahlen fallen schräg auf die Erde, sind schwach und geben wenig Wärme. Im Sommer steht die Sonne hoch am Himmel, und ihre Strahlen sind stärker und viel wärmer.

Schaltjahre sind Jahre mit 366 Tagen, das heißt, der Februar hat dann 29 statt 28 Tage. Alle vier Jahre kommt wieder ein Schaltjahr.

Wenn es in Amerika Mittag ist, schlägt es in China, auf der gegenüberliegenden Erdhälfte, gerade Mitternacht.

Tag und Nacht – Wenn wir die Sonne beobachten, scheint es uns, als ob sie sich um die Erde drehte, weil wir sie am Morgen im Osten aufgehen und am Abend im Westen untergehen sehen. Doch das kommt davon, daß die Erde der Sonne zuerst die eine Seite zuwendet (dort ist es dann Tag) und danach die andere (wo vorher Nacht war). Nur bei Nacht sehen wir am Himmel die übrigen Gestirne funkeln; bei Tag macht das Sonnenlicht sie unsichtbar.

Klimazonen – Nach dem unterschiedlichen Einfallswinkel der Sonnenstrahlen, der auch für die Jahreszeiten typisch ist, teilt man die Erde in fünf Klimazonen ein. An den beiden Polen liegen die Polarzonen, die sich bis zum nördlichen bzw. südlichen Polarkreis erstrecken. Zwischen den Polarkreisen und dem nördlichen bzw. südlichen Wendekreis liegen zwei gemäßigte Zonen. Zu beiden Seiten des Äquators liegt die tropische, sehr heiße Zone.

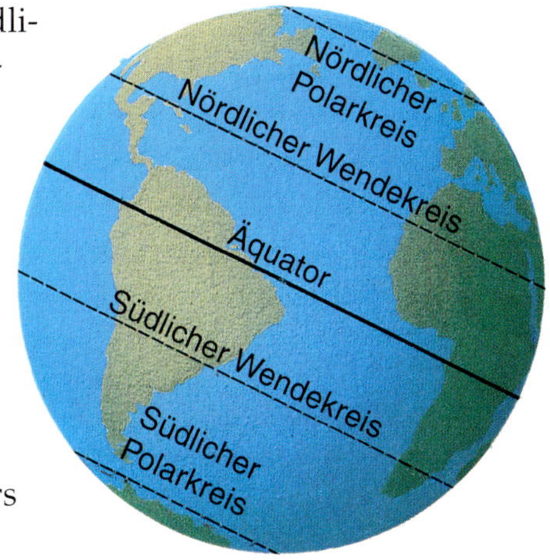

Verschiedene Jahreszeiten – Weil die Erdachse schräg steht, wendet die Erde der Sonne abwechselnd eine der beiden Halbkugeln (Hemisphären) zu. Wenn auf der einen Erdhälfte Winter ist, ist auf der anderen Sommer. Daher fällt in Europa und in Nordamerika das Weihnachtsfest in den Winter, in Südamerika, Südafrika und Australien hingegen in den Sommer. In den gemäßigten Zonen macht sich der Wechsel der Jahreszeiten stärker bemerkbar. In den Tropen gibt es nur einen Wechsel von Trocken- und Regenzeiten, der zum Äquator hin immer weniger ausgeprägt ist.

ERDE; SONNE
TARNUNG
WINTERSCHLAF

Japaner

Die Überlieferung berichtet, daß Jimmu Tenno, ein Nachkomme der Sonnengöttin Amaterasu Omikami, 660 v. Chr. das japanische Reich gründete. Im 4. Jahrhundert n. Chr. knüpfte Japan engere Beziehungen zu China, übernahm die kaiserliche Herrschaft und die buddhistische Religion (552). Im japanischen Mittelalter (1185-1615) gab es Meinungsverschiedenheiten und Kämpfe zwischen dem jeweiligen *Shogun* und den *Bushi*, der sozialen Schicht der Krieger. Ab 1637 wurden alle Häfen, darunter auch Nagasaki, für den Handel geschlossen. Die Zeit der Isolation dauerte bis 1854.

Shogun – Ein erbliches Amt, das am Ende der Feudalzeit abgeschafft wurde. Der *Shogun* oder Reichsfeldherr hatte weitreichende militärische und zivile Machtbefugnisse.

Die Hofdamen trugen lange Hosen und mehrere Kleidungsstükke so übereinander, daß von jedem die Ärmel- und Saumränder sichtbar waren.

Die Samurai waren Söldnerkrieger der Feudalzeit, die ihrem Herrn (*Daimyo*) treu ergeben waren. Sie trugen eine leichte Rüstung (rechts und oben), die aus Metall- oder Lederplatten bestand und viel Bewegungsfreiheit zuließ.

Chinesen
Häuser
Kleidung

Jeanne d'Arc

Jeanne d'Arc war ein Bauernmädchen aus dem Dorf Domrémy.

Wegen ihrer heroischen Taten bekam sie den Beinamen Jungfrau von Orléans. Sie wurde 1412 in einem Bauerndorf in Frankreich geboren. Schon als Kind fühlte sie sich von Gott dazu auserkoren, Frankreich, das zum Teil von den Engländern besetzt war, zu befreien. Sie wandte sich an König Karl VII., um ihm ihre Hilfe anzubieten; sie erhielt ein kleines Heer zugeteilt, mit dem sie zur belagerten Stadt Orléans zog. Jeanne bewies großen Mut, und es gelang ihr, die Stadt von den Engländern zu befreien (1429).

Nach dem Sieg von Orléans wurde Jeanne von einer jubelnden Menge empfangen.

Krönung Karls VII. – Der Sieg von Orléans gab dem französischen Heer neuen Mut. Unter der Führung von Jeanne zog es nach Reims, der für die Könige Frankreichs heiligen Stadt. Dort wurde 1429 Karl VII. feierlich zum König von Frankreich gekrönt (unten).

Zum Feuertod verurteilt – Nach seiner Krönung weigerte sich Karl VII., zur Eroberung von Paris aufzubrechen. Jeanne beschloß, mit Unterstützung von Volk und Heer, allein weiterzukämpfen. Aber in der Schlacht von Compiègne (1430) wurde sie verwundet und von den mit den Engländern verbündeten Burgundern gefangengenommen. Sie wurde der Ketzerei beschuldigt, zum Tod verurteilt und am 30. Mai 1431 auf dem Hauptplatz von Rouen auf dem Scheiterhaufen verbrannt.

Bei der Befreiung von Paris wurde Jeanne verwundet.

Patronin Frankreichs – 1450 eroberte Karl VII. Rouen zurück und ließ den Prozeß gegen Jeanne wieder aufnehmen. Papst Calixtus III. hob 1456 ihre Verurteilung kirchlich auf. 1920 wurde sie heiliggesprochen und zur Schutzpatronin Frankreichs erhoben.

Frauen, berühmte

JUDEN

Die Menora, der siebenarmige Leuchter

Die Bibel berichtet, daß Abraham sich etwa um 2000 v. Chr. an der Spitze eines Hirtenstammes in der Gegend von Kanaan (im heutigen Palästina) niederließ. Die Söhne Isaak und Ismael sorgten für die Nachkommenschaft. Das jüdische Volk, das von Moses aus der ägyptischen Knechtschaft befreit wurde, mußte im Laufe der Jahrtausende schreckliche Verfolgungen erdulden und mehrmals sein Land verlassen, bis 1948 der Staat Israel gegründet wurde, ein kleiner jüdischer Staat zwischen großen arabischen Nationen.

Nomadenvolk – Die jüdischen Stämme zogen mit ihren Herden auf der Suche nach Weiden durch das Land. Im fruchtbaren Kanaan, dem Gelobten Land, wurden sie zu seßhaften Bauern.

Links und unten: Die Römer zerstörten 70 n. Chr. Jerusalem und seinen Tempel.

Exodus – Um 1290 v. Chr. brachen die Juden aus der ägyptischen Knechtschaft auf, um unter der Führung von Moses ins Gelobte Land zu ziehen. Die Reise *(Exodus,* d. h. Auszug) dauerte mehr als 40 Jahre. In Palästina wurden die Juden unter der Führung der drei großen Könige Saul, David und Salomo zu einem mächtigen Volk.

Antisemitismus – Die Feindseligkeit gegenüber Juden, die jahrhundertelang verfolgt worden waren, erreichte zwischen 1933 und 1945 mit der Vernichtung von sechs Millionen Juden in Konzentrationslagern durch die deutschen Nationalsozialisten ihren Höhepunkt (Holocaust).

JUDENTUM
KULTUREN MESOPOTAMIENS
PERSER; RÖMER

Judentum

Während die Völker des Altertums polytheistisch waren, d. h. viele Götter verehrten, glaubten die Juden schon vor dreitausend Jahren an einen einzigen Gott, den Schöpfer des Universums, der Moses auf dem Berg Sinai die Gesetzestafeln mit den zehn Geboten übergab. Die jüdische Tradition pflegt das Lesen und Kommentieren der heiligen Schriften unter Anleitung der Rabbiner. Der Ort, an dem sich die Gläubigen zum Gebet versammeln, ist die Synagoge. Das mosaische Gesetz (Thora) besteht aus 613 überlieferten Geboten, die alle Bereiche des täglichen Lebens betreffen.

Davidstern

Menora – Der siebenarmige Leuchter, die sog. Menora, ist das Symbol des alten Staates Israel. Der heiligste Gegenstand in der jüdischen Liturgie ist seit der Zerstörung des Tempels die Rolle mit den heiligen Schriften.

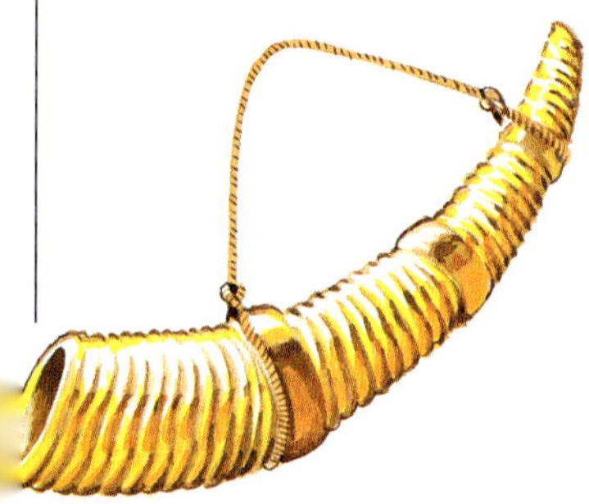

Das Widderhorn Schofar wird bei manchen religiösen Zeremonien, wie beim Jom Kippur, geblasen.

Bundeslade – Das war eine in Gold gefaßte Holztruhe, die Moses auf göttliches Geheiß anfertigen ließ, um darin die Gesetzestafeln aufzubewahren. Sie stand im Allerheiligsten des Tempels von Jerusalem.

Der Tempel von Jerusalem wurde von König Salomon gegen das Jahr 1000 v. Chr. erbaut und von Nebukadnezar zerstört. 515 wurde er wieder aufgebaut und neu geweiht, dann durch Herodes den Großen erweitert. Im Jahre 70 wurde der Tempel von den Römern zerstört, und heute steht von ihm nur noch die Klagemauer.

Buddhismus
Christentum
Hinduismus
Islam
Juden

Jugendliteratur

Viele Klassiker der Jugendliteratur wurden ursprünglich für erwachsene Leser geschrieben: zum Beispiel *Die Schatzinsel* von R. L. Stevenson oder *Gullivers Reisen* von J. Swift, ein satirischer Roman über die englische Gesellschaft der damaligen Zeit, der aber im Reich der Phantasie spielt. *Robinson Crusoe* von Daniel Defoe erzählt das Schicksal eines Schiffbrüchigen auf einer einsamen Insel. L. M. Alcott schrieb vor allem Frauenromane wie *Kleine Frauen*. Der Roman ist eine Literaturgattung, die Erlebnisse in der Realität oder in einer Phantasiewelt beschreibt. Er verwebt verschiedene Ereignisse sowie die Schilderung von Personen und Charakteren miteinander.

Robert Louis Stevenson

Walter Scott

Louisa May Alcott

Alcott, Louisa May
Dichter und Schriftsteller
Märchen und Fabeln
Melville, Hermann
☞ Stevenson, Robert Louis
Swift, Jonathan

Abenteuerromane – Jack London (1876-1916) schrieb für ein erwachsenes Leserpublikum in Amerika Abenteuerromane, die heute besonders bei Jugendlichen sehr beliebt sind. In seinen Büchern beschreibt J. London die Beziehung zwischen Mensch und Natur und behandelt moralische Werte wie Mut, Freundschaft und Loyalität. Zu seinen bekanntesten Werken zählen *Wolfsblut*, *Ruf der Wildnis* und Erzählungen wie *Martin Eden* und die *Südseegeschichten*.

Die Karte oben zeigt das Gebiet, in dem der Goldrausch ausbrach. Hier spielt auch der Roman *Ruf der Wildnis*.

KARL V.

Karl V. (1500-1558) herrschte über ein riesiges Reich in Europa und Amerika. Er war der Sohn Philipps des Schönen von Habsburg und Johanna der Wahnsinnigen, Königin von Kastilien. Mit Franz I. von Frankreich kämpfte er lange um die Vorherrschaft in Europa. 1529 setzte er sich auch in Italien durch und wurde 1530 von Papst Clemens VII. zum Kaiser gekrönt. Der Protestantismus breitete sich in seiner Regierungszeit aus.

„In meinem Reich geht die Sonne nie unter", soll Karl V. gesagt haben. Und das stimmte: Wenn die Sonne in Europa unterging, ging sie in den von den Spaniern eroberten Kolonien in Amerika gerade auf.

Erblande und Eroberungen – Karl V. erbte von seinen Eltern ein riesiges Reich. Nach dem Tod seines Großvaters väterlicherseits, Maximilian I., wurde er 1519 Kaiser. Unter seiner Herrschaft erlangte das Heilige Römische Reich durch zahlreiche Eroberungen wieder eindrucksvolle Größe.

ENTDECKER
KATHEDRALE, GOTISCHE✓

Unter Karl V. eroberten die Konquistadoren große Gebiete in Amerika und sandten von dort unermeßliche Schätze in ihre Heimat.

Karl der Grosse

Karl (742-814) war der Sohn des Frankenkönigs Pippin und erhielt den Beinamen „der Große" für seine hervorragenden Taten. Er besiegte die Awaren, Slawen, Sachsen und Bayern. Die Verstoßung seiner ersten Gemahlin, die eine Tochter des Langobardenkönigs Desiderius war, führte zum Krieg mit den Langobarden. Karl siegte und bemächtigte sich ihrer Gebiete in Italien. In der Weihnachtsnacht des Jahres 800 wurde Karl zum Kaiser des Heiligen Römischen Reiches gekrönt. In diesem Reich erstand die Einheit des Abendlandes unter dem Zeichen des Christentums wieder.

Karl der Große in mittelalterlicher Rüstung

Karl wollte einen Thron (oben), der so schlicht und schmucklos sein sollte wie der in der Bibel beschriebene Thron von König Salomo.

Das Heilige Römische Reich erstreckte sich von den Pyrenäen bis zur Donau und von der Nordsee bis Mittelitalien. Karl teilte es in Grafschaften und Marken ein, deren Herr jeweils ein ihm treu ergebener Graf oder Markgraf war. Sendboten hielten den Kontakt zu den Reichsgebieten. Obwohl Karl der Große selbst kaum lesen und schreiben konnte, förderte er das Bildungswesen: Überall entstanden Schulen. Die Hofschule in Aachen war die bekannteste davon.

Mittelalter

Unten: Karl der Große und das Frankenheer in Paris. Fresko von J. Schnorr von Carolsfeld (1826).

Papst Leo III. krönte Karl in der Weihnachtsnacht des Jahres 800 zum Kaiser.

KARTOGRAPHIE

Landkarten braucht man, um sich in fremden Gegenden zurechtzufinden oder einen Überblick über ein sehr großes Gebiet zu bekommen. Die Kartographie ist die Wissenschaft, die sich mit der Herstellung von Karten befaßt. Alle Karten sind nach genau festgelegten Regeln gezeichnet, damit sich jeder leicht damit auskennt. Zum Beispiel wird jedes Gebiet so dargestellt, wie man es von einem hoch darüberliegenden Standpunkt aus sehen könnte, das heißt, alle Einzelheiten der Karte sind im gleichen Verhältnis verkleinert. Der Maßstab auf jeder Karte gibt dieses Verhältnis an.

Ausschnitt aus einer physischen Karte.

In politischen Karten ist jeder Staat in einer anderen Farbe eingezeichnet.

Oben: alte Amerika-Karte aus der *Cosmographia universalis* (1541).

Karten der Antike – Schon die Ägypter verwendeten Karten, um die Grundstücksgrenzen, die durch die periodischen Nilüberschwemmungen unkenntlich gemacht wurden, festzuhalten. Die Karten der Antike waren jedoch nicht sehr genau. Die Kartographen glaubten nämlich damals, daß die Erde eine flache Scheibe sei. Erst nach den großen Entdeckungsreisen, also ab 1500, wurden die Landkarten genauer.

ARABER
ENTDECKER
ERDE
ZEITZONEN

Vasco da Gama, ein portugiesischer Seefahrer, landete 1498 im indischen Hafen von Calicut.

Zeichen – Für die Darstellung topographischer und politischer Einzelheiten des Kartengebietes verwendet man vereinheitlichte Symbole. Am Kartenrand steht die Legende, die diese Zeichen erklärt.

Straßenkarte

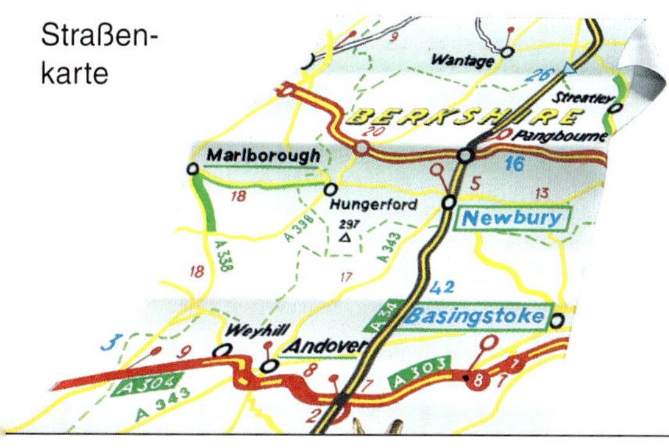

KATHARINA DIE GROSSE

Katharina hieß eigentlich Sophie Friederike Auguste und war die Tochter des deutschen Fürsten von Anhalt-Zerbst. 1745 heiratete sie den russischen Thronfolger, Großfürst Peter. Sophie lernte Russisch, trat zum orthodoxen Glauben über und wurde dabei auf Katharina umgetauft. Als ihr Gatte als Peter III. den Zarenthron bestieg, ließ sie sich in seiner Abwesenheit zur Kaiserin ausrufen und zwang ihn zum Thronverzicht. Katharina führte die Expansionspolitik von Peter dem Großen fort. Im Kampf gegen Polen eroberte sie Weißrußland, Wolhynien, Podolien, Litauen und das Herzogtum Kurland. Von den Türken erwarb sie 1774 die Steppengebiete zwischen dem Schwarzen Meer und dem Asowschen Meer. Sie dehnte ihr Reich bis zur Dnjestrmündung aus.

1729: in Stettin geboren.
1745: Hochzeit mit Peter III.
1762: K. wird Kaiserin.
1773/74: Bauernaufstand.
1774: Vertrag von Küçük Kaynarca mit den Türken.
1787-1792: K. dehnt ihr Reich bis zum Dnjestr aus.
1796: K. stirbt in Zarskoje Selo bei St. Petersburg.

Katharina führte viele Reformen durch und gründete Schulen, damit auch Frauen (wenn auch nur Adelige) Zugang zu höherer Bildung erhielten.

FRAUEN, BERÜHMTE

Politik – Katharina herrschte autoritär und vereinigte alle Macht in ihren Händen. Den Bauern und armen Volksschichten bürdete sie immer höhere Steuern auf. Die Unzufriedenheit im Volk führte zu zahlreichen Aufständen, wie dem Bauernaufstand (1773/1774) unter Pugatschow (oben), die sie blutig niederschlug.

Unter Katharina der Großen erstreckte sich Rußland von Polen bis zum Pazifik und im Süden bis an die chinesische Grenze.

Russischer Soldat

Katzenartige Raubtiere

Zu dieser Familie, zu der auch die gemeine Hauskatze gehört, zählen Großkatzen wie Tiger, Leoparden, Löwen und Geparden. Sie tauchten vor etwa 40-45 Millionen Jahren auf. Es sind Fleischfresser, Raubtiere mit spitzen Krallen und muskulösem Körper, der mit einem dichten, zur Tarnung in ihrem Lebensraum oft gefleckten Fell überzogen ist. Sie haben spitze Eckzähne zum Töten und scharfe Reißzähne zum Zerteilen des Fleisches.

Der Löwe lebt in Rudeln in Savannen und im Buschland. Im Alter von dreieinhalb Jahren verlassen die Männchen die Gruppe, um eine neue Familie zu gründen. Das Männchen hat eine dichte Mähne. Die Jagd und Beutesuche ist vor allem Sache der Weibchen.

Verschiedene Fellarten
Der Jaguar hat ein rötliches Fell mit ringförmigen Flecken. Der schwarze Panther dagegen ist eine Abart des Leoparden mit einem sehr dunklen Fell. Er erspäht seine Beutetiere von Bäumen aus und schleppt sie ins Geäst.

Der Jaguar lebt in Amerika und der schwarzer Panther in Afrika.

Ozelot

Der Gepard hat einen schlanken Körper. Sein Fell ist ockerfarben bis rötlich mit runden schwarzen Flecken. Er ist ein ausgezeichneter Läufer, der Geschwindigkeiten von 75 km/h, sogar Spitzen von 100 km/h erreichen kann, aber nach 500 m hat er schon seine ganze Kraft verbraucht.

Der Nebelparder ist eine nachtaktive Katze, die in den Wäldern Südostasiens lebt. Er hat einen langen Schwanz und ein graubraunes Fell mit großen und kleinen dunklen Flecken.

ARTEN, BEDROHTE
HAUSKATZEN; SÄUGETIERE
TARNUNG; TIERWELT AFRIKAS
TIERWELT SÜDAMERIKAS; TIGER
URWALD, ASIATISCHER

Gepard

Kino und Film

Die Brüder Louis und Auguste Lumière aus Frankreich gelten als Erfinder des Kinos.

Ende des 19. Jahrhunderts gab es die ersten bewegten Bilder. Die Brüder Louis und Auguste Lumière führten am 28. Dezember 1895 in Paris mit dem *Cinématographe*, der als Aufnahme- und Vorführgerät verwendet wurde, ihren ersten Film vor.

1

2

3

1. *Laterna magica* (um 1600).
2. *Kinetoscope* von Edison (um 1800).
3. *Daedalum* von Horner (Mitte des 19. Jahrhunderts).

Diese Geräte wurden als Betrachtungsgeräte für bewegte Bilder erfunden.

Tonfilm und Farbfilm – Anfangs gab es nur Schwarzweißfilme ohne Ton. Ein Klavierspieler im Saal besorgte die musikalische Untermalung des Geschehens auf der Leinwand. Der erste Tonfilm, *The Jazz Singer* (1927), wurde mit einem bekannten Sänger, Al Jolson, als Hauptdarsteller aufgenommen. Der erste Farbfilm in guter Qualität war *Der Zauberwald* (1932), ein Zeichentrickfilm von Walt Disney.

Computer
Forscher und Erfinder
Fotografie
Informatik; Walt Disney

Filmkamera mit Handkurbel

Trickaufnahmen – Mit Hilfe moderner Computer kann man heute viele Spezialeffekte erzielen. Wenn man echte Filmaufnahmen mit Animationen koppelt, kann man zum Beispiel Dinosaurier mit echten Darstellern kämpfen lassen. Die Computer machen auch die Erzeugung dreidimensionaler Bilder (3D) möglich.

KLEIDUNG

Jede Epoche der Geschichte entwickelt ihren typischen Stil in der Musik, der Malerei, der Architektur, aber auch in der Art, wie sich die Menschen anziehen. Seit der Renaissance sprechen wir von Mode und meinen damit, daß sie die Zugehörigkeit zu einer Gesellschaftsschicht (dann wird sie zum Statussymbol) bzw. den jeweils neuen Stil einer Zeit ausdrückt. Die Abbildungen unten und auf der folgenden Seite zeigen den Wechsel der Mode im Lauf der Jahrhunderte. Heute ändert sich die Mode wegen der Möglichkeit weltweiter Kommunikation immer schneller.

Das Goldene Zeitalter Englands war die Regierungszeit von Elisabeth I., in der England sich zur Weltmacht entwickelte. Die Gewänder dieser Zeit sind prunkvoll und mit Perlen und Edelsteinen bestickt.

1. Kleidung der Urzeit
2. Altes Ägypten
3. Griechenland
4. Rom
5. Hochmittelalter
6. Spätmittelalter
7. Deutschland, Mittelalter
8. Elisabethanisches Zeitalter
9. Holland, 17. Jh.
10. Frankreich, 17. Jh. (Fortsetzung S. 146)

1. Reifrock oder Krinoline, 16. Jh.
2. Steifer Spitzen- oder Mühlsteinkragen, 17. Jh.
3. Fächer aus Spitze
4. Strohhut mit Blumen und Bändern, Ende des 19. Jh.
5. Mieder (Ende 19. Jh.)
6. Bestickte Taschen (Ende 19. Jh.)
7. Sonnenschirm

4

5

7

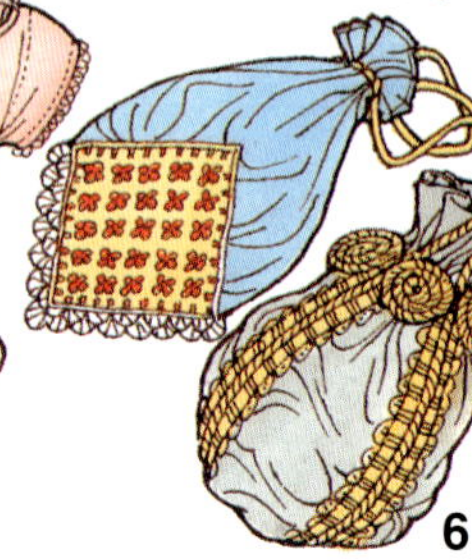

6

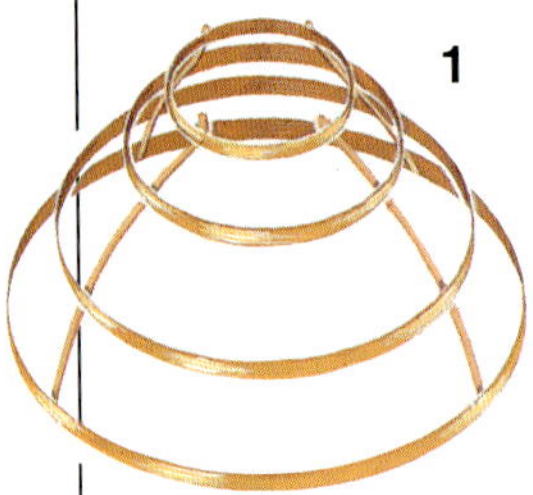

1

2

3

Ägypter; Elisabeth I.
Griechen; Japaner
Menschen der Urzeit
Mittelalter; Römer
Völkerbewegungen in Europa

11. England, 18. Jh.
12. Frankreich, 18 Jh.
13. Deutschland, 17. Jh.
14. Frankreich, Ende 18. Jh.
15. Frankreich, 19. Jh.
16. England, 19. Jh.
17. England und Deutschland, 19. Jh.
18. 1930-1950
19. 1950-1990

11

12

17

13

14

18

15

16

19

Klöster

Mittelpunkt des religiösen Lebens im Mittelalter waren die Klöster. Die Mönche beteten nicht nur gemeinsam, sondern betrieben auch Ackerbau und Viehzucht sowie Kräuterapotheken und kümmerten sich um die Armen und Kranken. Sie waren die Hüter des kulturellen Erbes und gaben es an die Nachwelt weiter. Die Mönche, die sich dieser Aufgabe widmeten, studierten Philosophie, Grammatik, Rhetorik, Mathematik, Astronomie und Alchimie.

In ihren Bibliotheken bewahrten die Klöster die Bücher, die in der Völkerwanderungszeit nicht vernichtet worden waren, als kostbare Schätze auf. In der Stille der Skriptorien schrieben die Mönche Bücher ab und verzierten diese Handschriften mit farbigen Miniaturen.

In der Klosterkirche, dem Mittelpunkt des Klosterlebens, versammelten sich die Mönche mehrmals am Tage zum Gebet.

1. Dormitorium (Schlafsaal)
2. Scriptorium (hier enstanden die Handschriften)
3. Refektorium (Speisesaal)
4. Innenhof
5. Kreuzgang
6. Brunnen
7. Klosterkirche
8. Obst- und Gemüsegarten

Bücher
Christentum

Knorpelfische

Haie (die es schon vor 350 Millionen Jahren gab) haben prähistorische Merkmale bewahrt, wie das Knorpelskelett und zahlreiche Kiemen seitlich am Maul.

Haie haben einen spindelförmigen Körper, fächerförmige Schwimmflossen, einen asymmetrischen Schwanz und eine charakteristische Rückenflosse. Ihr ausgezeichnetes Sehvermögen, der Geruchssinn (der vor allem auf Blut anspricht) und das mit spitzen Zähnen bewehrte Maul machen sie zu geschickten Räubern. Haie müssen ständig in Bewegung bleiben, um nicht unterzugehen:
Der große Weißhai schwimmt an einem Tag mehr als 400 km. Er ist der größte Raubfisch, wiegt über 250 kg und wird über 9 m lang.

Blauhai

Blauhai – Er ist am Rücken dunkler und an den Seiten heller gefärbt und wird etwa 6 m lang. Er lebt in tropischen und subtropischen Gewässern und im Mittelmeer.

Delphine, die für den Menschen ungefährlich sind, zählen zu den großen Feinden der Haie. Sie greifen sie in Schwärmen an und teilen dabei kräftige Schläge mit ihrer Schnauze aus.

Nicaraguahai

Die gefürchtetsten Räuber – Am gefräßigsten sind Tigerhai, Mako und Nicaraguahai. Der Weißhai hat auch den Beinamen Menschenhai.

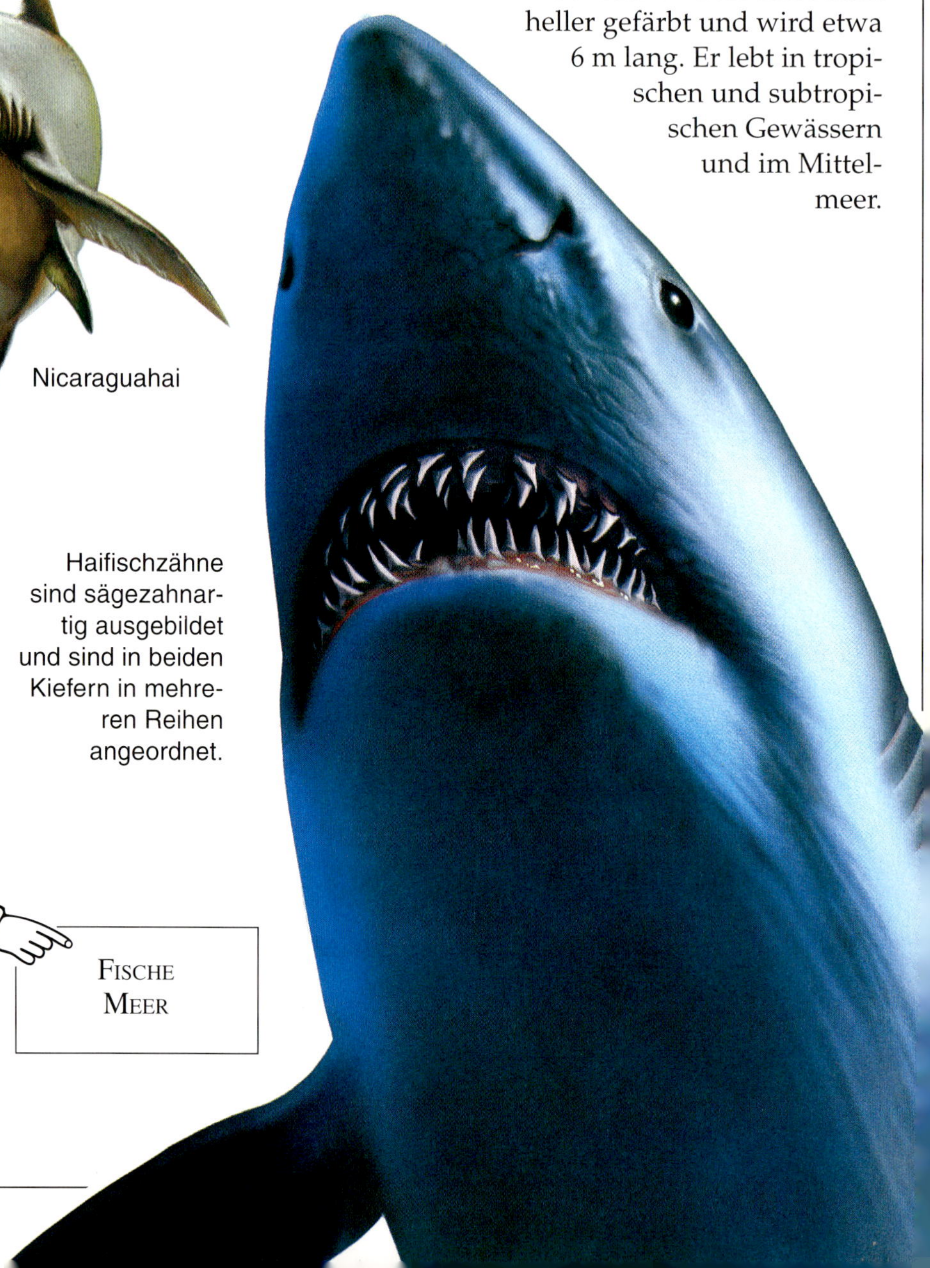

Haifischzähne sind sägezahnartig ausgebildet und sind in beiden Kiefern in mehreren Reihen angeordnet.

Mit den Haien verwandt sind auch der Stechrochen (Abbildung oben) und der Manta, die beide ebenfalls ein Knorpelskelett haben.

Fische
Meer

Kochrezepte

Bei jedem Rezept, ob einfach oder kompliziert, kommt es darauf an, daß man sich genau daran hält, damit das Gericht wirklich gelingt. Wichtig ist, daß man alle Zutaten in Reichweite hat, bevor man ans Werk geht. Und zum Schluß nicht vergessen, die Küche wieder aufzuräumen!

Süßstoffe – In alter Zeit verwendete man Honig zum Süßen. Im Mittelalter, zur Zeit der Kreuzzüge, entdeckten die Europäer, daß man aus Zuckerrohr Zucker gewinnen kann. Rübenzucker wurde erst nach der Französischen Revolution hergestellt.

Kuchen für Genießer
Dieses Rezept ergibt einen köstlichen Kuchen und ist ganz leicht.

Zutaten: Löffelbiskuits, Zucker, Wasser, Marmelade, ein Glas, eine Back- oder Puddingform mit hohem Rand.

In einem Becher Zucker mit Wasser verrühren. Biskuits einzeln hineintauchen.

Die in Zuckerwasser eingetauchten Biskuits auf dem Boden der Form verteilen.

Rand der Form mit weiteren in Zuckerwasser getauchten Biskuits auslegen.

Enden der Löffelbiskuits oben mit der Schere abschneiden.

Mit Marmelade bestreichen. Abwechselnd eine Schicht in Zuckerwasser getunkte Biskuits und eine Schicht Marmelade einfüllen.

Tip: Statt der Marmelade kann man auch Schokoladencreme oder Tortencreme nehmen.

Mit einer Schicht Marmelade aufhören. Die abgeschnittenen Biskuitenden so darauflegen, daß die ganze Fläche bedeckt ist.

Die Form mit einem Teller zudecken und einen Topf daraufstellen, damit der Kuchen fest zusammengedrückt wird. In den Kühlschrank stellen und einen Tag stehenlassen.

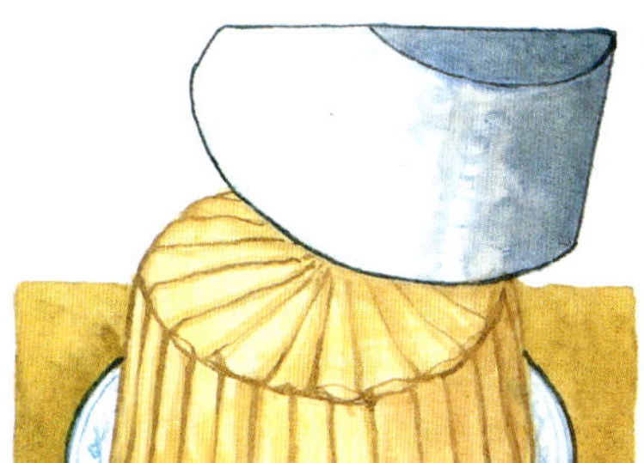

Den Kuchen aus dem Kühlschrank nehmen und ihn mit frischen Erdbeeren oder Schokoraspeln verzieren.

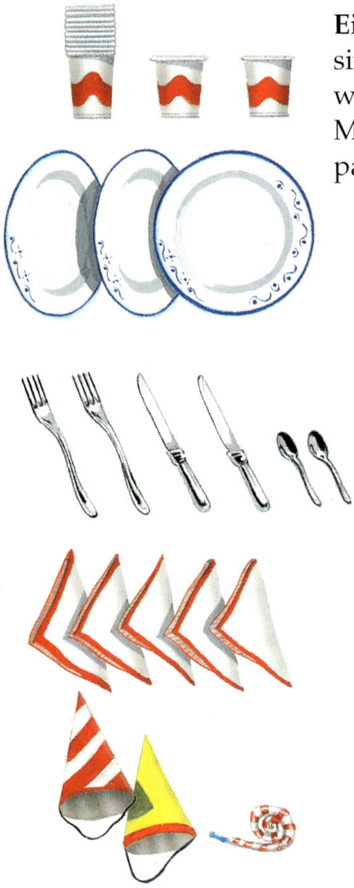

Ein Fest mit Freunden – Damit alles klappt, sind einige Vorbereitungen nötig. Gebraucht werden bunte Pappteller und -becher, Gabeln, Messer und Löffel aus Plastik und zu den Tellern passende Papier- oder Stoffservietten. Als Getränke kann man Fruchtsäfte und Limo anbieten. Zum Essen gibt es entweder belegte Brötchen mit Wurst, Schinken und Käse oder – vor allem, wenn es eine Geburtstagsfeier ist – eine Torte mit Kerzen. Farbige Strohhalme, Fähnchen oder bunte Tischdekorationen lassen alles noch hübscher aussehen.

Zutaten für Mürbeteig
300 g Mehl
150 g Butter
100 g Zucker
2 Eigelb
abgeriebene Zitronenschale
eine Prise Salz

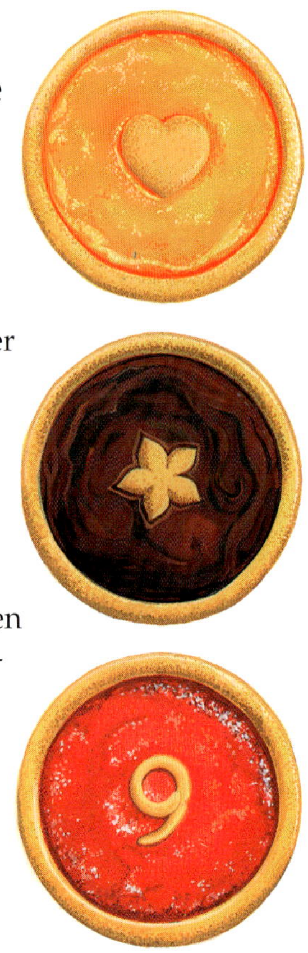

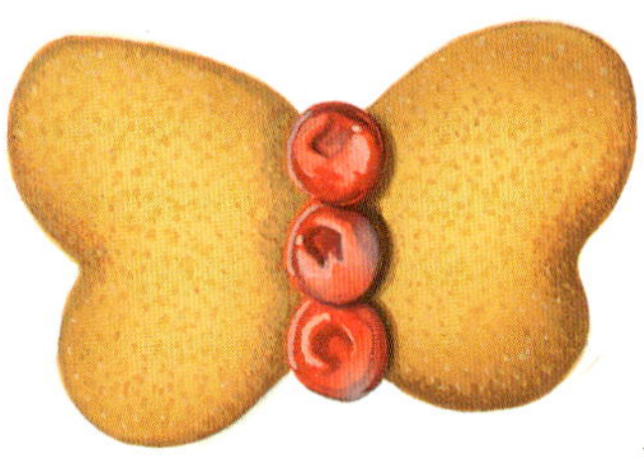

Mürbeteig-Torte und -Kekse:
Auf der Arbeitsfläche Mehl, Zucker und Butter und die übrigen Zutaten zu einem glatten Teig verkneten. Zwei Drittel des Teiges mit dem Nudelholz ausrollen. Die eingefettete und mit Mehl bestäubte Kuchenform mit dem Teig auslegen. Teigfläche mit Marmelade bestreichen. Mit Streifen aus dem restlichen Teig verzieren. Im vorgeheizten Backrohr bei 180 °C etwa 30 Minuten backen. Wer lieber Kekse bäckt, sticht aus dem ausgerollten Teig mit kleinen Förmchen Figuren aus. Goldgelb backen, abkühlen lassen und beliebig mit Schokolade, Zuckerperlen, Belegkirschen und Mandeln verzieren.

Ernährung
Schokolade
Spiele

Kolumbus, Christoph

Christoph Kolumbus (1451-1506) erhielt von der spanischen Königin Isabella den Auftrag, drei Karavellen für eine Seereise nach Indien auf dem bisher noch nie eingeschlagenen Kurs nach Westen auszurüsten. Am 3. August 1492 segelte Kolumbus von Palos ab und landete am 12. Oktober auf der Insel Guanahani (Bahamas), die er in San Salvador umbenannte. Anschließend besuchte er Kuba und Haiti. Als er nach Palos zurückkehrte, war er überzeugt, Indien erreicht zu haben. Er starb, ohne zu wissen, daß er einen neuen Kontinent entdeckt hatte.

Die drei Karavellen, mit denen Kolumbus von Palos lossegelte, hießen *Niña, Pinta* und *Santa Maria.*

Christoph Kolumbus wurde vermutlich im Jahre 1451 in Genua geboren.

Amerika – Der neue Kontinent wurde nach Amerigo Vespucci benannt, einem italienischen Entdecker, der 1501 eine Seereise nach Südamerika unternahm.

Aus Amerika kamen bisher unbekannte Tiere wie die Papageien nach Europa, außerdem Pflanzen wie der Kakao, Mais, Tabak, die Kartoffel, Tomate und Ananas. Den Kaffee brachten erst später Europäer von Afrika nach Amerika.

Bolívar, Símon
Entdecker; Indianer
Kulturen, präkolumbianische

MENSCHLICHER KÖRPER

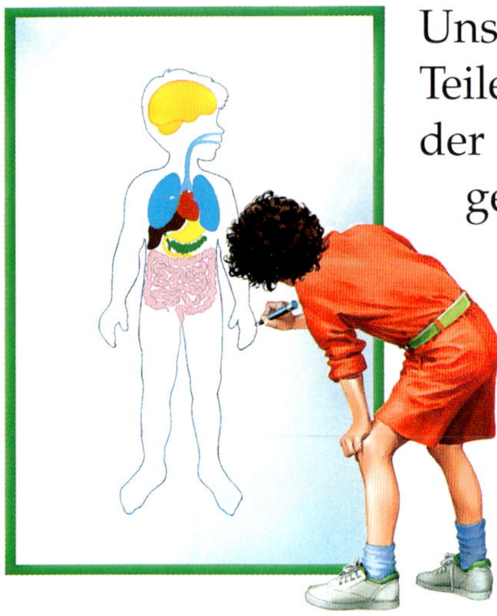

Unser Körper funktioniert wie eine perfekte Maschine, deren Teile zwar ganz bestimmte Aufgaben erfüllen, aber gut aufeinander abgestimmt sind. Er besteht aus über 50 Milliarden lebendiger Bausteine, den Zellen, von denen es mehrere Arten gibt; Zellen mit gleichen Aufgaben bilden die Gewebe (z. B. die Nerven). Am Aufbau der Organe (z. B. Herz, Leber, Lunge) sind verschiedene Gewebe beteiligt. Organe, die gemeinsam einer Körperfunktion dienen, faßt man als Systeme oder Apparate zusammen (z. B. Nervensystem, Verdauungsapparat), die vom Gehirn gesteuert werden.

Das Herz ist ein etwa faustgroßer Hohlmuskel, der sich rhythmisch zusammenzieht, dadurch wie eine Pumpe das Blut in die entlegensten Körperregionen befördert und so den Blutkreislauf aufrechterhält. Es besteht aus vier Hohlräumen: Die beiden oberen heißen Vorhöfe, die unteren Herzkammern.

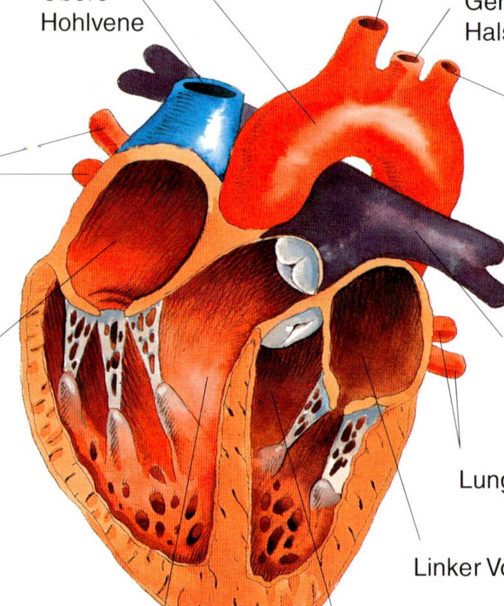

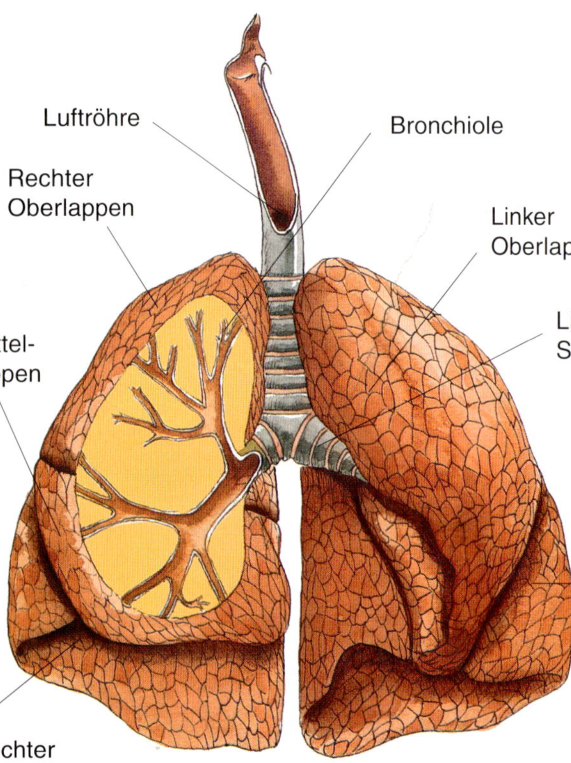

Lungen – Ungefähr sieben Liter Atemluft pro Minute strömen durch die Nase oder den Mund über Rachen und Kehlkopf in die Luftröhre und von dort in die Bronchien. In den Lungenbläschen, die von einem dichten Netz von Blutgefäßen umschlossen sind, findet der Austausch zwischen Sauerstoff und Kohlendioxid statt.

Das Verdauungssystem besteht aus dem Verdauungstrakt (Mund, Rachen, Speiseröhre, Magen, Dünndarm, Dickdarm und After) sowie mehreren angeschlossenen Organen (Speicheldrüsen, Leber, Gallenblase und Bauchspeicheldrüse). Die Nahrung wird im Mund zerkaut und gelangt über die Speiseröhre in den Magen, wo der Magensaft sie zu Brei verarbeitet. Von dort wird sie in den Dünndarm weitergeschoben.

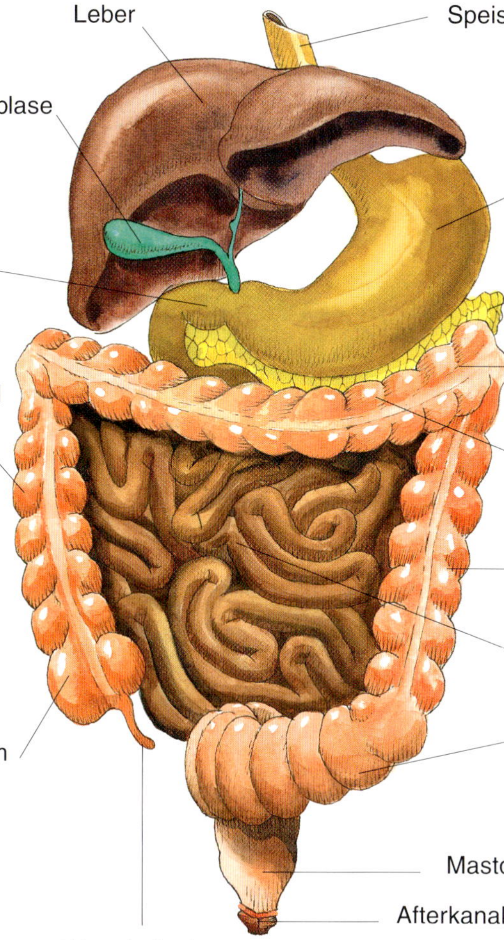

Der Darm füllt mit seinen Schlingen den Unterbauch aus. Sein erster Abschnitt, der Dünndarm, nimmt zwei Flüssigkeiten auf, die am Nahrungsabbau mitwirken: die von der Leber erzeugte Galle und die Säfte der Bauchspeicheldrüse. Sie verflüssigen den Speisebrei und bauen ihn zu so einfachen Stoffen ab, daß sie durch die Dünndarmwand aufgenommen werden können. Die unverdaulichen Reste passieren den Dickdarm und werden als Stuhl ausgeschieden.

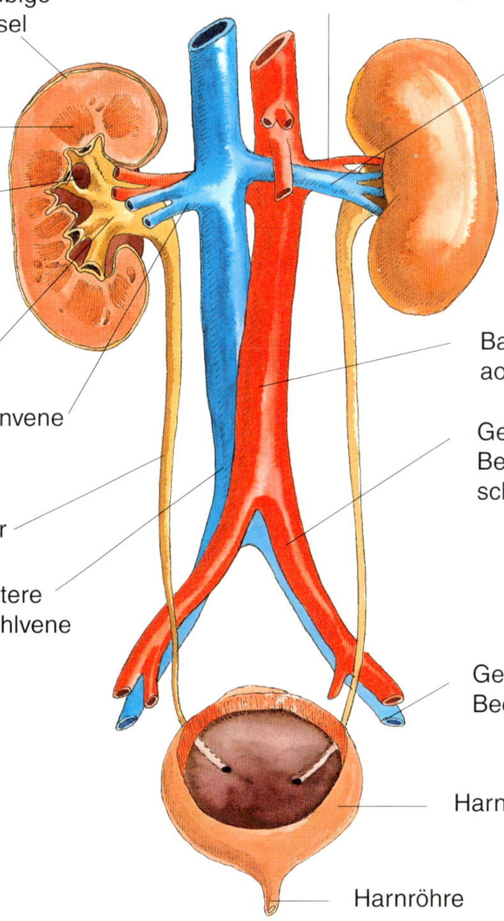

Die Harnorgane – Dazu zählen die Nieren, die Harnleiter, die Harnblase und die Harnröhre. Sie sind für die Ausscheidung der wasserlöslichen Abfallprodukte aus dem Körper zuständig. Die zwei etwa 15 cm großen, bohnenförmigen Nieren filtern die Abfälle aus dem Blut heraus und bilden daraus den Harn, der in die sackförmige Harnblase abfließt. Wenn diese sich füllt, macht sich das als Harndrang bemerkbar. Beim Harnlassen entleeren wir die Harnblase.

ADERN UND BLUTKREISLAUF
ERNÄHRUNG
FORTPFLANZUNG
☞ GEHIRN UND SINNESORGANE
MUSKELN
SKELETT

Krokodile

Schon vor hundert Millionen Jahren, zur Zeit der Dinosaurier, lebten Vorfahren der Krokodile in den Sumpfgebieten. Sie sind Kriechtiere (Reptilien), die bis zu 7 m lang und über 100 Jahre alt werden können. Zur Ordnung der Krokodile gehören drei Familien: die Alligatoren (mit bei geschlossenem Maul unsichtbarem 4. Unterkieferzahn), die Echten Krokodile (mit sichtbarem 4. Zahn) und die Gaviale. Im Wasser bewegen sie sich flink, an Land mit ihren kurzen Beinen schleppend fort. Am liebsten sonnen sie sich mit aufgesperrtem Maul. Im Morast versteckt lauern sie auf eine günstige Angriffschance.

Die Krokodile können große Beutetiere verschlingen, ohne zu kauen.

Der Ganges-Gavial hat eine lange, schmale Schnauze mit spitzen Zähnen (54 im Oberkiefer, 48 im Unterkiefer)

Die Eier werden in einem Laubnest abgelegt und vom Weibchen bewacht, das alle Eiräuber verscheucht. Nach etwa drei Monaten schlüpfen die Jungen. Ihr Geschrei klingt anfangs wie das Quaken von Fröschen.

Es gibt zwei Arten von Alligatoren: den Mississippi-Alligator und den China-Alligator, der vom Aussterben bedroht ist.

Das Krokodil hat 19 Zähne im Oberkiefer. Nachts lebt es im Wasser, tagsüber an Land. Seine Körpertemperatur liegt bei 25° C. Zu den bekanntesten Arten gehören das Leistenkrokodil und das Nil-Krokodil.

Der Krokodilwächter ist ein kleiner Vogel, der sich Krokodilen auf den Rücken setzt und sie von lästigen Parasiten befreit. Unbekümmert schlüpft er sogar ins Maul, um sich zwischen den Zähnen Überreste herauszupicken.

DINOSAURIER
REPTILIEN; SUMPF
URWALD, AFRIKANISCHER
URWALD, ASIATISCHER

Kulturen des Mittelmeerraums

Im östlichen Mittelmeerraum gründeten die Phönizier die Städte Tyros, Sidon und Byblos. Sie waren Seefahrer und Kaufleute, fuhren bis zu den Kanarischen Inseln und gründeten Kolonien in Spanien und Afrika. Sie entdeckten die Farbe Purpur, den Farbstoff der Purpurschnecke.

Älteste Buchstabenschrift – Unsere moderne Schrift leitet sich vom Alphabet der Phönizier ab, die Ende des zweiten Jahrtausends v. Chr. die Ideogramme durch rein phonetische Schriftzeichen ersetzten. Ihr Alphabet bestand aus 22 Schriftzeichen für Konsonanten; die Griechen vervollständigten es durch die Vokale.

Oben: Doppelstreitaxt, heiliges Symbol zur Zeit der minoischen Kultur auf der Insel Kreta. Um 1400 v. Chr. wurde Kreta dann von griechischen Stämmen (Achäer, Dorer) erobert.

Auf Kreta fand nach der griechischen Sage der Kampf zwischen Theseus und dem Minotaurus statt.

Ägypter
Alexander der Grosse
Mythen und Sagen

Kulturen Mesopotamiens

Mesopotamien bedeutet Zwischenstromland, das fruchtbare Gebiet zwischen Euphrat und Tigris in Vorderasien. Im Altertum entwickelten sich dort verschiedene Hochkulturen: etwa im 3. Jahrtausend v. Chr. die der Sumerer, im 2. Jahrtausend v. Chr. am Tigris (wo Assur entstand) die der Assyrer und am Euphrat die der Babylonier. Der babylonische König Hammurabi (1792-1750 v. Chr.) verfaßte die erste Gesetzessammlung und ließ sie auf einem schwarzen Basaltstein (links) einmeißeln. 1530 v. Chr. wurden die Babylonier von den Assyrern besiegt. Der Perserkönig Kyros (Cyrus) unterwarf sie 529 v. Chr.

Die Sumerer ließen sich um 4000 v. Chr. im Norden Mesopotamiens nieder. Vermutlich waren sie die ersten, die das Rad kannten. Ihre Streitwagen brachten die Schlachtreihen der Gegner völlig durcheinander. Das sumerische Mosaik (die sog. *Standarte von Ur*) unten stellt Soldaten mit dem charakteristischen Lederhelm dar.

Die Bibel berichtet, daß der über 90 m hohe Turm von Babel erbaut wurde, um den Himmel herauszufordern: Gott bestrafte diesen Hochmut, der Bau mußte eingestellt werden.

Die Schrift – Die Sumerer erfanden die Keilschrift. Diese bestand aus keilförmigen Schriftzeichen, die auf Tafeln aus frischem Ton eingeritzt wurden. Die Akkader (Ende des 3. Jahrtausends v. Chr.) entwickelten sie weiter; die Assyrer/Babylonier trugen zu ihrer Verbreitung bei. Die Keilschrift war – ebenso wie die Hieroglyphen der Ägypter – noch keine Buchstabenschrift, sondern bestand aus Piktogrammen (Bildzeichen).

Hölzernes Scheibenrad eines sumerischen Wagens.

Juden
Erfindungen,
prähistorische
Perser

PRÄKOLUMBIANISCHE KULTUREN

So nennt man die Hochkulturen, die sich in Lateinamerika seit der ersten Besiedlung (vor ca. 50 000 Jahren) bis zur Ankunft von Christoph Kolumbus (1492) entwickelt hatten. Um 2000 v. Chr. entfalteten sich die Kulturen der Olmeken und Maya, an deren Stelle dann die der Tolteken und Azteken traten. Etwa im 15. Jahrhundert lebten die Inka in Peru.

Dieser alte Stich stellt den Spanier Cortés bei seinen Verhandlungen mit dem Inkaherrscher Montezuma dar. Als Dolmetscherin fungiert eine Aztekin namens Marina.

Die Azteken, ein kriegerisches Volk (links), eroberten von Mexiko aus die Nachbargebiete. Sie brachten den Göttern Menschenopfer dar, um sie gnädig zu stimmen. Ihre Hauptstadt Tenochtitlán war die reichste Stadt im präkolumbianischen Amerika. Cortés setzte ihren letzten Herrscher, Montezuma, gefangen. Die Azteken hatten eine Reihe von Spielen, wie z. B. *Tlachti* oder *Juego de la pelota*.

Die Maya lebten im heutigen Mittelamerika und in Mexiko. Ihre Gesellschaft bestand aus Adel, Priesterschaft und Bauern. Die Priester waren bewandert in Astronomie und Mathematik und stellten einen fast perfekten Kalender auf. Von der Maya-Kultur sind zahlreiche Zeugnisse erhalten, darunter die eindrucksvollen Stufenpyramiden.

Die Inka – Das Wort bedeutet Sonnensöhne. Ihre Religion verehrte den Sonnengott Inti. Sie bewohnten das Gebiet um das heutige Cuzco (Peru), wurden von F. Pizarro (1533) unterworfen und als Sklaven in den Silberminen ausgebeutet.

Entdeckungsreisen – In der Landkarte eingezeichnet sind die ersten Entdeckungsreisen nach Amerika: rot die Fahrt, die Kolumbus 1492 nach Amerika brachte; da er glaubte, er sei in Indien gelandet, wurden die Ureinwohner Amerikas Indios genannt. Orange ist die Reise von Cortés, der die Azteken in Mexiko unterwarf (1521). Die schwarze Route fuhr Vasco de Balboa, der als erster bis zur Pazifikküste vordrang (1513), die gelbe Pedro Cabral, ein portugiesischer Seefahrer, der 1500 auszog, um Brasilien zu erobern. Blau ist die Fahrtroute von Francisco Pizarro, der das Inkareich eroberte (1533).

Aus Amerika kamen Kakao, Kartoffeln, Mais, Tabak, Ananas und Tomaten nach Europa. Die Kaffeepflanze wurde von den Europäern in die Neue Welt gebracht.

BOLÍVAR, SÍMON
ENTDECKER; KOLUMBUS, CHRISTOPH; SCHOKOLADE
SPORT

Massaker – Die Konquistadoren (Cortés, Pizarro und andere europäische Abenteurer) kamen, weil die Gold- und Silberschätze der einheimischen Völker sie magisch anzogen. Dank der Feuerwaffen und Pferde, die in Amerika völlig unbekannt waren, gelang ihnen die Unterwerfung der Indios spielend.

Cortés zerstört die Azteken-Hauptstadt Tenochtitlán (das heutige Mexiko City).

Kakaofrüchte (oben) und Kaffeebohnen.

Leonardo da Vinci

Selbstbildnis Leonardos, der 1452 in Vinci, Italien, geboren wurde.

Leonardo da Vinci (1452-1519) war ein vielseitiges Genie: Kriegsingenieur, Maler, Bildhauer, Naturwissenschaftler, Architekt, Musiker und Erfinder. Die ersten Werke schuf er in Florenz, von 1482-1499 lebte er in Mailand. Dann ging er nach Mantua, Venedig und wieder nach Florenz. Ab 1517 lebte er bis zu seinem Tod in Schloß Cloux in Amboise.

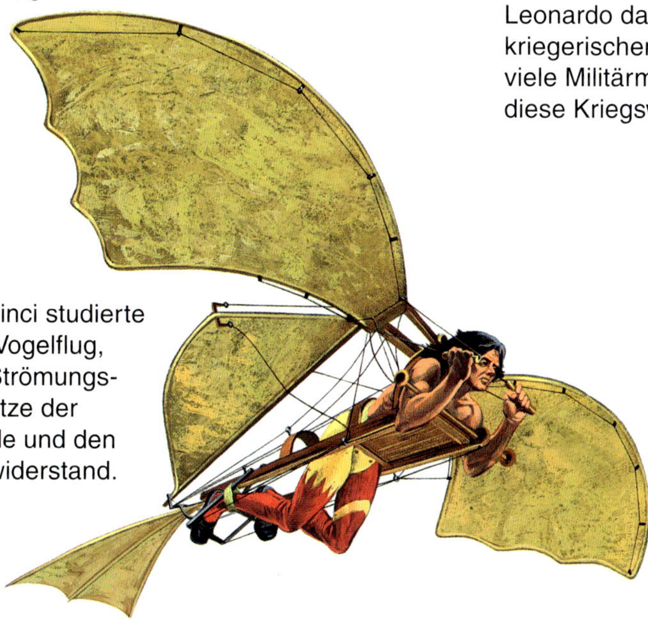

Da Vinci studierte den Vogelflug, die Strömungsgesetze der Winde und den Luftwiderstand.

Leonardo da Vinci lebte in einer kriegerischen Zeit. Er entwarf viele Militärmaschinen, wie diese Kriegswagen.

Wissenschaft – Leonardo da Vinci widmete sich der Anatomie, dem Studium der Natur und der physikalischen Gesetze, die sie regieren. Seine Texte verfaßte er als Linkshänder in Spiegelschrift. Zeichnungen und Handschriften sind in mehreren Codices gesammelt.

Der Traum vom Fliegen beschäftigte da Vinci ständig. Er entwarf viele Flugmaschinen, konnte seine Absicht aber nie verwirklichen, weil ihm ein entscheidendes Element fehlte, um den Menschen vom Boden abheben zu lassen: der Motor.

Da Vinci erfand das Prinzip des Hubschraubers und eine senkrecht startende Flugmaschine mit Spiralschraube.

Kunst – Da Vinci malte das Porträt der *Mona Lisa* ((1505-1514). Weitere Werke: *Verkündigung, Die Dame mit dem Hermelin, Das letzte Abendmahl, Die Schlacht von Anghiari, Die Madonna in der Felsengrotte.*

Forscher und Erfinder
Maler
Renaissance✓
Verkehrsmittel

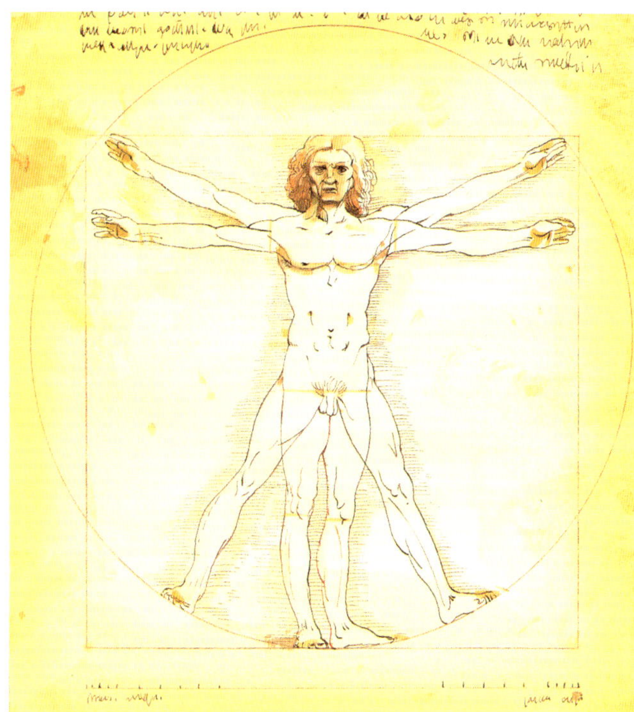

LINCOLN, ABRAHAM

1809 in Hodgenville, Kentucky, USA, geboren, wurde Lincoln 1836 nach überwiegend autodidaktischen Studien Rechtsanwalt.
1846 wurde er als Abgeordneter für die Whig-Partei gewählt, wechselte aber 1858 zur Republikanischen Partei über und trug zur Lösung des Sklavenproblems bei. Lincoln vertrat die Meinung, daß die Sklaverei in den neuen westlichen Gebieten nicht anerkannt werden sollte. Mit diesen Ideen gelang es ihm 1860, die Wahlen zu gewinnen und Präsident zu werden.

Der Sezessionskrieg begann 1861. Die Nordstaaten siegten 1863 bei Gettysburg, danach bei Chattanooga und drangen 1864 bis Savannah vor. 1865 kapitulierten die Südstaaten.

Sezession – Die Wirtschaft der Nordstaaten war überwiegend industriell ausgerichtet, die der Südstaaten landwirtschaftlich: Auf den Plantagen arbeiteten Sklaven. Lincolns Thesen über die Sklaverei trugen zur Loslösung der Südstaaten bei, die sich in einer Konföderation zusammenschlossen. Der Krieg dauerte von 1861-1865. Der Sieg der von Lincoln angeführten Nordstaaten stellte zwar die Einheit wieder her, doch die Spannungen hielten an.

Die Ermordung – Die von Lincoln (unten) angestrebten politischen, wirtschaftlichen und sozialen Veränderungen führten zur Abspaltung der Südstaaten und dem darauffolgenden Sezessionskrieg. Lincoln wurde 1865 von J. W. Booth ermordet.

General Lee (oben) ergab sich am 9. April 1865 dem General Grant.

Das Ende der Sklaverei wurde 1865 mit der Verabschiedung der XIII. Verfassungsergänzung der USA besiegelt.

Eine freie Nation – Abraham Lincoln spielte in der Geschichte der USA eine wichtige Rolle. Er trat nicht nur aus humanitären, sondern auch aus politischen und wirtschaftlichen Gründen für die Befreiung der Sklaven ein. Lincoln schuf die Grundlagen für die Geburt einer freien, modernen Nation.

SKLAVEREI

Ludwig XIV.

Kleiner Diwan im Stil „Louis XIV."

Er wurde 1643 im Alter von nur 5 Jahren unter der Regentschaft seiner Mutter König. Ihr zur Seite stand als Berater Kardinal Mazarin. Nach dem Tod Mazarins vereinigte Ludwig alle Macht auf sich. Seine Regierungszeit zeichnete sich am Anfang durch Siege und Landgewinne aus (Hochburgund, Luxemburg, Straßburg), aber am Ende des Spanischen Erbfolgekrieges (1701-1714) verlor Frankreich die Vorherrschaft in Europa an England.

1638: Er wird als Sohn von Ludwig XIII. und Anna von Österreich in Frankreich geboren.
1643: Unter der Regentschaft seiner Mutter tritt er die Nachfolge des Vaters an.
1661: Mazarin stirbt, und Ludwig übernimmt die absolute Macht.
1682: Der Hof übersiedelt nach Versailles.
1701: Spanischer Erbfolgekrieg.
1715: Ludwig stirbt in Versailles, Frankreich.

Ludwig XIV. hatte den Beinamen der Sonnenkönig.

Absolutismus – Ludwig XIV. hielt alle Macht in seinen Händen und verkörperte die absolute Autorität. „Der Staat bin ich!" soll er gesagt haben. Um die Adeligen besser kontrollieren zu können, zwang er sie, an seinem Hof zu leben. Mißwirtschaft und andauernde Kriege führten zu einer Finanzkrise: Beim Tod des Königs waren die Staatskassen leer. Im Volk wuchs die Empörung, die am Ende des Jahrhunderts in der Revolution zum Ausbruch kam.

Versailles – 1682 übersiedelte Ludwig XIV. mit seinem Hof nach Versailles, der neuen Residenz in der Nähe von Paris mit prachtvollen Gärten, Brunnen und Wasserspielen. Das Leben am Hof war prunkvoll, mit vielen Bällen, Promenaden und Festen im Freien.

Revolution, französische

Maler

Höhle von Altamira (Spanien): Ausschnitt aus einem der Deckenbilder, das eine Jagdszene darstellt.

Schon die Menschen der Urzeit waren Künstler: Das belegen eindrucksvoll die Felsbilder, die in Höhlen und Grotten von Steinzeitmenschen gemalt oder eingraviert wurden und meist Jagdszenen darstellen. Von vielen alten Völkern (Kretern, Griechen, Römern, Maya) sind uns Szenen aus dem Alltag oder von Festen in Wandbildern und Mosaiken erhalten. Die Malerei erlebte als künstlerische Ausdrucksform ab dem 15. Jahrhundert und bis heute eine Blütezeit. Zu den großen Malern zählen z. B. Leonardo da Vinci, Dürer, Michelangelo, Tizian, Goya, Monet, Cézanne, van Gogh, Picasso, Klimt, Miró und Dalí.

Ägyptische Kunst – Dank der vielen Wandbilder können wir uns heute vorstellen, wie der Alltag bei den alten Ägyptern ausgesehen hat (links: Fischfang auf dem Nil). Auch das Schreiben war Malerei, denn die Hieroglyphen waren Schriftzeichen mit Bildcharakter, die auch Begriffe darstellten.

Tizian, eigentlich Tiziano Vecellio (ca. 1490-1576), kam als junger Mann nach Venedig und wurde ein Schüler von Giorgione, der dort neue Ausdrucksformen entwickelte. In den reifen Werken Tizians ist der Einfluß von Michelangelos Schule erkennbar. Sie sind Meisterwerke ausdrucksstarker, realistischer Darstellung, deren künstlerische Sprache andere Maler wie Tintoretto sowie die flämischen Meister Rembrandt und Rubens beeinflußte.

Tizian stand bei Kaiser Karl V. hoch in Gunst. Eine Anekdote erzählt, daß Tizian in Anwesenheit des Kaisers einmal einen Pinsel fallen ließ, worauf Karl V. niederkniete, den Pinsel aufhob und ihn mit den Worten zurückgab: „Tizian verdient es, daß sogar ein König ihm dient!"

Michelangelo Buonarotti (1475-1564) war ein Maler und Bildhauer der italienischen Renaissance. Nicht nur das bildhauerische Werk Michelangelos, sondern auch die Gemälde lassen seine Vorliebe für plastische Darstellung erkennen. Stets spielt die menschliche Gestalt eine übergeordnete Rolle. Michelangelos Meisterwerk der Malerei sind die Fresken, mit denen er die Sixtinische Kapelle ausschmückte. Dazu gehört auch das *Jüngste Gericht*, das er in der Zeit von 1536 bis 1541 malte.

Michelangelo war auch ein großer Bildhauer. Zu seinen Meisterwerken zählen der *David* und die *Pietà*.

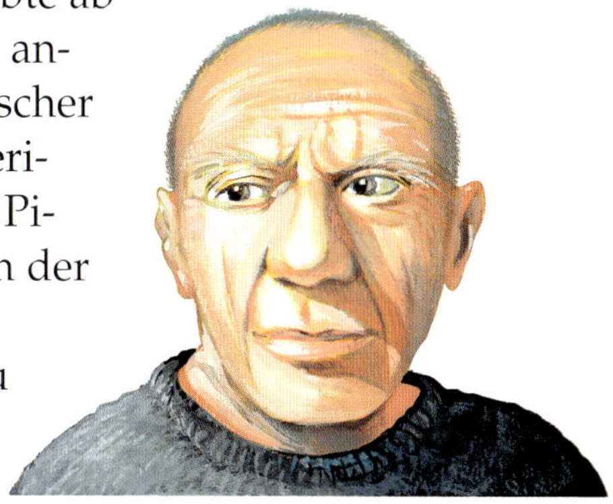

Pablo Picasso (1881-1973), ein spanischer Maler, lebte ab 1904 in Paris. Nach anfänglich pessimistischer Weltsicht (Blaue Periode) widmete sich Picasso dem Studium der Farben, Formen und ihrer Zerlegung und trug dadurch zur Entstehung des Kubismus bei. Zu seinen großen Werken zählen *Les Demoiselles d'Avignon* (1906-1907) und *Guernica* (1937).

Vincent van Gogh (1853-1890), ein holländischer Maler, drückte in seinem Werk eine eigenwillige Sicht der Welt in Farben und Formen aus, die an den Impressionismus (eine in der zweiten Hälfte des 19. Jh. in Frankreich entstandene Stilrichtung) erinnern, jedoch sowohl im Ausdruck als auch auf der Gefühlsebene inhaltsreicher sind. Seine Bilder spiegeln die Verzweiflung und die Angst einer bedrängten Existenz wider.
Das Gemütsleiden van Goghs schlägt sich in flammenden Farben und wirbelförmigen Pinselstrichen nieder.

Leonardo da Vinci
Menschen der Urzeit
Renaissance ✓

Märchen und Fabeln

Ein Märchen ist eine Erzählung, in der Menschen und Phantasiegestalten wie Feen, Hexen, Ungeheuer, Kobolde und Zwerge vorkommen. In den Fabeln hingegen sind die Hauptfiguren Tiere, die menschliche Tugenden und Laster verkörpern; am Schluß wird meist eine Lehre aus der Handlung gezogen. Die berühmtesten Fabeln sind die des Griechen Äsop (6. Jh. vor Chr.), die lateinischen von Phädrus (um 20 v. Chr. -50 n. Chr.) sowie die des Franzosen Jean de La Fontaine (1621-1695).

Der Fuchs und die Trauben, Fabel von Äsop

Der gestiefelte Kater (Fabel von C. Perrault)
Es war einmal ein Kater, der so schlau war, daß er seinem Herrn, einem armen Müller, zu Reichtum und Ansehen verhalf...

Aschenputtel (aus Grimms Märchen)
„Aschenputtel", sprach die gute Fee, „aus dem Kürbis zaubere ich dir eine prächtige Kutsche, aus den Mäusen herrliche Schimmel und aus deinen Lumpen ein wunderschönes Ballkleid. So, nun kannst du zum Ball des Prinzen fahren. Aber denk daran: Der Zauber wirkt nur bis Mitternacht!"

Rotkäppchen (aus Grimms Märchen)
Das Mädchen erschrak, als es plötzlich eine Stimme hörte: „Mein schönes Kind, wohin gehst du so ganz allein?" Rotkäppchen antwortete: „Zu meiner lieben Großmutter. Sie ist krank, und ich bringe ihr guten Kuchen. In ihrem Häuschen auf der Lichtung dort wartet sie schon auf mich!" Kaum hatte der Wolf das gehört, lief ihm das Wasser im Mund zusammen, und er lief davon, um vor Rotkäppchen anzukommen...

Die drei kleinen Schweinchen – *Es war einmal ein böser Wolf, der die drei Schweinchen fressen wollte. Doch das klügste der Schweinchen baute aus Ziegelsteinen ein so sicheres Haus, daß der böse Wolf es nicht schaffte hineinzukommen...*

BURG UND SCHLOSS
DICHTER UND SCHRIFTSTELLER
JUGENDLITERATUR
WALT DISNEY

Schneewittchen (aus Grimms Märchen) – *Kaum hatte Schneewittchen in den vergifteten Apfel gebissen, als sie auch schon wie tot zu Boden sank. Da freute sich die Hexe und rief: „Nun bin endlich ich die Schönste im ganzen Land!"*

Pinocchios Abenteuer (von Carlo Collodi)
Pinocchio ging nach Hause, um seinem Vater Gepetto die Goldstücke zu bringen. Unterwegs begegnete er einem halbblinden Kater und einem lahmen Fuchs, die auf ihn einredeten: „Verlaß dich auf uns, Pinocchio! Wir kennen einen Zaubergarten, und wenn du dort deine Goldstücke eingräbst, kannst du bald die vielfache Menge davon ernten..."

Medizin

Im Altertum behandelte man Kranke mit Heilkräutern und Magie. Zu den Grundlagen der wissenschaftlichen Medizin trugen der Grieche Hippokrates (5. Jh. v. Chr.), der römische Arzt Galen (2. Jh. n. Chr.) und später die Araber bei. Im 16. und 17. Jh. entwickelten sich Chirurgie und Anatomie weiter; der Kreislauf des Blutes wurde zum ersten Mal dargestellt.

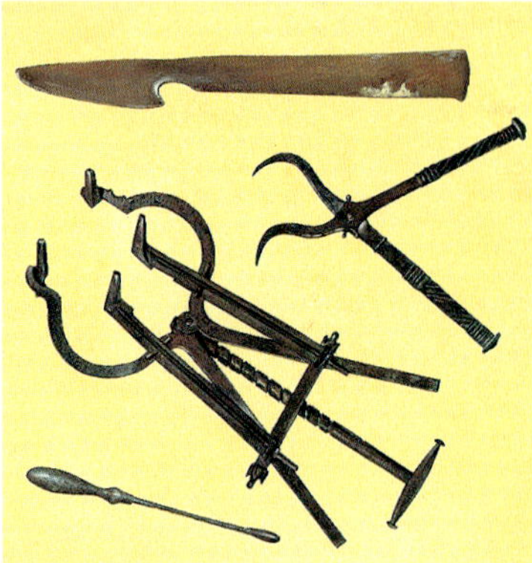

Rechts: Ärztliche Instrumente aus der Antike

Oben: Der Engländer E. Jenner (1749-1823) führte die erste Schutzimpfung gegen Pocken durch. Unten: Jonas Salk entwickelte den Impfstoff gegen Kinderlähmung.

Meilensteine – Erst vor rund 400 Jahren entstanden die ersten Krankenhäuser. 1842 wurde die erste Operation unter Vollnarkose mit Äther durchgeführt. Die Operationen waren trotzdem häufig ein Mißerfolg, weil die Patienten an Wundinfektionen starben. 1865 führte der britische Chirurg J. Lister die antiseptische Chirurgie ein.

Der Franzose Louis Pasteur (1822-1895) war der Begründer der Bakteriologie.

Adern und Blutkreislauf
Forscher und Erfinder
Fortpflanzung
Gehirn und Sinnesorgane
Körper, menschlicher
Muskeln; Skelett

Albert Schweitzer (1875-1965), ein Arzt aus Frankreich, gründete in Lambarene (Afrika) ein Tropen-Krankenhaus und erhielt 1953 den Friedensnobelpreis.

Medizin heute – Im 19. Jh. stellte man die ersten synthetischen (im Labor entwickelten) Medikamente her. 1967 führte Christiaan Barnard die erste erfolgreiche Herztransplantation am Menschen durch. Heute kann man viele Organe – Herz, Lungen, Leber, Nieren, Knochenmark und Hornhaut des Auges – verpflanzen.

Meer

Qualle

Vor etwa drei Milliarden Jahren entstand im Meer, das zwei Drittel der Erdoberfläche bedeckt, erstmals Leben. Die Kontinente gliedern das Meer in drei Ozeane: den Atlantischen, den Indischen und den Pazifischen Ozean. Daneben gibt es Randmeere (wie die Nordsee) und Mittelmeere, die zwischen mehreren Kontinenten (Europäisches Mittelmeer) oder in einen Kontinent (z. B. die Ostsee) eingebettet sind.

Seebarbe

Ausgewachsener Engelfisch

Das Meerwasser enthält Mineralsalze, vor allem Natriumchlorid. In den Tropen und am Äquator ist die Verdunstung besonders groß und der Salzgehalt höher: im Toten Meer zum Beispiel 30%.

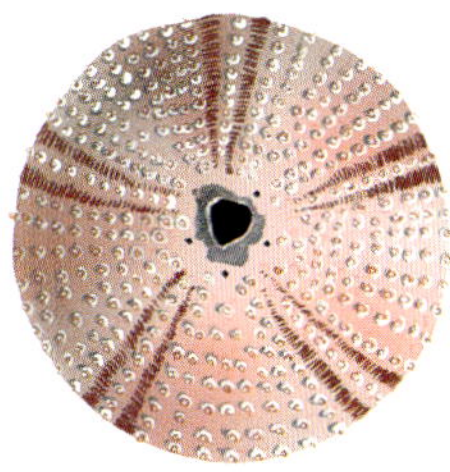

Skelett eines Seeigels

Gezeiten und Strömungen – Gezeiten nennt man die regelmäßig wiederkehrenden Bewegungen des Meeresspiegels, der sich durch die Anziehungskräfte von Sonne und Mond hebt und senkt. Der Unterschied zwischen Flut und Ebbe wird Tidenhub genannt. Strömungen dagegen sind Verlagerungen von Wassermassen in verschiedene Richtungen: Sie können warm oder kalt, ständig oder regelmäßig wiederkehrend, oberflächlich oder tief sein. Große Bedeutung kommt dem Golfstrom zu, der am Golf von Mexiko beginnt und bis an die Küsten Westeuropas reicht.

Entwicklung des Lebens
Erde; Fische; Hafen
Knorpelfische
Meeresgrund
Meeressäugetiere
Muscheln und Schnecken
Tiefsee

Unten: Walroß mit Jungem. Die gesamte Meeresfauna ist heute durch die Umweltverschmutzung bedroht.

Meeresgrund

Der Tintenfisch ist ein Kopffüßer mit abgeflachtem Körper, zwei Flossen und zehn Armen. Im Inneren besitzt er einen länglichen Kalkschulp. Er ist vor allem im Mittelmeer verbreitet. Er hüllt sich in eine Wolke von Tinte, um Feinden zu entwischen.

Auf dem Meeresgrund wimmelt es von Lebewesen. Wellen und Gezeiten verändern unaufhörlich die Bedingungen in diesem Lebensraum. Je nachdem, ob der Untergrund felsig, sandig oder schlammig ist, beherbergt er unterschiedliche Lebensformen. An den Klippen setzen sich die Muscheln und Schnecken fest, in Felsspalten verbergen sich Fische und Krebse, und im Sand graben sich die Seezungen ein und warten auf Beute.

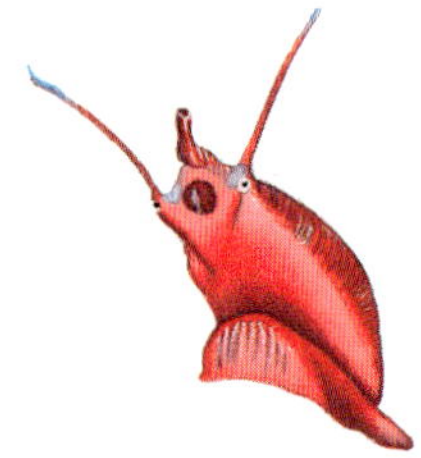

Nacktkiemer sind Schnecken ohne Schale.

Der Rotfeuerfisch lebt zwischen Korallenriffen und verdankt seinen Namen den leuchtend gefärbten Brustflossen. Seine Stacheln sind hochgiftig.

Das Seepferdchen heißt so, weil sein Kopf einem Pferdekopf ähnlich sieht. Mit seinem Greifschwanz hält es sich an den Algen fest. Es ist etwa 15 cm lang. Die befruchteten Eier werden vom Weibchen in eine Bauchtasche des Männchens abgelegt und bleiben dort, bis die Jungen schlüpfen.

Die Seezunge gehört zur Familie der Plattfische und versteckt sich im sandigen Meeresgrund. Ihr Körper ist flach, und die Augen sitzen an der Oberseite.

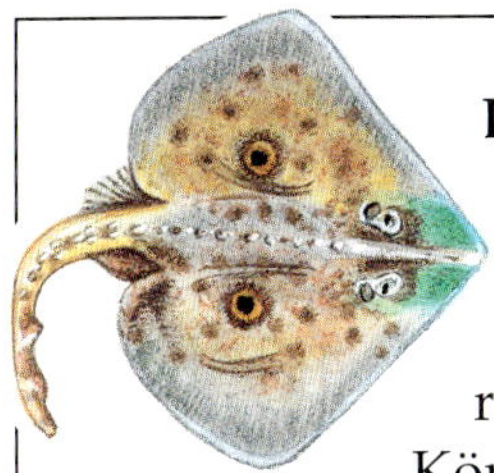

Der Stechrochen ist ein Knorpelfisch mit abgeflachtem, scheiben- oder rautenförmigem Körper. Auf dem dunkler gefärbten Rücken sitzen die Augen, auf der Bauchseite befinden sich Maul und Kiemen.

Die Muräne gehört zur Familie der aalförmigen Fische und wird 1,5 bis maximal 3 m lang. Sie hat eine dunkle, schuppenlose Haut mit marmorierter Zeichnung.

Der Krake ist ein Weichtier ohne Schale. Er gehört zur Familie der Kopffüßer und wird etwa 60 cm lang. Er hat acht mit Saugnäpfen versehene Arme und ein schnabelförmiges Maul. Wenn er sich verteidigen muß, nimmt er die Farbe des Untergrundes an, oder er verspritzt Tinte.

Die Seeanemone gehört zu den Hohltieren und hat lange, mit Nesselkapseln besetzte Tentakeln. Sie ernährt sich von Kleintieren und Pflanzen und überlebt bei Ebbe auch im Trockenen.

Die Languste ist ein bis zu 50 cm langer Krebs und lebt an Felsküsten. Ihr Fleisch wird von Feinschmeckern sehr geschätzt.

Der gemeine Einsiedlerkrebs besitzt zehn Beinpaare, bewohnt leere Schneckenhäuser und wechselt seine Behausung im Laufe seines Wachstums. Er wird bis zu 10 cm lang. Die rechte Schere ist dicker als die linke.

Fische
Meer

1. Tintenfisch	**9.** Kaurischnecke	muscheln
2. Petermännchen	**10.** Kalmar	**17.** Seeigel
3. Veilchen-schnecke	**11.** Nacktkiemer	**18.** Languste
	12. Seeanemone	**19.** Miesmuscheln
4. Einsiedlerkrebs	**13.** Papageifisch	**20.** Korallenstock
5. Seepferdchen	**14.** Krake	**21.** Muräne
6. Rotfeuerfisch	**15.** Napf-schnecken	**22.** Anemonen-fisch
7. Stechrochen		
8. Seezunge	**16.** Enten-	**23.** Wrackbarsch

Meeressäugetiere

1. Grönlandwal
2. Kalifornischer Grauwal
3. Pottwal
4. Blauwal

Bartenwale, Pottwale, Schwertwale und Delphine gehören zur Ordnung der Waltiere. Es sind große Tiere (Wale werden über 30 m lang), die wie Fische aussehen, aber Meeressäugetiere sind. Sie haben eine paarige, horizontal angeordnete Schwanzflosse. Die vorderen Gliedmaßen sind zu Brustflossen umgebildet, die Hinterbeine verkümmert. Diese Säugetiere können fast so lange unter Wasser bleiben, wie ein Fußballspiel dauert.

Die Jungen der Meeressäugetiere werden gesäugt und bleiben lange Zeit bei der Mutter. Wie alle Säugetiere, brauchen sie zum Atmen Sauerstoff aus der Luft.

Finnwal

Delphine verständigen sich untereinander in einer „Sprache" aus verschieden hohen Pfeiftönen, die wir noch nicht verstehen können. Es sind intelligente und sehr verspielte Tiere. Ihre Nahrung besteht aus Fischen und Weichtieren.

Seiwal

Delphin

Schwertwal – Die männlichen Tiere sind mehr als 9 m lang; ihre Unterseite ist weiß, der Rücken schwarz. Der Schwertwal ist ein ausgezeichneter Schwimmer und jagt in kleinen Familiengruppen Delphine, Pinguine und Seehunde. Er greift sogar Wale an.

Schwertwal

Ausrottung – Da vom Fett über die Zähne bis zum Fleisch alles an einem Wal verwertbar ist, wurden die Wale früher gejagt. Heute sind sie vom Aussterben bedroht und müssen geschützt werden, damit sie nicht ganz ausgerottet werden.

Meer
Säugetiere

MELVILLE, HERMAN

Herman Melville (1819-1891) war ein amerikanischer Schriftsteller, der als Matrose mehrere Jahre lang die Weltmeere befuhr. Sein Hauptwerk *Moby Dick* schildert das Leben der Walfänger in Neuengland.

„Moby Dick hatte versucht, das Boot zum Kentern zu bringen. Da der erste Angriff fehlgeschlagen war, kam er längsseits angeschwommen, schob den Kopf unter den Kiel und riß das riesige Maul weit auf, als ob er das Schiff verschlingen wollte. Als der Unterkiefer zuklappte, purzelte die Mannschaft nach hinten ins Heck. Kapitän Ahab ging über Bord ..."

MOBY DICK

„Am nächsten Tag ging ich in den Hafen und erfuhr von den Matrosen, daß drei Walfänger demnächst zu einer dreijährigen Fahrt auslaufen wollten, von denen mir die „Pequod" am besten gefiel. Sobald ich an Bord der „Pequod" stand, dachte ich, daß dies genau das richtige Schiff für uns war: nicht zu groß, aber wendig und kräftig gebaut.
Tausend Jagdtrophäen wie Walknochen und -kiefer hingen als Schmuck an den Wänden, der gewaltige Unterkiefer eines Wals bildete die Ruderstange des Schiffes. Ich hatte mich entschieden und suchte jemanden, bei dem ich anheuern konnte. Unter dem Großmast saß ein Mann.
– Seid Ihr der Kapitän? – fragte ich zögernd ..."

„Dieser Kapitän war Ahab. Er hatte mutig seinen Zweikampf mit Moby Dick, dem weißen Wal, begonnen. Bei diesem Zweikampf hatte ihm der Wal mit seinem mächtigen Unterkiefer einen Unterschenkel abgerissen ..."

DICHTER UND SCHRIFTSTELLER
JUGENDLITERATUR

Menschen der Urzeit

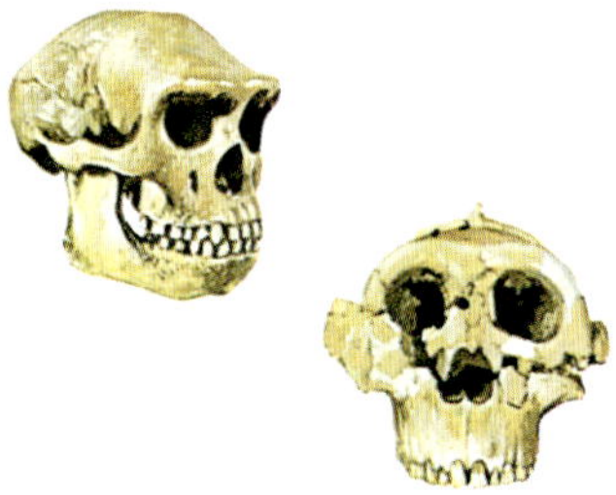

Schädel vom Menschen der Urzeit

Vor etwa zwei Millionen Jahren tauchte der *Homo habilis* auf. Auf ihn folgte der *Homo erectus,* der erste aufrecht gehende Mensch, und vor etwa 60 000 Jahren der *Neandertaler*. Er verwendete Waffen aus Knochen und war ein geschickter Jäger. Der *Homo sapiens* (vor etwa 30 000 Jahren) betrieb Ackerbau und baute die ersten Dörfer.

Mammut und Säbelzahntiger, gegen die sich der primitive Mensch verteidigen mußte. Die Dinosaurier dagegen waren schon vor dem Erscheinen des Menschen ausgestorben.

Die Urmenschen schmückten die Wände von Höhlen mit Malereien oder Ritzzeichnungen, in denen sie Tiere und Jagdszenen darstellten. In den Höhlen von Lascaux (Frankreich) und Altamira (Spanien) wurden zahlreiche Höhlenmalereien entdeckt.

Leben im Dorf: 1. Ackerbau **2.** Gerben der Häute **3.** Formen von Lehm zu Gefäßen und das Brennen im Ofen **4.** Spinnen und Weben von Wolle **5.** Tierzucht **6.** Tänze und Feiern religiöser Riten.

Gruppenjagd – Ein großer Bison wurde mit Hilfe von Lanzen und Fallen erlegt. Der primitive Mensch lernte, alle Teile des Tieres zu verwerten: das Fleisch als Nahrung, das Fell als Schutz gegen Kälte, die Häute zum Decken der Hütten, das Knochenfett zum Schüren des Feuers.

Bisonjagd

Erfindungen, prähistorische Häuser; Kleidung Maler

Kinder der Vorzeit – Die Jungen lernten schon in den ersten Lebensjahren, kleine Tiere zu jagen und mit dem Bogen zu schießen. Die Mädchen dagegen flochten Körbe, stellten Tongefäße her und sammelten wilde Früchte.

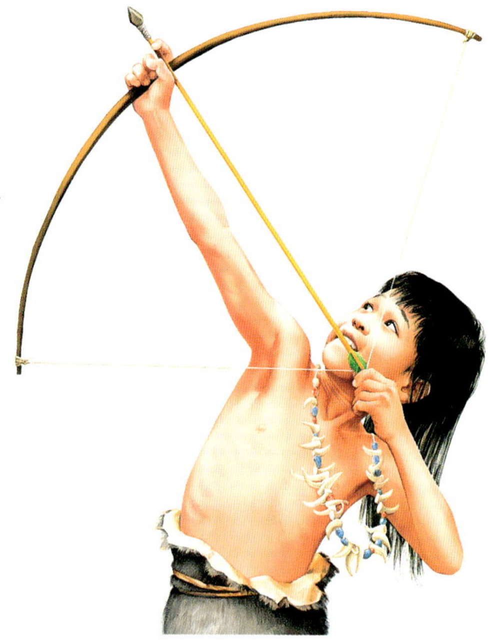

7. Fischen im Fluß **8.** Bau von Holzbooten **9.** Färben der Gewebe **10.** Käsezubereitung **11.** Bau neuer Hütten aus Holz und Stroh **12.** Keltern der Trauben **13.** Schmelzen von Metall in den Öfen **14.** Wäschewaschen.

MINERALE UND GESTEINE

Minerale sind in der Natur vorkommende Stoffe in festem, kristallinem Zustand. Die Gesteine der Erdkruste bestehen meist aus mehreren Mineralen. Nur wenige – wie reiner Marmor oder Quarzit – bestehen aus einem einzigen Mineral. Es gibt über 2000 bisher bekannte Mineralarten.

Die Minerale teilt man ein nach Farbe, Härte, Bruch und Sprödigkeit.

Einteilung – Eines der gängigsten Klassifizierungsverfahren ist die Einteilung nach der Mohsschen Härteskala:
1. Talk 2. Gips 3. Calzit
4. Flußspat 5. Apatit 6. Feldspat
7. Quarz 8. Topas 9. Korund
10. Diamant.

* Gestein

Schwefel

Tropfstein aus Kalkspat (Querschnitt)

Zinnober

Flußspat

Feuerstein*

Granit*

Ton*

Kalktuff

Serpentin

Bauxit*

Sandstein*

Basalt*

Kalkstein*

Smithsonit (Zinkspat)

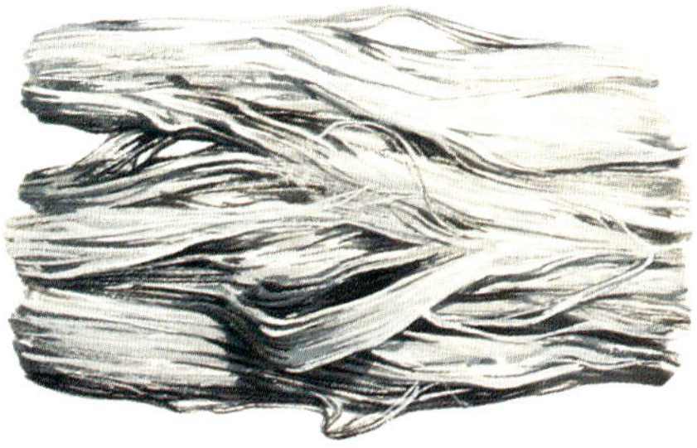

Asbest

Galenit (Bleiglanz)

Limonit (Brauneisenstein)

Kassiterit (Zinnstein)

Antimonglanz (Stibnit)

Lignit (Braunkohle)*

Edelsteine – Die Edelsteine sind Minerale mit besonderen Eigenschaften, die durch den Schliff (Diamant-, Rosetten-, Cabochonschliff oder in ausgefallenen Formen) hervorgehoben werden. Bewertet werden die Steine nach Seltenheit, Reinheit, Feuer und Gewicht, das in Karat angegeben wird.

Erde
Höhle

Diamant

Smaragd

Topas

Rubin

Saphir

Mittelalter

Nach einer möglichen Festlegung beginnt es im Jahr 476 n. Chr. (Zusammenbruch des Weströmischen Reiches) und endet 1492 (Entdeckung Amerikas). Man unterscheidet Frühmittelalter und Spätmittelalter (vor bzw. nach der Jahrtausendwende). In diesem Zeitraum entwickelte sich ein politisches, wirtschaftliches und soziales System, das Feudalismus genannt wird. Der Herrscher oder Lehnsherr gewährte einem Vasallen ein Lehen, d. h. die Nutznießung von Land im Austausch gegen seine Gefolgschaft und Treue. Dem Vasallen seinerseits unterstanden wiederum Gefolgsleute. An der Spitze der mittelalterlichen Gesellschaftspyramide stand der oberste Lehnsherr.

Die meisten Menschen lebten damals auf dem Lande, im Umkreis der Burgen. Oben: Aschenputtels Schloß in Disneyland.

Gewänder wurden auf Lebensdauer genäht und waren so wertvoll, daß sie sogar vererbt wurden.

Leibeigener

Auf dem Land – Die Bauern waren an Grund und Boden gebunden. Für wichtige Entscheidungen (z. B. auch Heirat) brauchten sie die Zustimmung des Lehnsherrn. Oft waren sie dessen Eigentum.

Färber

Schutz – Die Burg war eine Welt im Kleinen, die so angelegt war, daß sie sich im Falle einer Belagerung selbst versorgen konnte. In Kriegszeiten suchten Bauern und Handwerker innerhalb der Burgmauern Schutz bei ihren Lehnsherrn.

Hufschmied

In den Städten waren etwa die Hälfte der männlichen Bevölkerung Handwerker. Diejenigen, die das gleiche Handwerk ausübten, schlossen sich zu sog. Zünften zusammen.

Glasbläser

Mittelalterliche Burg

1. Schießscharte in der Mauer
2. Waffenkammer
3. Keller und Verlies mit Folterkammer
4. Lager für Lebensmittelvorräte
5. Schloßküche
6. Kühlraum
7. Schlafgemach
8. Rittersaal
9. Kapelle
10. Bankettsaal
11. Schatzmeister beim Zählen der Goldstücke
12. Schreiber
13. Zugbrücke

Burg und Schloss
Karl der Grosse
Kleidung
Ritter

Mond

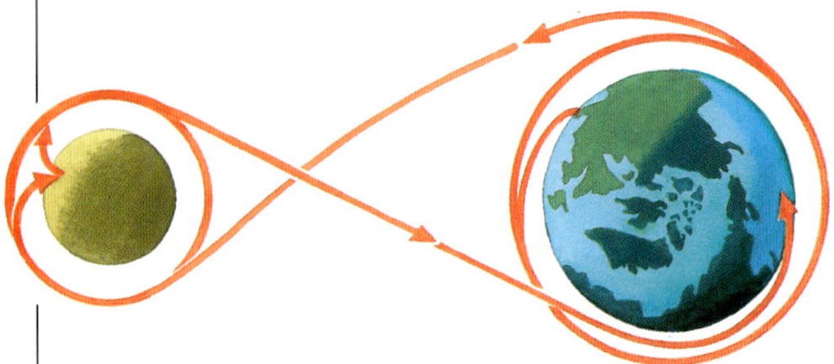

Um zum Mond zu gelangen, müssen Raumschiffe zuerst einmal die Erde umkreisen.

In einer Entfernung von 380 000 km umkreist der Mond unseren Planeten Erde und übt Anziehungskräfte auf sie aus, die zum Beispiel die Gezeiten bewirken. Nach den Mondphasen berechneten die Bauern den Zeitpunkt für die Aussaat und die Ernte. Auf der Mondbeobachtung beruhten die ältesten Zeitrechnungen. Die Chinesen und die Maya stellten die ersten Mondkalender auf.

Auf der Mondoberfläche befinden sich Krater, die von Meteoriteneinschlägen herrühren, hohe Gebirge und weite Ebenen, die sogenannten *Maria* (Meere). Die Temperatur schwankt zwischen 130 °C auf der von der Sonne beschienenen Seite und -150 °C im Schatten. Auf dem Mond gibt es fast keine Atmosphäre.

Mondphasen – Je nach der Position am Himmel sehen wir den Mond als kreisrunden Vollmond, abnehmenden Mond, ganz verschwundenen Neumond oder zunehmenden Mond.

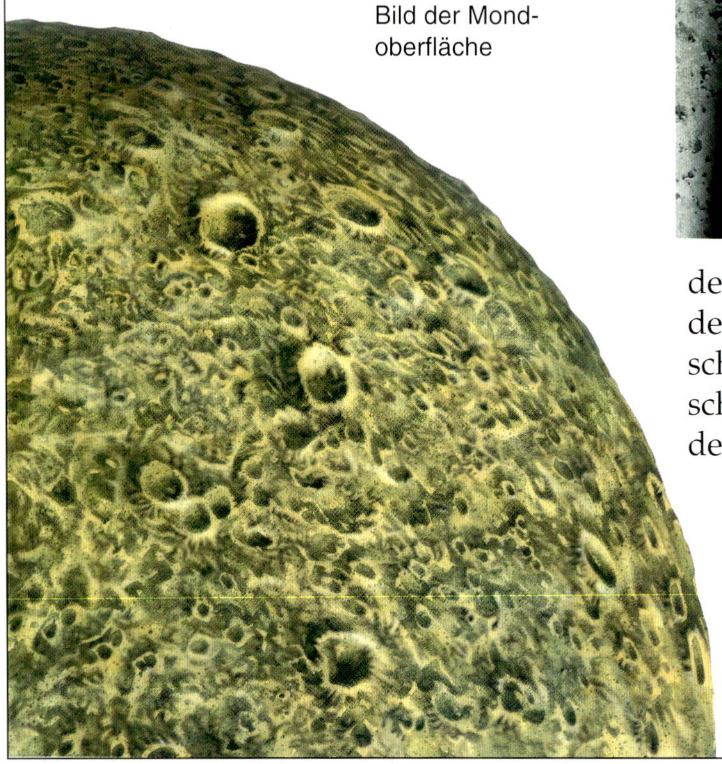

Bild der Mondoberfläche

Reisen zum Mond – Am 21. Juli 1969 betrat der amerikanische Astronaut, Neil Armstrong, als erster Mensch den Mond. Der Mondlandung vorausgegangen waren Experimente mit unbemannten Raumschiffen, Radarsonden und Labor-Raumschiffen, die den Mond erkundet und Daten zur Erde übermittelt hatten. Die Erforschung des Mondes geht weiter, doch steht inzwischen fest, daß es auf dem Mond kein Leben gibt und der Mensch es dort nicht lange aushalten kann.

In den griechischen Mythen zog die Mondgöttin Selene nachts auf einem Silberwagen ihre Bahn am Himmel.

Erde
Himmel
Raumfahrt

Motor

Es gibt viele verschiedene Arten von Motoren. Gemeinsam ist ihnen allen, daß sie die Energie eines Brennstoffs (z. B. Kohle oder Erdöl) in Bewegungsenergie umwandeln, die für den Antrieb einer Maschine verwendet wird. Auch wenn Dampfmaschinen, Elektro- und Verbrennungsmotoren sowie Düsentriebwerke nach unterschiedlichen Prinzipien arbeiten, bewirken sie letztlich doch alle dasselbe: Sie lösen die Muskelkraft von Mensch und Tier als Antriebsenergie ab.

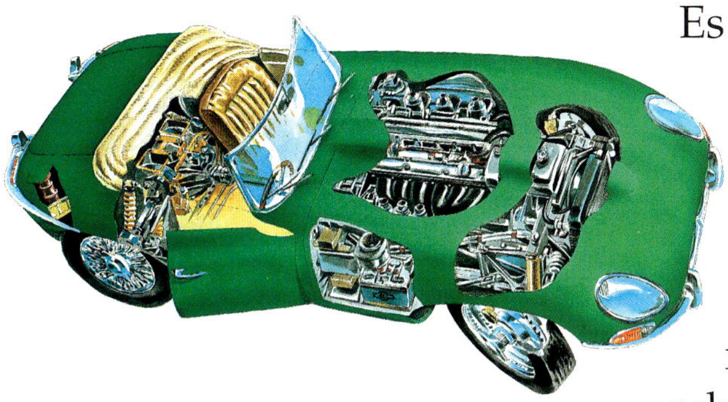

Modell eines Jaguar E-Type (1961) mit Sechszylinder-Motor; Spitzengeschwindigkeit: 256 km/h

Rechts: Schnitt durch einenViertakter-Ottomotor: Der Arbeitsgang in jedem Kolben läuft in vier Phasen ab:
1. Ansaugphase.
2. Verdichtung des Kraftstoff-Luft-Gemischs.
3. Der elektrische Funke der Zündkerze zündet dieses brennbare Gemisch: Die Explosion treibt den Kolben nach unten; er verrichtet Arbeit.
4. Die verbrannten Gase werden in den Auspuff abgegeben.

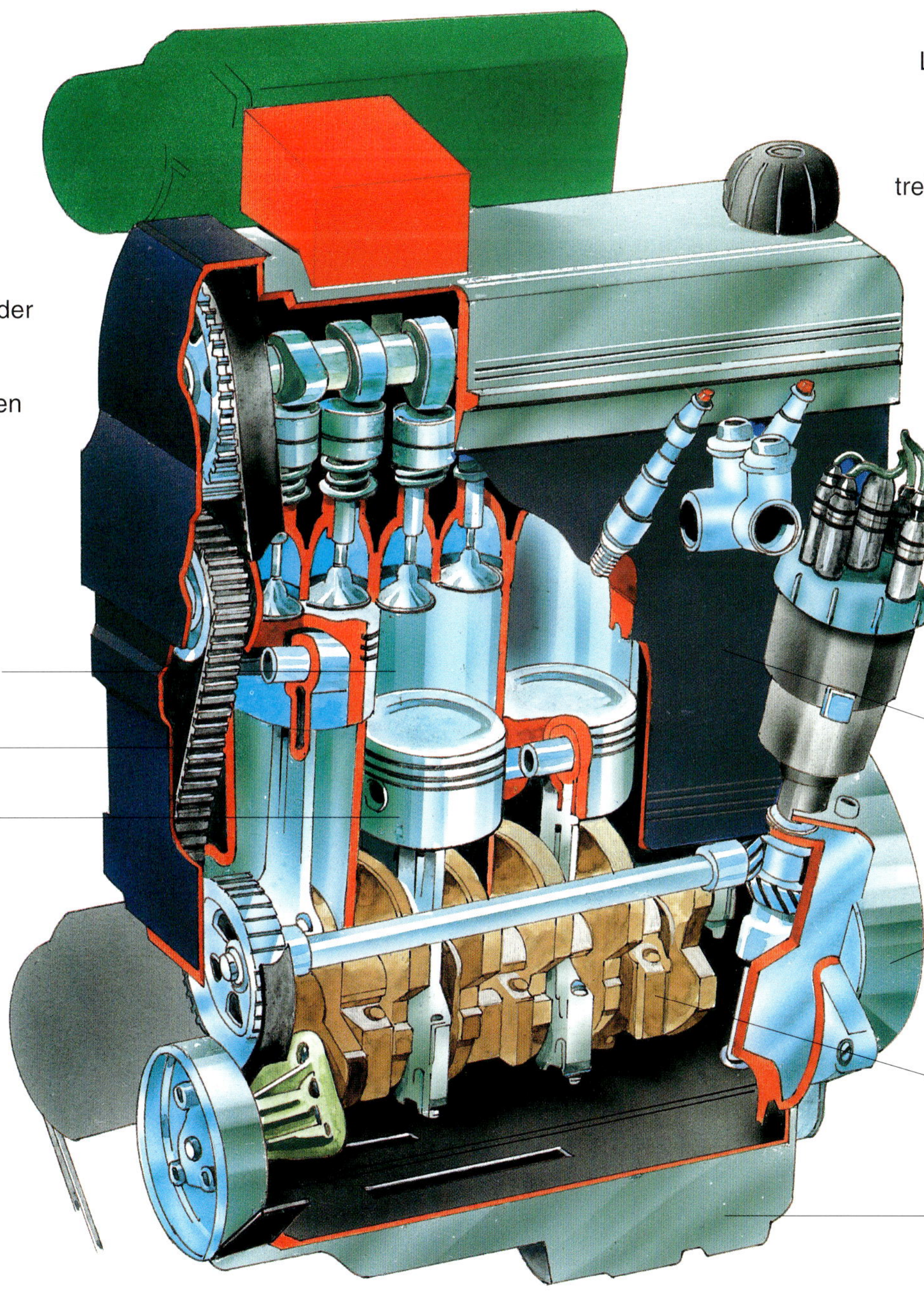

Lastkraftwagen und Züge haben häufig Dieselmotoren und verwenden Dieseltreibstoff statt Benzin. Beim Dieselmotor wird der Kraftstoff in die Zylinder eingespritzt, verdichtet und dadurch so hoch erhitzt, daß er keine Zündung braucht, sondern durch Selbstzündung verbrennt.

Dampfkraft – Der Schotte James Watt erfand 1765 die Dampfmaschine, die die industrielle Revolution auslöste. Noch heute heißt die Einheit für Leistung nach ihm Watt. Mit Dampfkraft wurden im 19. Jh. die Maschinen in den Fabriken, Lokomotiven und sogar Straßenbahnen (links: Londoner Straßenbahn) angetrieben.

Mit Elektroantrieb war das rechts abgebildete U-Boot von Goubers (1889) ausgestattet. Elektromotoren verbrauchen Strom und setzen die elektrische Energie in mechanische Arbeit um. Je nach Stromart unterscheidet man zwischen Gleichstrom- und Wechselstrommotoren.

Diese Dampflok ist zwar ein Spielzeug, funktioniert aber wie eine echte; ihr Kessel wird mit Trockenspiritus beheizt.

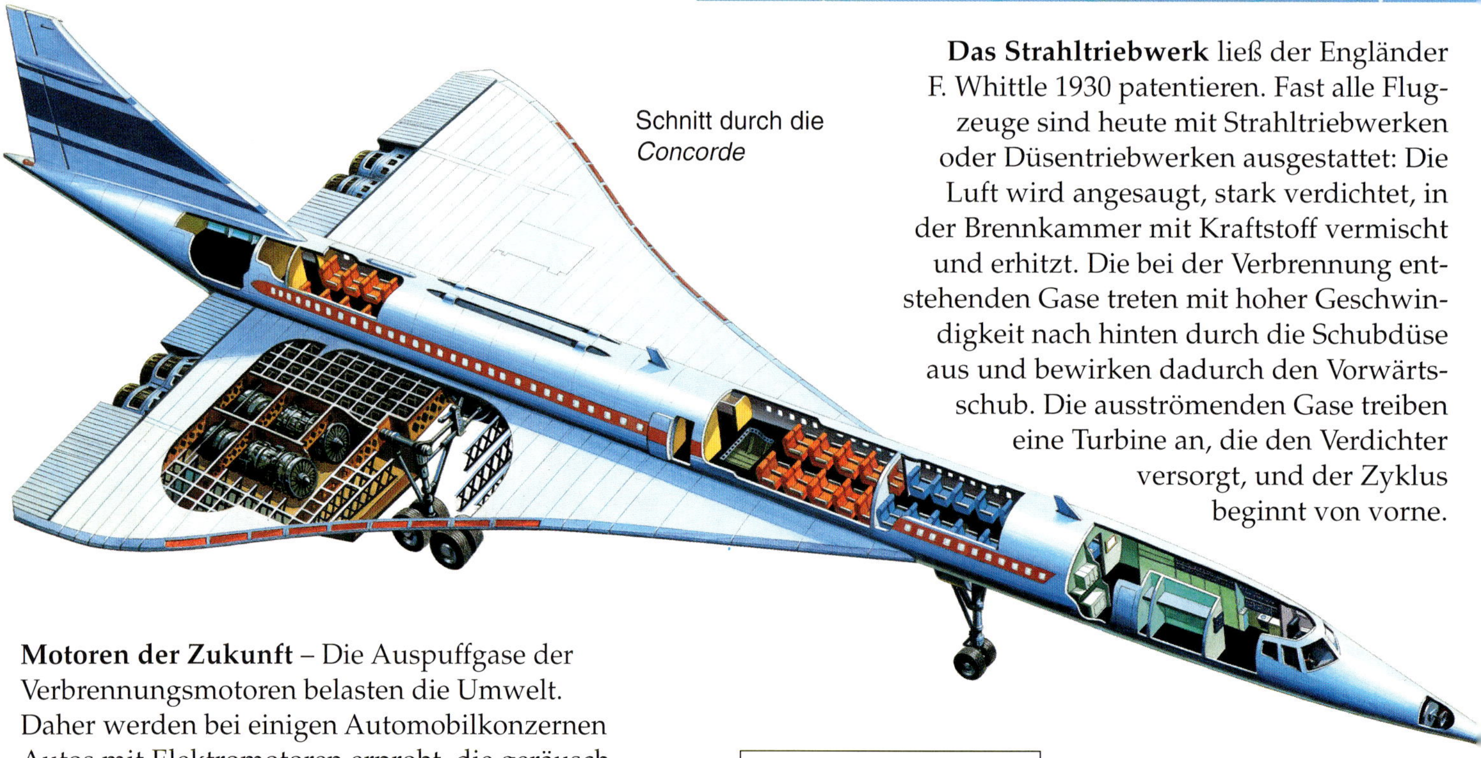

Schnitt durch die *Concorde*

Das Strahltriebwerk ließ der Engländer F. Whittle 1930 patentieren. Fast alle Flugzeuge sind heute mit Strahltriebwerken oder Düsentriebwerken ausgestattet: Die Luft wird angesaugt, stark verdichtet, in der Brennkammer mit Kraftstoff vermischt und erhitzt. Die bei der Verbrennung entstehenden Gase treten mit hoher Geschwindigkeit nach hinten durch die Schubdüse aus und bewirken dadurch den Vorwärtsschub. Die ausströmenden Gase treiben eine Turbine an, die den Verdichter versorgt, und der Zyklus beginnt von vorne.

Motoren der Zukunft – Die Auspuffgase der Verbrennungsmotoren belasten die Umwelt. Daher werden bei einigen Automobilkonzernen Autos mit Elektromotoren erprobt, die geräuscharm und umweltschonend sind. Sie haben aber noch einen zu kleinen Aktionsradius, weil die Ladung der Batterien nicht weiter reicht.

DAMPFKRAFT
FLIESSBAND-MONTAGE✓
VERKEHRSMITTEL

Muscheln und Schnecken

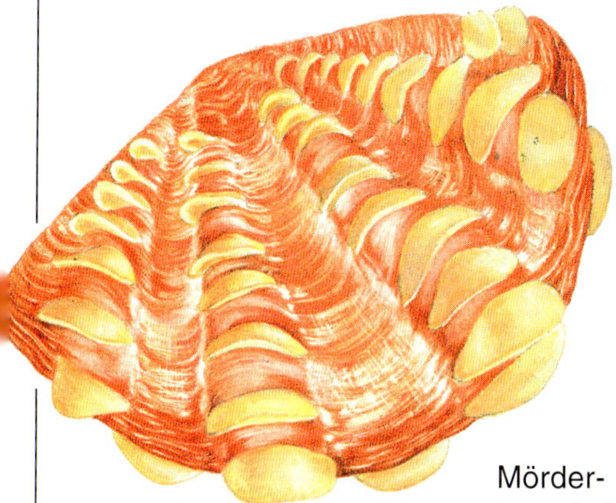

Mörder-
muschel
(Tridacna)

Die Weichtiere (Mollusken) haben kein Knochengerüst, dafür aber eine harte Schale, ein richtiges Gehäuse, das sie stützt und schützt. Es gibt zwei Formen: einschalige, entweder spiralförmig gewundene oder kegelförmige Gehäuse und solche mit zwei Klappen, die durch eine Art Scharnier zusammengehalten werden, wie bei den Austern.

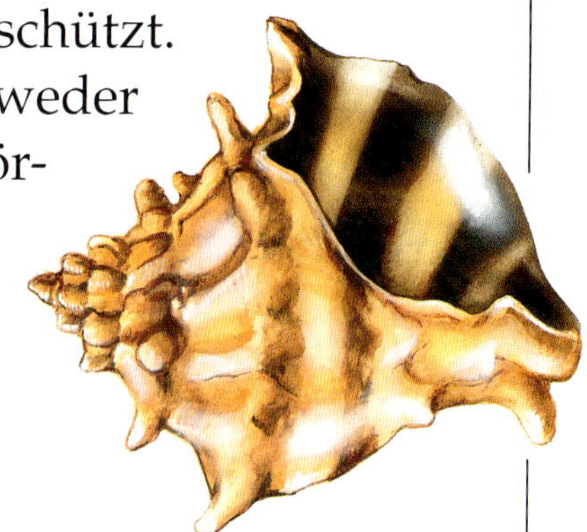

Purpurschnecke
(Murex trunculus)

Korallen-
schnecke
(Latiaxis)

Randschnecke
(Marginella)

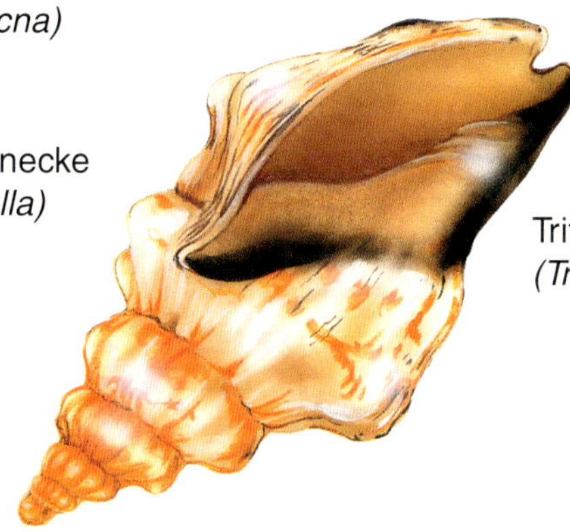

Tritonshorn
(Tritonium)

Turmschnecke
(Turritella)

Sonnenuhrschnecke
(Architectonica)

Acteon eloisae

Marmor-Kegel-
schnecke
(Conus marmoreus)

Lebensweise

Viele Weichtiere sitzen ihr ganzes Leben fest auf einem Fels oder im Sand. Andere, wie die Kopffüßer, schwimmen im Wasser herum. Es gibt winzige Muscheln und riesengroße, wie die Tellmuscheln, die die Größe von Suppenschüsseln haben können und in großer Tiefe leben.

Perlboot
(Nautilus)

Seerohr
(Haliotis)

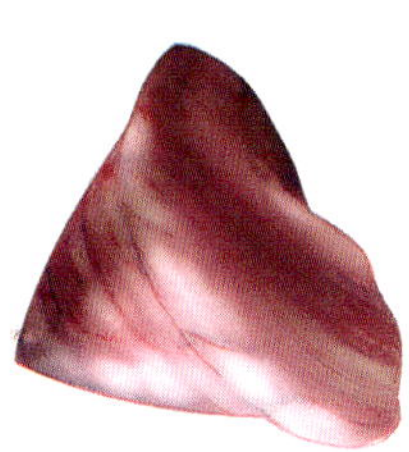

Kreisel-
schnecke
(Calliostoma)

Die größten Muscheln gehören zur Art *Tridacna gigas*, die im Indischen Ozean und im Pazifik lebt, bis zu 200 kg schwer und 1 m lang werden kann.

Klappmuschel
(Spondylus)

Man kann Muscheln und Schnecken auf einem Nylonfaden zu einer hübschen Kette auffädeln.

Wie man Muscheln oder Schnecken sammelt – Ein Spaziergang am Strand kann schon den Grundstein für eine Mollusken-sammlung liefern. Am besten hebt man nur leere Schalen, die kein Tier mehr enthalten, auf. Dann spült man sie mit Süßwasser aus und läßt sie trocknen. Schließlich klebt man sie auf Karton auf und schreibt ihren deutschen oder lateinischen Namen darunter.

Brandhorn
(Murex brandaris)

Wendeltreppenschnecke
(Epitonium scalare)

Helmschnecke
(Cassis saburon)

Herzmuschel
(Cardium tubercula)

Napfschnecke
(Patella coerulea)

Trogmuschel
(Mactra corallina)

Miesmuschel
(Mytilus galloprovincialis)

Papstmitra
(Mitra papalis)

Schlitzschnecke
(Diodora italica)

FOSSILIEN
MEER

Musiker und Komponisten

Musik wurde schon in prähistorischer Zeit gemacht. Die Menschen der Frühzeit schrieben ihr magische Kräfte zu. In den Kulturen der Antike begleitete Musik die weltlichen und religiösen Feste. Das Christentum entwickelte etwa im 9. Jh. den Gregorianischen Choral. Im 12.-13. Jh. zogen die Troubadours in Frankreich als fahrende Sänger durch das Land. Die Oper entstand im 17. Jh. in Italien.

Die ersten Kunststoff-Schallplatten wurden mit 78 Umdrehungen pro Minute abgespielt.

Schon bei den Assyrern, Babyloniern und Ägyptern war die Harfe bekannt. Monteverdi setzte sie erstmals in der Oper *Orpheus* (1607) als Orchesterinstrument ein.

Instrumentalmusik wird für Musikinstrumente komponiert, die sich seit vorgeschichtlicher Zeit in großer Vielfalt entwickelt haben und drei große Gruppen bilden: Saiten-, Blas- und Schlaginstrumente. Heute kann man auch mit elektromagnetischen Impulsen oder elektrischen Verstärkern (Synthesizer, Booster) Töne erzeugen.

Andere Musikgattungen – Die Volksmusik fußt in der Tradition und ist in jedem Land anders. Die klassische Musik umfaßt das künstlerische Schaffen westlicher Komponisten vom 17. Jh. bis heute. Zur leichten Musik zählt man Musikstücke für Gesang und Instrumente wie Tanzmusik und Lieder. Beim Jazz des 20. Jahrhunderts spielen Rhythmus und Improvisation eine große Rolle.

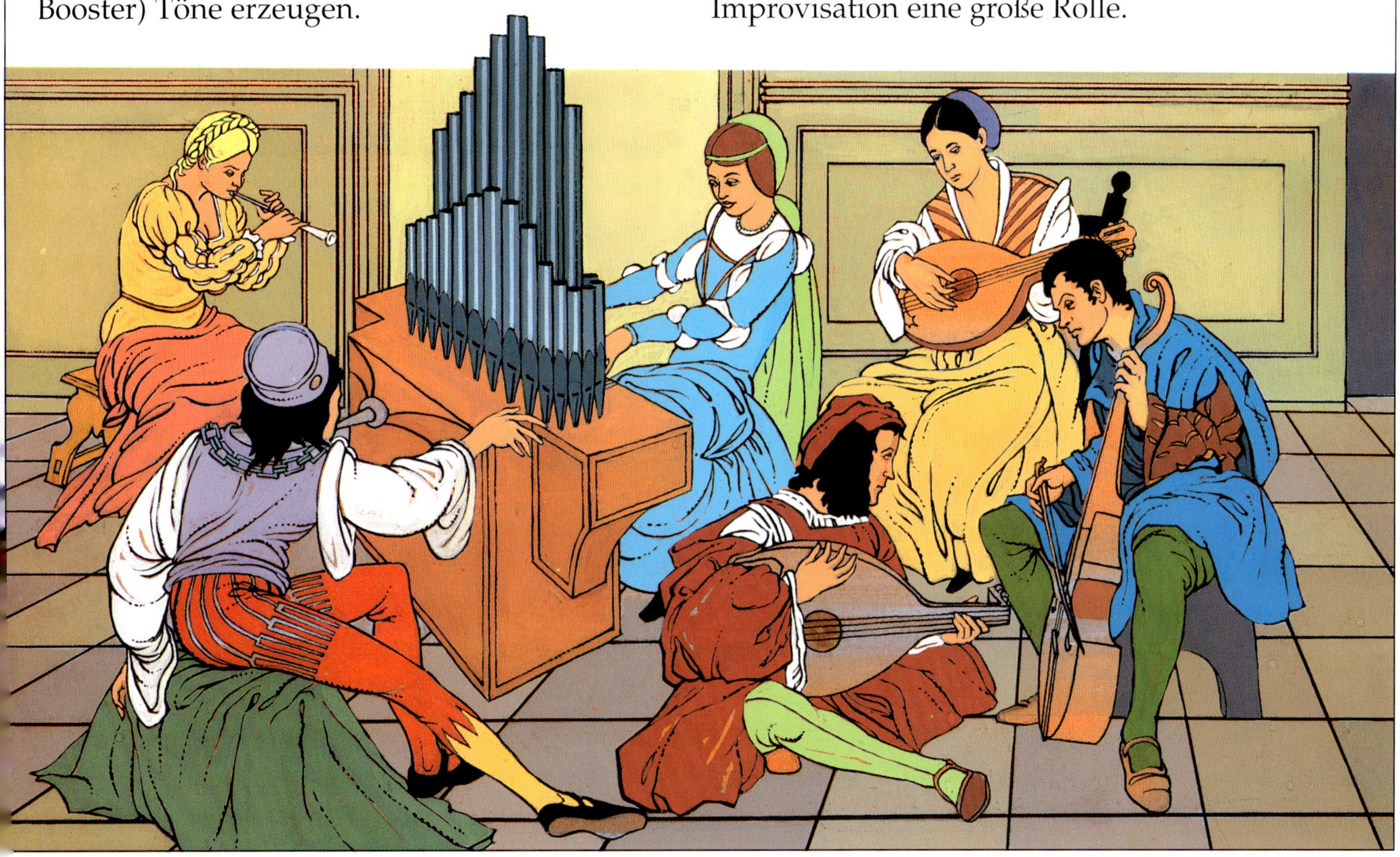

J. S. Bach

Johann Sebastian Bach (1685-1750) Deutscher Komponist und Organist. Werke: *Brandenburger Konzerte* (1718-1721), *Das wohltemperierte Klavier* (1722-1744), *Die Kunst der Fuge* (1748-1750), Oratorien, Passionen.

G. F. Händel

Georg Friedrich Händel (1685-1759) – Deutscher Komponist; erster Erfolg 1705. Er widmete sich vor allem der Oper, war auch Leiter der königl. Haymarket-Oper und Lehrer am Hof von George I. in London.

F. J. Haydn

Franz Joseph Haydn (1732-1809) – Österreichischer Komponist, Vertreter der Wiener Klassik. Werke: Quartette, Symphonien und Oratorien.

Wolfgang Amadeus Mozart (1756-1791) – Österreichischer Komponist und Wunderkind: Mit vier Jahren komponierte er bereits Menuette. Werke: *Die Hochzeit des Figaro, Don Giovanni, Die Zauberflöte, Requiem.*

W. A. Mozart

L. van Beethoven

Ludwig van Beethoven (1770-1827) – Deutscher Komponist. Bedeutendste Werke: 9 Symphonien, besonders die dritte (*Eroica*), die sechste (*Pastorale*), die neunte mit dem *Hymnus an die Freude*; 32 Klaviersonaten, darunter die *Pathétique* und die *Mondscheinsonate*; die Oper *Fidelio*. Im Laufe der Jahre wurde er taub.

F. Schubert

Franz Schubert (1797-1828) – Österreichischer Komponist, berühmter Vertreter der deutschen Romantik. Er komponierte vor allem Lieder, Klaviersonaten, Kammermusik und Symphonien.

R. Schumann

Robert Schumann (1810-1856) Deutscher Musiker der Romantik. Er schrieb Klavierwerke, Kirchenmusik, Symphonien, Kammermusik.

R. Wagner

Richard Wagner (1813-1883) Komponist der deutschen Romantik, Autodidakt. Berühmteste Werke: Opernzyklus *Der Ring des Nibelungen (Rheingold, Die Walküre, Siegfried, Götterdämmerung); Tannhäuser, Lohengrin, Parsifal.*

G. Verdi

Giuseppe Verdi (1813-1901) Italienischer Komponist. An der Mailänder Scala war 1842 seine Oper *Nabucco* ein großer Erfolg. Berühmte Werke: *Ernani, Macbeth, Rigoletto, La Traviata, Il Trovatore, Aida, Messa da Requiem, Otello, Falstaff.*

Johannes Brahms (1833-1897) – Deutscher Komponist, eine Entdeckung von R. Schumann. Sein Kompositionsstil verband die Tradition der Klassik mit romantischen Elementen. Er schrieb Kammermusik und zahlreiche Lieder.

ORCHESTER✓
TANZ

Muskeln

Dank der besonderen Bauart der Muskelzellen können sich die Muskeln zusammenziehen und erschlaffen. Sie bestehen aus Muskelgewebe und Sehnen. Die Muskulatur besteht aus rund 400 verschieden geformten Muskeln.

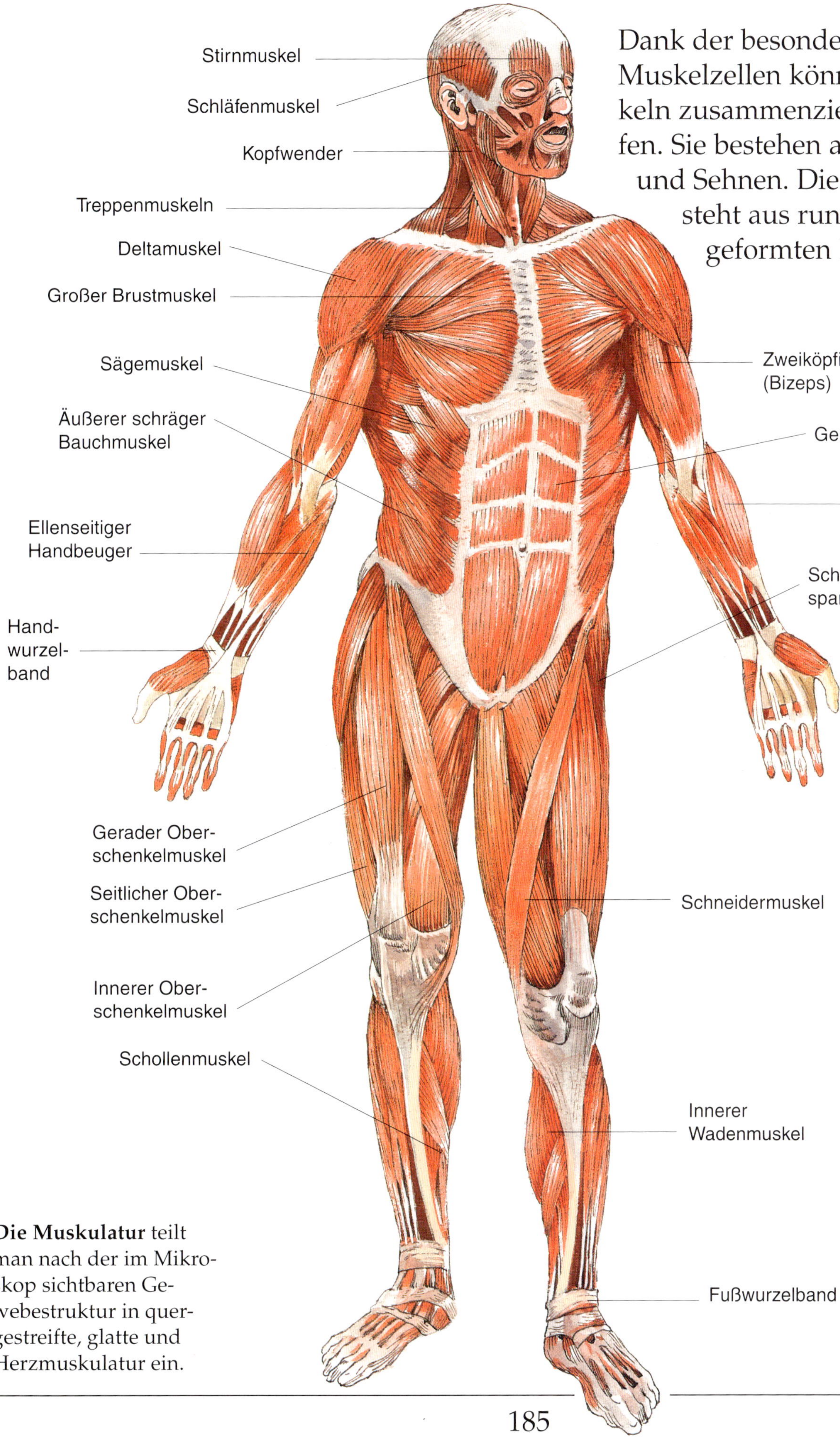

Die willkürlichen Muskeln können wir willentlich anspannen oder entspannen. Andere, die unwillkürlichen Muskeln, arbeiten unabhängig und sogar, während wir schlafen, weil sie lebenswichtig sind – wie z. B. der Herzmuskel oder die Magenmuskeln.

Die Muskulatur teilt man nach der im Mikroskop sichtbaren Gewebestruktur in quergestreifte, glatte und Herzmuskulatur ein.

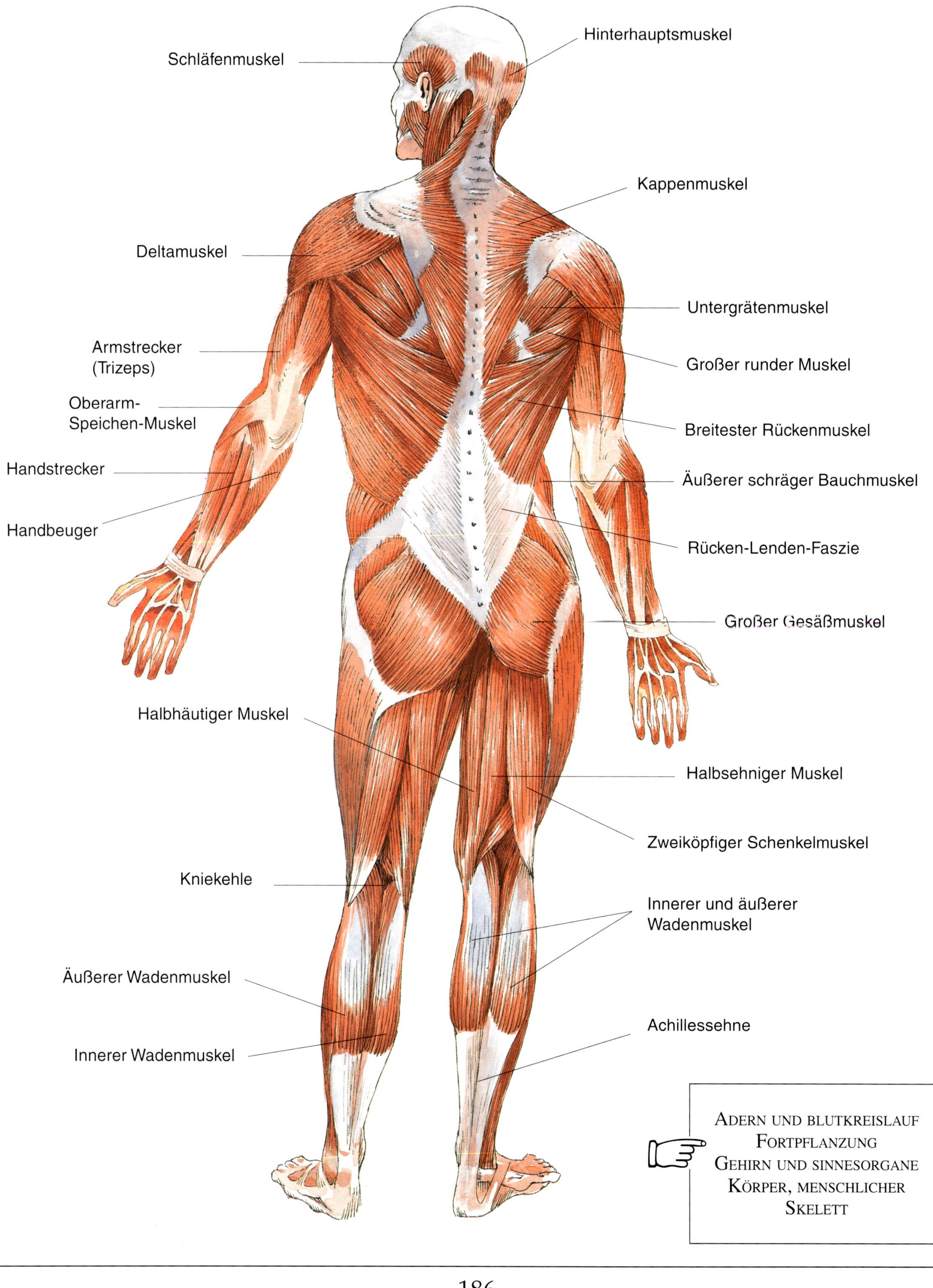

☞ ADERN UND BLUTKREISLAUF
FORTPFLANZUNG
GEHIRN UND SINNESORGANE
KÖRPER, MENSCHLICHER
SKELETT

Mythen und Sagen

Seit undenklichen Zeiten versucht der Mensch, eine Erklärung für die Entstehung der Welt zu finden. Die alten Griechen glaubten an unsterbliche Götter, die auf dem Olymp wohnten und die Personifizierung von Naturgewalten, Tugenden oder Schwächen der Menschen waren. Ihr Handeln lieferte die Erklärung für die Welt und die Geheimnisse der Natur. Uranos z. B. verkörperte den Himmel, Athene die Weisheit und Aphrodite die Liebe.

Theseus, der Sohn des athenischen Königs Ägeus, tötete den Minotaurus und fand dank des Garnknäuels, den ihm Ariadne, die Tochter des kretischen Königs Minos, mitgegeben hatte, aus dem Labyrinth wieder heraus.

Die Heldensagen – Die Kunst der griechischen Antike stellt nicht nur die Götter des Olymps, sondern auch große Helden dar, die zwar Sterbliche waren, aber Mut und Tapferkeit bewiesen und als Gründer von Städten und Stammväter großer Geschlechter in den Heldensagen verherrlicht wurden. Zu diesen Helden zählen: Herakles, der zwölf Arbeiten erledigen mußte; Jason, der mit Hilfe der Argonauten das Goldene Vlies errang; Perseus, der dem Ungeheuer Medusa das schlangenumzüngelte Haupt abschlug.

1. Athene, Göttin der Vernunft.
2. Apoll, Gott der Musik und der Orakel.
3. Zeus, der Göttervater des Olymps.

Sagen – Während die Mythen von Göttern und Halbgöttern erzählen, deren Welt außerhalb der Geschichtsschreibung liegt, ist die Sage eine Erzählung, die dem Volksglauben entspringt und häufig schwer begreifbare Naturereignisse oder geschichtliche Begebenheiten zu erklären sucht. Der Sagenkreis um den Zwergenkönig Laurin, den Hüter des von einem goldenen Faden umspannten Rosengartens, liefert beispielsweise eine poetische Erklärung für das Alpenglühen in den Dolomiten.

Der Zauberer Merlin

Artus zieht das Zauberschwert Excalibur aus dem Stein.

☞ Dichter und Schriftsteller
Griechen; Kulturen des Mittelmeerraums; Olymp✓
Ritter

Die Ritter der Tafelrunde – König Artus umgaben eine Reihe von Sagengestalten: die Königin Ginevra, der Zauberer Merlin und die Fee Morgana. Auch von den Rittern der Tafelrunde erzählt die Sage. Zu ihnen gehörte auch der tapfere Lanzelot (unten).

König Artus wurde im 12. Jh. n. Chr. zur Hauptfigur eines bretonischen Sagenkreises. Der junge Artus schafft es, das Zauberschwert Excalibur aus dem Stein zu ziehen, wird zum König gekrönt und regiert sein Land weise. Die Ritter der Tafelrunde leben an seinem Hof auf Schloß Camelot. Nach dem Tod von König Artus taucht eine Zauberhand aus dem See auf und nimmt das Schwert Excalibur mit in die Tiefe.

NAGETIERE

Das Maus bringt 6 bis 13 Junge pro Wurf (bis zu 50 Junge im Jahr!) zur Welt. Die Jungen verlassen das Nest nach zwei Wochen und sind wenig später bereits selbst fortpflanzungsfähig.

Die Nagetiere sind die artenreichste sowie zahlenmäßig größte Ordnung der Säugetiere und auf der ganzen Welt verbreitet. Sie haben nur eine kurze Lebenserwartung, pflanzen sich aber rasend schnell fort und passen sich leicht jeder Umgebung an. Die meisten Arten sind Pflanzenfresser, manche ernähren sich aber auch von Insekten, kleinen Vögeln und Eiern. Zu dieser Ordnung gehören so unterschiedliche Tiere wie Feldmäuse, Ratten, Eichhörnchen, Biber, Hamster, Chinchillas, Lemminge, Rennmäuse und Murmeltiere.

Die wildlebende Maus (rechts) entfernt Läuse mit den Zähnen und reinigt sich sehr sorgfältig, weil ihr weiches Fell sie dann besser gegen Kälte schützt.

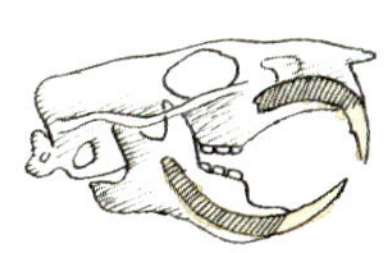

Gebiß – Nagetiere haben keine Eckzähne, dafür aber messerscharfe Schneidezähne, die ständig nachwachsen (bis zu 1 cm pro Woche). Backenzähne und Mahlzähne sitzen im hinteren Teil des Schädels.

Hausmaus

Hausratte

Mäuse und Ratten sind zwei verschiedene Gattungen der Familie der *Muridae*. Die Hausmaus (*Mus musculus*) ist klein und scheu. Sie holt sich ihre Nahrung aus Vorratskammern. Die Hausratte (*Rattus rattus*) ist ohne Schwanz 30 cm lang. Sie lebt in der Kanalisation, ist angriffslustig und überträgt Infektionskrankheiten wie die Leptospirose und die Beulenpest.

Die Feldmaus
(Microtus arvalis)
ist das meistverbreitete Säugetier in Europa und verursacht schwere Ernteschäden. Sie gräbt verzweigte Gänge, in denen sie ihre Vorräte lagert, und benützt immer dieselben Wege, um schneller zu entkommen.

Amerikanisches Streifenhörnchen – Es wird auch Chipmunk (1) genannt. Seine Nahrung hält es mit den Vorderpfötchen fest (2) und transportiert sie in den Backentaschen (3).

Der elefantenköpfige indische Gott Ganesha wird auf seiner irdischen Wanderung von einer Maus begleitet.

Wenn eine andere Ratte in ihr Revier eindringt, fletscht die Wanderratte (links) die Zähne und stößt drohende Quietschtöne aus, während sie sich gleichzeitig auf den Hinterbeinen aufrichtet. Meist ergreift der Eindringling ohne Kampf die Flucht.

HAUSTIERE
HÖRNCHEN; IGEL
SÄUGETIERE
STEPPE; TIERWELT
SÜDAMERIKAS; TUNDRA

Die Stadtmaus und die Feldmaus ist eine Fabel von La Fontaine.

Rekordzahlen – Das größte Nagetier ist das Wasserschwein *(Hydrochoerus hydrochoeris)*. Es lebt in Südamerika und wird bis zu einem Meter groß und 90 kg schwer. Die Nordmaus dagegen (Verbreitungsgebiet: Mexiko, Texas und Arizona) wiegt etwa 7 g und ist einschließlich Schwanz 10 cm lang.

Der Biber lebt in den Wäldern Nordamerikas, in der Nähe von Flüssen und Seen, wo er Dämme aus Baumstämmen baut. Er kann seine Ohren und Nasenlöcher mit Klappen verschließen, wenn er taucht, und dank seines langen, abgeflachten Schwanzes sehr behende schwimmen.

Biber

NAPOLEON BONAPARTE

Wappen Napoleons

Napoleon war in den französischen Revolutionskriegen als General erfolgreich, wurde danach zum Konsul gewählt und ließ sich 1804 zum Kaiser wählen. Seine Reformen (Recht, Schulwesen und Verwaltung) in Frankreich und in den eroberten Gebieten schufen die Grundlagen für einen modernen Staat. Genial war er nicht nur als Feldherr, sondern auch als Staatsmann. Er schloß außerdem ein Konkordat mit der Kirche.

Kaiser – 1804 wurde er in der Kathedrale Notre-Dame in Paris zum Kaiser gekrönt. Während der Krönungszeremonie nahm er Papst Pius VII. die Krone aus der Hand und setzte sie sich selbst aufs Haupt.

1769: Er wird in Ajaccio, Korsika, geboren.
1793: Rückeroberung von Toulon.
1794: Brigadegeneral.
1796: erster Italienfeldzug.
1804: Kaiserkrönung.
1805: Sieg bei Austerlitz über Österreich und Rußland (= Dreikaiserschlacht); aber: Vernichtung der franz. Flotte bei Trafalgar.
1812: Niederlage in Rußland.
1813: Niederlage in der Völkerschlacht von Leipzig.
1814: Er muß abdanken und ins Exil auf die Insel Elba gehen.
1815: endgültige Niederlage bei Waterloo.
1821: Tod auf St. Helena.

Napoleon zu Pferd (von J. Chabord)

1. Uniformen des napoleonischen Heeres mit Quasten, Kordeln und Tressen
2. Tambourmajor
3. Die Soldaten trugen eine Last von etwa 30 kg
4. Soldat zu Pferd
5. Junger Trommler

Große Schlachten – Napoleon siegte bei Marengo (1800), Austerlitz (1805), Jena (1806) und Wagram (1809). Besiegt wurde er bei Abukir (1798) und Trafalgar (1805) durch Admiral Nelson sowie in Rußland (1812), bei Leipzig (1813) und bei Waterloo (1815).

Nach der Niederlage bei Waterloo wurde Napoleon von den Engländern auf die kleine Insel St. Helena im Atlantischen Ozean verbannt, wo er 1821 starb.

REVOLUTION, FRANZÖSISCHE
NAPOLEONISCHE TRUPPEN✓

Nashörner

Die Nashörner sind Dickhäuter wie die Elefanten. Sie haben eine dicke, unbehaarte Haut und dreizehige Füße. Zwei Hörner haben die beiden afrikanischen Arten: Spitzmaul- und Breitmaulnashorn; letzteres ist größer. Auch die kleinste Nashornart, das Sumatranashorn, hat zwei Hörner. Die asiatischen Arten – Java- und Panzernashorn – tragen nur ein Horn.

Das Spitzmaulnashorn hat zwei große Hörner; das vordere ist 50-130 cm lang. Der Gesichtssinn ist so schwach entwickelt, daß es einen Menschen nicht von einem Baumstamm unterscheiden kann, Gehör und Geruchssinn dagegen sind hochentwickelt.

Nur zum Spiel – Bei den Kämpfen zwischen Nashörnern schlagen sich nicht Männchen zur Verteidigung ihres Reviers, sondern zwei Weibchen oder ein Weibchen und ein Männchen. Diese Auseinandersetzungen sind eine Art von Spiel, das genau festgelegten Regeln folgt.

Die Tragzeit dauert fast eineinhalb Jahre. Das Junge hat noch keine Hörner. Es wiegt etwa 65 kg und nimmt jeden Tag 2-3 kg zu.

Das Panzernashorn lebt vorzugsweise in Sümpfen und suhlt sich gern in Lehmtümpeln.

Säugetiere
Tierwelt Afrikas

NUTZPFLANZEN

Baumwolle

Schon im Altertum baute der Mensch Nutzpflanzen an, die ihm Nahrung und Fasern für Gewebe lieferten. Außer den hier abgebildeten Pflanzen sind heute die Zuckerrübe und alle Getreide, z. B. Reis, Gerste, Hirse und Hafer, wichtige Kulturpflanzen. Für die Parfümindustrie werden Pflanzen wie z. B. die Bergamotte angebaut, aus denen ätherische Öle gewonnen werden.

Hanf

Baumwolle – Die weißen Samenhaare der reifen Fruchtkapsel werden geerntet, zu Ballen gepreßt und in die Spinnerei gebracht. Dort werden sie zu Garn versponnen. Aus dem Garn stellt man Gewebe her.

Flachs

Agave

Jute

Textilfasern, aus denen man Garne und Gewebe herstellen kann, liefern mehrere Pflanzenarten. Aus Hanf macht man Seile und Matten, aus Jutefasern Bindfäden und Säcke. Sisal ist eine Handelsfaser, die aus Agaven gewonnen wird.

Leinen besteht aus den Fasern der Flachspflanze (Lein). Die geernteten Pflanzen läßt man in Wasser weichen, dann trocknet man sie und trennt durch Klopfen mit einer Rolle die holzigen Teile von den Bastfasern, die dann zu Garn versponnen werden.

Olivenbaum (Ölbaum)

Sonnenblume

Öl preßt man aus den Samen oder Früchten von Ölpflanzen wie Sonnenblume, Erdnuß, Raps usw. Das Olivenöl wird aus den reifen Früchten des Ölbaums gewonnen.

Erdnuß

GETREIDE
PFLANZENHEILKUNDE
SCHOKOLADE

Obst

Manche Bäume bringen eßbare Früchte hervor, die Zucker, Vitamine und Mineralsalze enthalten, alles Nährstoffe, die für unsere Ernährung wichtig sind. Die ältesten von Menschen gepflanzten Bäume sind die Feigenbäume und die Dattelpalmen, die bis auf die Zeiten des alten Ägyptens zurückgehen. Die Anwendung neuer Anbaumethoden erlaubt es den Obstbauern heute, widerstandsfähige Bäume und neue Sorten zu züchten.

Orange

Äpfel – Der wildwachsende Apfelbaum ist ein stacheliger Baum. Es gibt zahlreiche Apfelsorten, die zu verschiedenen Jahreszeiten reifen.

Zitrone

Birnen – Größe und Farbe sind von einer Sorte zur anderen sehr unterschiedlich, aber die Form ist unverwechselbar. Im Inneren des Fruchtfleisches sitzen kleine, harte Kerne.

Mandarine

Zitrusfrüchte – Orangen, Mandarinen, Zitronen und Grapefruit sind einige der bekanntesten Zitrusfrüchte. Diese Früchte sind reich an Vitamin C.

Kaki – Diese orangefarbenen Früchte reifen im Herbst, wenn der Baum bereits seine Blätter verloren hat.

Feigen – Die Feige ist eine Scheinfrucht, d. h., daß die wahren Früchte in ihr als Körnchen enthalten sind. Die Haut der Feige kann grün, schwarz oder rötlich gefärbt sein.

Früchte mit harten Schalen
Walnüsse und Haselnüsse haben sehr harte, holzige Schalen. Sie enthalten viel Öl und sind sehr nahrhaft. Kastanien sind von einer stacheligen Hülle umgeben, der Kastanienschale.

Haselnuß

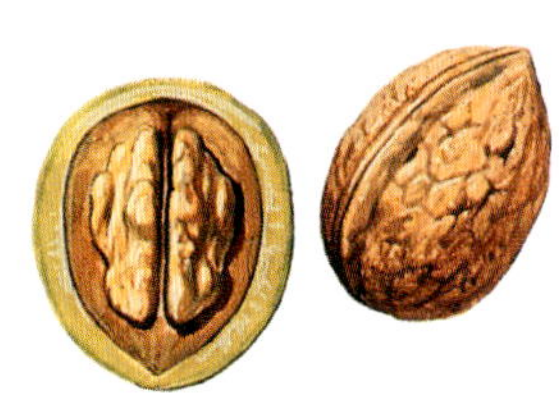

Walnuß

Weintrauben – Es gibt viele verschiedene Tafeltrauben, die für den unmittelbaren Verzehr hervorragend geeignet sind. Ein großer Teil der Trauben wird aber auch für die Weinerzeugung verwendet. Die gekelterten Trauben ergeben einen intensiven süßen Saft, den Most, der durch Vergärung zu Wein wird.

Edelkastanie mit Schale

Links: Weichseln oder Sauerkirschen; rechts: Kirschen

Kirschen – Das Fruchtfleisch der Kirsche kann gelb bis tiefrot sein. Ihr Geschmack ist entweder säuerlich oder süß. Die Kirschbäume, die bis zu 20 m hoch werden können, liefern ein begehrtes Holz. Weichseln oder Maraschinokirschen sind eine eher säuerlich schmeckende Sorte.

Pflaumen – Diese Früchte werden auch Zwetschgen genannt. Es gibt davon sehr viele Sorten: blaue, gelbe, grüne, violette. Pflaumen werden im Sommer reif; man ißt sie entweder frisch oder getrocknet, als Kompott, Marmelade oder Mus (Powidl).

Pflaumen oder Zwetschgen

Pfirsiche – Sie reifen von Ende Juni bis September. Das Fruchtfleisch ist sehr saftig und schmackhaft. Ihre Haut ist pelzig.

Pfirsich

Obst waschen – Um die Obstbäume vor Krankheiten und Schädlingen zu schützen, werden chemische Bekämpfungsmittel, sog. Pestizide, verwendet, die dem Menschen schaden, wenn er sie mit der Nahrung aufnimmt. Obst muß also gut gewaschen oder geschält werden, bevor man es ißt.

Aprikosen schmecken köstlich und sehr süß. Sie gehören zur gleichen Familie wie der Apfel und der Pfirsich und stammen aus Asien.

Aprikose

Aus Obst kann man Kuchen, Eis, Obstsalat, Marmelade, Konfitüre und Gelee machen.

ERNÄHRUNG
FRÜCHTE, EXOTISCHE

Optik

Im 17. Jh. führte die Entwicklung auf dem Gebiet der Optik zu einem tieferen Verständnis von Naturphänomenen. Isaac Newton (1642-1727) gelang die Zerlegung des weißen Lichtes in die Regenbogenfarben, und er definierte das Spektrum als Skala dieser Farben. Die Erfindung des Fernrohrs erleichterte die Himmelsbeobachtung und führte zu Fortschritten in der Astronomie.

Newton stellte fest, daß ein Lichtstrahl, der ein Glasprisma durchquert, in die Regenbogenfarben zerlegt wird.

Optische Linsen – Im 13. Jh. stellte ein Mönch in Florenz, Italien, die ersten Brillen her. 1775 erfand der Amerikaner Benjamin Franklin die ersten Bifokalgläser zur Korrektur von Fehlsichtigkeit (Kurz- und Weitsichtigkeit). Die Kontaktlinsen wurden 1947 erfunden.

Fernrohre – Der italienische Gelehrte Galileo Galilei (1564-1642) erfand das Linsenfernrohr ((Refraktor), mit dem er auch Sterne sehen konnte, die mit bloßem Augen unsichtbar sind (unten). Newton verbesserte dieses Instrument durch Einbau eines Konkavspiegels: So entstand das Spiegelteleskop (Reflektor). J. Kepler erfand das astronomische Fernrohr und lieferte auch die theoretischen Grundlagen (1611). Heute verwendet man Radioteleskope, die die von den Gestirnen ausgestrahlten Radiowellen empfangen.

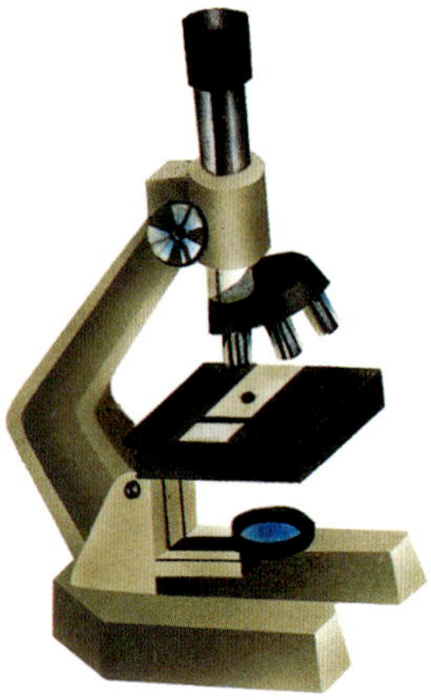

Mit optischen Mikroskopen sind 3000fache Vergrößerungen erreichbar, mit dem Elektronenmikroskop jedoch noch weit stärkere.

Mikroskope – Ein ganz einfaches Mikroskop baute schon Galilei. Um 1600 erfand vermutlich Z. Janssen in Holland das optische Mikroskop, das ein stark vergrößertes Bild ganz kleiner Objekte liefert. Der Holländer Antoni van Leeuwenhoek (1632-1723) entdeckte mit einem selbst angefertigten Mikroskop so winzige Lebensformen wie Bakterien und die Blutkörperchen.

Forscher und Erfinder
Glas; Himmel

OZEANIEN

Der Kontinent, der zuletzt entdeckt wurde (gegen 1600), war Ozeanien, das ein ausgedehntes und stark gegliedertes Territorium umfaßt. Es besteht aus einem Kontinentalblock, Australien, und zwei großen Inseln, Neuseeland und Neuguinea, und aus Myriaden von Inseln, die im Pazifischen Ozean verstreut sind und drei große Bereiche bilden: Mikronesien, Melanesien und Polynesien. In den großen Städten Australiens, die alle in der Nähe der Küste liegen, konzentrieren sich Handel, Industrie und Kultur. Die früher abgelegenen Inseln Polynesiens haben heute regen Fremdenverkehr und sind durch das Internet mit der ganzen Welt verbunden. Das moderne Leben hat auch dort Einzug gehalten.

Musik und Tanz waren typisch für die polynesische Kultur und Tradition. Der Gesang wurde vom Klang der mit Haifischhaut überzogenen Trommeln begleitet.

Sport – Die Polynesier übten sich bereits im Surfen, einer Sportart, die heute bei den Küstenbewohnern, die auf Surfbrettern über die hohen Wellen des Ozeans gleiten, weit verbreitet ist. Eine Variante dieser Sportart ist das Windsurfen (mit Segeln), das neuerdings auch als olympische Sportart anerkannt ist.

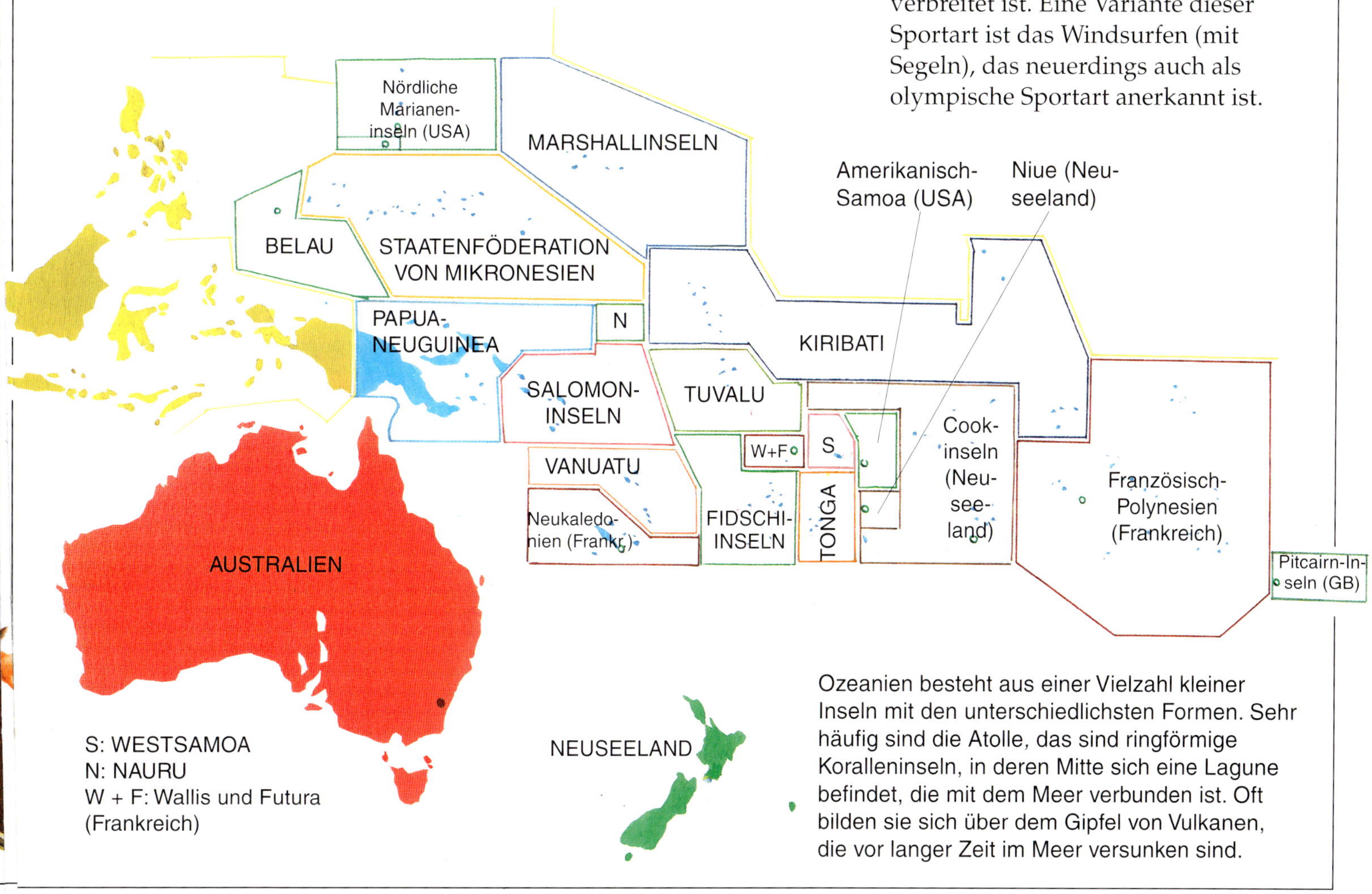

S: WESTSAMOA
N: NAURU
W + F: Wallis und Futura (Frankreich)

Ozeanien besteht aus einer Vielzahl kleiner Inseln mit den unterschiedlichsten Formen. Sehr häufig sind die Atolle, das sind ringförmige Koralleninseln, in deren Mitte sich eine Lagune befindet, die mit dem Meer verbunden ist. Oft bilden sie sich über dem Gipfel von Vulkanen, die vor langer Zeit im Meer versunken sind.

Pferdeartige

Zu dieser Tierfamilie gehören Pferde, Zebras, Maultiere und Esel. Sie sind Säugetiere mit langen, mit Hufen versehenen Beinen, wehender Mähne und langem Schwanz. Sie stammen vom *Eohippus* des frühen Tertiärs ab und sind Pflanzenfresser, aber keine Wiederkäuer. Als Haustiere sind sie auf allen Kontinenten verbreitet.

Anhand von Zahl, Abnützungsgrad und Größe der 40-42 Zähne eines Pferdes kann man sein Alter ermitteln.

Der Zwergesel führt in Sardinien geduldig alle schweren Arbeiten aus: Mit ihm pflügt man die Felder, und er trägt Lasten durch unwegsames Gelände.

Englisches Vollblut

Reitsport – Die drei Gangarten des Pferdes sind Schritt, Trab und Galopp. Man unterscheidet Reitpferde wie z. B. Jagd-, Spring-, Renn-, Polo- und Kunstreitpferde (z. B. Lipizzaner) und Wagenpferde (Traber, Gespannpferde).

Argentinisches Pferd

Argentinisches Pferd – Es ist ein kleines, kräftiges Pferdchen, das sich für schwere Arbeit eignet. Die argentinischen Viehhüter (Gauchos) verwenden es zum Tragen von Lasten und zur Begleitung ihrer Herden.

SÄUGETIERE; STEPPE
TIERE AUF DEM BAUERNHOF; ZEBRAS

Clydesdale-Zugpferd

Steppenzebra

Hauspferde – Unter den Hauspferden ist die größte Rasse die belgische und die kleinste das Zwergpony. Man unterscheidet Vollblut-, Halbblut- und Kaltblut-Rassen. Das ausgewachsene männliche Pferd wird Hengst genannt, das weibliche Stute. Die Größe wird mit dem sog. Stockmaß gemessen, d. h. vom Boden bis zum Widerrist.

Zebra – Es hat ein schwarzweiß gestreiftes Fell, das in der Grassteppe als Tarnung wirkt. Auch wenn alle Zebras gleich aussehen, sind Zahl, Anordnung und Größe der Streifen bei jedem anders. Zebras leben in Herden und können eine Höchstgeschwindigkeit von 65 km/h erreichen.

Pflanzenheilkunde

Bevor es synthetische Medikamente gab, heilte man Krankheiten mit Heilkräutern, Blüten und Wurzeln. Die Pflanzenheilkunde, die pflanzliche Arzneien oder Essenzen zur Behandlung einsetzt, zählt zu den klassischen Naturheilverfahren. Wie die Homöopathie, Aromatherapie und die Bach-Blüten-Therapie wird sie als holistische (ganzheitliche) Heilmethode bezeichnet, weil sie nicht nur Symptome, sondern die Ursache der Krankheit behandelt und das natürliche Gleichgewicht im Körper wiederherzustellen versucht.

Die Brennessel hat entwässernde und entzündungshemmende Wirkung.

Die Algen teilt man ein in Braun-, Rot- und Grünalgen. Viele Algenarten finden als Arzneimittel Anwendung.

Blumen und Blüten; Medizin
Nutzpflanzen

Malve mit Blüten

Mit Pflanzen heilen – Die Aromatherapie arbeitet mit ätherischen Ölen, aus den Pflanzen gewonnenen Essenzen, die deren Lebenskraft enthalten. Auch die Bach-Blüten-Essenzen enthalten diese Lebenskraft: Sie werden aus sonnengetrockneten und dann in Wasser eingeweichten Blüten hergestellt.

Homöopathie – Der Begründer dieses Heilverfahrens, der deutsche Arzt S. Hahnemann (1755-1843), vertrat die Ansicht, daß jede Krankheit durch die geeignete Verdünnung (Potenz) jenes Medikaments, das bei normaler Dosierung dieselben Symptome wie die zu behandelnde Krankheit hervorruft, heilbar sei (*similia similibus curentur*).

Mittelalterlicher Mönch bei der Zubereitung von Arzneien nach einem Kräuterbuch.

Um die Heilkräfte der Pflanzen nutzen zu können, stellt man Cremes, Salben, Lotionen, Tinkturen, Auszüge, Essenzen, Aufgüsse, Absude und Tees her.

PILZE

Unter den Bäumen der Wälder und in Wiesen wachsen eigenartige Organismen an der Grenze zwischen Pflanzen- und Tierreich, die Pilze. Sie entstehen aus feinen, langen Zellfäden, den sog. Hyphen, die sich in der Erde befinden. Was wir wachsen sehen, ist also nur der Fruchtkörper. Die Pilzzellen enthalten einen bestimmten Stoff, das Chitin, das man auch in den harten Teilen von Insektenkörpern findet.

Der Teil des Pilzes, der aus der Erde hervorsprießt, kann innerhalb einer einzigen Nacht wachsen.

Giftige Pilze – Viele Pilze sind eßbar, andere dagegen sind giftig, wie der Grüne Knollenblätterpilz. Man darf deshalb niemals Pilze essen, deren Merkmale man nicht genau kennt.

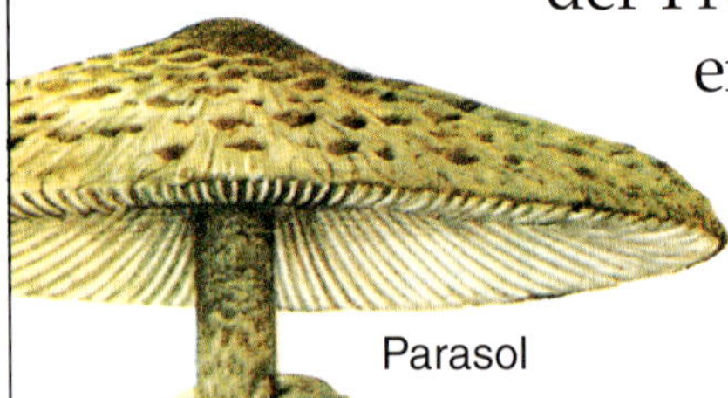

ERNÄHRUNG

Piraten

Am Mast der Piratenschiffe, die Galeonen und Handelsschiffe überfielen und plünderten, wehte die schwarze Flagge mit dem Totenkopf. Seeräuberei gab es zwar schon in alter Zeit (bei den Etruskern und Illyrern, dann bei den Wikingern und Sarazenen), doch um 1500, als sich ein reger Schiffsverkehr zwischen der Alten und der Neuen Welt entwickelte, nahm sie gewaltig zu.

Die Schatzinsel ist ein Roman von R. L. Stevenson, in dem es um einen Piratenschatz und sein Versteck auf einer Insel geht.

Piraten entern ein Handelsschiff.

Unterschiede – Die Piraten waren echte, gesetzlose Seeräuber, die es nur auf Beute abgesehen hatten. Die Korsaren hingegen handelten im Auftrag eines Herrschers, der ihnen auch einen Anteil an der Beute überließ. So ein Korsar war beispielsweise Francis Drake, der von Elisabeth I. sogar in den Adelsstand erhoben wurde. Die Flibustier waren Freibeuter der Meere, die im 17. Jh. im Gebiet der Antillen das Meer unsicher machten. Dort trieben auch die Bukanier unter dem berüchtigten Henry Morgan ihr Unwesen. Ein anderes Piratennest war Tortuga, eine Insel in der Nähe von Haiti.

Elisabeth I.
Stevenson, Robert Louis

Raubvögel

Dazu gehören etwa 280 Arten; bekannte Vertreter sind Adler, Falken, Geier, Sperber. Sie besitzen scharfe Krallen, mit denen sie ihre Beute packen und davontragen, und einen gebogenen Schnabel, mit dem sie sie zerlegen. Sie überfliegen ihr Revier, und wenn sie mit ihren scharfen Augen ein Opfer erspähen, sausen sie im Sturzflug herab.

Der Habicht (*Accipiter gentilis*) wird 50-60 cm lang. Er lebt in den Wäldern der nördlichen Erdhälfte. Das Weibchen ist größer und kräftiger als das Männchen.

Der Weißkopfseeadler ist das Wappentier der USA. Mit Geschick jagt er Fische und Vögel. Heute ist er vom Aussterben bedroht.

Waldkauz

Rekord – Der schnellste Raubvogel ist mit bis zu 270 km/h (im Sturzflug) der Wanderfalke. Der Kondor hat mit etwa 3 m die größte Spannweite. Am schwersten ist der Andenkondor (9-11 kg).

1. Island-Gerfalke
2. Indischer Zwergfalke

Brauner Fischuhu

Uhu und Waldkauz werden bis zu 40 cm groß und sind Nachtjäger. Sie sehen in der Dunkelheit ausgezeichnet, fliegen lautlos dahin und überraschen ihre Beute oft im Schlaf. Sie leben in Baumhöhlen und ernähren sich von kleinen Tieren wie Feldmäusen. Der Waldkauz greift auch Hasen, Siebenschläfer und Vögel an.

Arten, bedrohte
Steppe; Sumpf; Tierwelt Nordamerikas
Vögel

Gänsegeier – Wie alle Geier ernährt er sich von toten Tieren (Aas). Mit seinem hakenförmigen Schnabel reißt er das Fleisch von den Knochen.

Gänsegeier

Falknerei – Asiatische Völker brachten diese Art der Jagd mit abgerichteten Greifvögeln, insbesondere Falken, nach Europa. Der zahme Falke lernte, nach Abnehmen der Haube von der behandschuhten Hand aufzusteigen, im Sturzflug das Beutetier zu schlagen und auf die Faust zurückzukehren.

RAUMFAHRT

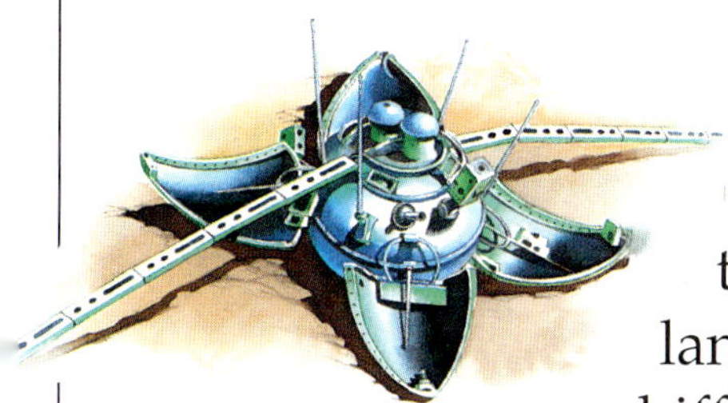

Das Zeitalter der Raumfahrt begann 1957 mit dem Start der russischen Satelliten Sputnik I und II. Ein weiterer Meilenstein war die erste Mondlandung: Das amerikanische Raumschiff Apollo 11 setzte am 21. Juli 1969 den Astronauten Neil Armstrong auf dem Mond ab. Danach wurden die ersten Raumlabors in eine Umlaufbahn gebracht: Saljut 1 (1971) und Skylab (1973). Das Space Shuttle (1981) war das erste wiederverwendbare Raumschiff.

Vor dem Menschen landeten unbemannte Raumsonden (oben) auf dem Mond und sammelten Informationen.

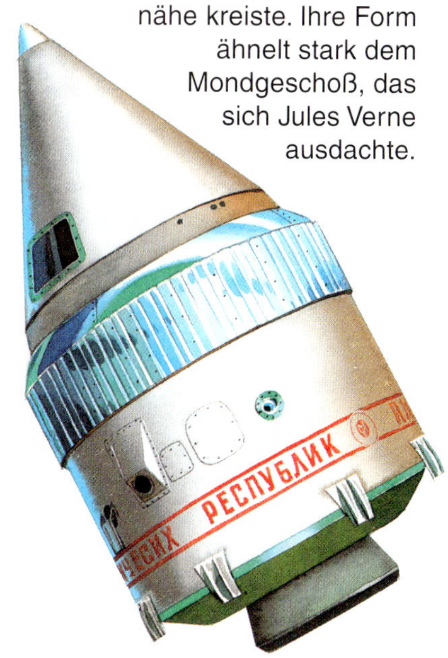

So sah die sowjetische Mondsonde aus, die 1959 erstmals in Mondnähe kreiste. Ihre Form ähnelt stark dem Mondgeschoß, das sich Jules Verne ausdachte.

Träume – Schon in der Antike träumte der Mensch davon, zum Mond zu fliegen – mit einem von Schwänen gezogenen Drachen oder in einem Schiff, das an Fesselballons emporschwebt (unten). Jules Verne (1828-1905) stellte sich in seinem Roman *Von der Erde zum Mond* (1865) vor, daß man Menschen in einem patronenförmigen Gebilde mit einer Kanone auf den Mond schießen könnte.

So stellte sich Jules Verne seine Raumkapsel vor.

Künstliche Satelliten
Da sie keinen eigenen Antrieb besitzen, werden sie von Raketen in ihre Umlaufbahn gebracht. Wenn die Rakete ausgebrannt ist, geht sie im Weltall verloren. In den letzten Jahrzehnten haben die Satelliten Erkenntnisse über die Fixsterne und Planeten des Sonnensystem gesammelt, die man nicht einmal mit den modernsten Radioteleskopen auf der Erde gewinnen könnte. Außerdem haben sie meteorologische und geophysikalische Meßwerte und Daten geliefert. Doch die meisten Satelliten, die heute die Erde umkreisen, stehen im Dienst des Fernmeldewesens. Über sie läuft der größte Teil des Telefonverkehrs, der Radio- und Datenübertragungen.

Reisende im All – Bevor die ersten Menschen ins All starteten, wurde eine Reihe von Versuchen mit unbemannten Raumschiffen und dann mit Tieren an Bord durchgeführt. Das Bild rechts zeigt die Hündin Laika, die an Bord von Sputnik II ins All flog.

ERDE
HIMMEL
MOND
PLANETEN

REISEN, FRÜHER

Der Wunsch, andere Länder und Völker kennenzulernen, hat seit jeher die Menschen zum Reisen bewegt. Doch das war früher nicht so leicht wie heute, denn es gab noch keine modernen Verkehrsmittel. Außerdem mußten Reisende vielerlei Unbequemlichkeiten und Gefahren auf sich nehmen.

Dampfschiffe – Die von dem Amerikaner Robert Fulton im Jahre 1807 gebaute *Clermont* war der erste Passagierdampfer. Sie verkehrte auf dem Hudson zwischen Albany und New York (USA).

Die Postkutschen konnten höchstens 6-8 Personen mitnehmen. Das Gepäck wurde auf dem Dach verstaut.

Dampflokomotive

Eisenbahnen wurden um die Mitte des 19. Jahrhunderts in Europa und in Nordamerika zum gängigen Verkehrsmittel. 1869 fuhren Züge mit Dampflokomotiven bereits quer durch die USA von Küste zu Küste.

Heißluftballon – Die Brüder Montgolfier stiegen 1783 zum ersten Mal mit einem Heißluftballon auf, der nach ihnen Montgolfière (rechts) genannt wurde. Das erste brauchbare steuerbare Luftschiff (LZ 1) entwickelte Graf Ferdinand von Zeppelin. Nach seinem Muster wurden bis 1938 weitere 129 starre Luftschiffe gebaut.

In Indien spielten die Elefanten nicht nur als Transportmittel, sondern auch in religiösen Zeremonien eine große Rolle.

Fahrrad – Das Hochrad mit den ungleich großen Rädern, auch Penny-Farthing genannt, war um 1870 weit verbreitet.

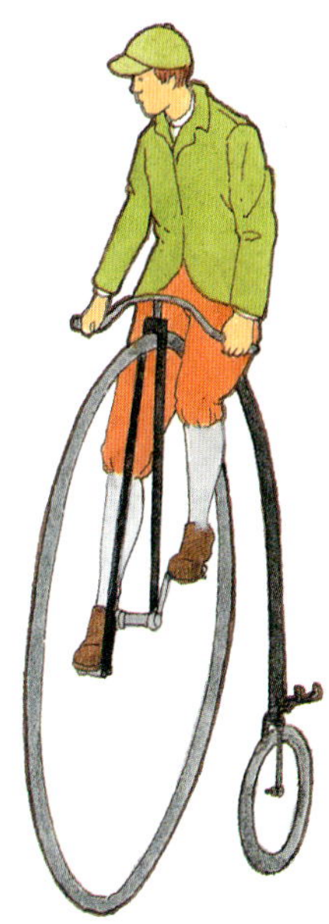

Brougham hieß der Wagentyp, der 1839 für Lord Brougham gebaut wurde. Er war das Modegefährt seiner Zeit und ein großer Erfolg.

DAMPFKRAFT
FORSCHER UND ERFINDER
LOKOMOTIVE ✓
VERKEHRSMITTEL

Reptilien

Die Kriechtiere oder Reptilien waren die ersten Wirbeltiere, die das Festland eroberten. Sie atmen mit Lungen und umfassen die Ordnungen Schildkröten, Krokodile, Brückenechsen und Schuppenkriechtiere (Echsen und Schlangen).

Die Echsen sind eine Unterordnung der Schuppenkriechtiere. Die meisten Arten sind klein (wie die Eidechsen). Ihre Zunge ist gespalten, der Rücken mit Schuppen bedeckt. Die größte Echse ist der Komodo-Waran, der eine Länge von 3 m erreichen kann und ein Gewicht von gut 130 kg.

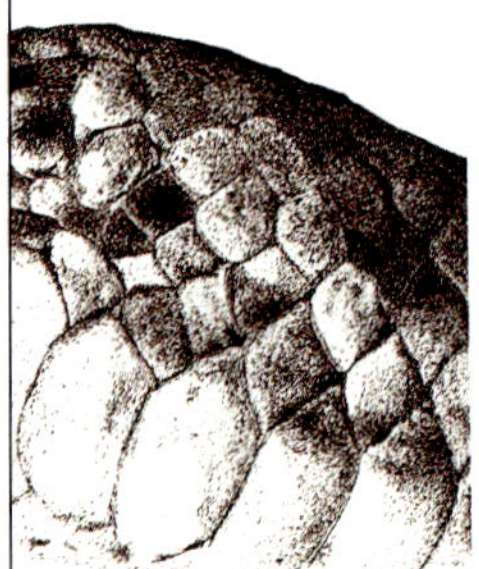

Die Haut der Kriechtiere ist mit Schuppen bedeckt. Sie können rauh sein, wie bei den Alligatoren, oder glatt, wie bei den Schlangen. Die Schuppen schützen die Reptilien vor Feinden und vor dem Austrocknen.

Von oben nach unten: Suppenschildkröte, unechte Karettschildkröte, echte Karettschildkröte.

Schildkröten – Sie sind mit einem Panzer ausgestattet, der in eine Oberseite (Rückenpanzer) und in eine Unterseite (Brustpanzer) geteilt ist. Elastische Bänder verbinden beide Panzerteile.

Die Schlangen – Sie sind die einzigen Kriechtiere ohne Beine, aber sie bewegen sich schnell durch das Gelände. Zu bestimmten Jahreszeiten häuten sie sich, d. h., sie streifen die Haut ab, die ihre Schuppen überdeckt.

1. Milchschlange oder falsche Korallenschlange
2. Korallenschlange

Arten, bedrohte
Dinosaurier
Entwicklung des Lebens
Krokodile
Schlangen; Tarnung

Die Dinosaurier waren urzeitliche Reptilien, die vor 225 Millionen Jahren auf der Erde auftauchten und vor etwa 65 Millionen Jahren ausstarben.

Tyrannosaurus

Merkmale – Kriechtiere sind Kaltblüter, deren Körpertemperatur von ihrer äußeren Umgebung abhängt. Die meisten sind Eierleger, die sich nach der Eiablage nicht mehr um ihr Gelege kümmern. Große Arten werden oft sehr alt.

Das längste Kriechtier ist der Netzpython (10 m). Das kleinste ist ein Gecko (4 cm lang, 2 g schwer).

Französische Revolution

Mai 1789: Versammlung der Generalstände (États Généraux)
Juli 1789: Sturm auf die Bastille
August 1789: Erklärung der Menschenrechte
September 1792: Zusammenbruch der Monarchie
Januar 1793: Ludwig XVI. wird mit der Guillotine hingerichtet
März 1793: Unruhen in der Vendée
September 1793: Beginn der Schreckensherrschaft
Juli 1794: Robespierre wird gestürzt
November 1795: Beginn des Direktoriums
November 1799: Aufstieg Napoleons

Als Ludwig XVI. im Jahre 1774 den Thron bestieg, fand er eine hoffnungslose Lage vor: Klerus und Adel waren von Steuern befreit, und die ganze Steuerlast lag auf dem Dritten Stand, d. h. der Bürgerschaft und dem gemeinen Volk, die Gleichheit der Rechte forderten. Aus der Unzufriedenheit heraus kam es zu politischen und sozialen Aufständen, die Frankreich von der absolutistischen zur konstitutionellen Monarchie (1789) und später zur Republik (1792) sowie zur Diktatur Napoleons (1799) führten. Am 26. August 1789 wurde die *Erklärung der Menschen- und Bürgerrechte* verabschiedet, die besagte, daß vor dem Gesetz alle gleich sind.

Die Guillotine – Ludwig XVI. versuchte zu fliehen, wurde aber erkannt und nach Paris zurückgebracht, wo man ihn zwang, im September 1791 die neue Verfassung zu unterzeichnen. Am 21. Januar 1793 wurde der König zum Tode verurteilt und enthauptet. Königin Marie-Antoinette ereilte am 16. Oktober 1793 das gleiche Schicksal.

Das französische Volk kämpfte im Namen von Freiheit, Gleichheit und Brüderlichkeit.

Sturm auf die Bastille – Die Einwohner von Paris erhoben sich und eroberten im Zuge der Besetzung der Stadt am 14. Juli 1789 (unten) die Bastille, in der man viele ohne Prozeß eingekerkerte Gegner des Königs vermutete!

☞ Ludwig XIV.
Napoleon Bonaparte

RICHARD LÖWENHERZ

Richard I. (1157-1199 n. Chr.) erhielt wegen seines Mutes den Beinamen „Löwenherz". Er war der Sohn Heinrichs II. und folgte 1189 seinem Vater auf den Thron Englands. Er brach zum dritten Kreuzzug auf. Dann entschloß er sich, umzukehren, weil sein Bruder, Johann Ohneland, nach dem Thron trachtete. Auf der Rückreise wurde er von Herzog Leopold V. von Österreich gefangengenommen. Nach Zahlung eines stattlichen Lösegeldes an Kaiser Heinrich IV. kehrte er nach England zurück und besiegte den Bruder.

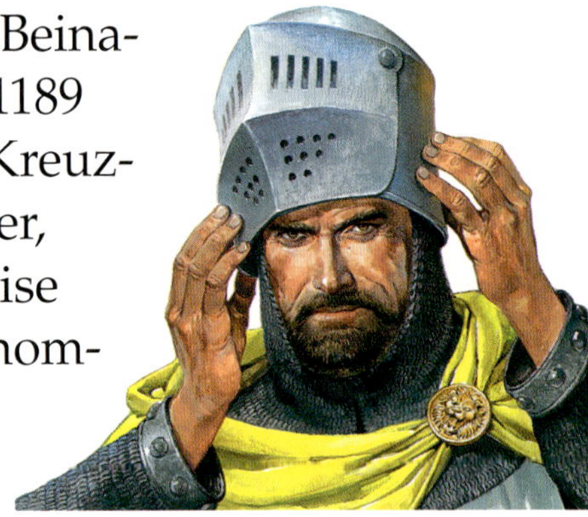

Das Ende – Um Philipp II. von Frankreich zu bekämpfen, der sich Teile der Normandie angeeignet hatte, ging Richard nach Frankreich. Während einer Belagerung wurde er aber von einem Pfeil tödlich getroffen.

Richard nahm während des dritten Kreuzzuges an der Eroberung Akkos teil (1191).

FRAUEN, BERÜHMTE RITTER

Kreuzzüge – Das Heilige Land war schon vor langer Zeit von den Arabern erobert worden. Die Kirche rief alle christlichen Herrscher auf, Jerusalem und das Heilige Grab zurückzuerobern. Es wurden mehrere militärische Expeditionen organisiert, die Kreuzzüge genannt wurden, weil ihr Wahrzeichen ein Kreuz war. Zwischen 1096 (erster Kreuzzug) und 1270 fanden sieben Kreuzzüge statt. Jerusalem blieb von 1099 bis 1187 in der Hand der Kreuzritter.

Rinder

Zu den Echten Rindern, zu denen auch die Gattung *Bos* – unsere Haustiere – gehört, zählen außerdem noch die asiatischen und afrikanischen Büffel und der Bison. Die Rinder sind Paarhufer; ihre Hufe sehen aus, als ob sie zwei Zehen hätten. Alle Hausrinder (*Bos taurus*) stammen vom Auerochsen oder Ur ab, der im Tertiär in Indien erstmals auftrat und 1627 in Polen ausstarb. Schon vor 5000 Jahren hielt der Mensch Wildrinder als Haustiere. Heute gibt es weltweit etwa 12 Milliarden Rinder.

Ein Kalb trinkt täglich ungefähr 10 Liter Milch.

Jersey-Kuh mit Kälbchen

Amerikanischer Bison

William F. Cody, bekannt als Buffalo Bill.

Buffalo – Das englische Wort für Büffel wird fälschlich für den amerikanischen Bison gebraucht. Bisons waren die wichtigste Lebensgrundlage für die Indianerstämme, deren Bräuche, Lebensphilosophie und Kunst von dieser engen Bindung geprägt waren. *Möge deine Seele bei der Rückkehr zu deinen Ahnen, den vier Geistern, den Bisons, von denen du abstammst, leicht sein!* Diese Worte sprach der Medizinmann über die Sterbenden. Im Jahre 1700 gab es 60 Millionen Bisons in Nordamerika. 1865, als die Union Pacific als erste Bahnlinie gebaut wurde, begann ihre Ausrottung. 1889 waren nur noch 835 Bisons am Leben! Im Schutz der Reservate erholten sie sich jedoch: Heute sind es schon wieder über 50 000.

Britisches Langhornrind (Chartley)

Europäischer Wisent

Yak

Der Yak *(Poephagus grunniens)* lebt in Tibet, hat ein dichtes, schwarzes Fell und bis zu 90 cm lange Hörner. Er kann 600-700 kg Gewicht und eine Schulterhöhe von 1,90 m erreichen.

Unterschiede – Je nachdem, ob man die Hausrinder als Arbeitstiere, Milch- oder Fleischlieferanten züchtet, wählt man zwischen unterschiedlichen Rassen. Die besten Milchrassen sind alpenländisches Braunvieh, Friesen, Guernsey und Jersey. Zu den beliebtesten Fleischlieferanten zählen Piemont, Fleckvieh (Simmental), Shorthorn, Aberdeen-Angus, Hereford, Charolais und Limousin.

Ochsen haben gedrungene Hörner.

Der Schwanz wird als Fliegenwedel verwendet.

Statt der Ochsen, die früher in der Landwirtschaft als Zugtiere eingesetzt wurden, verwendet man heute Traktoren.

Der Wasserbüffel (*Bubalus arnee*) stammt ursprünglich aus Südasien, ist aber inzwischen auch in Afrika, Europa, Australien und Südamerika verbreitet. Er hat lange, gebogene Hörner und kräftige Beine, lebt am liebsten in Wassernähe und wird oft als Arbeitstier auf Reisfeldern eingesetzt.

Wasserbüffel

Wiederkäuer – Zuerst kommt das Gras unzerkaut in den Pansen, den ersten Teil des Rindermagens, und anschließend in den Netzmagen. Der faserreiche Teil des Grases wird dort aufgestoßen und im Maul noch einmal gekaut (daher Wiederkäuer). Danach gelangt er über den Blättermagen in den Labmagen. Dort beginnt die eigentliche Verdauung.

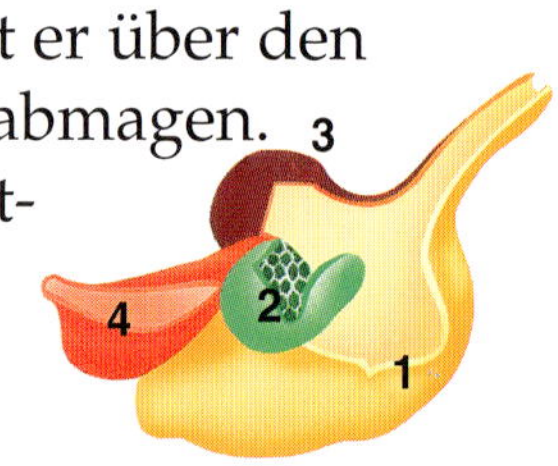

Die vier Abschnitte des Rindermagens: **1.** Pansen **2.** Netzmagen **3.** Blättermagen **4.** Labmagen.

Braunvieh der Alpen

Friesenkuh

Anoa (Zwergbüffel)

Körpersprache
Rinder verständigen sich durch die Kopfhaltung. Wenn sie angriffslustig sind, scharren sie mit den Hufen auf der Erde und gehen dann mit gesenkten Hörnern auf den Feind los.

Für die Hindus sind Kühe heilige Tiere.

Zebu

Watussirind

Säugetiere
Tiere auf dem Bauernhof
Tierwelt Nordamerikas

Ritter

Im Mittelalter lebten die Ritter und Vasallen bei ihrem Lehnsherrn auf der Burg. Die Schwertleite war die Feier, in der junge Männer nach Pagen- und Knappendienst zum Ritter geschlagen wurden und ihrem Lehnsherrn die Treue sowie Beistand im Kampf gelobten. Die Rüstung bestand zunächst aus eisernen Kettenhemden (Brünne). Ab dem 13. Jahrhundert trat an ihre Stelle der Plattenharnisch mit Helm. Nach dem Verwendungszweck unterschied man Feldharnisch, Prunkharnisch und Stechzeug (für Turniere).

Turniere nannte man die ritterlichen Kampfspiele, die meist zu Pferd ausgetragen wurden und ursprünglich als Geschicklichkeitstraining gedacht waren. Oft wurden sie als ritterlicher Zweikampf (*Tjost*) vor dem König und seinem Hofstaat abgehalten.

Waffenschmiede hießen die Handwerker, die für die Herstellung einer Rüstung gebraucht wurden: Plattner, Hammerschmiede, Kettenschmiede, Polierer und Graveure. Ab Mitte des 17. Jahrhunderts wurden keine Rüstungen mehr getragen.

Burg und Schloss
Märchen und Fabeln
Mittelalter

Römer

Die *Äneis* von Vergil berichtet, daß Äneas auf der Flucht aus Troja an den Tiber kam und daß sein Sohn Ascanius Alba Longa gründete. Seine Nachkommen, die Zwillinge Romulus und Remus, wurden ausgesetzt, überlebten aber, weil sie von einer Wölfin (rechts) gesäugt wurden. Nach einem Streit, in dem Romulus Remus tötete, wurde Rom gegründet (21. April 753 v. Chr.). Nach Romulus sollen sechs Könige die Stadt regiert haben. Nach der Absetzung des letzten errichteten die Römer eine Republik. Mit Octavianus Augustus begann das Kaiserreich, das später in zwei Teile zerfiel: das Weströmische Reich ging 476 n. Chr. unter, das Oströmische Reich 1453.

Römisches Haus:
1. Vestibulum
2. Atrium mit Wasserbecken
3. Werkstatt
4. Mit Fresken verzierte Wände
5. Giebeldach
6. Die Fenster sind klein und schmal.

Gaius Julius Cäsar (100-44 v. Chr.) beschreibt in seinem Werk *De bello gallico* den Eroberungskrieg in Gallien.

Eroberungen – Die Römer eroberten mit Hilfe des ägyptischen Königs Pyrrhus Süditalien und kämpften zwischen dem 3. und 2. Jahrhundert v. Chr. gegen Karthago (Punische Kriege), breiteten sich in der Poebene aus und drangen bis in die Provinzen Mazedonien und Griechenland vor (146 v. Chr. Eroberung von Korinth). 146 v. Chr. zerstörten sie Karthago und gewannen die ersten afrikanischen Küstenregionen.

Römisches Heer:
1. Im Schutz von Schilden stürmten die Soldaten gegen die Mauern (Schildkrötformation).
2. Hohe Belagerungstürme.
3. Rammbock. Er diente zum Durchbrechen der Mauer.
4. Steinschleuder.
5. Riesiger Rammbock auf Rädern, der von zwei Mannschaftseinheiten bedient wurde.
6. Katapult zum Abschießen der Pfeile.
7. Soldat mit dem Heereszeichen.
8. Legat (römischer Beamter).

Die Kinder zwischen sieben und fünfzehn Jahren standen im Morgengrauen auf, um in die Schule zu gehen. Sie benützten Wachstäfelchen und einen Griffel zum Schreiben.

Die Thermen – Die Römer begaben sich in die Thermen, um ein Bad zu nehmen und sich dabei über die neuesten öffentlichen Ereignisse auf dem laufenden zu halten.

Erbe – Die Römer haben großartige öffentliche Bauwerke hinterlassen, wie die 14 Aquädukte, die die Stadt Rom mit Wasser versorgten. Das erste Kanalisationssystem wurde vor 2500 Jahren eingerichtet und ist noch heute in Betrieb. In Benützung sind auch noch die Straßen, die das gesamte Römische Reich durchzogen. Das eigentliche Erbe der Römer sind aber ihre Gesetze, die noch heute studiert werden.

Architektur
Cäsar, Gaius Julius
Christentum
Juden
Kleidung
Mathematik ✓
Völkerbewegungen in Europa

Samen

Eine Bohne keimt und bildet eine neue Pflanze.

Pflanzensamen sind so etwas Ähnliches wie Eier: Sie enthalten den Keimling (Embryo), aus dem sich die neue Pflanze entwickelt. Die Samen reisen manchmal weit – der Wind oder Insekten tragen sie fort. Wenn sie zu Boden fallen und die richtige Temperatur und Feuchtigkeit bekommen, keimen sie: Sie treiben Wurzeln, dann wächst ein Stengel, und aus diesem wachsen die Keimblätter.

Ahornsamen

Samen der wilden Möhre

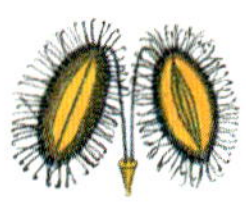

Weizenkorn

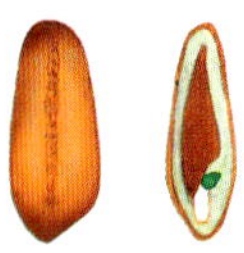

Pappelsamen

In der Regel enthält die Frucht den Samen und schützt ihn. Die Frucht der Pappel ist eine Kapsel, die sich, wenn sie reif ist, öffnet und die Samen verstreut.

Viele Formen – Die Samen der Pappel und der Weide haben Schirmchen oder Federn, Ahorn- und Birkensamen Flügel. Die Samen der Heidenelke und der wilden Möhre weisen kleine Häkchen auf. Andere – wie die Weizenkörner – sind von einer Schale umhüllt.

Hans und die Bohnenstange heißt ein Märchen, das von einer Zauberbohne erzählt, die über Nacht bis in den Himmel wächst.

Reise – Samen mit einer wasserdichten Schale werden manchmal von Flüssen oder im Meer fortgetragen. Samen mit Flügeln, Schirmchen oder Federn werden vom Wind verweht, die mit Häkchen reisen im Fell von Säugetieren oder im Gefieder von Vögeln mit.

Bäume und Blätter
Blumen und Blüten
Gartenbau
Insekten

SÄUGETIERE

Diese Klasse der Wirbeltiere trägt ein behaartes Fell. Die weiblichen Tiere haben Milchdrüsen, die Milch absondern, mit der die Jungen gesäugt werden. Es gibt von diesen Warmblütern mehr als 4000 Arten, die über alle Kontinente verstreut sind. Die Säugetiere atmen mit Lungen und stellen die höchste Stufe der Evolutionsskala dar.

Biologisch gesehen ist der Mensch ein Säugetier. Das Kind entwickelt sich im Bauch der Mutter und wird nach der Geburt gestillt.

Blauwal

Größe – Die Größe der Säugetiere schwankt zwischen 6,5 cm bei der Zwergspitzmaus und fast 30 m beim Blauwal. Ein Lemur wiegt 60 g, ein Gorilla kann mehr als 270 kg wiegen.

Das Känguruh trägt sein Junges im Beutel.

Fossilien – Vermutlich stammen die Säugetiere von den Reptilien ab. Die heutigen Arten begannen sich im Eozän (vor 55-40 Millionen Jahren) herauszubilden, wie fossile Funde bezeugen.

Warmblüter – Die Körpertemperatur der Säugetiere bleibt, wie die der Vögel, hoch, auch wenn es sehr kalt ist. Dafür muß die Nahrung, die sie zu sich nehmen, durch eine chemische Reaktion umgewandelt werden.

Beuteltiere – Dazu gehören Känguruhs, Koalabären, Opossums und andere. Diese Tiere haben einen Beutel, d. h. eine Bauchtasche, in die sich die Jungen flüchten, um gesäugt zu werden.

Säugen – Das Mutterschwein säugt seine Jungen (unten) monatelang, bevor sie entwöhnt werden. Bartenwale, Delphine, Narwale und Pottwale sind im Meer lebende Säugetiere.

Katzen, Hunde, Affen und viele andere Säugetiere werden als Plazentatiere bezeichnet, weil ihre Jungen in der Gebärmutter über die Plazenta ernährt werden.

AFFEN; BÄREN; DINOSAURIER
ELEFANTEN; GIRAFFEN
HAUSTIERE; HÖRNCHEN; HUNDE
IGEL; KATZENARTIGE RAUBTIERE
MEERESSÄUGETIERE
NAGETIERE; NASHÖRNER
PFERDEARTIGE; RINDER
TIERE AUF DEM BAUERNHOF
TIERWELT AUSTRALIENS
TIGER; WASCHBÄREN
WINTERSCHLAF; ZEBRAS

Schlangen

Die Schlangen sind beinlose, geschuppte Kriechtiere. Ihre Kieferknochen sind mit elastischen Bändern verbunden, so daß sie das Maul weit aufreißen und ihre Beute am Stück verschlingen können. Giftschlangen wie die Kobras töten die Beutetiere mit den Giftzähnen. Würgeschlangen, wie die Boa, erwürgen ihr Opfer. Schlangen sind meist taub, spüren aber jede Erschütterung.

Felsenpython

Symbolik – Der Mensch ist den Schlangen von jeher mit Mißtrauen begegnet; er sah in ihnen die Verkörperung der Kräfte des Bösen. So wurde zum Beispiel Eva im Paradies von einer Schlange in Versuchung geführt, die sie überredete, eine Frucht vom Baum der Erkenntnis zu essen.

Boa constrictor
Sie ernährt sich von Säugetieren und Vögeln. Sie erdrückt ihre Opfer, indem sie sie umschlingt.

Das Gift – Der Giftapparat besteht aus der Drüse, die das Gift erzeugt, dem Giftkanal, der es weiterleitet, dem Giftzahn, der es in das Opfer einspritzt. Zu den giftigsten Schlangen gehören die Klapperschlange, die Schwarze Mamba, die Brillenschlange und die Korallenschlange.

Reptilien
Tierwelt Nordamerikas
Urwald, afrikanischer
Urwald, asiatischer
Winterschlaf

Schlangenbeschwörer – Es sieht aus, als ob die Brillenschlange im Weidenkorb des Schlangenbeschwörers tanzt, wenn sie mit den Augen und dem Oberteil ihres Körpers der Flötenspitze folgt.

Die Anakonda (links) erreicht eine Länge von 7 m.

Schmetterlinge

Armandia lidderdalei

Der Lebenszyklus der Schmetterlinge beinhaltet vier Stadien: Ei, Larve oder Raupe, Puppe, ausgewachsener Schmetterling. Die Metamorphose ist der Formenwandel, der sich beim Übergang von einem Stadium ins andere vollzieht. Die Larve schlüpft aus dem Ei und beginnt, Blätter und andere Pflanzenteile zu fressen. Dann spinnt sie sich ein und bildet einen Kokon. In dessen Innerem wächst die Puppe heran, die als ausgewachsener Schmetterling schlüpft und Flügel ausbreitet, die mit winzigen farbigen, sich dachziegelartig überlagernden Schuppen bedeckt sind.

Die Larve spinnt aus Seidenfäden einen Kokon, der sie ganz einhüllt.

Schmetterlinge haben einen Saugrüssel, mit dem sie die flüssigen Nährstoffe ansaugen, von denen sie leben.

Oben:
1. Kometenfalter
2. Blattschmetterling
3. Morphofalter
4. *Diaethria eupepla*
5. *Parasa reginula*
6. Vogelflügler

Tag und Nacht
Tagschmetterlinge weisen meist lebhafte Farben auf; Nachtfalter haben Flügel in gedeckten Farben. In Ruhestellung falten sie ihre Flügel über dem Körper zusammen.

Augenspinner

Sinnesorgane – Der Geruchssinn, der für das Aufspüren von andersgeschlechtlichen Artgenossen und von Nahrung lebenswichtig ist, hat seinen Sitz in den Fühlern am Kopf. Die Beine enthalten die Geschmacksorgane. Die Augen seitlich am Kopf sehen zwar Einzelheiten nicht scharf, Farben aber gut.

INSEKTEN
TIERWANDERUNGEN
WIESE

Schokolade

Die Kakaopflanze (*Theobroma cacao*) ist in Südamerika beheimatet. Die Azteken, die vor mehr als 500 Jahren in Mexiko lebten, waren die ersten, die aus den Früchten dieser Pflanze ein heißes Getränk, die Schokolade, zubereiteten. Als Hernán Cortés Mexiko eroberte (1521), schickte er eine Schiffsladung mit Kakaosamen nach Europa. Im 18. Jahrhundert wurde die Schokolade ein überall beliebtes Getränk. Zu Beginn des 19. Jahrhunderts erprobte Van Houten das Rezept zur Herstellung von Tafelschokolade.

Die Azteken reichten ihrem Herrscher Montezuma (oben) die heiße Schokolade in Bechern aus massivem Gold.

Kakaopflanze – Jede Frucht (links) enthält etwa 40 Samen oder Kakaobohnen. Wenn man diese etwa eine Woche lang in Kisten, die mit Bananenblättern abgedeckt werden, gären läßt, entwickeln sie das typische Kakaoaroma.

Im 18. Jahrhundert entstanden in Europa die ersten Lokale, in denen man Schokolade und Kaffee trinken konnte.

Im 17. Jahrhundert war die Schokolade ein Modegetränk an den europäischen Fürsten- und Königshöfen.

Aufbereitung – Nach der Gärung und dem Trocknen in der Sonne werden die Kakaobohnen gewaschen und geröstet (1). Dann wird der Samen „gebrochen", d. h. von der Schale befreit (2), gemahlen und zu Kakaomasse verarbeitet (3).

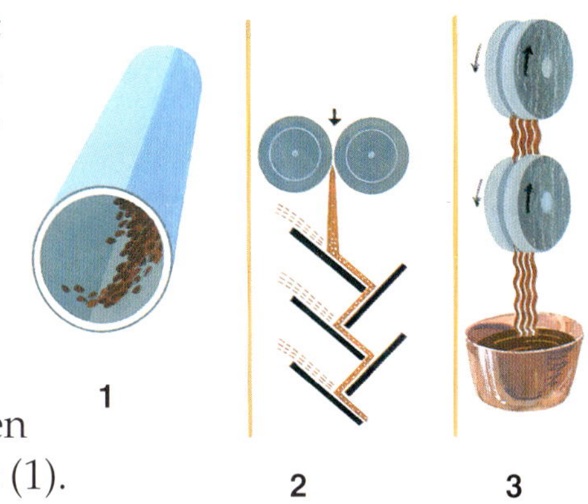

Aus den gemahlenen Bohnen gewinnt man Kakaomasse, die stundenlang mit Zucker und Milch verrührt wird. Dann wird die Masse in Schokoladeförmchen eingefüllt.

Kochrezepte
Kulturen,
präkolumbianische
Nutzpflanzen

Skelett

Das Skelett ist aus 206 miteinander verbundenen Knochen zusammengesetzt und bildet das Stützgerüst des Körpers. Der knöcherne Brustkorb aus 12 Paar Rippen schützt das Herz, die Lungen und andere lebenswichtige Organe.

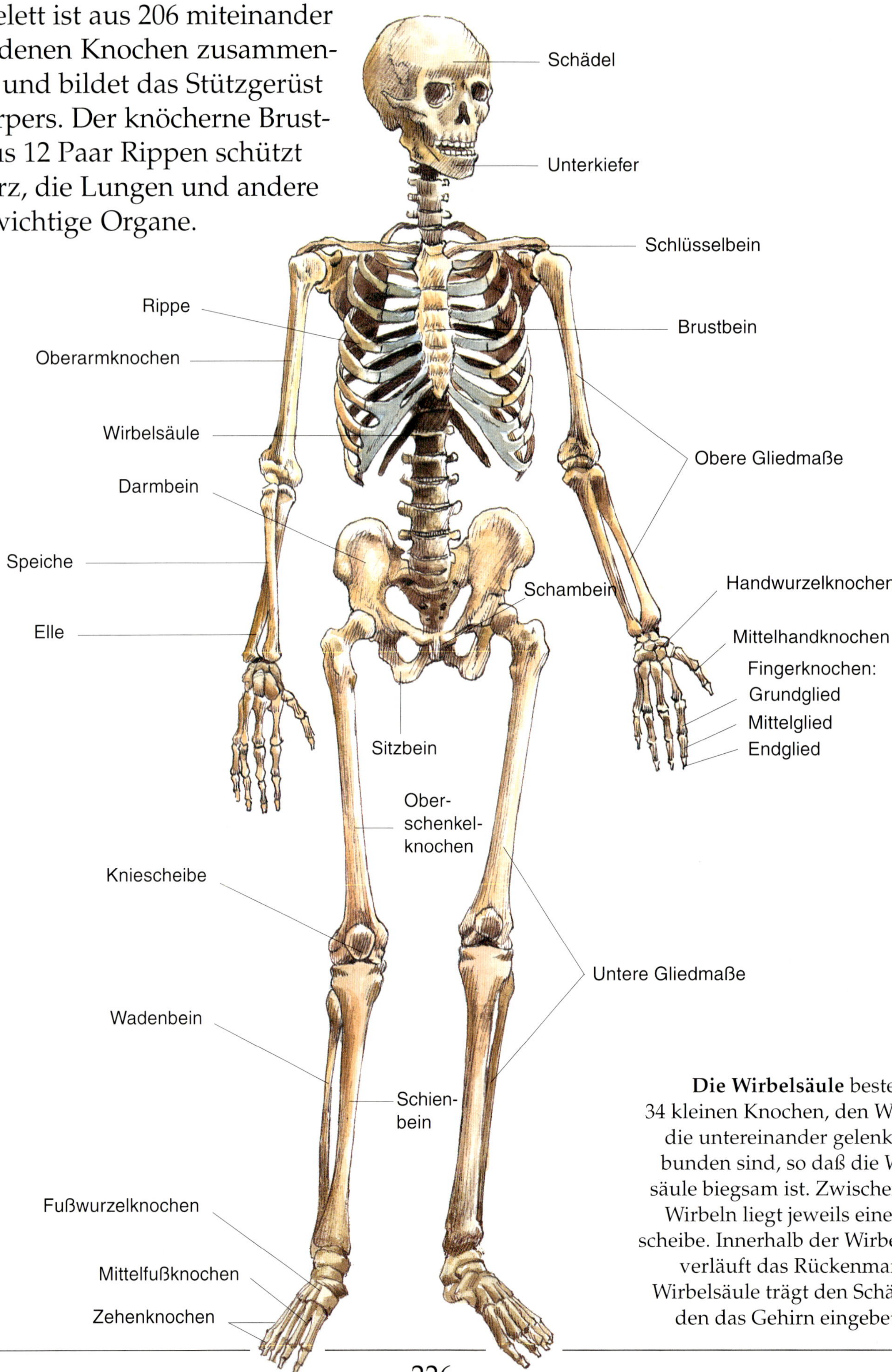

Die Wirbelsäule besteht aus 34 kleinen Knochen, den Wirbeln, die untereinander gelenkig verbunden sind, so daß die Wirbelsäule biegsam ist. Zwischen zwei Wirbeln liegt jeweils eine Bandscheibe. Innerhalb der Wirbelsäule verläuft das Rückenmark. Die Wirbelsäule trägt den Schädel, in den das Gehirn eingebettet ist.

Unser Skelett bildet das Stützgerüst, das unseren Körper aufrecht hält. Die an den Knochen ansetzenden Muskeln ermöglichen uns, einzelne Körperteile zu bewegen.

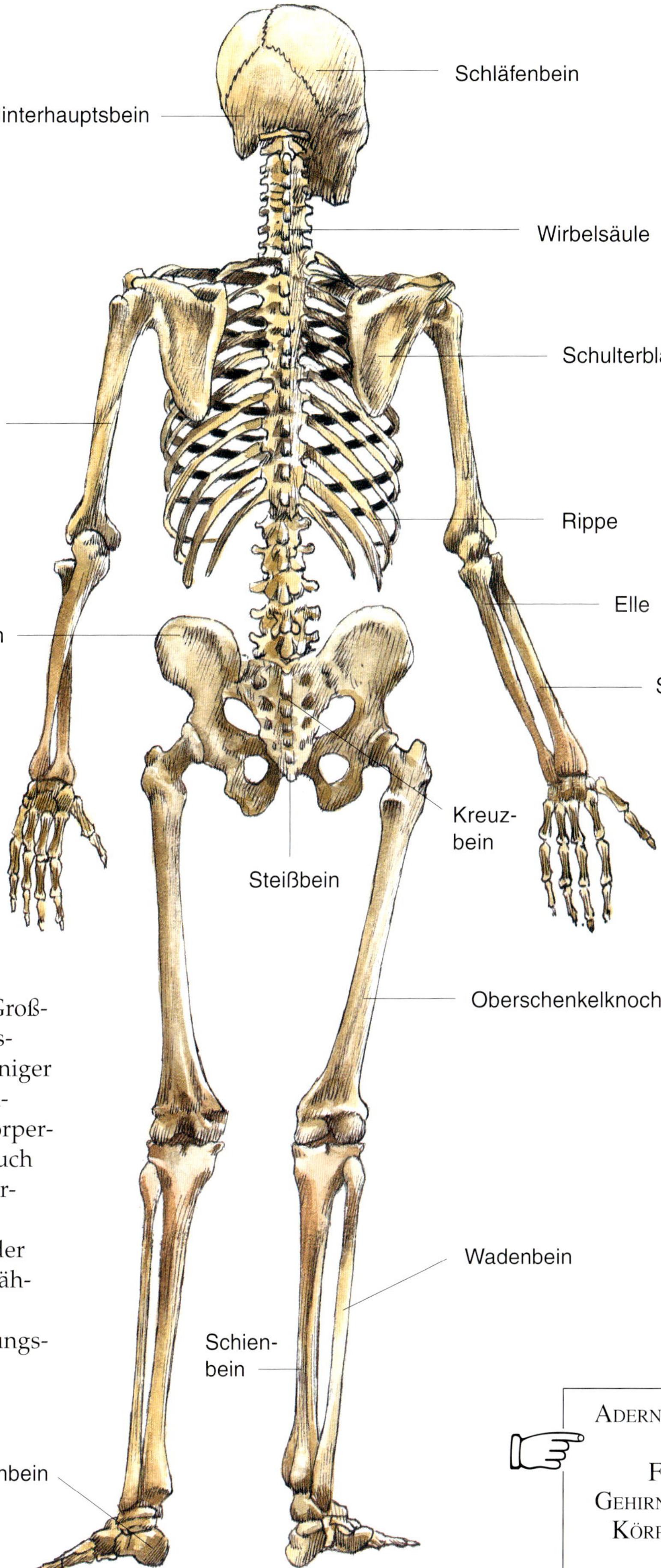

Die Knochen bestehen zum Großteil aus Ossein, Kalk und Phosphor. Der innere Hohlraum einiger Knochen enthält das Knochenmark, in dem die roten Blutkörperchen, die Blutplättchen und auch die meisten weißen Blutkörperchen gebildet werden.
Wichtig für die Entwicklung der Knochen ist eine gesunde Ernährung mit viel kalziumhaltigen und Vitamin-D-reichen Nahrungsmitteln (Milch, Käse, Fisch).

Adern und Blutkreislauf
Ernährung
Fortpflanzung
Gehirn und Sinnesorgane
Körper, menschlicher
Muskeln

SKLAVEREI

Die Entdeckung und die Erschließung Amerikas ließen die Sklaverei deutlich ansteigen. Von 1500 bis 1800 wurden etwa zwölf Millionen Schwarzafrikaner nach Amerika gebracht, um dort in den Kolonien auf den Tabak-, Baumwoll- und Zuckerrohrplantagen und in den Bergwerken als Sklaven zu arbeiten.

Im Jahr 1852 erschien der Roman *Onkel Toms Hütte* von Harriet Beecher Stowe (1811-1869). Er setzte sich mit dem Problem der Sklaverei in Amerika auseinander und wurde ein Welterfolg.

Baumwollblüte und -fruchtkapsel

Der Sklavenhandel war im 16. Jh. ein einträgliches Geschäft, das die Schiffe im Dreiecksverkehr (unten) erledigten: Von Europa (1) fuhren sie vollbeladen nach Westafrika (2), wo sie ihre Waren gegen schwarze Sklaven eintauschten. Von dort segelten sie nach Amerika (3), wo sie für die Sklaven Baumwolle und andere Erzeugnisse der Plantagen bekamen, mit denen sie nach Europa zurückfuhren.

Abraham Lincoln wurde im Jahre 1860 zum Präsidenten der USA gewählt. 1865, nach dem Ende des Sezessionskrieges, wurde der 13. Zusatzartikel zur Verfassung verabschiedet, der die Sklaverei abschaffte.

DICHTER UND SCHRIFTSTELLER
LINCOLN, ABRAHAM

Sonne

Die Sonne ist der Fixstern, um den die Erde und die übrigen Planeten des Sonnensystems kreisen. Sie besteht aus glühenden Gasen. Die Temperatur an ihrer Oberfläche (Photosphäre) beträgt 5700 °C. Die gewaltigen Mengen Wärmeenergie, die die Sonne in das gesamte Sonnensystem ausstrahlt, wird bei Kernverschmelzungsprozessen im Sonneninneren freigesetzt.

Die Ägypter beteten den Sonnengott Ra an und stellten ihn in Menschengestalt mit Falkenkopf und der Sonnenscheibe darüber dar (oben). Die Pharaonen nannten sich Söhne des Sonnengottes. In den griechischen Mythen zog der Sonnengott Helios in seinem Feuerwagen seine Bahn am Himmel.

Aufbau – Die Sonne ist rund 150 Millionen km von der Erde entfernt. Ihr Durchmesser ist 109mal größer als der Erddurchmesser. Über der Photosphäre liegt die Chromosphäre und als äußerste Hülle die Korona. Auf der Sonne sind dunklere Flecken zu erkennen: Dort ist es weniger heiß und weniger hell. Sie sind ringsum von glühenden Gasausbrüchen, den Protuberanzen, umgeben.

Alter – Mit etwa 5 Milliarden Jahren ist die Sonne ein verhältnismäßig junger Stern, der etwa die Hälfte seiner Entwicklung hinter sich hat. Irgendwann wird sie ihren Brennstoffvorrat aufgebraucht haben und erlöschen.

Die Sonne ist ein Fixstern, der Licht und Wärme ausstrahlt.

Energie
Himmel
Jahreszeiten
Planeten
Tierkreiszeichen ✓

Spiele

Das Spielen fördert die Entwicklung des Kindes. Manche Spiele sind auch bei den Erwachsenen beliebt – z. B. Kartenspiele, Gesellschaftsspiele oder Spiele im Freien. Zu den Hobbys zählt man Dinge, die groß und klein gerne tun – im Garten arbeiten, basteln und heimwerken, Sammlungen anlegen und kochen.

Selbstgebastelter Würfel

Spiele – Fangen oder Verstecken spielen, auch Tempelhüpfen, Räuber und Gendarm, Seilspringen, Völkerball: All diese Spiele spielt man zu mehreren im Freien.

Es gibt einfache Kartenspiele wie Schwarzer Peter, schwierige wie Bridge; Spiele für mehrere Spieler, für zwei oder einen (Patience). Auch die Spielkarten selbst sind verschieden: Für Poker z. B. braucht man 52 Karten in den vier Farben Pik, Herz, Karo und Treff.

Schachfiguren: 1 König, 1 Königin, 2 Läufer, 2 Springer, 2 Türme, 8 Bauern.

Schachbrett mit Steinen für das Damespiel.

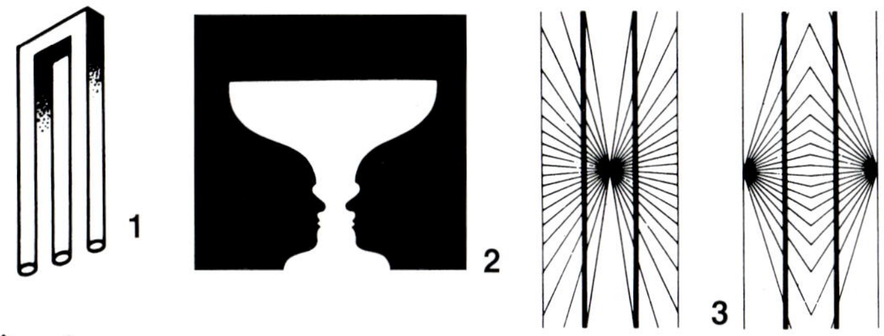

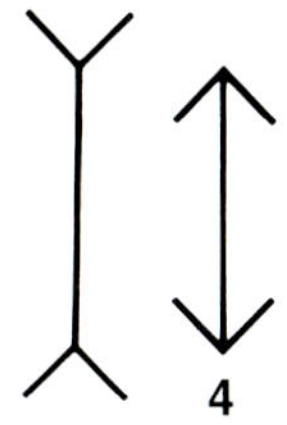

1. Die Figur scheint drei Enden zu haben. **2.** Was siehst du auf diesem Bild? Einen weißen Kelch oder zwei Gesichter im Profil? **3.** Die beiden inneren Linien erscheinen gebogen – sie sind aber gerade und parallel. **4.** Die zwei Strecken sind gleich lang; die linke erscheint jedoch länger.

Dame und Schach – Dame spielt man zu zweit mit je 12 schwarzen bzw. weißen Steinen auf einem Schachbrett mit 64 Feldern. Jeder Spieler versucht, gegnerische Steine durch Überspringen wegzunehmen. Erreicht er die andere Seite, bekommt er eine Dame. Das Schachspiel stammt aus Indien und kam mit den Arabern um das Jahr 1000 n. Chr. nach Europa. Die beiden Spieler versuchen mit ihren 16 Figuren (schwarz und weiß), nach den Regeln auf dem Schachbrett den gegnerischen König matt zu setzen.

Gartenbau
Kochrezepte
Muscheln und Schnecken
Spielsachen

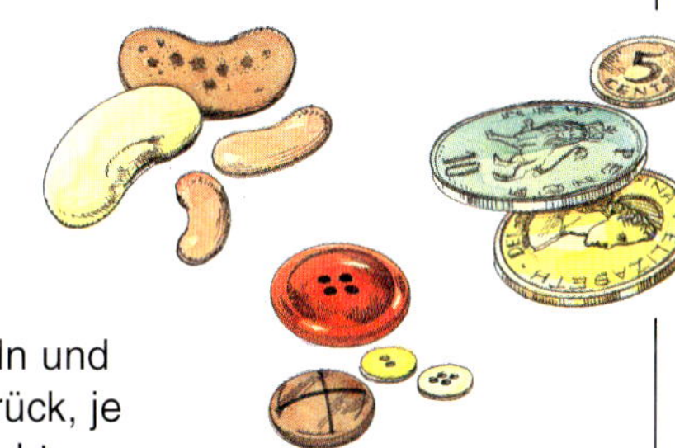

Unten: Das Gänsespiel. Die Spieler würfeln und rücken mit ihrem Stein vor oder gehen zurück, je nachdem, was auf dem erreichten Feld steht.

SPIELSACHEN

Im alten Ägypten, Griechenland und Rom spielten die Kinder mit Tierfiguren aus Holz oder Terrakotta, aber auch mit beweglichen Spielsachen wie Wägelchen oder Gelenkpuppen. In einem ägyptischen Grab fand man eine Holzfigur, die eine Sklavin beim Brotbacken darstellt. Wenn man sie mit dem Finger anschubst, bewegt sie sich vor und zurück, als ob sie wirklich kneten würde. Mit fortschreitender Technik wurde auch das Spielzeug immer raffinierter. Im 18. Jahrhundert wurden die ersten Puppen hergestellt, die sich dank eines Räderwerks bewegen und Töne hervorbringen konnten. Dann kamen die Spieluhren auf, kostbare verzierte Schatullen, die einfache Weisen spielten, wenn man sie öffnete.

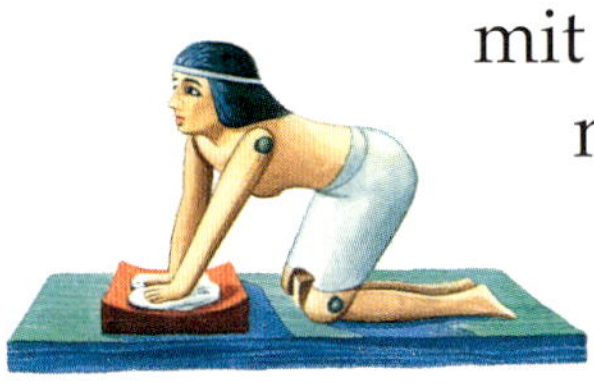

Ägyptische Holzfigur

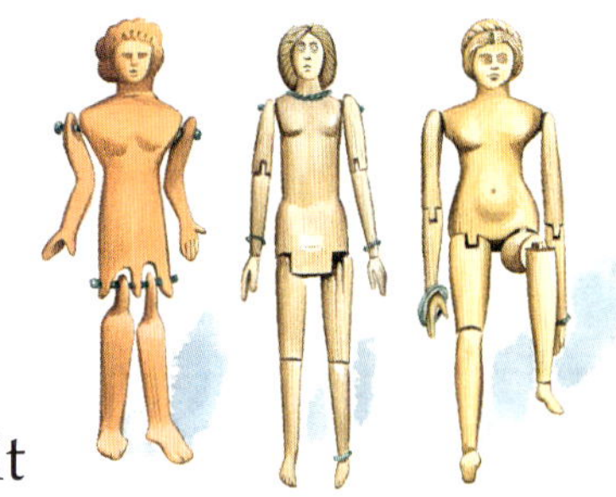

Die erste Puppe von links ist eine griechische Puppe aus Terrakotta, die anderen beiden sind aus römischer Zeit.

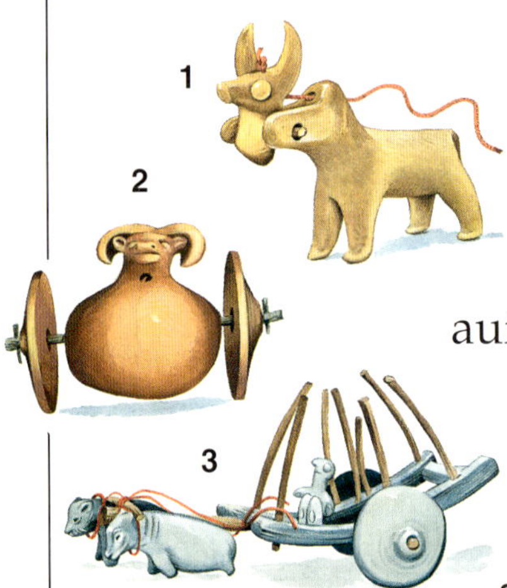

1. Kuh mit beweglichem Kopf
2. Widderfigur auf Rädern
3. Wagen mit Ochsengespann und Lenker
Diese Spielsachen aus Holz und Terrakotta entstammen antiken Kulturen Asiens.

Spielsachen haben auch erzieherischen Wert: Sie regen die Phantasie des Kindes an und helfen ihm, seine Fähigkeiten zu entwickeln.

Spielsachen von heute – Den Platz der Stoff- oder Porzellanpuppen, Schaukelpferde und Kreisel von einst nehmen heute Plastikpuppen, Roboter, elektronische Spiele und Computer ein. Der Fortschritt der Technik zeigt sich auch in den Spielsachen und schafft zwischen Spiel und Wirklichkeit eine enge Beziehung, die für das heranwachsende Kind von großer Bedeutung ist. Denn durch das Spielen lernt das Kind, sich mit seiner Umwelt auseinanderzusetzen und sich durch Erweiterung seines Wortschatzes mit anderen zu unterhalten.

Eisenbahn und Auto – Ende des 19. Jahrhunderts begannen die Kinder mit Spielzeugeisenbahnen zu spielen. Die ersten Mini-Dampflokomotiven hatten mit Brennspiritus beheizte Kessel, die wie echte funktionierten. Die ersten Spielzeugautos aus Blech gab es erst Anfang des 20. Jahrhunderts. In jüngster Zeit sind Modelleisenbahnen mit Dampfloks und Modellautos zu Sammlerobjekten geworden.

1

2

3

1. Feuerwehrwagen
2. Dampflokomotive
3. Rennwagen

SPIELE

Sport

Olympische Ringe

Schon vor sechstausend Jahren trieben die Völker Sport. In Ägypten war Rudern auf dem Nil, in Mesopotamien das Schwimmen, in Persien das Polospiel beliebt. In der Ilias von Homer (23. Gesang) ist bei den Achäern die Rede von Faustkampf, Ringen, Wettlauf und Lanzenwerfen. Und in Griechenland, in Olympia, fanden 776 v. Chr. die ersten Olympischen Spiele statt. Sie dauerten nur einen Tag, und es gab nur einen Wettkampf, den Stadionlauf (Wettlauf über ca. 192 m). 724 v. Chr. kam der Lauf über die doppelte Stadionlänge und 720 v. Chr. der Langstreckenlauf dazu. Der Sieger wurde mit Lorbeer bekränzt. Pythagoras von Samos (der berühmte Mathematiker) gewann als Faustkämpfer die Olympischen Spiele 588 v. Chr.

Basketball

Handball

Fußball

Ballspiele – Martial, ein römischer Dichter, schrieb, daß gut Ball spielen genauso schwierig sei wie gut die Lyra zu spielen. Im alten Rom gab es drei Ballarten: *follis* (luftgefüllte Lederkugel), *pila trigonalis* (so klein und hart wie unsere Tennisbälle) und *pila paganica* (mit Federn gefüllt). Auch heute werden je nach Sportart verschiedene Bälle verwendet.

American Football entstand aus einer Kombination der Rugby- und Fußballregeln. Zwei Mannschaften mit je 11 Spielern versuchen Tore zu schießen oder den Ball hinter die gegnerische Torlinie zu bringen.

279-286 mm

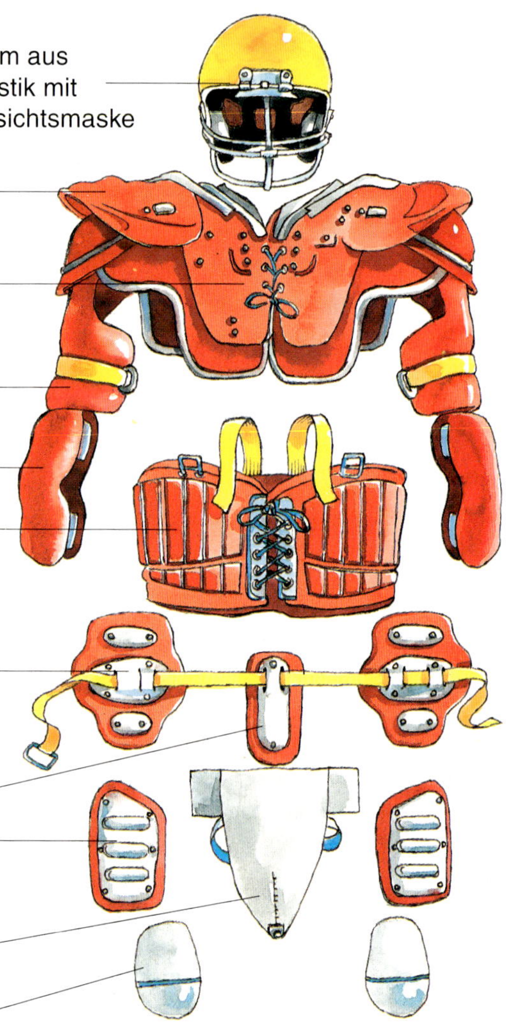

1 

2 

3

4

1. Golfball
2. Tennisball
3. Tennisschläger
4. Tischtennisschläger

Spiele von heute

Tennis wurde als *lawn tennis* 1873 erstmals gespielt. Um dieselbe Zeit entstand das Tischtennis (nach einer Ballmarke auch Ping-Pong genannt). Der erste Golf-Club wurde 1754 in St. Andrews in Schottland gegründet.

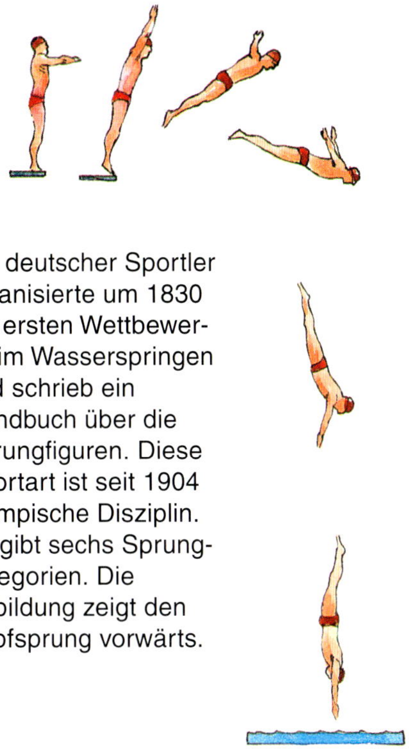

Ein deutscher Sportler organisierte um 1830 die ersten Wettbewerbe im Wasserspringen und schrieb ein Handbuch über die Sprungfiguren. Diese Sportart ist seit 1904 olympische Disziplin. Es gibt sechs Sprungkategorien. Die Abbildung zeigt den Kopfsprung vorwärts.

OLYMPISCHE SPIELE DER NEUZEIT
(Sommerspiele)

1896 Athen. Wiedereinführung der Olympischen Spiele durch Baron Pierre de Coubertin, einen Franzosen.
1900 Paris. Die Spiele fallen mit der Weltausstellung in Paris zusammen.
1904 St. Louis.
1908 London.
1912 Stockholm.
1916 Die Spiele werden wegen des Ersten Weltkriegs nicht ausgetragen.
1920 Antwerpen. Das Wahrzeichen der Olympischen Spiele entsteht: die fünf verschiedenfarbigen Ringe, von denen jeder einen Erdteil darstellt.
1924 Paris.
1928 Amsterdam.
1932 Los Angeles.
1936 Berlin. Bei den von Hitler als nationalsozialistische Feier inszenierten Spielen gewinnt der farbige US-Sportler Jesse Owens vier Goldmedaillen.
1940 und 1944 Wegen des Zweiten Weltkriegs finden keine Spiele statt.
1948 London.
1952 Helsinki.
1956 Melbourne.
1960 Rom.
1964 Tokio.
1968 Mexiko. Zum erstenmal liegen die Wettkampfstätten mehr als 2000 Meter über dem Meeresspiegel.
1972 München. Palästinensische Terroristen richten ein Blutbad an.
1976 Montreal.
1980 Moskau.
1984 Los Angeles.
1988 Seoul.
1992 Barcelona.
1996 Atlanta.

Kunstturnen – Unter den Hallensportarten ist das Kunstturnen am verbreitetsten. Die Wettbewerbe bei den Herren umfassen sechs Disziplinen, bei den Damen vier. Bis auf die rhythmische Gymnastik bei Frauen werden alle Disziplinen an Geräten ausgetragen.

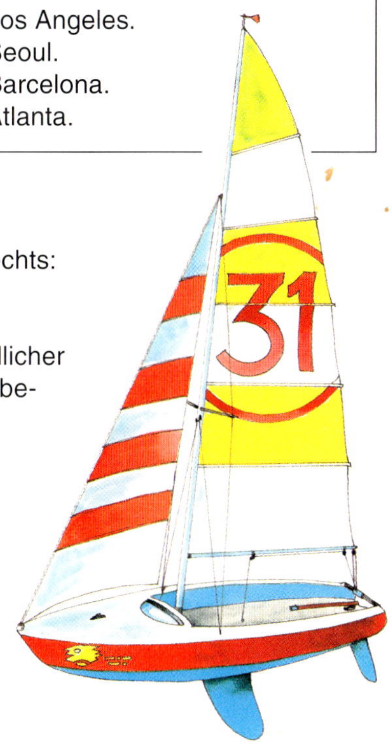

Links: Surfbrett. Rechts: Segeljolle.
Gesegelt wird mit Booten unterschiedlicher Klassen. Segelwettbewerbe nennt man Regatten.

GRIECHEN; KULTUREN, PRÄKOLUMBIANISCHE
RÖMER

Schwimmen – Bei den alten Römern bekamen alle Soldaten Schwimmunterricht. Schwimmwettbewerbe gab es um 1800 erstmals in England, zuerst im Brustschwimmen. Anfang des 20. Jh. kam aus Australien das Freistilschwimmen als schnellste Schwimmdisziplin dazu. Beim Synchronschwimmen führen die Schwimmer (einzeln oder als Mannschaft) Figuren und Bewegungen aus, die im Rhythmus auf die Musik abgestimmt sind.

Freistil- oder Kraulschwimmen

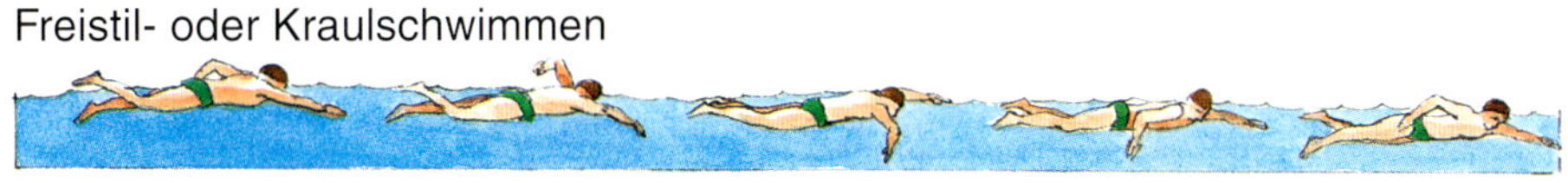

Brustschwimmen

Delphinschwimmen

Rückenschwimmen

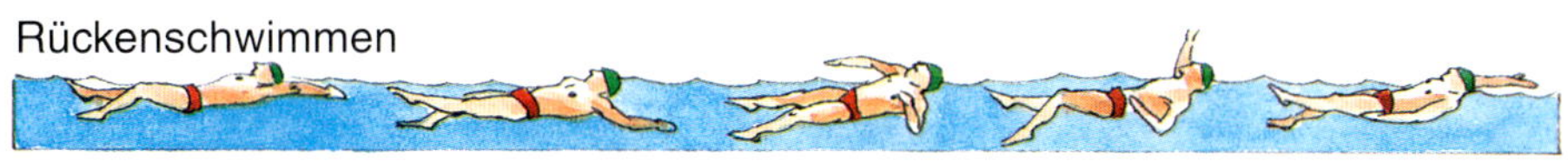

STEPPE

In Zentralasien gibt es großräumige Grassteppen, in denen nur vereinzelt niedrige Pflanzen wachsen. Die Winter sind hier lang und streng, die Sommer heiß, kurz und niederschlagsarm. Von den Tieren, die in diesen Steppen leben, wurden einige vom Menschen schon vor langer Zeit zu Haustieren gemacht, z. B. der Yak und das Trampeltier. Die großen Säugetiere ziehen im Winter nach Süden, um der Kälte zu entfliehen, kleine – wie die Nagetiere – hingegen überstehen die kalte Jahreszeit im Winterschlaf in ihren Erdlöchern.

Das baktrische Kamel wurde schon vor langer Zeit gezähmt.

Auf der Grassteppe weiden die Onager, die Eseln ähnlich sehen und an jedem Fuß nur eine Zehe mit einem dicken, kräftigen Nagel (Huf) haben. Die Wildpferde wurden von den Steppenvölkern gezähmt (unten).

Steppenbewohner:	**3.** Saigaantilope
	4. Bobak
1. Steppenadler	**5.** Zwergtrappe
2. Przewalski-Pferd	**6.** Großtrappe
	7. Manul

Steppenadler

Steppenadler – Von hoch oben erspäht der Steppenadler mit seinen scharfen Augen die Beute, die er mit den krallenbewehrten Klauen packt. In der Steppe leben auch Vögel wie Wachteln, Zwergtrappen und Großtrappen, die den Pfauen ähnlich sind. Die Männchen spreizen während der Balz die Federn so, daß sie wie eine weiße Blume aussehen.

Die zweihöckerigen Kamele oder Trampeltiere leben nicht in den Wüsten wie ihre einhökkerigen Verwandten, die Dromedare, sondern in den Steppen Zentralasiens. Die beiden Höcker enthalten Fettreserven, ihr Körper kann große Wassermengen speichern.

Asien
Nagetiere
Pferdeartige
Raubvögel

Stevenson, Robert Louis

Robert Louis Stevenson (1850-1894) war ein schottischer Schriftsteller, der mit seinem Roman *Die Schatzinsel* großen Erfolg hatte. Es folgten andere Abenteuerromane: *Der schwarze Pfeil*, *Der Junker von Ballantrae* und *Der seltsame Fall von Dr. Jekyll und Mr. Hyde*.

„Wir fanden ein Heft und eine versiegelte Rolle. Der Doktor entfernte vorsichtig die Siegel, und zum Vorschein kam die Karte einer Insel mit eingezeichneten Längen- und Breitengraden, Seetiefen und allen Angaben, wie man hinkam..."

Die Schatzinsel

„Die Matrosen glaubten, daß die Insel nun jeden Augenblick in Sicht kommen müßte. Ich verkroch mich ins Äpfelfaß, aß einen Apfel und schlief dabei ein, sanft geschaukelt von den Wellen. Ich erwachte, als sich ein Mann schwer gegen das Faß lehnte, das er für leer hielt. Fast wäre ich herausgefallen. Doch dann begann er zu sprechen: Es war Long John Silver, der alte Matrose mit dem Holzbein..."

„Der Kapitän befahl, die Anker zu lichten, es wehte ein günstiger Wind, und bald waren die Segel prall. Endlich hatte die *Hispaniola* ihre Fahrt zur Schatzinsel begonnen..."

Dichter und Schriftsteller
Jugendliteratur
Piraten

Englisches Schiff des 17. Jahrhunderts

SUMPF

Der Seeadler hat ein weißbraunes Gefieder und lebt an Meeresküsten sowie an den Ufern von Seen und Flüssen.

In diesem feuchten Lebensaum, zwischen Röhricht und Wasserpflanzen, fliegen Libellen über den Wasserspiegel und schwirren Schwärme von Mücken. Viele Vögel kommen im Frühjahr in die Sümpfe und an Teiche, um zu überwintern. Dort bauen sie ihre Nester und legen die Eier hinein. Sumpfvögel haben Schwimmhäute an den Füßen oder lange, stelzenartige Beine, mit denen sie über den Grund staksen.

Marabu

Graureiher – Im Frühjahr nimmt der männliche Vogel ein Nest in Besitz und lockt ein Weibchen an, indem er Schreie ausstößt, den Hals reckt und mit dem Schnabel klappert.

Eiderente

Störche – Zu dieser Familie gehören z. B. der Marabu (rechts außen) und der afrikanische Sattelstorch (rechts). Die Marabus werden etwa 150 cm hoch und sind unersättliche Allesfresser. Sie leben in Asien und in Afrika.

Afrikanischer Sattelstorch

1. Löffelente
2. Sumpfohreule
3. Nachtreiher
4. Fischadler
5. Stockente
6. Rohrammer
7. Stelzenläufer
8. Großer Haubentaucher
9. Wasserralle
10. Schermaus
11. Graugans
12. Bekassine
13. Bläßgans
14. Bläßhuhn
15. Sumpfschildkröte
16. Graureiher

KROKODILE; RAUBVÖGEL
TIERWANDERUNGEN
VÖGEL

Swift, Jonathan

In Liliput wurde Gulliver vom Kaiser in den Palast eingeladen und um Hilfe im Kampf gegen die Nachbarinsel Blefuscu gebeten.

Gullivers Reisen

„Die Sonne stand schon hoch, als Gulliver erwachte. Er blinzelte und versuchte, seinen Arm zu heben, um seine Augen zu beschatten, doch da merkte er, daß eine Schar kleiner Männchen ihn mit Seilen am Boden festgebunden hatten. Sie gaben ihm zu verstehen, daß er ihr Gefangener sei. In dem Land, das Gulliver sah, war alles winzig: Die Bäume, die Flüsse, alles paßte in der Größe zu den kleinen Leutchen. Dieses Land hieß Liliput..."

Jonathan Swift (1667-1745), ein irischer Schriftsteller, schrieb Satiren über die Sitten seiner Zeit, darunter auch *Gullivers Reisen*. Dank der phantastischen Szenerie, in der dieser Roman spielt, ist er ein Klassiker der Jugendliteratur geworden.

Dichter und Schriftsteller
Jugendliteratur

TANZ

In Kreta führten um 1000 v. Chr. junge Männer in der Arena Taurokatapsien auf, gefährliche, aber spektakuläre rituelle Tänze.

Das Ballett gibt es zwar schon seit dem 9. Jahrhundert, doch zum choreographischen Schauspiel entwickelte es sich erst im 16. Jahrhundert. Am französischen Hof entstand das *ballet de cour* (mit Tanz und Gesang), im 17. Jh. das *comédie-ballet* und im 18. Jh. das *opéra-ballet*. 1661 öffnete die *Académie Royale de Danse* ihre Pforten. Das romantische Ballett war 1832 mit *Die Sylphide* geboren; diesen neuen Stil kreierte Filippo Taglioni für seine Tochter Maria. Von modernem Ballett spricht man seit der russischen Ballettkompanie *Ballets Russes* (1909), von *modern dance* seit Martha Graham (ab 1931).

Die Tanzkunst gibt es, seit es Menschen gibt. Sie bringt Gefühle und Gemütszustände zum Ausdruck, ist aber auch eine Form des Gebets, des Gottesdienstes und der Unterhaltung. Daraus entwickelte sich der Volkstanz, der die Bräuche und die Kultur eines Volkes widerspiegelt. Der Tanz kann aber auch keine dieser psychologischen oder religiösen Funktionen haben und allein der Unterhaltung dienen.

Tänzerin mit Tamburin (1) und Kastagnetten (2).

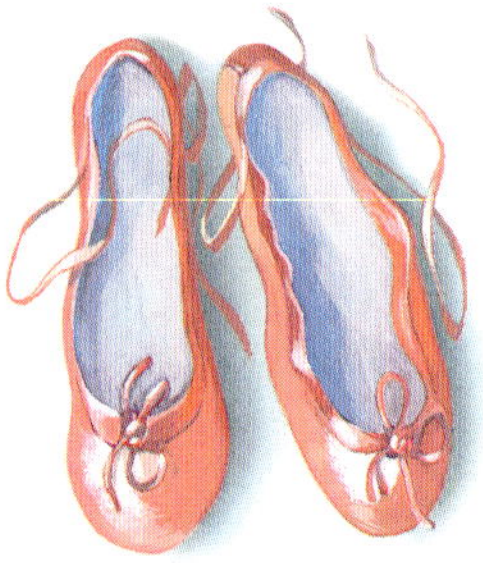

Spitzenschuhe

MUSIKER UND KOMPONISTEN

Schwanensee (unten) ist eines der bekanntesten Ballettstücke. Die Musik dazu schrieb P. I. Tschaikowsky.

Alle Tanzschritte des klassischen Balletts beginnen mit einer der fünf Grundpositionen, die sowohl die Stellung der Füße als auch Kopf- und Armhaltung genau festlegen.

Tarnung

Auch Menschen können sich tarnen, indem sie ihre Kleidung der Farbe ihrer Umgebung anpassen – beispielsweise Soldaten in Tarnanzügen.

Manche Tiere besitzen die Fähigkeit, sich zu tarnen, d. h. sich entweder in der Form oder in der Farbe an ihre Umgebung anzupassen. Ein Fisch kann wie ein Stein aussehen, ein Schmetterling wie eine Blüte und ein Insekt wie ein Blatt. Diese Fähigkeit hilft Raubtieren, ihre Beute zu überraschen, und der Beute, sich zu verstecken.

Fellzeichnungen (von oben nach unten): Leopard, Zebra, Giraffe und Gepard.

In den Savannen Afrikas Manche Tiere haben ein Fell mit dunklen Flecken oder Streifen, das ihnen hilft, sich zwischen den Pflanzen der Savanne zu verbergen.

Jahreszeitlich bedingte Tarnung – Viele Tiere, wie der japanische Marder, passen ihre Fellfarbe der Jahreszeit an. Im Sommer (1) ist das Fell des Marders braun und verschmilzt damit farblich mit der Erde, im Winter (2) wird es heller und paßt sich so an die Farbe des Schnees an.

Japanischer Marder

Fische – Rochen und Seezungen sind schwer auszumachen, weil sie sich am Meeresgrund aufhalten und farblich mit dem Sand verschmelzen.

FISCHE; GIRAFFEN
JAHRESZEITEN; KATZENARTIGE RAUBTIERE; REPTILIEN
TIERE, AUSSERGEWÖHNLICHE
TIERWELT AFRIKAS; TIGER
TUNDRA; ZEBRAS

Chamäleon – Es besitzt die unglaubliche Fähigkeit, seine Farbe in kürzester Zeit an die seiner Umgebung (Grün, Gelb, Braun) anzupassen, indem es seine Hautzellen verändert. Diese Farbwechsel helfen ihm, sich vor Räubern zu verstecken.

Der Drachenkopf (unten) verbirgt sich reglos zwischen den Felsen.

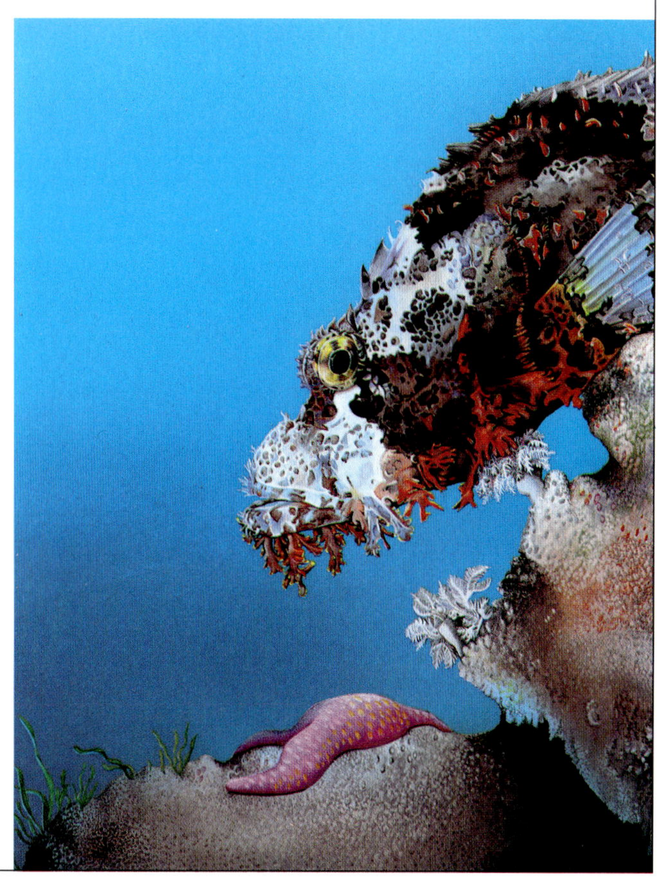

Laubfrosch – Er kann sich von seiner lackgrünen Grundfarbe in Schokoladebraun, Aschgrau und Schwarzbraun verwandeln.

Laubfrosch

Tiefsee

Latimeria – Dieser 1938 erstmals beschriebene Fisch (oben) wurde nach seiner Entdeckerin M. Courtenay-Latimer benannt. Sie ließ den Fisch vom Ichthyologen J. L. B. Smith bestimmen, der die sensationelle Bedeutung des Fundes sofort erkannte: Latimeria ist ein „lebendes Fossil", der einzige noch heute vorkommende Vertreter der Quastenflosser, die in der Urzeit die Meere bevölkerten.

Ein Tiefsee-Beilfisch: *Argyropelecus affinis* wird auch „Silberbeil" genannt.

Das Sonnenlicht kann das Meerwasser nur bis in eine bestimmte Tiefe durchdringen. Darunter wachsen keine Pflanzen mehr, und auch die Tiere müssen sich an die besonderen Lebensbedingungen der Tiefsee anpassen. Zum Beispiel ist der Wasserdruck dort bis zu tausendmal größer als an der Oberfläche. Viele Fischarten können mit Hilfe von Bakterien oder Leuchtorganen (Photophoren) selbst Licht erzeugen. Sie benutzen die Leuchtorgane zum Anlocken von Beutetieren. Tiefseefische haben eine dunkle Färbung, häufig nach innen gebogene Zähne oder seltsam aussehende teleskopartige Augen.

1

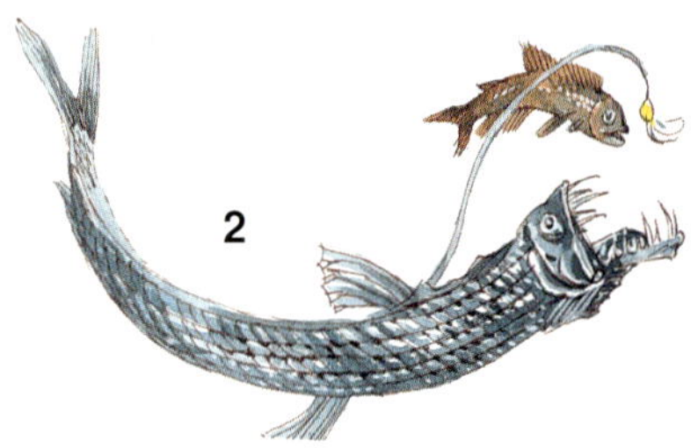

2

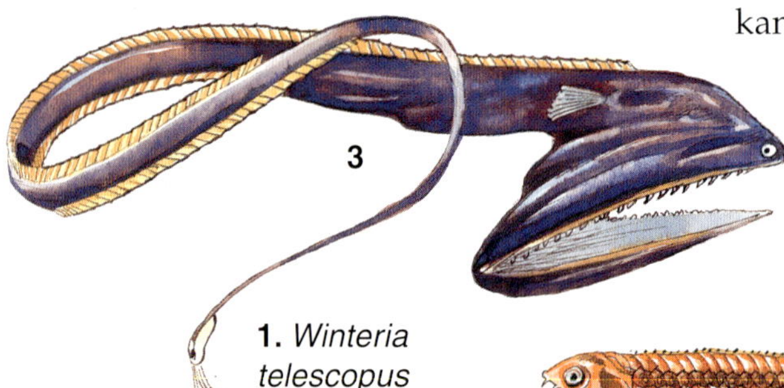

3

4

1. *Winteria telescopus*
2. *Chauliodus sloani*
3. *Eupharynx pelecanoides*
4. *Stomias boa*

Tiefseefische – *Winteria telescopus* hat teleskopartige Augen und lebt in den tropischen Gebieten des Ostatlantiks. *Chauliodus sloani* gehört zur Familie der Viperfische und bewohnt die Meere der Tropen und Subtropen. Die Rückenflosse verlängert sich zu einem langen, beweglichen Fortsatz, mit dem die Beutetiere in die Nähe des Mauls gelockt werden. *Eupharynx pelecanoides* kann mehr als zwei Meter Länge erreichen. Dieser Fisch hat zwar kleine Zähne, aber ein Riesenmaul, das er zur Nahrungsaufnahme weit aufreißt. *Stomias boa* kann plötzlich aufleuchten und damit Feinde verwirren.

Der Anglerfisch lockt mit einem vor dem Kopf hin und her bewegten Leuchtorgan Beutetiere an.

Plankton – Lebensgemeinschaft kleiner, im Wasser lebender Tiere, Pflanzen und Mikroorganismen, die in unterschiedlichen Tiefen ohne Eigenbewegung schweben. Plankton gibt es sowohl in Binnengewässern als auch in den Ozeanen. Das Phytoplankton, das nur knapp unter der Wasseroberfläche vorkommt, besteht hauptsächlich aus einzelligen Algen und liefert durch Photosynthese Sauerstoff. Das Zooplankton hingegen setzt sich je nach Wassertiefe aus Tierlarven und winzigen Krebstieren zusammen.

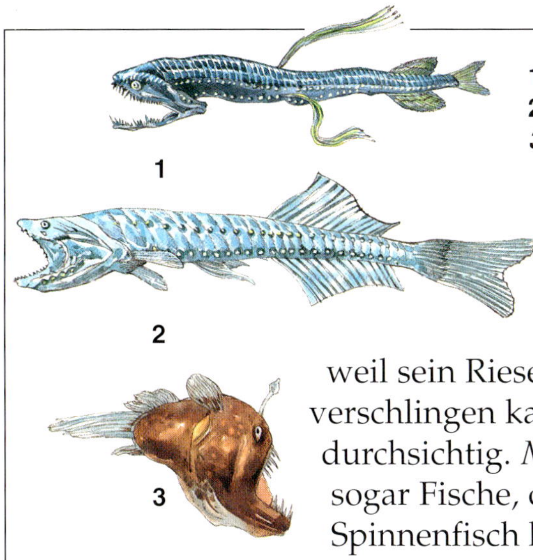

1. *Photostomias guernei*
2. *Cyclotone signata*
3. *Melanocoetus johnsoni*

Merkwürdige Fische – *Photostomias guernei* wird wie andere Fische seiner Gattung auch „Mausefalle“ genannt, weil sein Riesenmaul auch große Beutetiere verschlingen kann. *Cyclotone signata* ist nahezu durchsichtig. *Melanocoetus johnsoni* verspeist sogar Fische, die größer sind als er selbst. Der Spinnenfisch hat steife Bauchflossen und eine verlängerte Schwanzflosse, mit denen er sich auf dem Meeresgrund abstützt; dabei richtet er die Brustflossen über dem Kopf auf.

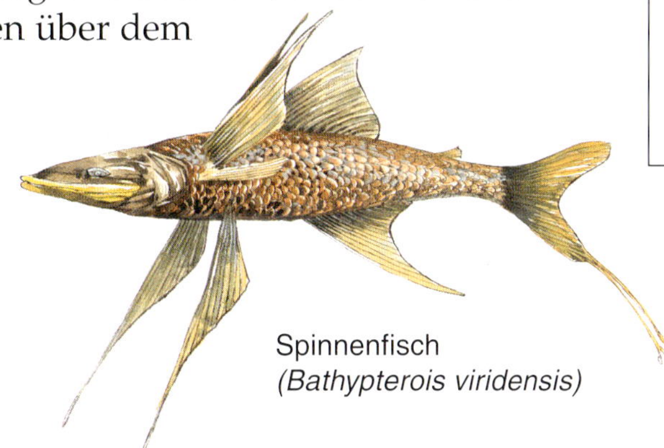

Spinnenfisch
(Bathypterois viridensis)

Erforschung der Meerestiefen
Um bis zu 200 m Meerestiefe vordringen zu können, schützen sich die Taucher mit speziellen Tauchanzügen, in denen der normale Luftdruck aufrechterhalten wird. Jules Verne beschreibt in seinem Buch *20 000 Meilen unter dem Meer* eine Reise durch die Meerestiefen an Bord des Unterseebootes *Nautilus* von Kapitän Nemo.

FISCHE
MEER

1. Tiefseekrebse
2. *Opisthoproctus grimaldii*
3. Leuchtsardine
4. *Gnathophausia*
5. *Gigantactis*
6. *Melanocoetus johnsoni*
7. *Cyclotone pallida*
8. *Idiacanthus fasciola*
9. Plankton

Tiere auf dem Bauernhof

Auf dem Bauernhof hat jedes Tier sein eigenes Zuhause: Die Bienen leben im Bienenstock; Schafe, Rinder, Pferde, Schweine und Hühner in ihren Ställen; die Enten und Gänse am Teich. Bauernhöfe gibt es überall auf der Welt und unter vielen verschiedenen Bezeichnungen: In den Vereinigten Staaten heißt ein Bauernhof *ranch*, in Brasilien *facenda*. In Argentinien begleiten berittene Viehhüter, die *gauchos*, die Herden. In Südafrika gibt es Straußenfarmen, in Neuseeland zwanzigmal so viele Schafe wie Einwohner.

Das Schaf bekommt im Winter ein dichteres Fell; es wird im Frühjahr geschoren. Flinke Scherer brauchen für die Schur eines Schafs nur 60 Sekunden! Das Vlies wird gewaschen, entfettet, die Wolle anschließend gekrempelt, gesponnen, gefärbt und schließlich zu Gewebe verarbeitet.

Ziegen (oben) fressen fast alles, sogar Disteln.

Wiederkäuer nennt man die Rinder, weil sie das Gras zuerst unzerkaut hinunterschlucken; es kommt in den Pansen, den ersten der vier Abschnitte des Rindermagens, und anschließend in den Netzmagen. Von dort kehrt es ins Maul zurück, um wiedergekäut, also langsam zerkaut zu werden. Erst danach beginnt die eigentliche Verdauung.

Früher setzte man Ochsen auch als Zugtiere ein. Heute betreibt man Rinderzucht, um Milch, Fleisch und Leder zu verwerten.

Stier, Ochse und Kuh – Der Stier ist das männliche Rind; er wird gezüchtet, damit er die Kühe befruchten kann. Der Ochse ist ein männliches Rind, das zeugungsunfähig ist, weil er kastriert ist; das heißt, man hat ihm die Fortpflanzungsorgane wegoperiert. Er ist sanftmütiger als der Stier und ein ausdauerndes Arbeitstier.

Stier

Die Milch – Eine Kuh gibt jährlich über 4000 Liter Milch. Ein Kälbchen trinkt täglich 10-12 Liter. In der Molkerei wird die Frischmilch pasteurisiert (das heißt: in Bruchteilen von Sekunden auf hohe Temperatur erhitzt), um alle darin enthaltenen Keime abzutöten. Aus dem Rahm macht man Schlagsahne und Butter. Durch Zugabe von Fermenten zur Milch erhält man Joghurt. Käse erzeugt man entweder durch Labzusatz aus Frischmilch oder aus Sauermilch.

Der Truthahn wird wegen seines zarten Fleisches gezüchtet.

Das Ei – Hennen legen im ersten Lebensjahr ungefähr 250 Eier, danach immer weniger; die Eier, die wir essen, sind unbefruchtete Eier. Die harte Kalkschale schützt das Eigelb, das in das Eiweiß eingebettet ist. Damit aus dem Ei ein Küken wird, muß es befruchtet werden: Das geschieht, wenn der Hahn sich mit der Henne paart. Die Brutzeit dauert 20 Tage.

Henne mit Küken

Die Hausgans (rechts) hat Schwimmhäute und stammt von der Graugans ab, die schon bei den alten Ägyptern, Griechen, Römern und Chinesen gezüchtet wurde. Ihr Futter besteht aus Kräutern oder Körnern. Mitgeschluckte Steinchen zerkleinern die Nahrung im Magen. Mit Gänsedaunen füllt man Steppdecken und Anoraks, weil sie gut vor Kälte schützen.

Die Hühner gehen bei Sonnenuntergang schlafen, eng aneinandergekuschelt, um es warm zu haben. Beim ersten Hahnenschrei wachen sie auf und scharren tagsüber nach Körnern und Würmern. Sie putzen sich, indem sie sich im Sand rollen.

Esel

Esel und Maultier sind Lasttiere. Der Esel ist kleiner als das Pferd, hat einen großen Kopf und lange Ohren und kleine Hufe. Das Maultier ist die Kreuzung eines Esels mit einer Pferdestute.

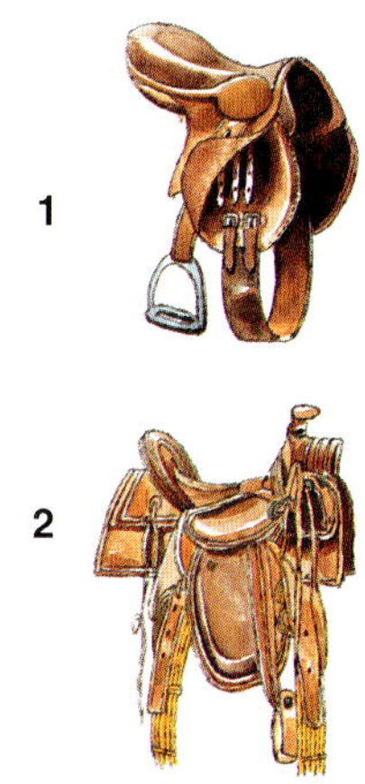

1. Englischer Sattel.
2. Amerikanischer Sattel; er ist breiter, bequem und für lange Ritte geeignet.

Pferde – Weltweit gibt es heute rund 70 Millionen Pferde, doch die Vielfalt der Rassen nimmt ab. In der Landwirtschaft werden die Pferde immer weniger gebraucht und durch Maschinen ersetzt.

Zugpferd

Es gibt derzeit rund zweihundert Pferderassen: Ein Vollblut wie Araber oder englisches Vollblut ist meist schnell, ein Kaltblut wie Belgier oder Pinzgauer ein schweres Arbeitspferd.

Bis zu 6 Junge pro Wurf, und das viermal im Jahr, bringen Kaninchen zur Welt. Sie sind Pflanzenfresser, können bis zu 10 kg schwer und 40 cm lang werden. Hauskaninchen hören, sehen und riechen weniger gut als Wildkaninchen, vermehren sich jedoch noch schneller als diese.

BIENEN
PFERDEARTIGE
RINDER
SÄUGETIERE

Trächtige Kaninchenweibchen polstern eine Stallecke mit ihren Haaren aus, bevor sie ihre Jungen zur Welt bringen.

Kaninchen können sowohl geradeaus als auch seitlich sehen. Die Hinterbeine sind deutlich länger als die Vorderbeine.

Das Hausschwein hat einen gedrungenen Körper mit Borsten, kurze Beine, kräftige Hufe und einen Ringelschwanz, der wie ein Korkenzieher aussieht. Schweine sind Allesfresser: Mehl, Rüben, Kartoffeln, Wurzeln, Eicheln, Schnecken und Speisereste – alles ist willkommen. Männliche Tiere nennt man Eber, weibliche Sau.

Juden und Muslimen verbietet ihre Religion, Schweinefleisch zu essen, weil diese Tiere als unrein gelten.

Eine Sau kann bis zu 12 Ferkel pro Wurf zur Welt bringen.

Sehr nützliche Tiere – Alles, was das Schwein liefert, kann der Mensch brauchen: Das Fleisch essen wir als Koteletts, Eisbein oder Schweinshaxe, Schinken, Speck oder Wurst. Aus den Borsten macht man Pinsel und Bürsten, die Haut wird zu Leder gegerbt, und aus den Därmen macht man Wursthäute.

AUSSERGEWÖHNLICHE TIERE

Die Natur birgt viel Außergewöhnliches, so auch Tiere, die ganz merkwürdig aussehen, zum Beispiel wie ihre Vorfahren in der Urzeit. Manche haben gelernt, ihre Farbe zu wechseln und sich dadurch vor ihren Feinden zu retten.

Das Schnabeltier ist Vogel und Säugetier zugleich. Die Schnabelform (wie bei Enten) und das Eierlegen hat es von den Vögeln, jedoch werden die Jungen von der Mutter gesäugt. An Land wirkt es plump, im Wasser aber ist es dank Schwimmhäuten und abgeplattetem Schwanz ein ausgezeichneter Schwimmer. Es lebt in Australien.

Der gemeine Flugdrache ist ein Reptil mit Flughäuten (Oberseite gelborange, Unterseite blau mit schwarzen Flecken), die er zum Gleitflug zwischen den Bäumen und als perfekte Tarnung benutzt. Er lebt in den Regenwäldern Südostasiens.

Das Neunbindengürteltier lebt in Mittel- und Südamerika. Sein Körper ist von einem Panzer bedeckt, dessen Knochenplatten neun gürtelähnliche Ringe bilden. Es frißt Insekten und gräbt mit seinen kurzen, kräftigen Beinen unterirdische Gänge.

Die Schwanzfedern des japanischen Langschwanzhahns werden jährlich um ca. 90 cm länger. Der Schwanz kann bis zu 7 m lang werden.

Der Schlanklori ist ein Säugetier, das in den Regenwäldern Südindiens und Sri Lankas vorkommt. Meist verbringt er den Tag zusammengerollt schlafend in den Baumkronen. Seine großen, lumineszierenden Augen ermöglichen ihm ein aktives Nachtleben. Das Weibchen bringt nach sechsmonatiger Tragezeit zwei Junge pro Wurf zur Welt.

Schlanklori

Der Rhinozerosvogel lebt in den Regenwäldern Asiens und Afrikas. Er hat einen leuchtendroten Höcker auf dem Schnabel. Für das Gelege sucht das Männchen eine Baumhöhle, in der er das Weibchen für die Brutdauer „einmauert“ und durch eine kleine Öffnung mit Nahrung versorgt.

Giftfrosch – Der Goldbaumsteiger (*Dendrobates auratus*) lebt auf Waldböden Mittel- und Südamerikas. Seine Hautdrüsen sondern ein hochgiftiges Sekret ab, das ihn vor Feinden schützt. Die Indianer machen daraus Pfeilgift, weil es Beutetiere augenblicklich lähmt.

Die leuchtend gelbschwarze Färbung des Goldbaumsteigers ist eine Warnung für jeden, der ihn angreift.

Amphibien; Fische
Tarnung
Tierwelt Afrikas
Tierwelt Australiens
Tierwelt Südamerikas

Der Langschnabeligel (*Zaglossus bruijni*) ist in Neuguinea beheimatet. Er hat einen langen, nach unten gebogenen Schnabel und rauhe, braune Haare, zwischen denen kürzere, hellere Stacheln verteilt sind.

Das Vierauge lebt im seichten Süßwasser der Flußmündungen an den tropischen Küsten Amerikas und hat tatsächlich nur zwei stark hervortretende, kugelrunde Augen, nicht vier, wie sein Name vermuten läßt. Mit der oberen, aus dem Wasser ragenden Augenhälfte hält dieser Fisch an der Wasseroberfläche, mit der unteren im Wasser Ausschau nach Beutetieren.

Tiere der Polargebiete

Die Arktis (Nordpolargebiet) ist kein Erdteil, sondern besteht aus den Meeres- und Landgebieten innerhalb des nördlichen Polarkreises. Die Antarktis (Südpolargebiet) hingegen ist ein Kontinent, der kälteste der Erde. Obwohl er größer ist als Europa, gibt es dort keine ständig bewohnten Siedlungen, nur Forschungsstationen. In beiden Polargebieten haben sich Lebensformen entwickelt, die den schwierigen Bedingungen bei extrem tiefen Temperaturen gut angepaßt sind.

Der Eisbär ist ein Bewohner der Arktis, hat ein dichtes weißes Fell und zählt zu den größten Fleischfressern der Erde – er kann bis zu 500 kg schwer werden.

Am Südpol gibt es nur wissenschaftliche Forschungsstationen.

Völker der Arktis
In Grönland, Kanada, Alaska und Ostsibirien leben Inuit (Eskimos; oben); sie ernähren sich von Jagd und Fischfang und wohnten früher in Iglus aus Eisblöcken. In Nordeuropa leben die Lappen.

Das Walroß hat eine dicke Speckschicht unter der Haut und Stoßzähne, mit denen es sich an den Eisplatten festhalten kann.

Am Nordpol:
1. Eissturmvogel
2. und **3.** Papageitaucher
4. Schnee-Eule
5. Rentier
6. Narwal
7. Lemming
8. Gemeiner Seehund
9. Küstenseeschwalbe
10. Eisbär
11. Walroß

Das Rentier ist ein Wiederkäuer, ein Säugetier von etwa 1 m Schulterhöhe, 2 m Länge und bis zu 150 kg Gewicht. Es hat ein hellgraues Fell und ein ausladendes, mehrzinkiges Geweih. Seine Heimat sind die Tundra und die Taiga im Norden Eurasiens. Es frißt Moos, Flechten und Gräser und wird als Lieferant von Fell, Fleisch und Milch als Haustier gezüchtet.

Tiere der Antarktis – Im eiskalten Meer rund um die Antarktis, zwischen berghoch aufragenden Eisbergen, tummeln sich die Blauwale, bis zu 30 m lange und bis zu 100 Tonnen schwere Meeressäuger, die sich von Plankton und kleinen Fischen ernähren. In vielen Staaten ist heute der Blauwalfang verboten. An den Küsten planschen Pinguine, von denen es über zwanzig verschiedene Arten gibt. Dazu zählen der Esels-, der Goldschopf-, der Königs- und der Kaiserpinguin. Am Ufer leben die See-Elefanten, die den Seehunden ähneln; männliche See-Elefanten haben rüsselartige Nasenbildungen. Den Himmel über der Antarktis bevölkern die Albatrosse.

Die Pinguine sind muntere Vögel, die immer zu einem Spielchen auf dem Eis aufgelegt sind.

Pinguine sind zwar Vögel, können aber nicht fliegen, weil ihre Flügel zu Flossen umgebildet sind. Eine dicke Fettschicht unter der Haut und dichtes Gefieder schützen sie vor der Kälte. Pinguine sind dank der Schwimmhäute zwischen den Zehen ausgezeichnete Schwimmer und tauchen bis zu 20 m tief, wenn sie Nahrung suchen.

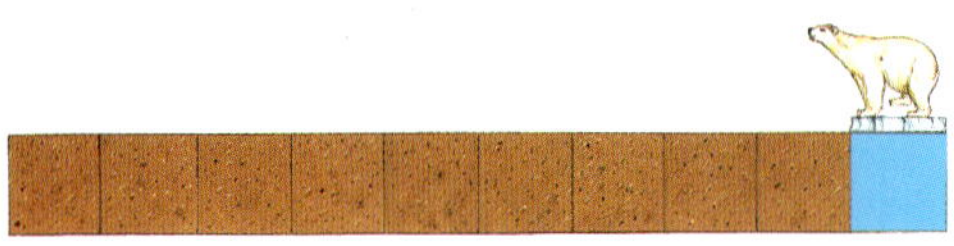

Die Polargebiete bzw. die eisbedeckten Flächen der Erde stellen etwa zehn Prozent der gesamten Landoberfläche dar.

ANTARKTIS
BÄREN
TUNDRA

Bei den Kaiserpinguinen brütet das Männchen das einzige Ei in einer Hautfalte zwischen den Beinen aus.

Am Südpol:
1. Albatros
2. Seeleopard
3. Blauwal
4. See-Elefant
5. Eselspinguin
6. Königspinguin
7. Goldschopfpinguin
8. Antarktischer Seebär

Tierwanderungen

Insekten, Vögel, Fische und Säugetiere wandern, um günstigere Umweltbedingungen zu suchen (besseres Klima, reichlichere Nahrung) oder um sich fortzupflanzen.

Wenn man Vögel an den Beinen beringt, kann man ihre Flugrouten verfolgen.

Kranich

Kranich und Saatgans – Ersterer lebt noch in Skandinavien und Mitteleuropa, ist aber vom Aussterben bedroht. Die Saatgans lebt im äußersten Norden Eurasiens. Sie hat ein dunkelbraunes Gefieder und zieht im Winter in den Süden, zu Küsten und Flußmündungen.

Saatgans

Zugvögel:

1. Küstenseeschwalbe
2. Großer Brachvogel
3. Fischreiher
4. Lerche
5. Brachschwalbe
6. Brandente
7. Säbelschnäbler
8. Samtente
9. Höckerschwan
10. Bläßhuhn
11. Lachmöwe
12. Turteltaube
13. Sturmtaucher
14. Raubseeschwalbe
15. Graugans
16. Kiebitzregenpfeifer
17. Weihe
18. Mäusebussard
19. Mauersegler
20. Rauchschwalbe
21. Storch
22. Gänsesäger
23. Goldregenpfeifer
24. Bienenfresser
25. Nachtreiher

Orientierung – Fische und Vögel haben ein sehr genaues Orientierungsvermögen. Die Vögel haben eine Art inneren Kompaß, der ihnen die Orientierung an der Sonne und den Sternen ermöglicht, und eine innere Uhr, die wie ein Sextant arbeitet.

Schwanengans

Monarchfalter

Schmetterlinge – Manche besonders flugtüchtigen Schmetterlinge können Wanderungen von Hunderten oder Tausenden von Kilometern zurücklegen wie dieser Monarchfalter.

Schwanengans – Sie hat einen langen Schnabel und einen Höcker auf der Stirn. Innerhalb weniger Wochen wächst sie zu beachtlicher Größe heran. Sie ist ein ausgezeichneter Flieger und wandert in großen Schwärmen.

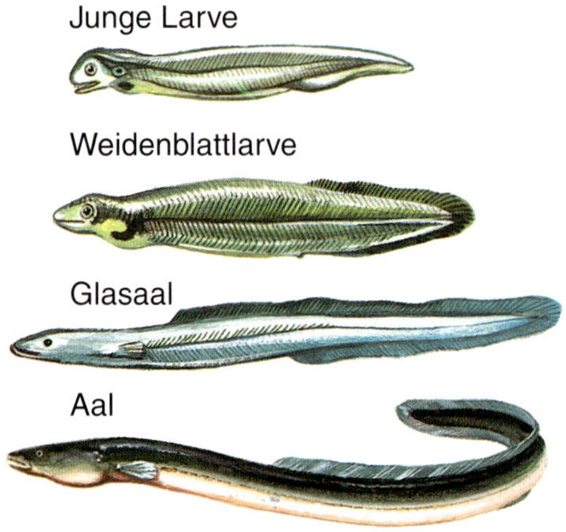

Die Sardinen wandern in großen Schwärmen.

Lachs – Die Jugendzeit verbringt er in großen Flüssen. Dann zieht er ins Meer, wo er sich in Küstennähe rasch entwickelt, um dann zum Ablaichen in die Flüsse zurückzukehren. Der Lachs wandert nicht mehr als sechs Stunden am Tag. Er schwimmt gegen den Strom und kann bis zu 5 m weit springen.

Lachs, der flußaufwärts schwimmt

Aal – Er kommt im Süßwasser Europas und Amerikas vor. Wenn er die Geschlechtsreife erreicht hat, macht er sich auf die lange Wanderschaft zur Sargassosee, wo er sich fortpflanzt. Aus den Eiern schlüpfen Larven mit durchsichtigem Körper (die sog. Weidenblattlarven), aus denen sich die jungen Aale (Glasaale) entwickeln. Diese sind bereits in der Lage, zu den Flüssen zu ziehen, die sie in der Nacht dann hinaufschwimmen.

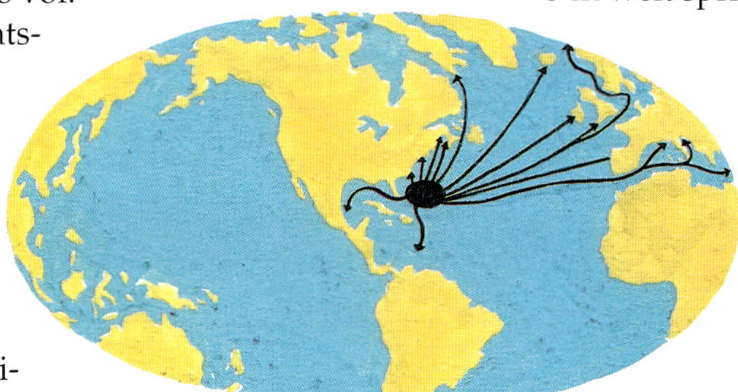

Wanderroute der Aale

Die Segelqualle ist eine merkwürdige blau-violette Staatsqualle, die im Mittelmeer und im Atlantik lebt. (Im Atlantik ist ein 250 km langer Schwarm gesichtet worden.) Mit ihrem durchsichtigen Segel legt sie weite Strecken zurück.

FISCHE; PELIKANE
SCHMETTERLINGE
SUMPF; VÖGEL

TIERWELT AFRIKAS

Dromedar – Dank der Fettreserve im einzigen Höcker (unten) kann es lange Zeit ohne Nahrung und ohne Wasser auskommen.

Die afrikanische Savanne ist eine riesige Weidefläche mit dichtem Grasbewuchs: Wenn es lange nicht geregnet hat, ist sie braun, nach Regenfällen üppig grün. Verstreut wachsen riesige Bäume wie der Affenbrotbaum und die stacheligen Akazien. Hier leben Pflanzenfresser wie die Nashörner, Giraffen, Gazellen, Zebras, Antilopen und Raubtiere wie Löwen, Leoparden und Geparden. Hyänen, Schakale und Geier sind Aasfresser. In den Wüsten des Nordens leben Dromedare, Schlangen und Skorpione.

Der Schimpanse (oben) lebt in Äquatorialafrika in Familienverbänden.

Riesenschuppentier

Riesenschuppentier – Es ist ein Nachttier. Wenn es angegriffen wird, rollt es sich zu einer Kugel zusammen. Es hat einen kräftigen, aus Hornplatten bestehenden Panzer.

AFFEN; AFRIKA
ARTEN, BEDROHTE
ELEFANTEN
GIRAFFEN
KATZENARTIGE RAUBTIERE
NASHÖRNER
URWALD, AFRIKANISCHER
ZEBRAS

Savanne am Fuß des Kilimandscharo:
1. Kleiner Kudu
2. Grantgazelle
3. Impala
4. Topi-Leierantilope
5. Strauß
6. Geierperlhuhn
7. Kuhreiher
8. Steppenzebra

TIERWELT AUSTRALIENS

Typisch für Australien ist der Busch, eine Steppe mit wenig Bäumen und mit Dornengestrüpp. Farne, Palmen und Mangroven bilden einen dichten Wald an der Nordküste. Nur in Australien, dem schon in der Vorzeit abgetrennten Kontinent, überlebten seltsame Tiere wie das Känguruh und der Schnabeligel. Manche von ihnen, wie das Schnabeltier und der Komodo-Waran sehen auch wie Wesen aus der Urzeit aus. Weit verbreitet sind bunt gefiederte Vögel wie die Leierschwänze und die Paradiesvögel.

Kurzschnabeligel – Die Kleinen schlüpfen aus Eiern und werden von der Mutter in einen Brutbeutel befördert.

Känguruh – Die Weibchen bringen meist nur ein Junges zur Welt. Auf dem Bauch haben sie einen Hautbeutel, der vier Milchdrüsen enthält; meist geben nur zwei davon Milch.

Das Schnabeltier (oben) ist ein Säugetier, legt aber Eier. Es hat einen plattgedrückten Schnabel und Schwimmflossen an den Füßen.

Koalabär – In den Eukalyptuswäldern lebt ein nachtaktives Beuteltier, das wie ein kleiner Bär aussieht: der Koala. Er frißt nur Eukalyptusblätter und ist ein hervorragender Kletterer. Er ist ein friedliebendes Tier, das, wenn es gestört wird, die Augen wie fragend weit aufreißt. Neugeborene Junge sind 2 cm lang, erwachsene Koalas etwa 60 cm.

OZEANIEN; SÄUGETIERE
TIERE, AUSSERGEWÖHNLICHE; VÖGEL MIT BUNTEM GEFIEDER

Tierwelt der Steppen Australiens:
1. und
2. Kurzkopfflugbeutler
3. Emu
4. Kuskus
5. Beutelwolf (ausgestorben)
6. Hübschgesichtkänguruh
7. Blauwangenlori
8. Koala
9. Rotes Riesenkänguruh
10. Buntwaran
11. Kurzschnabeligel
12. Schnabeltier
13. Helmkasuar

Tierwelt Europas

Das Rehkitz (unten) ist das Junge der Rehrikke. Im Sommer ist das Fell rötlich, im Winter graubraun.

In Europa gibt es eine große Vielfalt an Lebensräumen: von den arktischen Regionen, die von Eisbären, Schneehasen, Wölfen, Vielfraßen und Rentieren bewohnt sind, bis zur Taiga, in der Braunbären und Luchse ihre Heimat haben. In den Gebirgsregionen Mitteleuropas leben Gemsen, Steinböcke, Hirsche, Damwild und Rehe. Seehunde, Ohrenrobben und Vögel wie Eistaucher und Möwen bevölkern die Ostseeküsten.

Der Marder ist ein flinker Kletterer und lebt in Wäldern und Parks (auch in Asien und Amerika). Er frißt Mäuse, Eichhörnchen und Vögel.

Der Fuchs frißt vor allem Mäuse, selten stiehlt er Hühner.

Das Fuchsweibchen (links) bringt pro Wurf 3 bis 6 Junge (Welpen) zur Welt.

Im Hochgebirge leben die Murmeltiere. Sie graben Tunnels mit vielen Ausgängen, leben in Kolonien und verständigen sich mit schrillen Pfiffen. Siebenschläfer sind nachtaktive Tiere. Weitere Pelztiere sind Dachse und Marder.

Europäischer Wald:

1. Rehbock
2. Braunbär
3. Amsel
4. Rothirsch
5. Damhirsch
6. Dachs
7. Eichhörnchen
8. Hase
9. Wildschwein
10. Iltis

Bären
Europa
Hörnchen
Igel

Tierwelt Nordamerikas

In den Prärien, den weiten Grasflächen Nordamerikas, leben Kojoten, Gabelböcke und Bisons. In unterirdischen Höhlen verstecken sich die Präriehunde, die immer einen Wächter zurücklassen, der die Gefährten mit schrillen Pfiffen warnt, wenn sich ein Kojote nähert. In den Wäldern dagegen leben Karibus, Opossums, Stinktiere, Luchse und Bären, in den Wüsten Klapperschlangen.

Opossum – Dieses Beuteltier hat einen Kopf mit spitzer Schnauze, haarlose Ohren, fünf Zehen pro Fuß und scharfe Zähne. Im Gefahrenfall stellt es sich tot. Seine Jungen trägt es auf dem Rücken. Ein Weibchen kann innerhalb von fünf Minuten 25 Junge zur Welt bringen, doch nur sechs überleben.

Der Fleckenskunk (oben) erzeugt eine übelriechende Flüssigkeit zur Abwehr von Feinden.

Der Rotluchs (oben) hat sehr scharfe Augen.

Nordamerikanische Prärie:
1. Bison
2. Gabelbock
3. Kojote
4. Präriehund
5. Kanincheneule
6. Salbeihahn
7. Ohrenlerche
8. Streifenziesel
9. Diamant-Klapperschlange

Amerika; Bären
Raubvögel; Rinder
Schlangen; Tierwelt Südamerikas; Waschbären

Tierwelt Südamerikas

Weißbartpekari

Südamerika weist Wälder und riesige Grasflächen auf, die Pampas, in denen Gürteltiere, Nandus, Pampashirsche sowie Nagetiere leben, die unterirdische Höhlen graben (wie die Maras, Schwarzschwanz-Präriehunde und Viscachas. In den Wäldern finden sich große Ameisenbären, Ara-Papageien, Faultiere, Riesengürteltiere und Pekaris, aber auch Pumas und Jaguare.

Amerika; Katzenartige Raubtiere; Nagetiere
Tiere, aussergewöhnliche; Tierwelt Nordamerikas; Vögel mit buntem Gefieder

Guanako (unten) – Es lebt in Herden bis 4000 m in den Anden. Im Herbst zieht das Weibchen ins Tal hinab, um dort seine Jungen zur Welt zu bringen.

Der Nandu wiegt etwa 25 kg, ist kleiner als der afrikanische Strauß, hat weiche Federn und dreizehige Füße ohne hinteren Sporn. Der Nandu wird bis zu 1,70 m groß.

Der Puma lebt u. a. in Argentinien in den Wäldern und Pampas. Nachts jagt er kleine Säugetiere und Vögel.

Südamerikanische Prärie:
1. Großer Ameisenbär
2. Mara
3. Nandu
4. Pampashirsch
5. Riesengürteltier
6. Tschaja
7. Mähnenwolf
8. Großer Paka
9. Sechsbindengürteltier
10. Viscacha
11. Jaguarundi
12. Wildkaninchen
13. Goldaguti
14. Wasserschwein

TIGER

Jeder Tiger hat ein eigenes Territorium. Er markiert es mit Urin und kennzeichnet es außerdem, indem er Baumrinden mit seinen Krallen einritzt.

Er hat einen muskulösen, kräftigen Körper, lange Krallen und ein starkes Gebiß. Die Augen sind gelblich, das Oberfell ist rötlich-gelb mit schwarzen Streifen, eine Zeichnung, die ihm zur Tarnung verhilft. Er ist äußerst beweglich und kann bis zu 6 m weit und bis zu 2 m hoch springen. Außerdem ist er ein geschickter Schwimmer. Ein ausgewachsener Tiger braucht etwa 8 kg Fleisch am Tag. Alle Arten, darunter auch der Königstiger, sind vom Aussterben bedroht.

Weiße Tiger – Die Farbe wechselt von Weiß bis Elfenbein, mit schwarzbraunen Streifen. In Freiheit lebt diese Art in den Wäldern von Rewa in Indien.

Junge – Nach einer Tragzeit von 95-110 Tagen kommen 2 bis 4 Junge zur Welt, die 6 Monate lang gesäugt werden. Mit 16 Monaten erlegen sie ihre erste Beute.

Die Beutetiere – Der Tiger schlägt seine Opfer in einem Überraschungsangriff. Eine Verfolgungsjagd hält er nur etwa 200 m weit durch. Mit einem Biß in den Nacken oder die Kehle tötet er seine Beute und beginnt dann, sie zu verschlingen. Wenn er gesättigt ist, deckt er Überreste mit Blattwerk und anderem pflanzlichen Material zu und legt sich in der Nähe schlafen, um Hyänen und Schakale zu verjagen.

Sibirischer Tiger (oben), die größte lebende Raubkatze.

ARTEN, BEDROHTE
KATZENARTIGE RAUBTIERE
SÄUGETIERE; TARNUNG
URWALD, ASIATISCHER

TUNDRA

Im Norden Europas, Asiens und Amerikas erstreckt sich die Tundra, eine kalte, kahle Landschaft mit Dauerfrostboden. Hier ist zehn Monate lang Winter. Im kurzen Sommer schmilzt das Eis, und es wächst die spärliche, niederwüchsige Vegetation: Moose, Flechten, Zwergstrauchheiden (z. B. Erika). Die Tiere der Tundra haben ein dichtes Fell, um der Kälte trotzen zu können. Zu ihnen zählen die Lemminge (kleine Nagetiere), die weißen Hermeline, der Polarfuchs, die Karibus und die gedrungenen Moschusochsen.

Der Schneehase wechselt die Fellfarbe mit der Jahreszeit: Im Winter ist er weiß, im Sommer rotbraun.

Den Himmel über der Tundra bevölkern viele Wasservögel: Kanadagans, Eistaucher, Falkenraubmöwe und Schneehuhn. Die Schnee-Eule hat die Augen nicht – wie die anderen Vögel – seitlich am Kopf, sondern vorne, kann daher besonders gut räumlich sehen und die Entfernung zur Beute genau berechnen.

Karibu

Schneeammer

EUROPA; NAGETIERE; TARNUNG
TIERE DER POLARGEBIETE; VÖGEL

Rentiere sind Wiederkäuer mit mächtigem Geweih und werden als Zugtiere für Schlitten, Milchlieferanten und wegen ihres weichen Fells gezüchtet.

1. Karibu
2. Polarwolf
3. Falkenraubmöwe
4. Schneehuhn
5. Schnee-Eule
6. Polarfuchs
7. Kanadagans
8. Moschusochse

Uhren

Der älteste Zeitmesser ist die Sonnenuhr: Ein Stab (*Gnomon*) wirft einen Schatten auf eine Platte mit Stundeneinteilung. Der Schatten wandert im Laufe des Tages und zeigt die Stunde an. Bei der Sanduhr rinnt der Sand aus dem oberen Glas in das untere. Die Wasseruhren, Öluhren und herunterbrennenden Stundenkerzen früherer Zeit funktionierten nach dem gleichen Prinzip.

Sanduhr

Räderuhr

Mechanische Uhren gab es erst im 13. Jh. Oft brachte man sie an Türmen an. Zur vollen Stunde setzte ihr Räderwerk Figuren in Bewegung, wie bei der Münchner Rathausuhr. Nach 1500 wurden die ersten, oft mit Edelsteinen besetzten oder emaillierten Taschenuhren gebaut. 1657 führte Christiaan Huygens das Pendel als Gangregler ein. Bereits um 1750 trugen die Damen Armbanduhren.

Merchet

Merchet – Dieser ägyptische Zeitmesser bestand aus einer Stange und einem Faden mit einem Stück Blei. Er wurde zur Messung der Stunden aufgrund der Beobachtung der Gestirne verwendet.

Schon die alten Ägypter teilten das Himmelsrund in 12 gleiche Abschnitte ein, die von den 12 Tierkreis-Sternbildern besetzt sind. Diese Himmelseinteilung, der Zodiak oder Tierkreis, war die Grundlage für die Einführung des Kalenders.

Eine der ersten Stoppuhren

Uhren unserer Zeit – Die erste elektrische Uhr wurde um 1840 gebaut. Noch heute sind die Uhren auf Straßen und Plätzen elektrische Uhren. Der Engländer Harwood erfand 1922 die automatische Uhr, die sich selbst aufzog. Die Digitaluhr wurde 1971 patentiert.

Ägypter
Forscher und Erfinder
Tierkreiszeichen✓

UMWELT UND ÖKOLOGIE

Jedes Lebewesen – auch der Mensch – lebt in einer engen Beziehung zu seiner Umwelt. Die Ökologie ist die „gesamte Wissenschaft von den Beziehungen des Organismus zur umgebenden Außenwelt" (Definition des Deutschen E. Haeckel im Jahr 1866) und heute hochaktuell.

Aussterben – Ende einer Lebensform (Pflanze, Tier). Ein Beispiel für ausgestorbene Arten sind die Dinosaurier, die vor 65 Millionen Jahren von der Erde verschwunden sind.

Bevölkerungswachstum – Zunahme der Weltbevölkerung (heute mehr als 5 Milliarden). Da die Erde nur begrenzte Mittel hat, raten viele Wissenschaftler zur Geburtenkontrolle, bis ein Nullwachstum erreicht ist.

Biologisch abbaubar – Substanz, die von lebenden Organismen (z. B. Bakterien oder Pilzen) zersetzt werden kann. Viele chemische Erzeugnisse, wie etwa Plastik, sind biologisch nicht abbaubar und verschmutzen deshalb die Umwelt.

Biologischer Anbau – Natürliche Anbaumethode (z. B. ohne Verwendung von Kunstdünger und Pestiziden).

Biosphäre – Gesamtheit aller Bereiche der Erde, in denen sich Leben entwickelt. Sie umfaßt die Atmosphäre (Luftraum), die Lithosphäre (Erde) und die Hydrosphäre (Wasser).

Energie – Kraft, die zur Ausführung einer Arbeit erforderlich ist. Es gibt viele Energiearten. Manche, wie z. B. das Erdöl, verschmutzen die Umwelt, andere wiederum, wie z. B. die natürliche Sonnen- und die Windenergie, sind umweltschonend.

Eutrophie – Störung des Gleichgewichts aufgrund eines Überangebots an Nährstoffen für Pflanzen (wie Stickstoff und Phosphor), das tierisches Leben tötet, weil es ihm den nötigen Sauerstoff entzieht. Solche Substanzen sind z. B. in Waschmitteln und Düngemitteln für die Landwirtschaft enthalten.

FCKW (Fluor-Chlor-Kohlenwasserstoffe) – Abkürzung für chemische Substanzen, die den Treibhauseffekt beschleunigen, indem sie die Ozonschicht der Erde zerstören. Sie sind u. a. in Spraydosen enthalten und werden in Kühlanlagen eingesetzt.
Greenpeace – Umweltorganisation, die 1970 aus der Taufe gehoben wurde und soviel bedeutet wie „Grüner Friede".
Grüne – Bewegung, die sich mit Umweltproblemen beschäftigt und für den Umweltschutz einsetzt.
Konsumgesellschaft – Bezeichnung für westliche Industriegesellschaften, die durch Kaufverhalten und Produktionsmethoden zu einer übermäßigen Ausbeutung der natürlichen Reserven beitragen.
Mülltrennung – Glas, Papier, Aluminium, Batterien, Nahrungsmittelreste werden bei der Müllbeseitigung getrennt, um sie leichter wiederverwerten zu können.
Natur – Tiere und Pflanzen in ihrem natürlichen Zustand, d. h. ohne Störung des Gleichgewichts durch Eingriffe des Menschen.
Nuklear – Ein Begriff zur Bezeichnung der Atomenergie.
Ökologie – Zweigwissenschaft der Biologie, die sich mit den Beziehungen zwischen lebenden Organismen und Umwelt beschäftigt.
Ozon – Gas, das als Schutzschicht den oberen Teil der Atmosphäre umhüllt und die Erde vor ultravioletten Strahlungen schützt. In dieser Schutzschicht bilden sich aufgrund des Gebrauchs chemischer Stoffe (z. B. FCKW) Löcher.
Pestizid (oder Pflanzenschutzmittel) – Chemische Substanz zur Vernichtung von Schädlingen (Insekten u. a.), die in der Landwirtschaft die Kulturen befallen.
Recycling – Umwandlung von Abfällen in wiederverwertbare Erzeugnisse.
Saurer Regen – Regen, der wegen der Verschmutzung der Luft Chemikalien enthält.
Treibhauseffekt – Temperaturanstieg auf der Erde aufgrund von Störungen des Umweltgleichgewichts.
Tschernobyl – Ort in der Ukraine, wo sich 1986 in einem Atomkraftwerk ein Störfall ereignete, bei dem radioaktive Substanzen freigesetzt wurden.
Umwelt – Physikalisches und biologisches System, in dessen Rahmen sich tierisches und pflanzliches Leben entwickelt.
Umweltschützer – Einer, der sich mit Umweltschutz, d. h. mit der Erhaltung der Umwelt, beschäftigt.
Umweltverschmutzung – Folgeerscheinung von Störungen des Umweltgleichgewichts, z. B. durch Chemikalien, Industrieabgase oder Problemmüll.
Vegetarier – Einer, der weder Fleisch noch Geflügel, noch Fisch ißt. Manche Vegetarier essen Erzeugnisse tierischen Ursprungs wie Milch, Eier, Honig, Käse.
WWF – Abkürzung für *World Wildlife Fund*, eine Umweltorganisation, die 1961 gegründet wurde.

Tukane leben in den Wäldern des tropischen Amerikas. Wie andere Tiere sind sie durch die Zerstörung ihres natürlichen Lebensraumes bedroht.

Eutrophie – Viele vom Menschen geschaffene Erzeugnisse, wie Waschmittel und chemische Düngemittel, landen im Wasser. Sie verschmutzen das Wasser und führen zu Eutrophie, d. h. zu übermäßigem Wachstum von Algen und Pflanzen. Der Sauerstoffgehalt des Wassers geht zurück, und viele Tierarten verschwinden von der Erde.

Gaia – In der Mythologie der Antike wurde die Erde als Göttin mit dem Namen Gaia oder Gäa verehrt. Heute versteht man unter diesem Begriff eine Philosophie, die unseren Planeten als lebendes Wesen und das Leben auf der Erde als organisches Ganzes sieht. Die Erde ist die Mutter des Lebens. Deshalb müssen wir lernen, die Umwelt und die natürlichen Quellen nicht als unerschöpflich zu betrachten, sondern für die Erhaltung des Gleichgewichts zu sorgen. Unten: eine symbolische Darstellung der Mutter Erde.

Ökosystem – Es ist die Gesamtheit aller Beziehungen zwischen lebenden Organismen, Umwelt, Klima und Boden. In der Natur besteht ein besonderes Gleichgewicht, in dem jedes Lebewesen, gleich ob Pflanze oder Tier, mit seiner Umgebung in Wechselbeziehung lebt. Innerhalb eines jeden Ökosystems findet ein ständiger Austausch von Energie und Materie statt, so daß jede Komponente für das Ökosystem, zu dem sie gehört, lebenswichtig ist.

Die Meeresfauna leidet unter der Wasserverschmutzung. Das Bild oben zeigt eine Möwe, die versucht, einen mit Teer verklebten Fisch zu fressen.

ARTEN, BEDROHTE
BÄUME UND BLÄTTER
ENERGIE

Afrikanischer Urwald

Im Herzen des afrikanischen Kontinents wächst rund um das Kongobecken und in der Gegend der großen Seen ein geheimnisvoller Regenwald mit so dichtem Blättergewirr, daß kaum Licht durchdringt; das Klima ist sehr feucht. Dort wachsen Mahagoni-, Ebenholz-, Palmen- und Bananengewächse. Den Boden bedecken Farne und Orchideen. In diesem grünen Labyrinth leben Leoparden, Krokodile, Schuppentiere und Giftschlangen.

Meerkatze

Der Gelbhelmnashornvogel hat einen gelben Schnabel mit einem helmförmigen Höcker darauf und einen langen Schwanz mit zehn schwarzen Federn.

Afrikanischer Urwald
1. Leopard
2. Schopfducker
3. Serval
4. Okapi
5. Meerkatze
6. Hornrabe
7. Schuppentier
8. Pavian
9. Pinselohrschwein
10. Gorilla
11. Felsenpython

AFFEN; AFRIKA
KROKODILE; SCHLANGEN
TIERE, AUSSERGEWÖHNLICHE
TIERWELT AFRIKAS; VÖGEL

Seltsame Säugetiere – Die Schopfducker sind kleine, scheue, nachtaktive Wiederkäuer mit zwei Hörnern. Selten sind die Okapis mit dem braunen, an den Beinen zebraartig gestreiften Fell. Die Pinselohrschweine sehen ähnlich aus wie Wildschweine, haben lange Ohren und ein rötliches Fell. Rückenmähne und Backenbart sind weiß.

ASIATISCHER URWALD

In Südostasien wehen die Monsune, das sind periodisch wiederkehrende Winde, die im Winter kalt und trocken sind und im Sommer Regen bringen. Die hohe Temperatur und die Regenfälle begünstigen das Wachstum des Monsunwaldes, des sog. Dschungels. Er ist ein Dickicht aus Lianen, Palmen, Palisanderbäumen und blühendem Gebüsch. In den morastigen Gewässern leben Krokodile und Watvögel wie Ibisse und Marabus, während auf den Bäumen zahlreiche Affenarten hausen, die sich an Lianen durch den Wald schwingen, ohne den Boden zu berühren. Am Boden kriechen Kobras und Pythonschlangen und lauern Tiger und Leoparden auf Beute.

AFFEN; ASIEN
KATZENARTIGE RAUBTIERE
KROKODILE; SCHLANGEN
TIGER; VÖGEL

Der Nasenaffe lebt in Borneo. Um die Weibchen anzulocken, blähen die Männchen ihre großen Nasen auf.

Der Tiger lebt in den asiatischen Wäldern von Sibirien bis Südasien. Er ist ein gewandter Jäger, der seine Beute am Nacken oder an der Kehle packt. Shir Khan, der Tiger aus dem *Dschungelbuch* von Rudyard Kipling, ist weltweit berühmt.

1. Netzpython
2. Schwarzschopfreiher
3. Ibis
4. Krokodil
5. Stockente
6. Blatthühnchen
7. Mandarinente
8. Schützenfisch
9. Wels
10. Riesenunke
11. Purpurhuhn

Vögel

Vögel sind Wirbeltiere, deren vordere Gliedmaßen zu Flügeln umgebildet sind, so daß sie fliegen können. Ihr Körper ist mit Federn und Flaum bedeckt, und sie haben Röhrenknochen (d. h. hohle Knochen, damit sie weniger wiegen), sehr kräftige Flügelmuskeln und einen zahnlosen Schnabel.

1. Grünfink **2.** Steinadler **3.** Regenbrachvogel **4.** Säbelschnäbler **5.** Papageitaucher **6.** Flamingo **7.** Schuhschnabel **8.** Tukan **9.** Pelikan **10.** Stockente **11.** Nashornvogel

Schnabelformen – Der Schnabel ist ein Horngebilde, am äußeren Ende hart und steif, an der Basis aber weich. Er dient dazu, Nahrung zu suchen und festzuhalten, und ist je nach der Ernährungsgewohnheit unterschiedlich geformt.

Das Gefieder ist oft sehr lebhaft gefärbt. Bei vielen Vogelarten hat das Männchen ein auffallenderes Federkleid als das Weibchen, damit es in der Balzzeit eine Gefährtin erobern kann.

Gefieder – Die Federn halten den Körper warm und lassen keine Feuchtigkeit durchdringen: Sie sind eine perfekte Isolierschicht. Unter Mauser versteht man die regelmäßig wiederkehrende Erneuerung des Federkleides.

Standvögel oder Zugvögel – Vögel, die das ganze Jahr über an ein und demselben Ort leben, nennt man Standvögel oder Nichtzieher. Andere dagegen gehen in regelmäßigen Abständen auf Wanderschaft: Man nennt sie Zugvögel. Bei einigen Arten ziehen nur die nördlich wohnenden fort: Man nennt sie die Teilzieher.

Buchfink

Star

Orangefarbener Kanarienvogel

Nachtigall

Die Flügel sind das Fortbewegungsorgan, das die Vögel zum Fliegen befähigt. Bei manchen Vögeln wie den Laufvögeln (z. B. Strauße, Nandus und Kasuare) sind die Flügel verkümmert.

Rotbauch-Blauschnäpper

Gelber Kanarienvogel

Sonnenvogel, chinesische Nachtigall

Grünfink

Distelfink

Rotkehlchen

Nest – Vögel sind eierlegende Tiere. Die Eier werden, je nach Art, zwischen wenigen Tagen bis zu mehreren Wochen bebrütet. Manchmal kommen die Küken nackt zur Welt, manchmal mit voll ausgebildeten Federn und Flaum.

DINOSAURIER; HAUSTIERE
PELIKANE; SUMPF
TIERWANDERUNGEN
TUNDRA
URWALD, AFRIKANISCHER
URWALD, ASIATISCHER
VÖGEL MIT BUNTEM GEFIEDER

Vögel mit buntem Gefieder

Der Eisvogel wartet, bis ein Fisch an die Oberfläche kommt, dann taucht er blitzschnell ins Wasser und packt ihn mit seinem langen Schnabel.

Manche Vögel haben ein besonders farbenprächtiges Gefieder, zum Beispiel die Papageien, andere kräftig gefärbte Schnäbel, wie der Tukan, der in den Tropengebieten Amerikas lebt. Bei manchen Arten weisen nur die Männchen eine lebhafte Färbung auf; sie locken damit in der Paarungszeit die Weibchen an. Der Pfau zum Beispiel hat auffällig farbenprächtige Schwanzfedern, die er bei der Balz zum Rad aufschlägt. Das Weibchen hingegen ist unscheinbar.

Der Pfau wird bis zu 2 Meter lang (mit Schwanz). Nur das Männchen (oben) hat in allen Farben schillernde Schwanzfedern und lockt damit das Weibchen an. In der Antike galt der Pfau als Heras heiliger Vogel. Seine ursprüngliche Heimat ist Indien.

Der Schmetterlingsfink lebt im Regenwald und Buschland Malaysias. Er ist zwar nur so groß wie ein Spatz, hat aber einen kräftigen Schwanz in zarten Farben und einen karminroten Wangenfleck. Er lebt in lärmenden Schwärmen und baut kunstvolle Nester.

Schmetterlingsfink

Gouldamandine

Die Gouldamandine ist die schönste Art der in Australien lebenden Prachtfinken, deren Federpracht an das bunte Gefunkel von Edelsteinen erinnert. Diese dort weitverbreitete Vogelart wird bis zu 10 cm lang und legt ihre Eier in flaschenförmige Nester aus trockenen Halmen, die an niedrigen Zweigen hängen.

Die Siebenfarben-Tangare (links) hat, wie der Name schon sagt, ein leuchtend buntes Gefieder und gehört zur Ordnung der Sperlingsvögel. Sie lebt in Südamerika, vor allem im Andengebiet. Ihre Schwärme kündigen sich schon von weitem durch lautstarkes Pfeifen an.

Hellroter Ara (rechts): Er lebt im Amazonasgebiet und in Mittelamerika.

Die Fächertaube hat am Rücken schiefergrau-blaues, an der Unterseite rotbraunes Gefieder, an den Flügeln einen hellen graublauen und am Schwanz einen weißlichen Querstreifen. Ihre Augen sind rot.

Die Fächertaube (oben) ist eine der größten Taubenarten: Sie wird etwa so groß wie ein Truthahn. Sie gehört zu den Krontauben und hat einen typischen fächerförmigen Federschopf auf dem Kopf.

Der hellrote Ara (Arakanga) ist einer der größten Papageien und kann bis zu einem Meter Gesamtlänge von Kopf bis Schwanzende erreichen.

Topaskolibri (links) Es gibt Kolibriarten, die nur wenige Zentimeter groß sind. Der schnelle Flügelschlag ist mit bloßem Auge gar nicht zu sehen. Die ungeheuer wendigen Kolibriarten sind in ganz Amerika zu finden.

Elstern – In Asien sind verschiedene Elsterarten beheimatet. Eine der schönsten ist die Jagdelster (oben: Unterart *Cissa chinensis*) mit blau-grünem Gefieder am Rücken, braun-roten Flügeln sowie rotem Schnabel und roten Beinen. Ihr Lebensraum reicht vom Himalaja bis nach Sumatra und Borneo.

Der Große Paradiesvogel (acht verschieden aussehende Unterarten) lebt in Neuguinea. Er hat einen langen, buschigen Schwanz, sehr kräftige Beine und ein farbenprächtiges Gefieder.

TIERWELT AMERIKAS
TIERWELT AUSTRALIENS
VÖGEL

Völkerbewegungen in Europa

Das Weströmische Reich ging 476 n. Chr. unter. Die Völker, die die Grenzen des Reiches bedrohten, kamen vor allem aus Osteuropa und Zentralasien. Es waren Germanen, Franken, Westgoten, Ostgoten, Langobarden, Alemannen, Burgunder, Vandalen und Hunnen. Letztere wurden von Attila befehligt, genannt die Geißel Gottes. 425 fiel Attila in Südrußland, das Donaubecken und Gallien ein, aber er kam nie bis nach Rom. Papst Leo der Große gebot ihm, nur mit einem Kreuz bewaffnet, Einhalt.

Städte, die sie erobert hatten, steckten die Hunnen in Brand. Deshalb sagte man: Wo Attila durchzieht, wächst kein Gras mehr.

Wikinger – Vom 6. Jahrhundert an ließen sie sich im westlichen Teil Skandinaviens (dem heutigen Norwegen) nieder. Sie waren hervorragende Seefahrer, bauten leichte, schnelle Kriegsschiffe, die Drakkar, und hohe Handelsschiffe, die Knorr, die schwerer und robuster waren.

Wie sie sich kleideten – Die Barbarenkrieger, die ein Nomadenleben führten, trugen kurze, ärmellose Tuniken oder Kasaks in lebhaften Farben, die als Schutz gegen die Kälte oft aus Fell gemacht waren. Sie trugen Hosen aus Ziegenleder und einen vier- oder rechteckigen Umhang, dessen Ränder mit Metallschließen zusammengehalten wurden.

Die Wikinger griffen entlang der Flußläufe, aber auch auf offenem Meer an.

Kelten – Sie breiteten sich zwischen dem 7. und 3. Jahrhundert v. Chr. in Mittel- und Westeuropa aus. Ihre Gesellschaftsordnung waren Familienclans oder Stämme. Die Macht lag in den Händen des Kriegeradels. Sehr einflußreich waren die Priester, die Druiden, die Opferhandlungen vornahmen, Recht sprachen und Berater des Königs waren. In den Keltendörfern waren auch die Barden zu finden, Dichter, die die Heldentaten ihrer Anführer priesen.

Barbaren nannten die Griechen und Römer alle Völker jenseits ihrer Grenzen. *Bar-bar* ahmt die Laute einer unverständlichen Sprache nach.

Die keltischen Handwerker waren geschickt im Schmieden von Waffen und Metallgegenständen, denen die Druiden mit geheimnisvollen Zeichen magische Kräfte verliehen.

Kleidung – Die Barbarenfrauen trugen eine lange Weste über einer Tunika und schützten sich mit Umhängen und Pelzen gegen die Kälte. Die Gewänder schmückten Schnallen, Nadeln und Spangen aus Metall, die oft mit geometrischen Mustern verziert waren.

Die Frau war bei den Germanen hoch geachtet. Sie folgte ihrem Mann im Frieden wie im Krieg.

Germanen – Sammelname für Völker und Stämme in Nord-, Mittel- und Mittelosteuropa. Durch den Vorstoß der Hunnen an das Schwarze Meer wurde 375 n. Chr. die zweite germanische Völkerwanderung ausgelöst, in deren Verlauf viele germanische Reiche auf dem Boden des Römischen Reiches gegründet wurden. Die typische Siedlungsweise der Germanen waren Einzelhöfe und kleine Dörfer.

Erich der Rote
Inder
Kleidung
Römer
Wikingerdorf✓

Vulkane

Aufgrund der ständigen Bewegung der tektonischen Platten entstehen Öffnungen in der Erdoberfläche. An diesen Stellen tritt dann Magma aus, die rotglühende, zähflüssige Masse, die sich unter der festen Erdkruste befindet. Während einer Eruption tritt sie als Lava aus, kühlt ab und erstarrt rund um die zentrale Öffnung des Vulkans, den Krater, oder um Spalten. So entsteht der Vulkankegel.

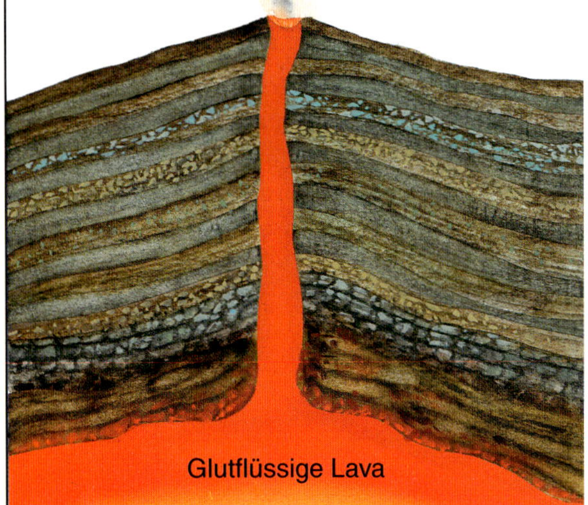

Die Vulkane speien außer Lava auch andere Auswürflinge (Pyroklasten) wie Asche, Schlacken, Bomben und Lapilli (kleine Steine) aus.

Eruptionen – Vulkane, die in geschichtlicher Zeit Eruptionen hatten, bezeichnet man als aktive Vulkane. Davon gibt es weltweit rund 700, von denen 300 in jüngerer Zeit ausgebrochen sind. Erloschene Vulkane hingegen haben keine Eruptionen mehr, vermutlich, weil ihr Verbindungsgang zum Erdinneren versperrt ist.

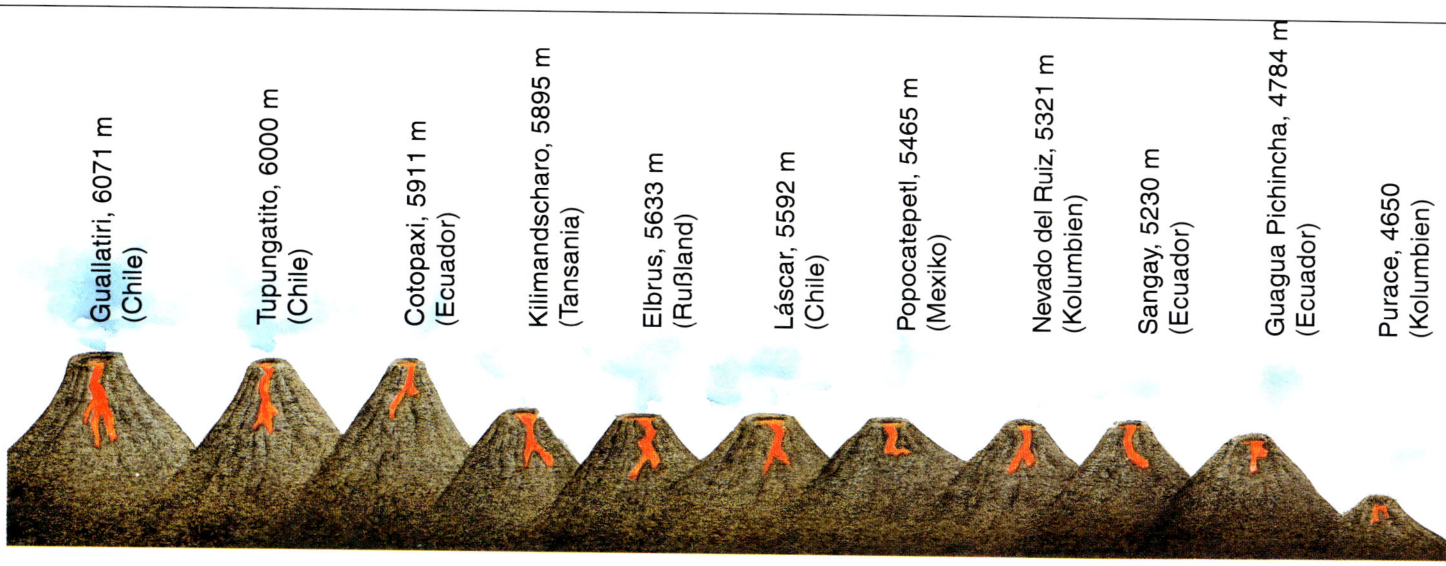

Aufbau – Es gibt fünf verschiedene Vulkanformen: *Schildvulkane* (Island, Hawaii) aus dünnflüssiger Lava, die sich großflächig ausbreitet; *Quell-* oder *Staukuppen*, manchmal in Form von Lavanadeln (Pelée auf Martinique), entstehen aus zähflüssiger Lava, die sich im Schlot staut. *Schichtvulkane* bestehen aus Lockerprodukten und Lava, die schichtweise übereinanderliegen und Schichtkegel bilden (Vesuv). Überwiegende Lockereruptionen lassen nur kleine Vulkane vom *Puy-Typus* (Auvergne) entstehen. Untermeerische Vulkanausbrüche sind meist Lineareruptionen, die zu Grabenbrüchen führen und in seichtem Wasser verheerende Flutwellen (Tsunamis) auslösen können.

Die Lava kann Temperaturen bis zu 1500 °C und eine Fließgeschwindigkeit von bis zu 30 km/h erreichen.

Querschnitt durch einen Vulkan:
1. Lavaherd (dort sammelt sich das Magma an).
2. Schlot, durch den die Gase das Magma nach oben drücken.
3. Kegel, der von der austretenden Lava gebildet wird.
4. Krater, trichterförmige Mündung des Schlotes.
5. Nebenkrater
6. Feste Gesteinsschicht der Erdkruste.
7. Gas- und Aschenwolke.

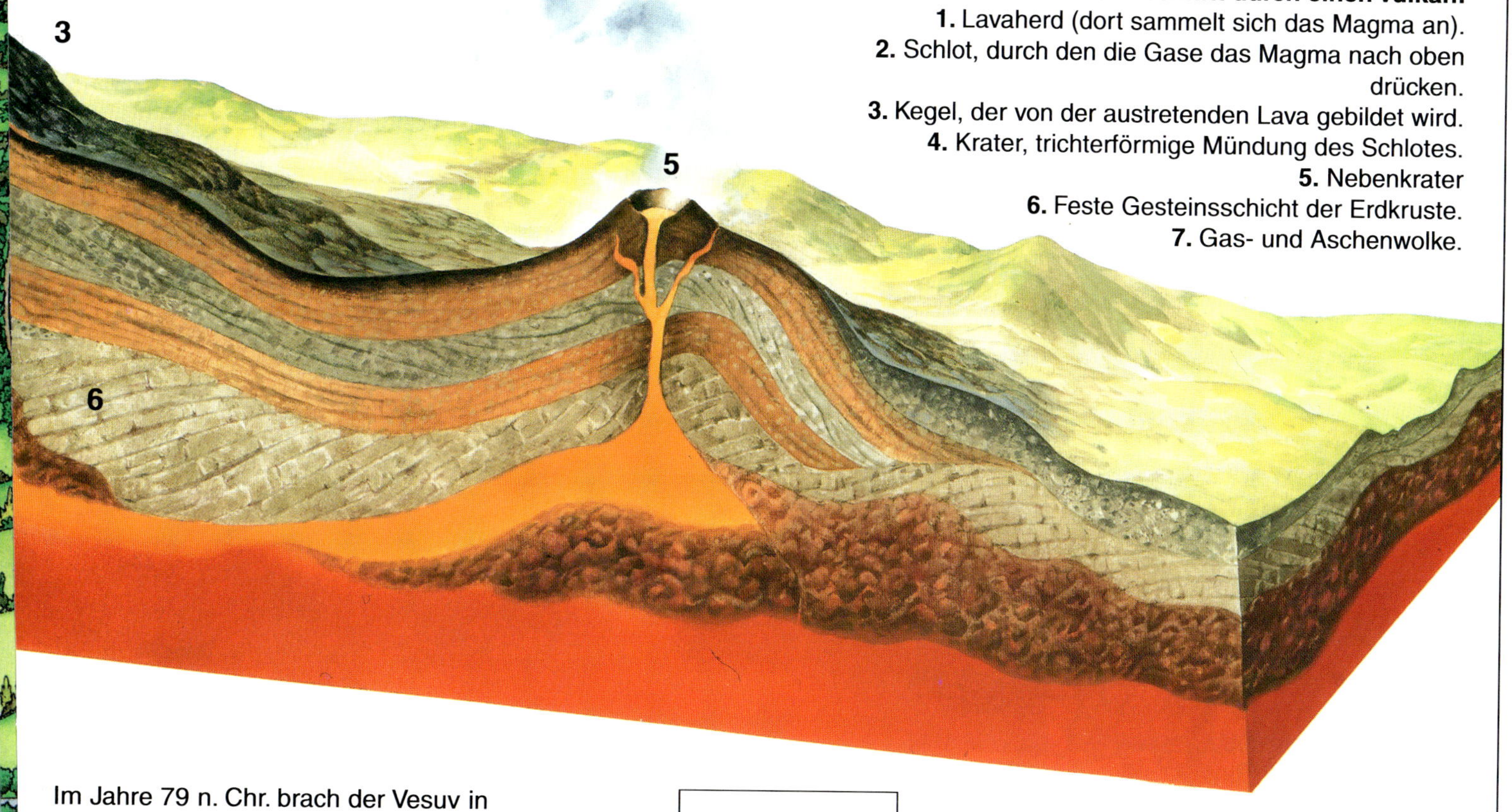

Im Jahre 79 n. Chr. brach der Vesuv in Italien aus und begrub die römischen Städte Pompeji und Herculaneum unter einem Lavastrom und glühender Asche.

ERDE
GEBIRGE

WASHINGTON, GEORGE

1775 gab es in Amerika dreizehn englische Kolonien, aber die Pioniere, die dort lebten, waren seit langem unzufrieden, weil sie an England Steuern zahlten, ohne im Parlament vertreten zu sein. Als eine neue Teesteuer erhoben wurde, brach die Revolte aus. Es kam zum Krieg. In Lexington, Massachusetts, trafen die beiden Heere aufeinander: Zum Anführer der Siedler war George Washington (1732-1799) berufen worden. Am 4. Juli 1776 erklärten die 13 Staaten ihre Unabhängigkeit von England und riefen die „Vereinigten Staaten von Amerika" aus. Fünf Jahre lang kämpfte Washington noch gegen die englischen Truppen. Dann siegte er 1781 in Yorktown.

Noch heute trägt die Ein-Dollar-Banknote das Bildnis von George Washington.

Der erste Präsident – Washington, der aus einer Grundbesitzerfamilie in Virginia stammte, wurde 1775 an die Spitze des amerikanischen Heeres berufen, das gegen die Engländer kämpfte. Er trug bedeutende Siege davon, und es gelang ihm, die Franzosen als Verbündete zu gewinnen. Bei Kriegsende leitete er den Verfassungskonvent von Philadelphia (1787). 1789 wurde er zum ersten Präsidenten der Vereinigten Staaten von Amerika (USA) gewählt und 1792 wiedergewählt.

AMERIKA

In der Christnacht des Jahres 1776 überquerte George Washington den Delaware-Fluß.

Weltkriege

Der Funke, der den Ersten Weltkrieg entzündete, war die Ermordung des österreichischen Thronfolgers durch einen serbischen Attentäter am 28. Juni 1914 in Sarajewo.

Im Ersten Weltkrieg (1914-1918) schlossen sich die Alliierten (Rußland, Frankreich, Großbritannien und später auch Italien) gegen Deutschland und das österreichisch-ungarische Kaiserreich zusammen. Entscheidend für den Sieg der Alliierten war das Eingreifen der Vereinigten Staaten von Amerika (1917), die Soldaten für den Kampf in Europa zur Verfügung stellten.

Fokker E, ein deutsches Jagdflugzeug (Erster Weltkrieg)

Der Zweite Weltkrieg begann, als Deutschland unter Adolf Hitler 1939 in Polen einfiel, worauf Frankreich und England den Krieg erklärten. Italien trat 1940 unter Benito Mussolini an der Seite Deutschlands in den Krieg ein. Frankreich wurde besiegt, England blieb unbesetzt.

Mitsubishi A6M Zero-Jäger, Japan

Kriegsverlauf – Der deutschen Luftwaffe gelang es nicht, England zur Aufgabe zu zwingen. Die englische Kriegsflotte behielt die Oberhand auf See. Während des Krieges verfolgten die Nationalsozialisten die Juden, und in den sog. Konzentrationslagern starben Millionen unschuldiger Menschen. 1941 griff die deutsche Wehrmacht Rußland an, wurde aber nach anfänglichen Erfolgen zurückgedrängt und besiegt. Am 8. Mai 1945 marschierten die Russen in Berlin ein.

Durch den Abwurf der ersten Atombomben auf Hiroshima und Nagasaki (1945) erzwangen die USA die Kapitulation Japans (2. September 1945), das mit Deutschland verbündet war.

Kampfflugzeuge aus dem Zweiten Weltkrieg

1. Supermarine Spitfire (Großbritannien)
2. Messerschmitt BF 110 (Deutschland)
3. Hawker Hurricane (Großbritannien)
4. Junkers JU 87 Stuka (Deutschland)
5. Messerschmitt BF 109 (Deutschl.)
6. Junkers JU 88 (Deutschland)
7. Heinkel HE 111 (Deutschland)

Churchill, Winston
Feuerwaffen
Verkehrsmittel

Supermarine Spitfire, Großbritannien

Messerschmitt Me (BF) 109, Deutschland

Pearl Harbor – Am 7. Dezember 1941 zerstörten die Japaner ohne Vorwarnung die amerikanische Pazifikflotte in Pearl Harbor. Die Vereinigten Staaten (USA) erklärten daraufhin Japan und Deutschland den Krieg. Sie brachten ihr ganzes wirtschaftliches und finanzielles Gewicht in den Krieg ein und trugen entscheidend zum Sieg der Alliierten bei (rechts).

WILDER WESTEN

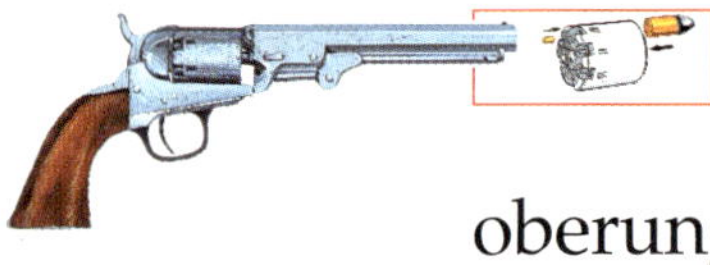

Trommelrevolver, Colt Modell 45 (1873)

Als Wilden Westen bezeichnete man den Westen Nordamerikas zur Zeit der Eroberung und Besiedlung durch die Weißen, die aus den überfüllten Städten im Osten wegzogen, weil es dort schwierig wurde, das tägliche Brot zu verdienen. Die Reise in den Westen war lang und gefährlich, denn die Trecks wurden oft von Banditen oder Indianern überfallen. Als 1848 in Kalifornien Gold gefunden wurde, lockte der Goldrausch Tausende von Siedlern an.

Im Film und in der Literatur waren Western-Themen immer beliebt. Rechts: Sheriff Kendall, eine der Hauptfiguren in den von A. Del Castillo gezeichneten Comic-Heften.

Oben: Monument Valley, Utah/Arizona.
Unten: Pistolenduell vor einem Saloon. Es gab auch zwei berühmte Banditinnen im Wilden Westen: Calamity Jane Canary und Myra Belle Shirley.

AMERIKA
INDIANER

Wiese

Unter den Gräsern und Blumen der Wiese verbirgt sich die Welt der Grabtiere. Sie alle graben Gänge: manche tiefe, wie die Maulwürfe und die Maulwurfsgrillen, andere flache, oberflächliche, wie die Feldgrillen und die Regenwürmer. Dadurch lockern diese Tiere die Erde auf, machen sie fruchtbarer und düngen sie mit ihren Ausscheidungen.

Der Maulwurf ist fast blind und spürt Würmer und Larven mit seiner feinen Nase auf. Beim Graben der Gänge geht er wie ein Bohrer vor.

Von links nach rechts: dreiblättriger Wiesenklee, Vierklee, Löwenzahn, Pusteblume, Gänseblümchen.

Wiesentiere (rechts):	**3.** Regenwurm
1. Weinberg-schnecke	**4.** Maulwurf
	5. Maulwurfsgrille
2. Marienkäferchen	**6.** Ameiseneier

Blütenstaub – Angezogen von Duft und Farbe der Blüten tragen Schmetterlinge (1), Marienkäferchen (2), Bienen (3) und Wespen (4) den Blütenstaub von den Staubgefäßen einer Blüte zur anderen.

Ameisen; Bienen
Blumen und Blüten
Insekten
Schmetterlinge

Winterschlaf

Bei manchen Säugetieren, wie den Bären, bleibt während des Winterschlafs in ihrer Höhle die Körpertemperatur hoch. Es ist also kein echter Winterschlaf.

Nach dem Winterschlaf ist der Siebenschläfer (oben) nur noch halb so schwer.

Im Winter erschwert die Kälte die Nahrungssuche. Manche Tiere, wie die Schwalben, ziehen dann in wärmere Gefilde, andere verfallen in Winterschlaf. Manche Tiere schlafen ganz plötzlich ein, andere, wie das Eichhörnchen, bereiten die Höhle vor, in die sie sich zurückziehen. Viele fressen vor dem Winterschlaf noch soviel wie möglich, um eine Fettreserve anzulegen, die ihnen das Überleben bis zum Wiedererwachen ermöglicht. Andere dagegen wachen in regelmäßigen Abständen auf, um Nahrung aufzunehmen sowie Kot und Harn auszuscheiden. Während des Winterschlafs sind die Herzschläge und die Körperfunktionen verlangsamt, um Energie zu sparen. Auch die Körpertemperatur sinkt und paßt sich der Temperatur der Umgebung an.

Amphibien; Bären
Hörnchen; Igel; Jahreszeiten; Säugetiere
Schlangen; Waschbären

Sommerschlaf – Manche Wüstentiere fallen in den heißen Monaten in einen tiefen Schlaf. Sie verlangsamen ihre Körperfunktionen, um den Wassermangel überleben zu können. Frösche und Krokodile verkriechen sich im Schlamm, bis es wieder regnet. Die Schnecken, die in der Wüste leben, können jahrelang ausharren, ohne Nahrung aufzunehmen.

1. Schleie
2. Sumpfschildkröte
3. Frosch
4. Ringelnatter
5. Marienkäfer
6. Schnecke
7. Blindschleiche
8. Eidechse
9. Braunbär
10. Murmeltier
11. Igel
12. Siebenschläfer
13. Eichhörnchen
14. Dachs

NEUE WÖRTER

Die Tiere verständigen sich mit unterschiedlichen Lautsprachen, doch nur der Mensch allein drückt sich in Worten aus. Es gibt über 5000 verschiedene Sprachen und viele Mundarten (örtlich bedingte Sprachformen ein und derselben Hochsprache). Es braucht viel Zeit, bis sich eine neue Sprache entwickelt. Neue Wörter (Neologismen) tauchen hingegen tagtäglich auf.

Airbag: Aufprallschutz in Autos.
Astronaut: Raumfahrer.
Bestseller: Buch, das sich sehr gut verkauft.

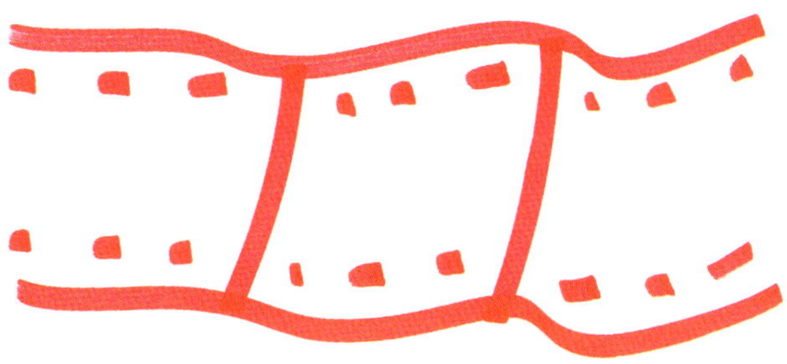

Budget: für ein Projekt eingeplanter Betrag.
Business: Geschäft; Geschäftsleben.

Camcorder: kompakte, leichte Videokamera.
Dolce vita: ital.: süßes Leben; ausschweifende Lebensführung.
E-Mail: elektronische Post.
Fast food: Speisenangebot im Schnellimbiß.
Flop: Mißerfolg.
Free-lance: freiberuflicher Mitarbeiter

Genmanipuliert: durch Gentechnik verändert.
Hacker: Person, die den Computercode fremder Anlagen knackt und sich unerlaubt Zugang verschafft.
Handy: tragbares, handliches Telefon.
Hitparade: bringt die erfolgreichsten Schlager.

Jet lag: Belastung durch Zeitverschiebung bei langen Flugreisen.
Job-sharing: Zwei oder mehrere Mitarbeiter teilen sich die Arbeit eines Arbeitsplatzes in Teilzeit.
Know-how: Wissen, das für die Ausübung einer Tätigkeit erforderlich ist.
Leasing: Mietkauf.
Marketing: Verkaufsförderung; entwickelt Strategien aufgrund von Studien zur Beziehung zwischen Produkt und Konsument.
Minuterie: Lichtschaltung, z. B. für Treppenhäuser, die nach wenigen Minuten selbst ausschaltet.
Nouvelle Cuisine: die neue, leichte Küche.

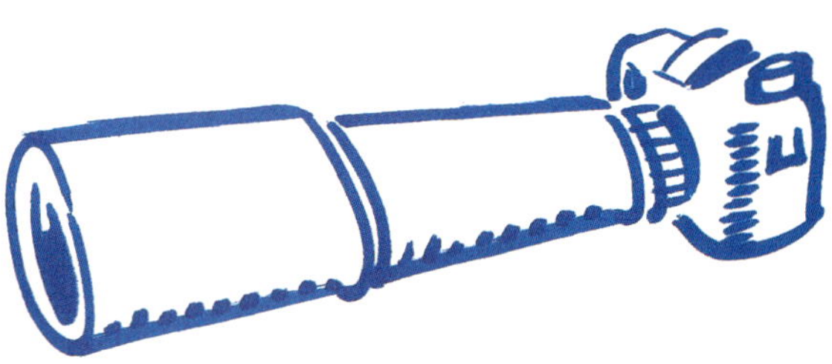

Outen: Schwächen einer Person öffentlich bekanntmachen.
Personal Computer (PC): Heimcomputer.
Recycling: Wiederverwertung.
Scoop: Knüller (Journalismus).
Streß: körperliche oder seelische Belastung.

Talk-Show: Fernsehsendung, bei der ein Showmaster eine oder mehrere Personen interviewt oder sich mit ihnen über verschiedene Themen unterhält.
Training: Bewußt und methodisch ausgeführte Übungen zur Leistungssteigerung (vor allem im Sport) bzw. zur Erhaltung des körperlichen oder seelischen Wohlbefindens.
Trailer: Vorspann, Filmvorschau.
Trendsetter: Person, die den Ton angibt (z. B. in der Mode) und neue Richtungen populär macht.

Update: auf den neuesten Stand bringen.
Videoclip: kurzer Videofilm, der zu einem Musikhit gespielt wird.
Voucher: Gutschein für vorausbezahlte Leistungen, vor allem im Tourismus.
Yuppie: (engl.: young urban professional people) junge Wirtschaftseinsteiger.
Zappen: mit der Fernbedienung schnell die Programme durchschalten.
Zoom: variables Objektiv an Foto- und Filmkameras.

COMPUTER
INFORMATIK

Zebras

Das Zebra gehört zu den Einhufern und ist mit den Pferden verwandt. Es besitzt ein charakteristisches schwarzweiß gestreiftes Fell. Alle Zebras scheinen gleich auszusehen. In Wirklichkeit hat jedes einzelne Tier eine eigene Streifenkombination. Schon zu Beginn des Pleistozäns gab es Urformen, die den heutigen Zebras sehr ähnlich waren. Das Zebra ist ein geselliges Tier, das in Herden lebt und sich von pflanzlicher Kost ernährt. Zebras unternehmen oft weite Wanderungen, um der Dürre zu entfliehen. Ihr natürlicher Lebensraum sind die mit Büschen und Bäumen durchsetzten Grasebenen und Hügel Afrikas.

Maul – Die Streifen am Kopf dieses Grévyzebras liegen dicht beieinander. Sie werden von einer braunen Zone oberhalb der Nasenflügel und von der schwarzen Spitze des Mauls unterbrochen. Vom Rücken laufen die Streifen in Mustern bis zu den Beinen und dem Schwanz.

Arten – Es gibt heute nur noch drei Zebraarten: Das Grévyzebra ist mit einem Stockmaß von 1,50 m das größte Zebra. Dann gibt es noch das Steppenzebra, die meistverbreitete und dem Pferd am nächsten kommende Art, und das Bergzebra, das mit seinen kräftigen Hufen die hochgelegenen Regionen Südafrikas erklimmen kann.

PFERDEARTIGE
SÄUGETIERE
TARNUNG
TIERWELT AFRIKAS

Zebras sind schnelle Läufer. Ein fliehendes Zebra kann eine Geschwindigkeit von 70 km/h erreichen.

Zebrafohlen sind schon kurz nach der Geburt imstande, mit ihrer Mutter mitzugehen, die sie aus allen Tieren der Herde herauskennen. Zebras pflanzen sich alle 11-12 Monate fort. Die Stuten bringen ein Junges, selten zwei, zur Welt.

Zeitzonen

Wer rund um die Erdkugel reist, muß seine Uhr immer wieder umstellen wie Phileas Fogg, der Held des Romans *In 80 Tagen um die Welt* von Jules Verne. Fogg gewinnt schließlich seine Wette, weil er während seiner Reise um den Globus seine Uhr um 24 Stunden zurückstellen muß – also um genau eine Stunde für jede durchquerte Zeitzone.

Längen- und Breitengrade sind gedachte Linien, mit denen man die Erdkugel unterteilt. Die Meridiane oder Längengrade verlaufen senkrecht von Pol zu Pol, die Breitengrade parallel zum Äquator.

Erde
Kartographie

Ortszeit und Zeitzonen – Der Globus wird durch Meridiane im Abstand von 15 Grad (ausgehend vom Nullmeridian, der durch Greenwich bei London verläuft) in 24 Zeitzonen eingeteilt. Alle Gebiete, die in der gleichen Zeitzone liegen, haben dieselbe Ortszeit. Wenn man nach Osten reist, muß man nach jeder durchreisten Zeitzone die Uhr eine Stunde vorstellen, bei Reisen nach Westen hingegen um eine Stunde zurückstellen. Wenn es in London 8.00 Uhr abends ist, ist es in New York erst 3.00 Uhr nachmittags.

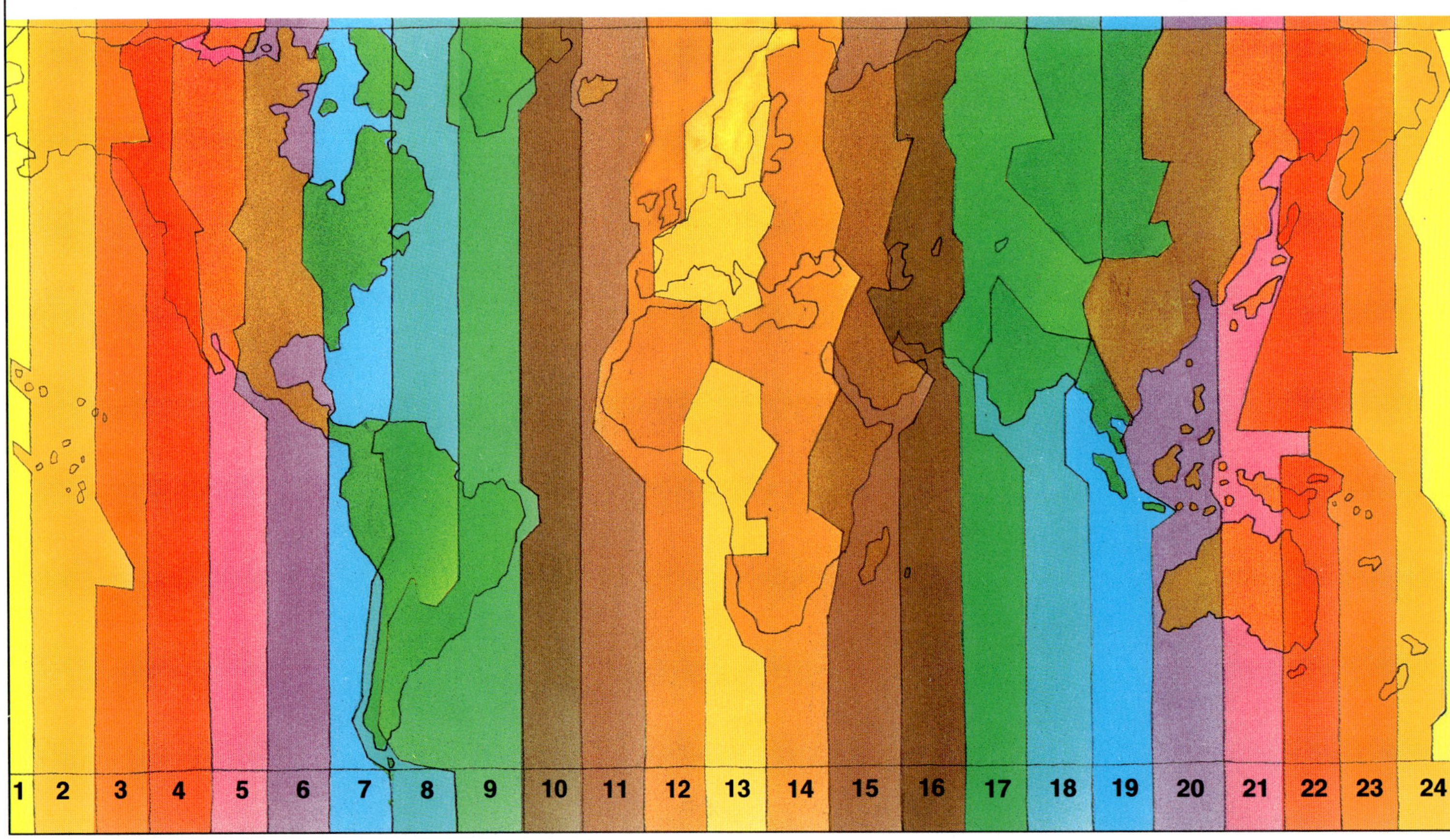

Bildtafeln

FLIESSBAND-MONTAGE

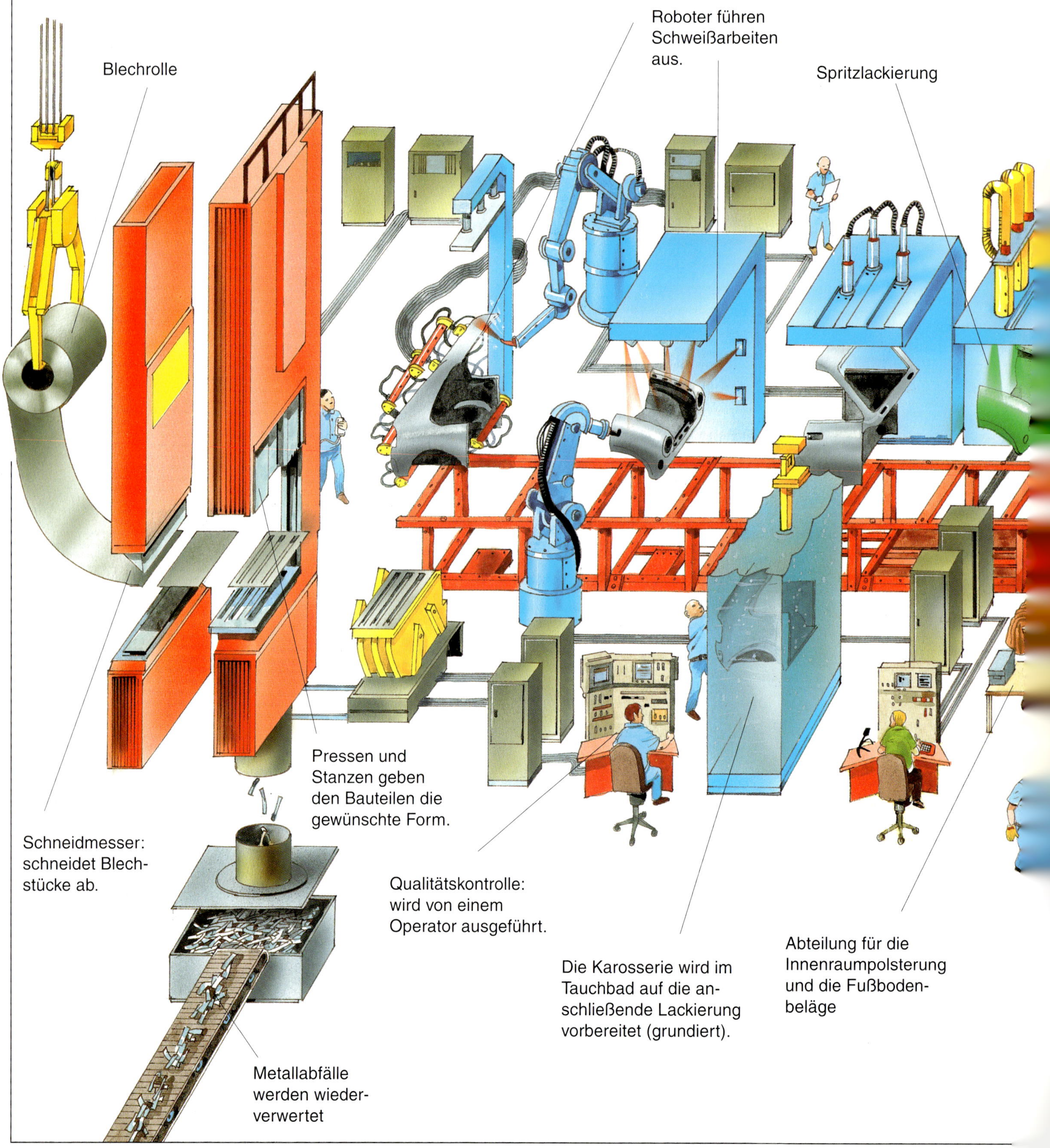

Roboter – Von den Pressen bis zur Karosseriewerkstatt, von der Lackiererei bis zur Endkontrolle sind es die Roboter, die die mühsamsten und monotonsten Arbeiten ausführen.

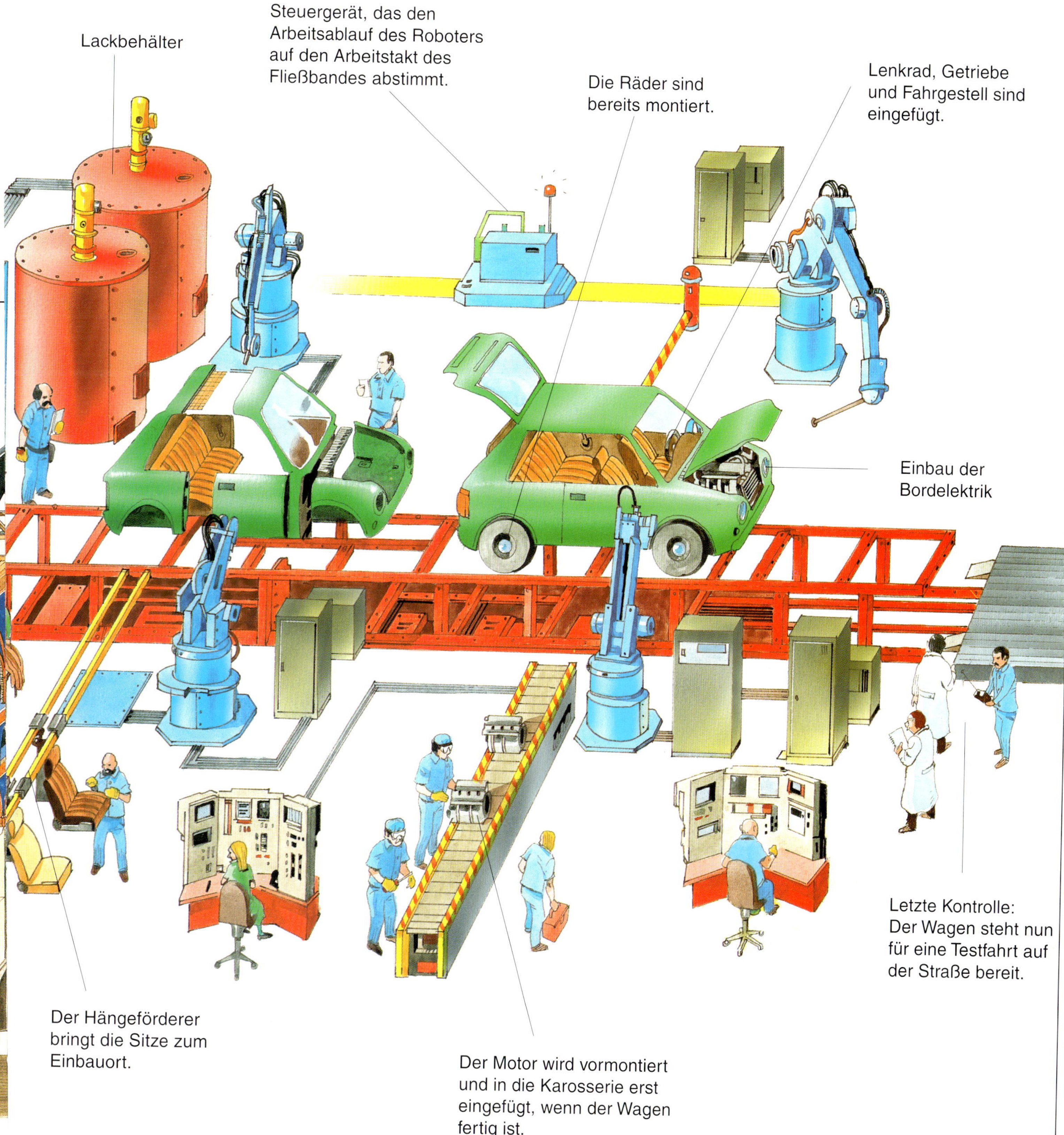

Sternbilder

Schütze: Neuntes Tierkreiszeichen (1), Sternbild des Südhimmels; im Sommer am Abendhimmel nicht weit über dem Horizont sichtbar.

Steinbock: Zehntes Tierkreiszeichen (2). Sternbild des Südhimmels. In Sommernächten sichtbar.

Wassermann: Elftes Tierkreiszeichen (3). Sternbild des Südhimmels, knapp am Himmelsäquator. In Sommer- und Herbstnächten sichtbar.

Fische: Zwölftes Tierkreiszeichen (4). Sternbild des Südhimmels. In Sommer- und Herbstnächten sichtbar.

Widder: Erstes Tierkreiszeichen (5). Sternbild des Nordhimmels. In Herbst- und Winternächten sichtbar.

Stier: Zweites Tierkreiszeichen (6). Sternbild des Nordhimmels. in Herbst- und Winternächten sichtbar.

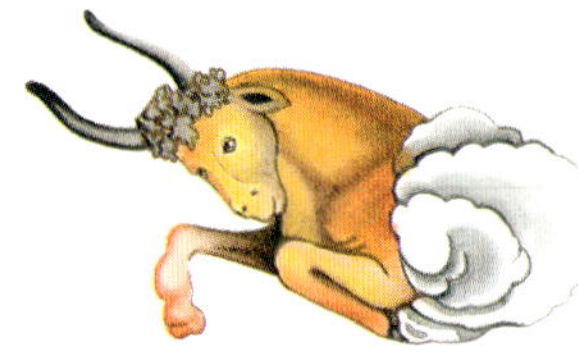

Orion: Sternbild der Äquatorzone (7); besteht aus vier Sternen, von denen drei besonders hell leuchten: Beteigeuze, Rigel und Bellatrix.

Schwan: Sternbild des Nordhimmels (8) in Form eines Kreuzes im hellsten Teil der nördlichen Milchstraße.

Zwillinge: Drittes Tierkreiszeichen (9). Sternbild des Nordhimmels. In Herbst- und Winternächten sichtbar.

Krebs: Viertes Tierkreiszeichen (10). Sternbild des Nordhimmels. In Winter- und Frühlingsnächten sichtbar.

Löwe: Fünftes Tierkreiszeichen (11). Sternbild des Nordhimmels. In Winter- und Frühlingsnächten sichtbar.

Jungfrau: Sechstes Tierkreiszeichen (12). Sternbild des Nordhimmels. In Frühlingsnächten sichtbar.

Waage: Siebtes Tierkreiszeichen (13). Sternbild des Südhimmels. In Frühlings- und Sommernächten sichtbar.

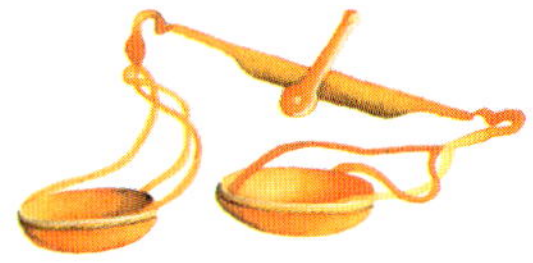

Skorpion: Achtes Tierkreiszeichen (14). Sternbild des Südhimmels. In Sommernächten sichtbar.

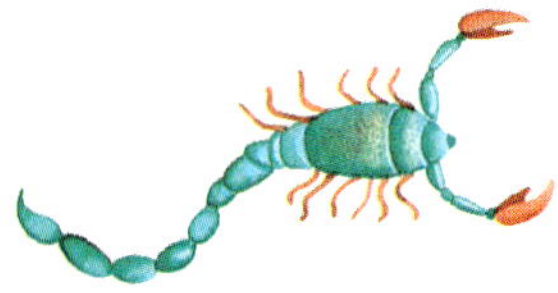

Großer Bär: Sieben helle Sterne bilden den Großen Wagen (15), auch Großer Bär genannt. Das ganze Jahr über sichtbar.

Kleiner Bär: Sieben helle Sterne, zu denen auch der Polarstern zählt, bilden den Kleinen Bären (16), auch Kleiner Wagen genannt. Er ist ein Sternbild des Nordhimmels (ebenso wie der Große Bär).

Wolkenkratzer

Beton und Stahl – Die Wolkenkratzer sind Hochhäuser, die eine bessere Verwertung der Grundstükke in den Großstädten ermöglichen. Ab einer Gebäudehöhe von mindestens 50 m, das sind 12-15 Stockwerke, spricht man von Wolkenkratzern. Der Trend zu solchen hoch aufragenden Bauwerken entstand ab 1880 nach dem Beispiel von Chicago und wurde durch die Stahlbautechnik ermöglicht.

Panorama von New York:
1. Die Zwillingstürme des World Trade Center sind mit 110 Stockwerken die höchsten.
2. Hubschrauber.
3. Citicorp Center. Es ruht auf 9 Stockwerke hohen Pfeilern. Die Spitze des Wolkenkratzers ist schräg abgeschnitten wie das Mundstück einer Flöte.
4. Chrysler Building, 77 Stockwerke hoch.
5. Empire State Building, 102 Stockwerke.
6. Schiff der Circle Line, das Passagiere rund um die Insel Manhattan fährt.
7. Schlepper (die Stadt New York liegt zum Teil auf dem Festland, zum Teil auf Inseln in der Mündung des Hudson).

Lokomotive

Die ersten Personenzüge mit Dampflokomotiven verkehrten ab 1831 und führten 8-14 Waggons mit. Dampflokomotiven wurden immer von einem Lokomotivführer (Maschinisten) und einem Heizer gefahren. Zum Zugpersonal gehörten noch der Schaffner, der die Fahrkarten kontrollierte, sowie Köche und Kellner für den Speisewagen. Häufig waren auch Postbedienstete und ein Friseur an Bord.

Schornstein – Mit dem Abdampf der Zylinder werden hier die Rauchgase ins Freie geblasen.

Kessel – Er besteht aus etwa eineinhalb Zentimeter dickem Stahlblech.

Zylinder – Der heiße Dampf strömt in die Zylinder und bewegt die Kolben. Über Kurbeln werden die Treibräder in Bewegung gesetzt.

Heizrohre – Die heißen Feuerungsgase strömen durch zahlreiche Rauchrohre im Kessel und erhitzen und verdampfen das Wasser. Bevor der Dampf in die Zylinder strömt, erhält er durch weiteres Aufheizen in Überhitzungsrohren noch mehr Energie.

Dampfdom – An der höchsten Stelle des Kessels wird der Dampf am Reglerventil entnommen.

Feuerbüchse – Hier verbrennt die Kohle und liefert die Energie für die Dampferzeugung.

Führerstand – Hier ist der Platz für den Lokomotivführer, der die Lokomotive fährt, und den Heizer, der sich um Kessel und Maschine kümmert.

Feuerschirm – Ein aus feuerfesten Steinen gemauerter Bogen lenkt die Flammen nach hinten. Die Kohle verbrennt besser, und es entsteht weniger Rauch.

Flammen – Der Abdampf im Schornstein saugt Luft durch die brennenden Kohlen und facht das Feuer um so mehr an, je schneller die Lokomotive fährt.

Feuertür – Durch diese Türe schaufelt der Heizer Kohle in die Feuerbüchse.

Oben: Querschnitt durch die Lokomotive.

Links: Dampflok der Gattung FS 685 der italienischen Staatsbahn.

Geschwindigkeit – Schon Stunden vor der Abfahrt heizte man die Feuerbüchse an, damit das Wasser im Kessel heiß wurde und Dampf bildete. Wenn der Dampfdruck hoch genug war, öffnete der Maschinist das Reglerventil, so daß der Dampf die Kolben bewegte und sich die Räder in Gang setzten. Die Lokomotive fuhr langsam an und beschleunigte dann. Die Höchstgeschwindigkeit der Dampflokomotiven lag bei 160 km/h.

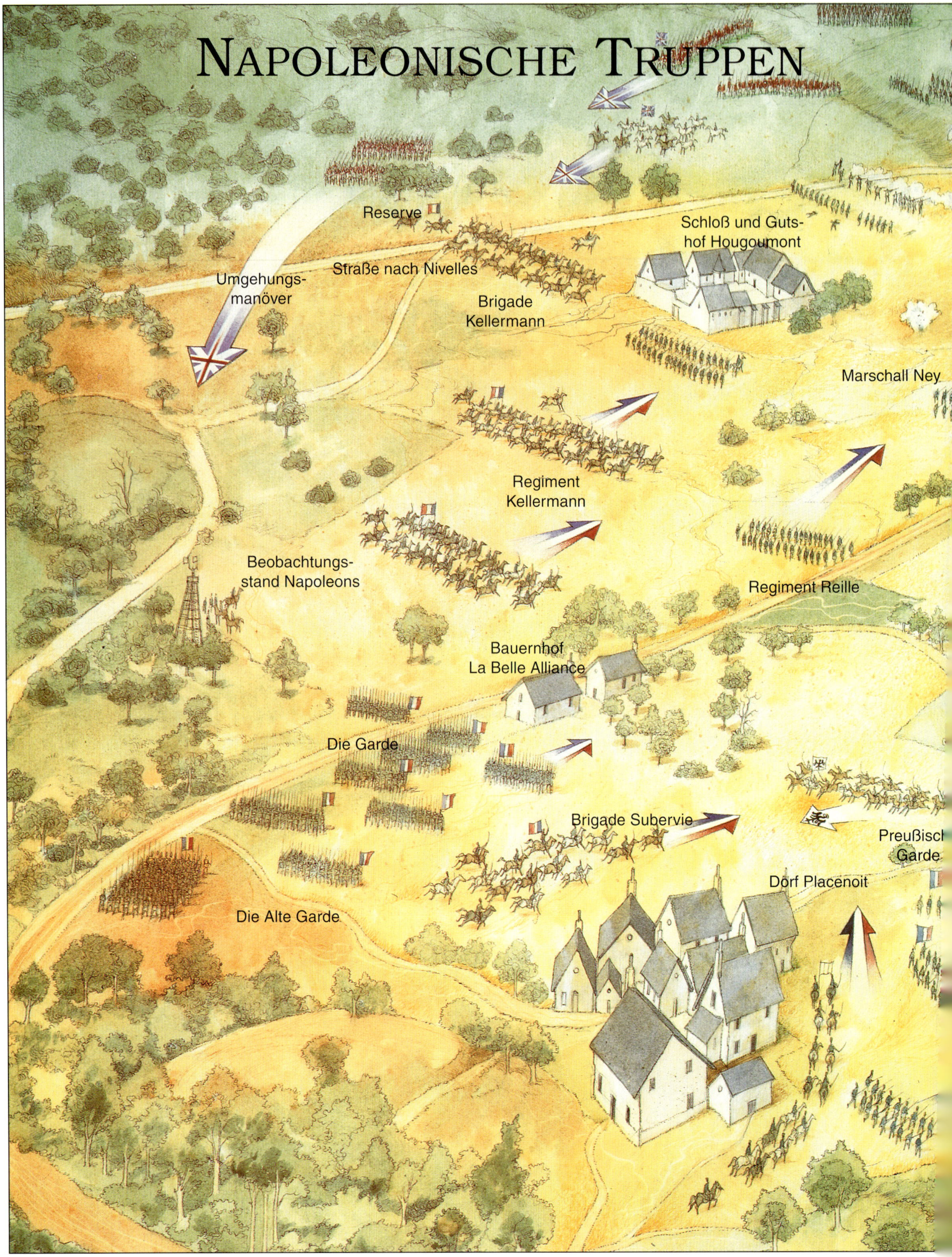
NAPOLEONISCHE TRUPPEN
Reserve
Schloß und Gutshof Hougoumont
Straße nach Nivelles
Umgehungsmanöver
Brigade Kellermann
Marschall Ney
Regiment Kellermann
Beobachtungsstand Napoleons
Regiment Reille
Bauernhof La Belle Alliance
Die Garde
Brigade Subervie
Preußisch Garde
Dorf Placenoit
Die Alte Garde

Die Schlacht von Waterloo – Die napoleonischen Truppen kämpften am 18. Juni 1815 bei Waterloo in Brabant (Belgien) gegen die Truppen der verbündeten Engländer, Holländer und Deutschen (unter dem Oberbefehl von General Wellington) sowie gegen das preußische Heer (unter dem Oberbefehl von General Blücher). Napoleon wurde besiegt, mußte abdanken und ins Exil auf die Insel St. Helena gehen.

Chinesische Mauer

Die Große Mauer (Länge etwa 6400 km mit Verzweigungen) wurde vom chinesischen Kaiser Shi Huang-ti (229-221 v. Chr.) zur Verteidigung der Nordgrenzen Chinas erbaut.

1. Regimentsbanner
2. Trommler zum Antreiben der Truppen
3. Zinnengekrönte Mauern
4. Innerer Mauerring
5. Reitertruppen der Angreifer
6. Katapulte für den Angriff auf die Türme
7. Pferde unterhalb der Mauern
8. Feinde, die versuchen, die Mauer zu erklettern
9. Brieftauben als Überbringer von Botschaften
10. Zinnenbewehrter Turm mit Schießscharten
11. Garnison, die sich auf die Verteidigung vorbereitet
12. Verteidiger, die vom Dorf herbeiströmen
13. Erhöhte Beobachtungstürme
14. Rauchzeichen
15. Vorratslager
16. Von einer Schutzmauer umgebenes Dorf
17. Pagode
18. Kasernen und Zeughäuser
19. Bauernhäuser
20. Bebaute Felder

20
19
17
14
15
18
16
12
13
7
8
9
10
11

OLYMP

Dieser Stammbaum macht die Abstammung der Götter von *Uranos* (Verkörperung des Himmels) und *Gaia* (Erde) deutlich. Der Herrscher des Olymp war Zeus (Herr des Blitzes), Sohn des Kronos und der Rheia.

Die mit der roten Linie verbundenen Abbildungen stellen die Frauen und Göttinnen dar, mit denen Zeus zahlreiche Kinder hatte.

ORCHESTER

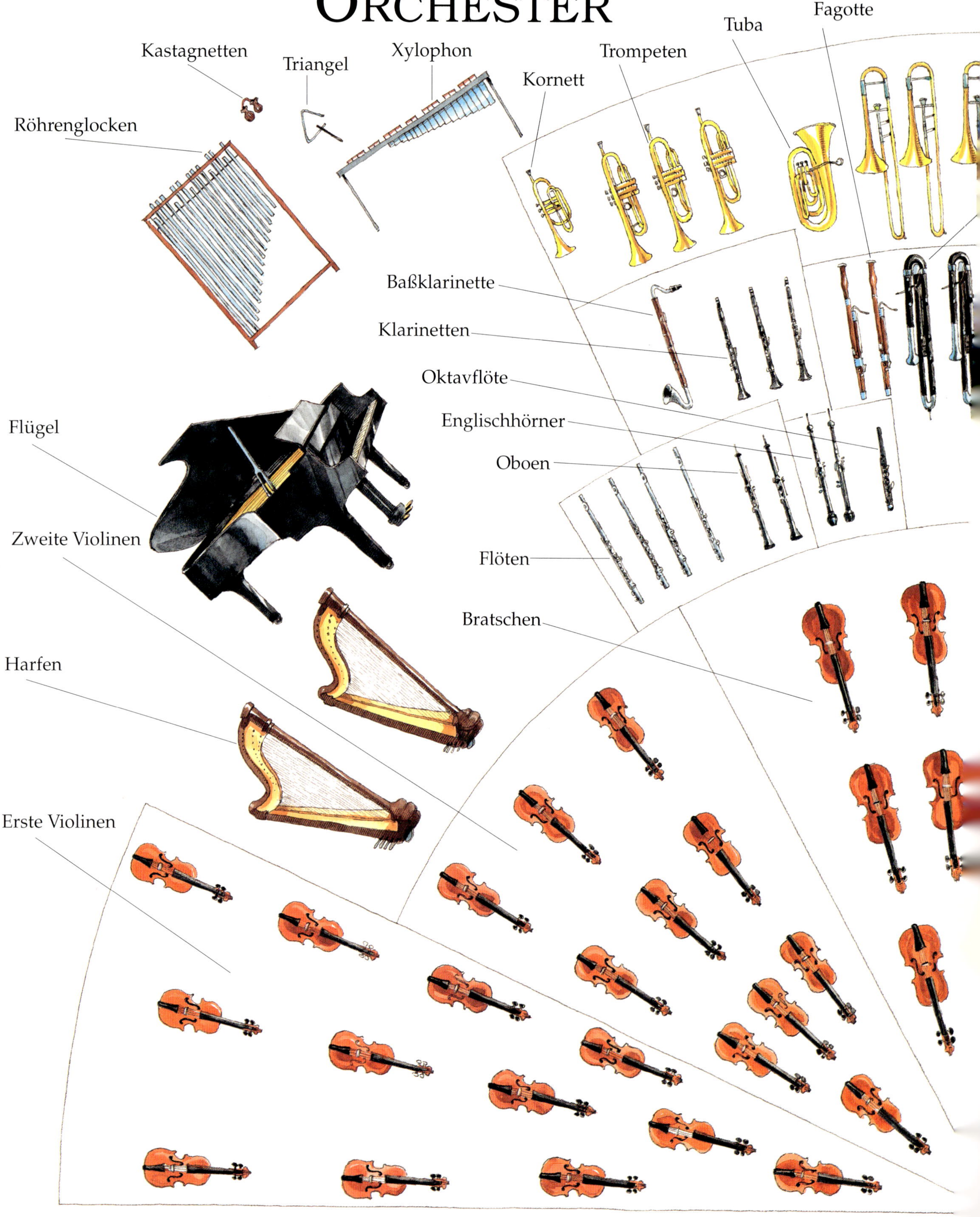
Kastagnetten
Triangel
Xylophon
Kornett
Trompeten
Tuba
Fagotte
Röhrenglocken
Baßklarinette
Klarinetten
Oktavflöte
Flügel
Englischhörner
Oboen
Zweite Violinen
Flöten
Bratschen
Harfen
Erste Violinen

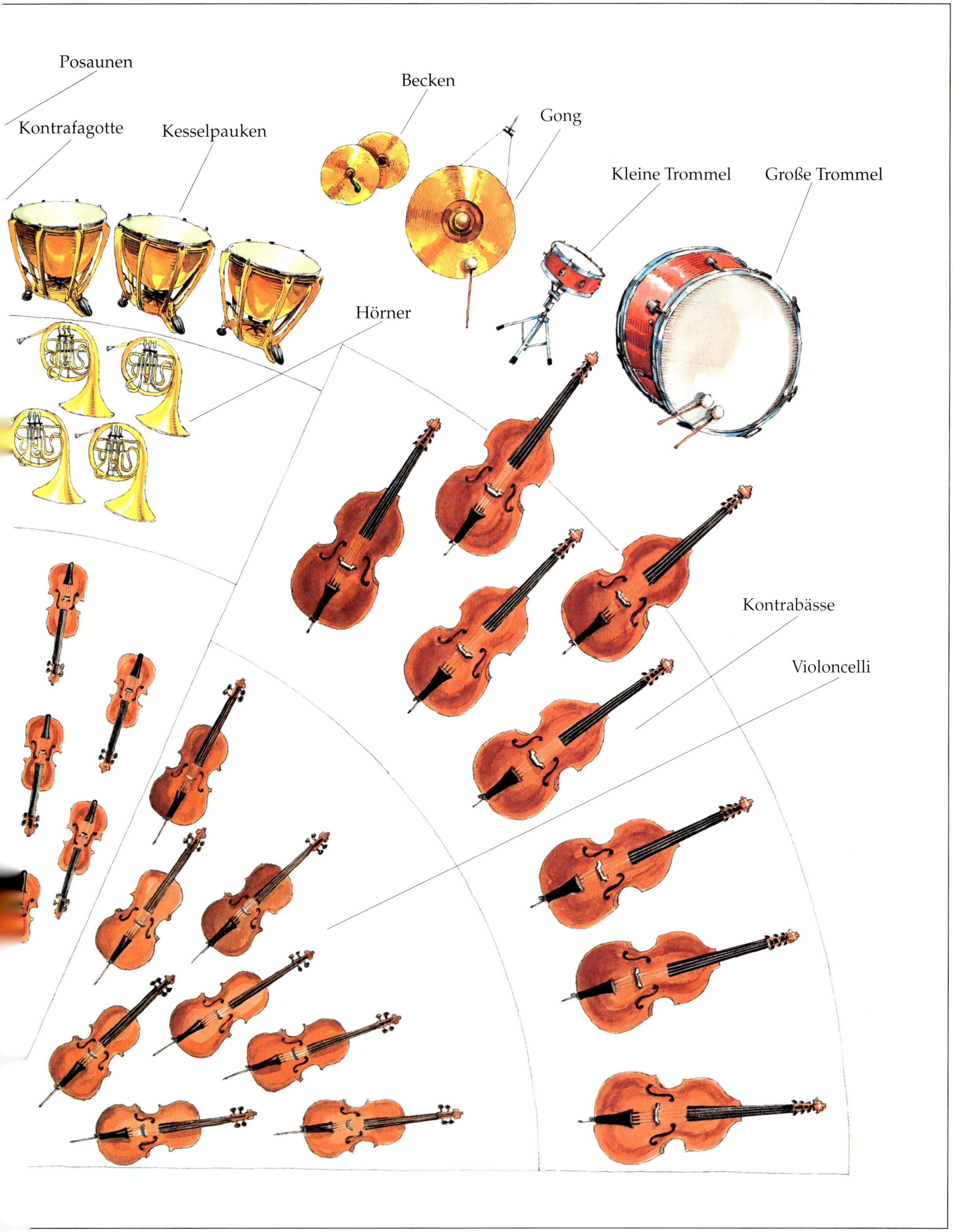
Posaunen
Kontrafagotte
Kesselpauken
Becken
Gong
Kleine Trommel
Große Trommel
Hörner
Kontrabässe
Violoncelli

RENAISSANCE

Kulturelle Blütezeit – Als Renaissance bezeichnet man den geschichtlich-kulturellen Zeitraum zwischen der Mitte des 15. Jahrhunderts und dem Ende des 16. Jahrhunderts. In dieser Zeit waren im Bereich der Künste, der Literatur und der Philosophie große Fortschritte zu verzeichnen.

Künstler – Zu den Künstlern der Renaissance zählen die Maler Leonardo da Vinci, Sandro Botticelli und Michelangelo Buonarotti, zu den Architekten Filippo Brunelleschi und Andrea Palladio und zu den Literaten Niccolò Machiavelli und Ludovico Ariosto.

Die Abbildung zeigt Florenz in der zweiten Hälfte des 15. Jahrhunderts, zur Zeit Leonardo da Vincis.

1. Campanile (Glockenturm) von Giotto
2. Dom
3. Kuppelbau von Brunelleschi
4. Handwerksbetrieb der Färber mit zum Trocknen ausgehängten Stoffen
5. Türme von Privathäusern
6. Banner der Familie Medici
7. Mittelalterliches Haus
8. Loggia
9. Renaissancepalast
10. Gepflasterte Straße
11. Schmiedewerkstatt mit Amboß und Blasebalg
12. Werkstatt eines Silberschmiedes
13. Schneiderwerkstatt
14. Künstler, der seine Werke vorführt
15. Schmelzofen mit Schmelztiegel
16. Bildhaueratelier mit Reiterstandbild
17. Längsschnitt durch ein Haus: im Erdgeschoß, Bildhaueratelier; im ersten Stock, Fest- / Bankettsaal; im zweiten Stock, Himmelbett; ganz oben, Dachboden mit Getreidesäcken.

SEGELSCHIFFE

Wikingerschiff (10. Jh.)

Römisches Handelsschiff (Ende der Kaiserzeit)

Nordisches Schiff (Mitte des 13. Jh.)

Algerisches Piratenschiff des Mittelmeeres

Galeone (Ende des 16. Jh., Westeuropa)

Dreimaster (um 1760)

„Persistant" (1865), französische Bark

Großes Handelsschiff um 1500, Westeuropa

Schwedisches Postschiff (um 1690)

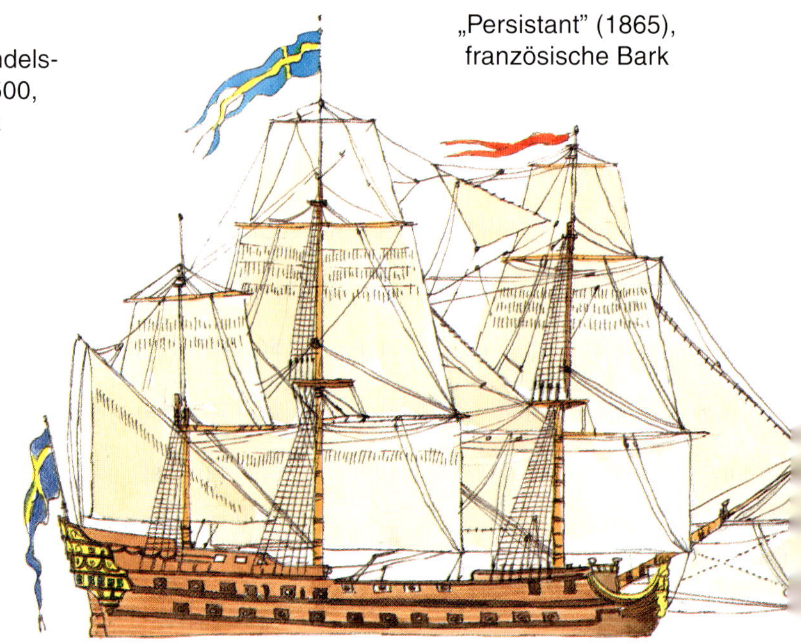

„Göta Lejon", Kriegsschiff mit 72 Kanonen; 1746 gebaut

Themse-Lastsegler

Amerikanischer
Fischfang-Schoner

Schaluppe der
Inseln vor Stock-
holm (1921)

Norwegisches Fischerboot
mit Rahsegeln (um 1881)

Schwedischer Hochsee-
Gaffelschoner (um 1881)

Englisches Fischer-
boot für den Fang mit
Schleppnetz

„County of Linlithgow", Fünfmastbark,
1887 in Glasgow gebaut

„Dagny", Schwedischer
Dreimastschoner (1926)

Englisches
Rettungsboot um
1900

„Wyoming",
Sechsmast-
Gaffelschoner
(1909)

INUITDORF

Die Abbildung zeigt ein traditionelles Inuitdorf.

Eskimos – Lange Zeit nannte man die Inuit Eskimos, nach einem Wort, das bei den Algonkin *Rohfleischesser* bedeutet. Die Vorfahren der Inuit kamen vor etwa 4000 Jahren aus Innerasien. Sie lebten seit jeher als Nomaden oder Halbnomaden von der Jagd und vom Fischfang.

Jagd – Die Inuit jagten Eisbären, Karibus, Walrosse, Wale und Robben. Aus den Knochen fertigten sie Nadeln, Harpunen und andere Waffen an, aus den Fellen Kleider und Planen für die Zelte und Boote. Im Sommer lebten die Inuit in Zelten, im Winter in Häusern aus Stein und Grassoden oder in Iglus aus Eis und Schnee.

Religion – Wie die nordamerikanischen Indianer glaubten auch die Inuit, daß alle Lebewesen eine Seele haben. Wenn sie ein Tier gefangen hatten, vollführte einer der Jäger ein Ritual, damit der Geist des Tieres nicht beleidigt werde. Der Schamane (Medizinmann) war der Vermittler zwischen den Lebenden und der Geisterwelt. Er heilte mit Kräutermedizin.

Heute – Auf Grönland, in Nordkanada, Alaska und Sibirien leben rund 100 000 Inuit. Einige von ihnen betreiben noch wie früher Jagd und Fischfang, doch viele haben moderne Lebensformen übernommen. Schneemobile ersetzen die Schlittenhunde als Transportmittel.

Traditionelles Inuitdorf

1. Sommerzelt
2. Häuser aus Stein und Grassoden
3. Gerüst zum Trocknen von Fleisch
4. Rohbau
5. Walgerippe
6. Frauen beim Sammeln von Heidelbeeren
7. Vogelfang mit dem Netz
8. Eine Frau schabt Felle ab
9. Zugangsgraben zum Haus
10. Jäger mit Harpunen
11. Erlegte Robben
12. Eine Frau stellt Flechtwerk aus Leder her
13. Schlittenhunde
14. Schlitten
15. Kochstelle aus Speckstein
16. Umiak
17. Kajak
18. Gletscher

WIKINGERDORF

Wikinger – Das Wort leitet sich ab von *vikingr;* das heißt auf norwegisch soviel wie *der, der über die Meere fährt;* später wurde es zum Synonym für Seeräuber. Das Volk der Wikinger lebte zwischen 800 und 1100 in Skandinavien. Es bestand aus Sippen, das heißt, Familienverbänden, die durch verwandtschaftliche Bande miteinander verknüpft sind.

Alltagsleben – Die Behausungen hatten lange, dicke, niedrige Mauern. Diese Konstruktion diente als Schutz vor Kälte. Die Fenster waren klein, das Dach war einem umgekehrten Schiffsrumpf nachempfunden; auf diese Weise konnte der Wind darüberblasen, ohne Widerstand zu finden, wie auch das Wasser unter dem Kiel eines Schiffes dahinfließt.

Kleidung – Die Wikinger trugen Hosen und Kasaks aus Wolle und darüber einen Umhang. Die Kopfbedeckung war je nach Jahreszeit aus Wolle oder aus Pelz. Im Gürtel steckte immer ein Schwert. Die Frauen trugen Wolle oder Leinen. Ihre Kasaks reichten bis zu den Füßen, und oft schmückten sie sich mit schweren Halsketten oder Fibeln aus getriebenem Metall.

Szenen aus einem Wikingerdorf

1. *Thing* oder Versammlungshaus
2. *Knorr,* ein an Land gezogenes Handelsschiff
3. Tiegel mit Harz, das zum Abdichten der Schiffe verwendet wurde
4. Bretter für den Schiffbau
5. Keiltechnik zum Spalten der Baumstämme
6. *Karv,* Küstenschiff
7. Mit Lederstreifen verstärktes Segel
8. Eingang zum Fjord
9. *Drakkar,* Kriegsschiff
10. Drachenkopf als Bugspitze
11. Zimmerleute
12. Schiffsgerippe
13. Werft, auf der die Schiffe gebaut werden
14. Schreiner
15. Beplankung des Schiffes
16. Verzierung am Heck
17. Wikinger-Wohnhaus

Tierkreiszeichen

Die Astrologen teilten den jährlichen Lauf der Sonne um die Erde in zwölf gleiche Teile, die sog. Zeichen, ein. Angeblich entsprechen jedem Zeichen bestimmte körperliche und seelische Merkmale.

Horoskop – Um den Charakter und die Zukunft eines Menschen zu analysieren, braucht der Astrologe die Stunde, das Datum und den Ort der Geburt. Daraus ermittelt er den Einfluß der Sterne.

Widder (21. März-20. April): Feuerzeichen. Charakter: energisch, mutig, ist leicht zu begeistern; unterschätzt aber oft Schwierigkeiten.

Stier (21. April-20. Mai): Erdzeichen. Charakter: ruhig, nachdenklich, kann Probleme anpacken; manchmal zeigt er sich besitzergreifend.

Zwillinge (21. Mai-21. Juni): Luftzeichen. Charakter: intelligent, neugierig, intuitiv, phantasievoll; neigt zum Sich-Verzetteln und zur Oberflächlichkeit.

Krebs (22. Juni-22. Juli): Wasserzeichen. Charakter: empfindsam und gefühlsbetont; er ist romantisch und kreativ, doch manchmal schüchtern und zerstreut.

Löwe (23. Juli-22. August): Feuerzeichen. Charakter: ehrgeizig und wagemutig, er weiß, was er will, und kann faszinieren; oft ist er egozentrisch.

Jungfrau (23. August-22. Sept.): Erdzeichen. Charakter: ordentlich, überlegt, vertrauenswürdig, kann logisch argumentieren; oft wenig spontan.

Waage (23. September-22. Oktober): Luftzeichen. Charakter: idealistisch, faszinierend, liebt schöne Dinge; ist aber oft leichtsinnig und oberflächlich.

Skorpion (23. Oktober-21. Nov.): Wasserzeichen. Charakter: anziehend, intelligent und analytisch denkend; oft eifersüchtig und besitzergreifend.

Schütze (22. November-20. Dezember): Feuerzeichen. Charakter: treu und uneigennützig, spontan und optimistisch. Er ist oft ungeduldig.

Steinbock (21. Dezember-19. Januar): Erdzeichen. Charakter: arbeitsam und zäh, pflichtbewußt. Oft kalt und wenig herzlich.

Wassermann (20. Januar-18. Februar): Luftzeichen. Charakter: unabhängig und eigenständig, er liebt die Freiheit und die Ideale. Oft ist er aber eitel.

Fische (19. Februar-20. März): Wasserzeichen. Charakter: sensibel, freundlich und liebevoll, viel Phantasie; oft willensschwach; neigt dazu sich zu verzetteln.

Klassifizierung der lebenden Arten

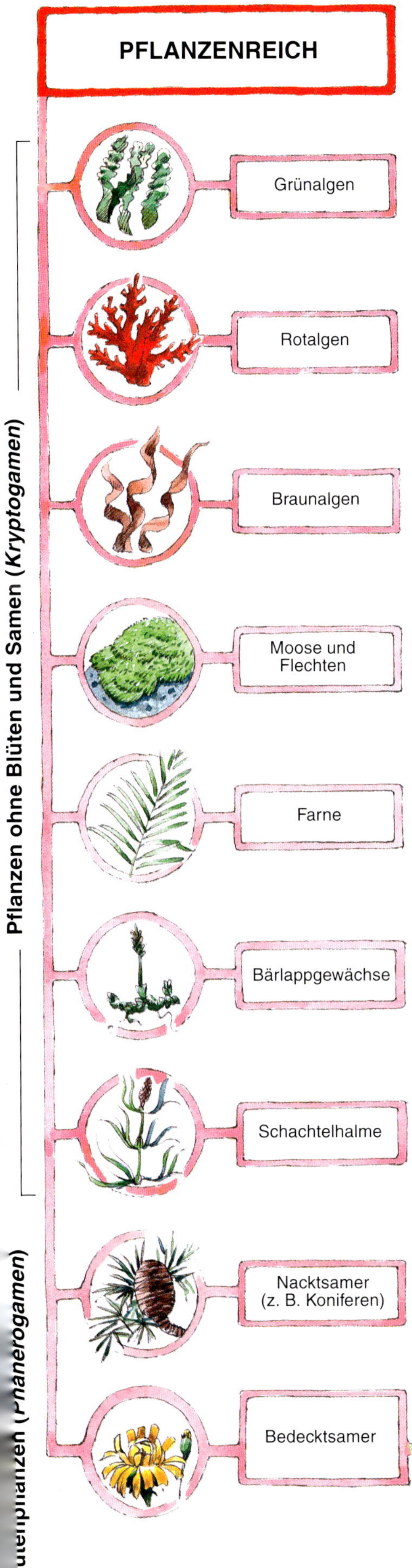

Reiche – Um die Lebewesen besser studieren zu können, haben die Wissenschaftler sie in fünf Gruppen oder Reiche eingeteilt: **Moneren**, **Einzeller, Pilze, Pflanzen, Tiere.** Die erste Klassifizierung geht auf das Jahr 1758 zurück und ist das Werk von Carl von Linné, der alle bis dahin bekannten Lebewesen nach ihrer Physiologie (Studium der Lebensfunktionen) und nach ihrer Morphologie (Studium äußerer Formen und innerer Strukturen) einteilte. In der Folgezeit wurden verschiedene andere Klassifizierungen nach anderen Kriterien vorgenommen, z. B. nach Evolutionskriterien. Immer noch entdeckt man neue Arten; viele dagegen sind vom Aussterben bedroht oder bereits ausgestorben.

Mammutbaum (*Sequoia*):
Er kann bis zu 6000 Jahre alt werden

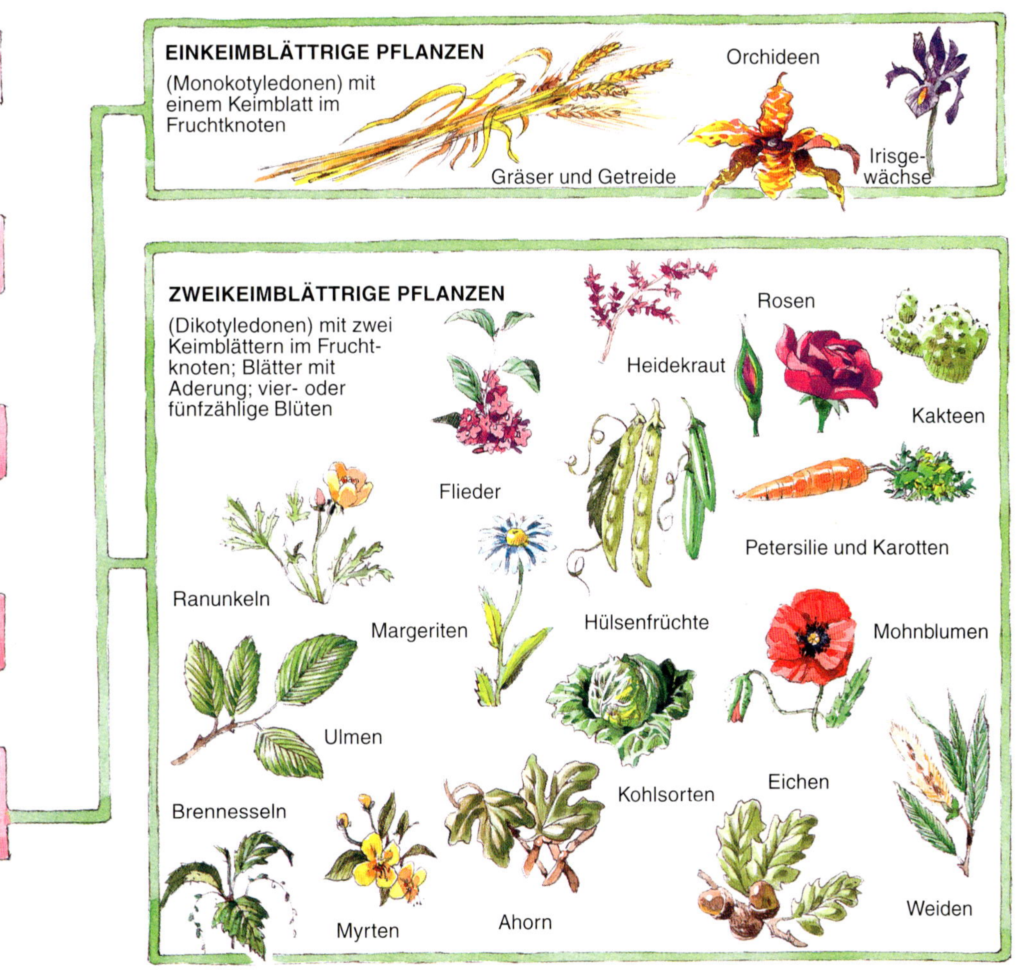

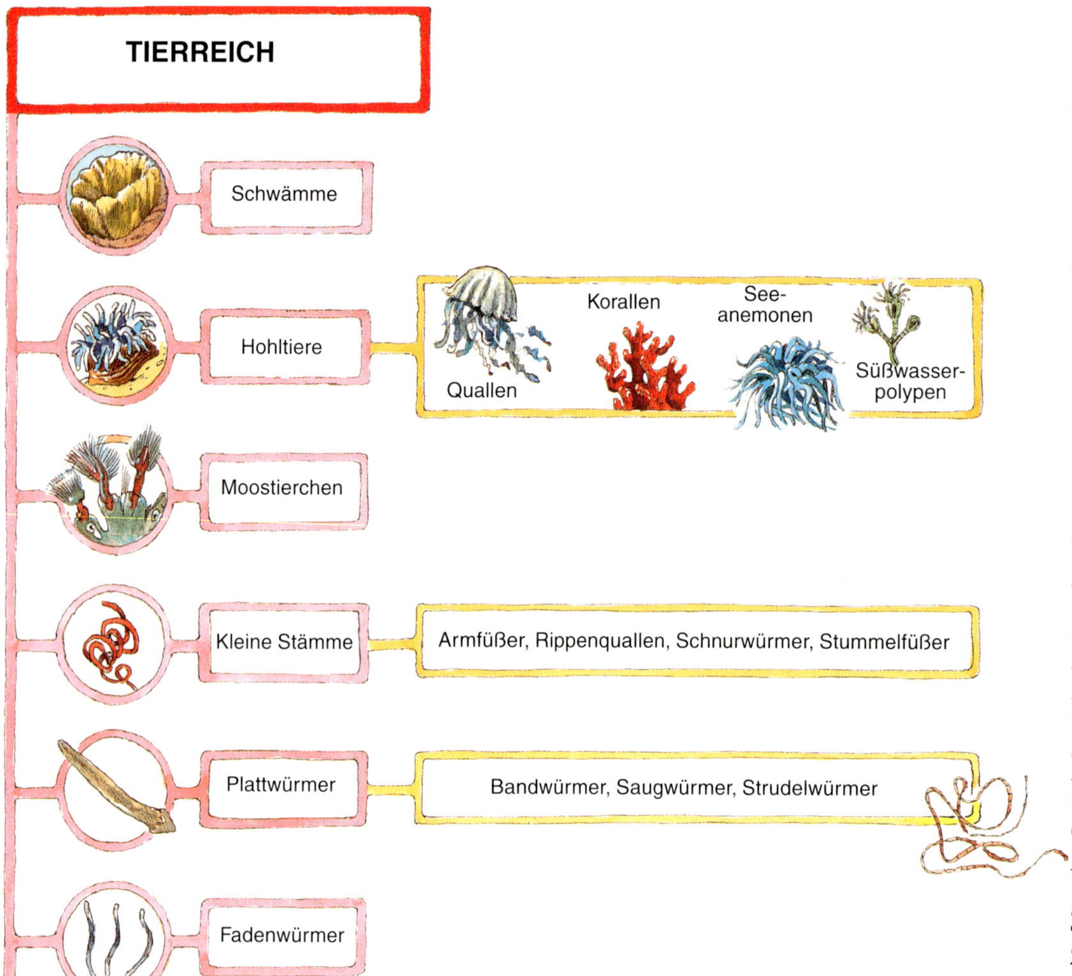

So liest man diese Klassifizierung:
Jede Gruppe (rote Umrandung) ist unterteilt in **Stämme** (rosa Umrandung).
Die Stämme ihrerseits werden unterteilt in **Unterstämme** (grüne Umrandung).
Die Unterstämme sind in **Klassen** eingeteilt (gelbe Umrandung) und diese wiederum in **Ordnungen** (braune Umrandung) und **Unterordnungen**.
Diese werden in **Familien** gegliedert.
Die Familien werden in **Gattungen** unterteilt, und von den Gattungen gelangt man schließlich zu den **Arten**.

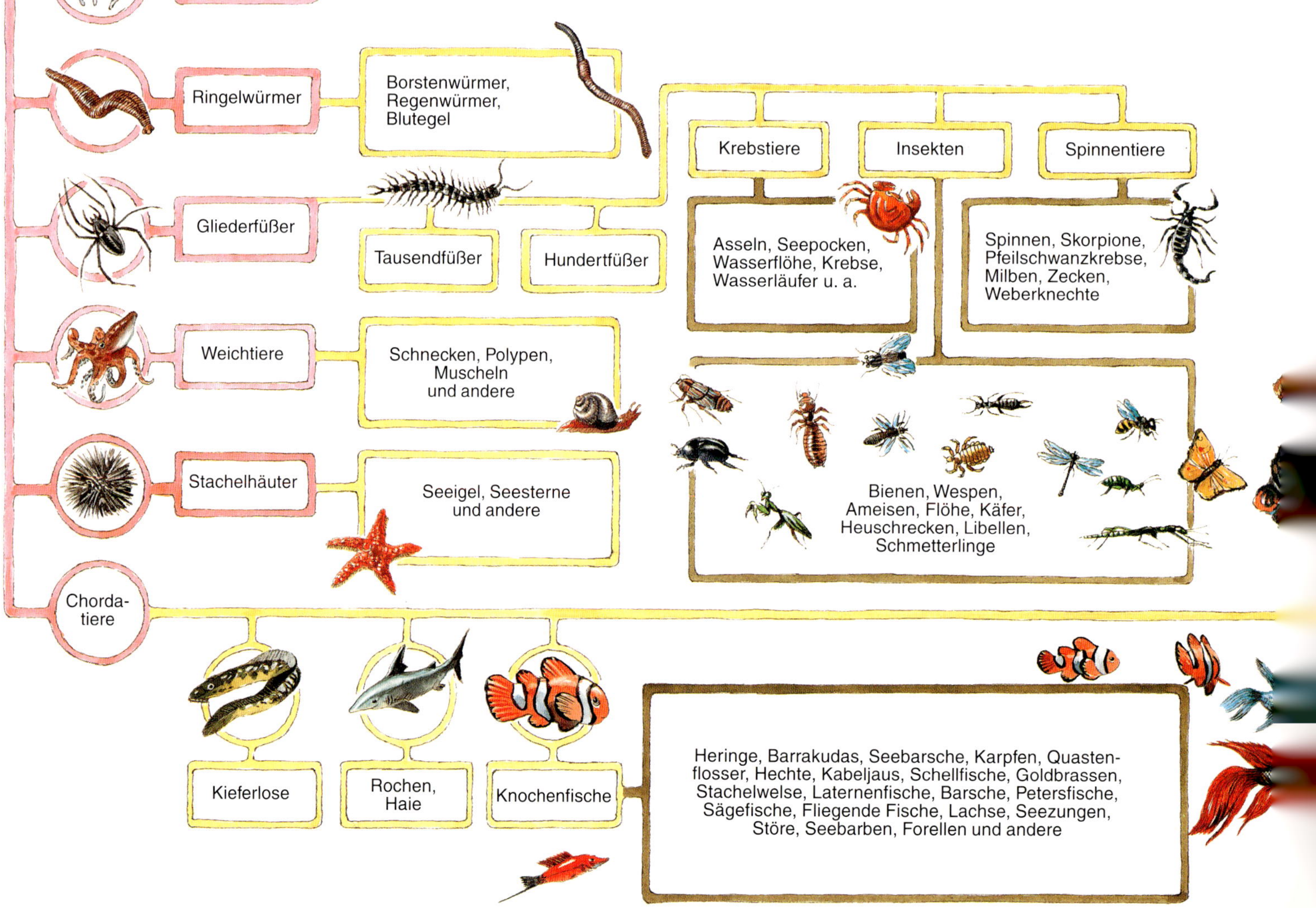

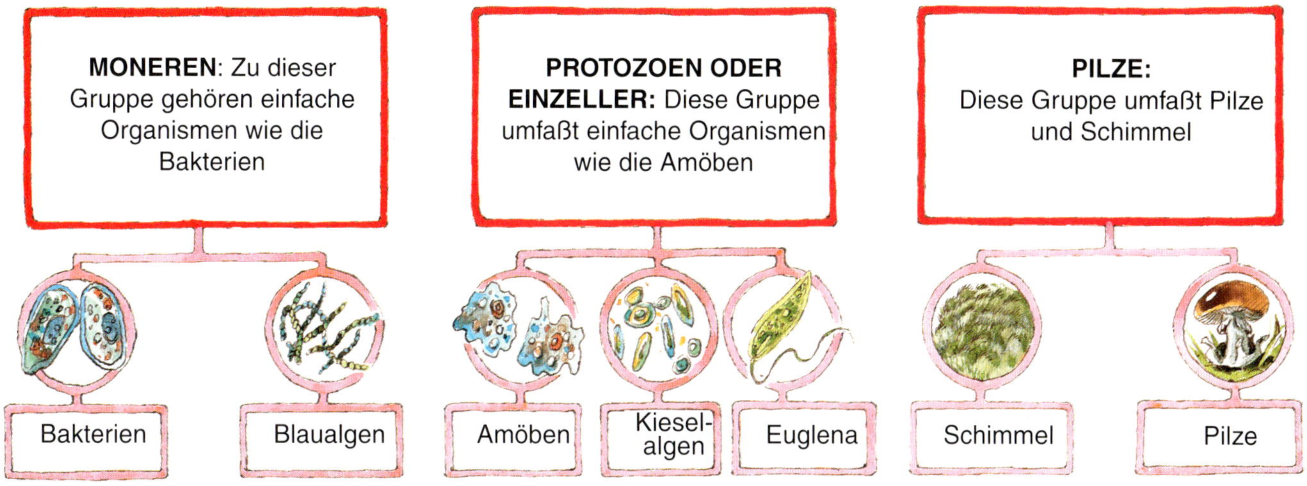

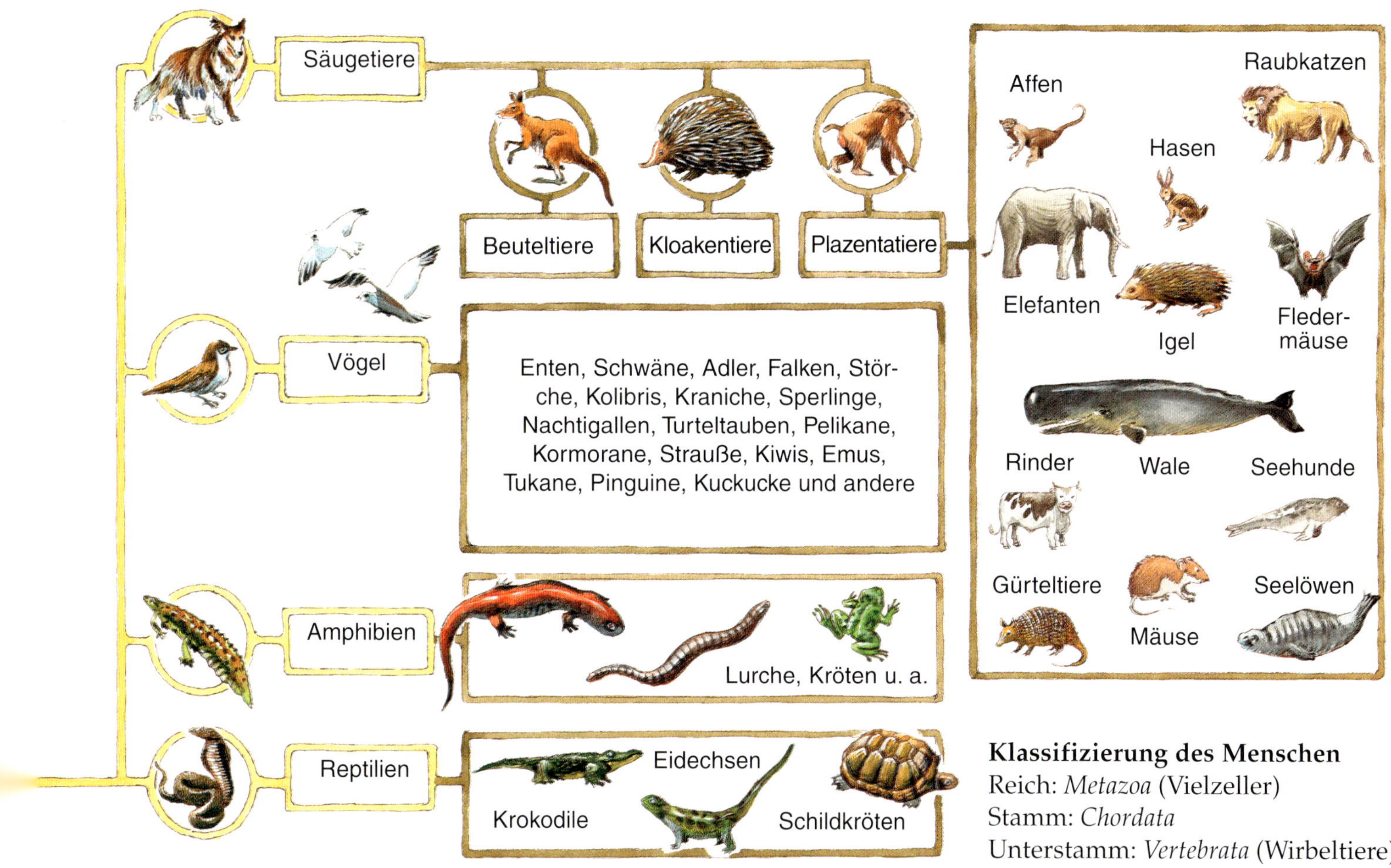

Klassifizierung des Menschen
Reich: *Metazoa* (Vielzeller)
Stamm: *Chordata*
Unterstamm: *Vertebrata* (Wirbeltiere)
Klasse: *Mammifera* (Säugetiere)
Ordnung: *Primates* (Herrentiere)
Familie: *Hominidae* (Menschenartige)
Gattung: *Homo* (Mensch)
Art: *sapiens* (neuzeitlicher Mensch)

Deutsche Sprache und Schrift

Deutsch als Muttersprache
wird von rund 100 Millionen Menschen in Deutschland, Österreich, der Schweiz, in Luxemburg sowie von Minderheiten in anderen Staaten gesprochen, z. B. im Elsaß (Frankreich), in Südtirol (Italien), in Siebenbürgen (Rumänien), aber auch in Rußland, in der Tschechischen Republik, in Polen usw. Alle Menschen des deutschen Sprachraumes können sich in der gemeinsamen Schriftsprache verständigen.

Volkssprache und Schriftsprache
Die deutsche Sprache hat eine bewegte Geschichte. Bei den germanischen Volksstämmen (Goten, Franken, Bajuwaren, Sachsen usw.) entwickelte sie sich sehr unterschiedlich. Das können wir heute noch an den verschiedenen Mundarten feststellen. Bis ins Mittelalter bestand neben der jeweiligen Volkssprache das Latein als „Geschäftssprache" bei Hof und in der Dichtung als Sprache der Gebildeten fort.

Woher kommt das Wort „deutsch"?
Vor mehr als 1000 Jahren benutzte man im Frankenreich das Wort *diutisc* für die Volkssprache (im Gegensatz zum Latein). Dieser Begriff erweiterte sich mit der Zeit zu „deutsch". Es entstanden das Althochdeutsche (800-1000), das Mittelhochdeutsche und das Neuhochdeutsche (ab 1500).

Schriftliche Überlieferung
Die Runen (rechts) waren die ältesten Schriftzeichen der Germanen. Das erste schriftliche Denkmal der deutschen Sprache war der *Abrogans*, ein in Freising um 765 eingedeutschtes spätlateinisches Lexikon. Um dem Volk die Idee eines einheitlichen christlichen Reiches nahezubringen, wurden unter der Herrschaft Karls des Großen (König der Franken 768-814, Kaiser ab 800) Bibeltexte in die Volkssprache übersetzt. Das war der erste Schritt zu einer allgemeinverständlichen deutschen Sprache. Er ließ auch die Schrift vereinheitlichen (karolingische Minuskel). Zahlreiche Kloster- und Domschulen wurden gegründet, an denen die Sprache gefördert wurde.

Dichtung und Schrift im Mittelalter
Der Wortschatz erweitert sich, allmählich werden auch Urkunden in Deutsch abgefaßt, doch selbst in der Blütezeit der ritterlich-höfischen mittelhochdeutschen Dichtung (z. B. Walter von der Vogelweide) bildet sich keine dauerhafte Gemeinsprache heraus.

Deutsche Dichter und Denker der Aufklärung, des Sturm und Drang, der Klassik und Romantik sowie sprachtheoretische Arbeiten trugen zur Entwicklung der deutschen Sprache bei.

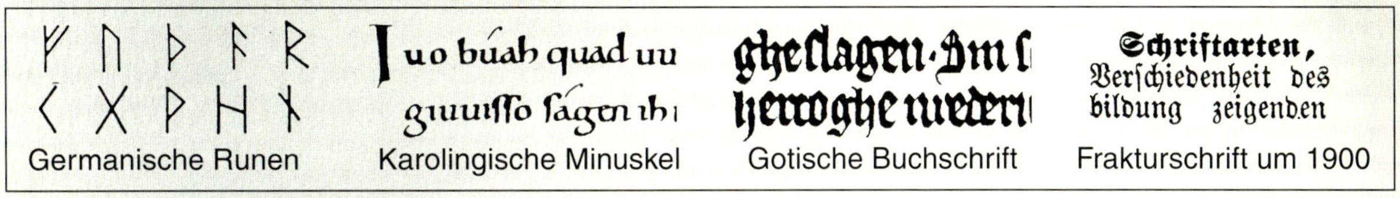

Germanische Runen | Karolingische Minuskel | Gotische Buchschrift | Frakturschrift um 1900

Je nachdem, ob die erste (althochdeutsche) bzw. die zweite Lautverschiebung dort stattgefunden hat oder nicht, gliedert sich der deutsche Sprachraum in Niederdeutsch und Oberdeutsch.

Vereinheitlichung der deutschen Sprache
Kaiserliche Kanzleien, wie die in Wien und Prag des Hauses Habsburg sowie die der Wettiner in Meißen, entwickelten Kanzleisprachen, die als eine Art Bindeglied – zumindest als Schriftsprache – zwischen den gesprochenen Mundarten des sich nach Osten erweiternden Sprachraumes wirkten. Durch Gutenbergs Erfindung des Buchdrucks (um 1440) wurden Bücher und Schriften für breitere Volksschichten erschwinglich und zugänglich. Die Aussichten auf eine hohe Auflage für Gedrucktes waren um so besser, je weniger mundartliche Färbungen sie aufwiesen. Die Interessen der Verleger trugen daher wesentlich zur Vereinheitlichung der deutschen Sprache bei. In Süddeutschland entstand eine Schreibtradition, die man das „Gemeine Deutsch" nannte und die sich auch im Buchdruck durchsetzte.

Martin Luthers Bibelübersetzung (1521-1534)
Um die Texte der Bibel jedermann zugänglich zu machen, bediente sich Luther nach seinen eigenen Worten „...der gemeinen deutschen Sprache, damit mich beide, Ober- und Niederländer, verstehen mögen". Dieses „Lutherdeutsch" war eine ungekünstelte, volksnahe Sprache mit einfachem Satzbau. Daraus entwickelte sich das Neuhochdeutsche.

Das Hochdeutsch unserer Zeit
Die von Jacob und Wilhelm Grimm begonnene Sammlung aller neuhochdeutschen Wörter, das *Deutsche Wörterbuch* (dessen erster Band 1854 erschien), wurde 1961 mit über 100 000 Stichwörtern (in 32 Bänden) abgeschlossen. Fachsprachen, Fremd- und Lehnwörter kommen dazu. Deutsch gilt als eine der wortreichsten Sprachen, vor allem, weil sie durch Ableitungen und Zusammensetzungen beliebig neue Wörter bilden kann. Der Wortschatz der Gegenwartssprache erweitert sich laufend durch neue Wörter auf den Gebieten der Wissenschaft und Technik, des Verkehrswesens, der öffentlichen Kommunikationsmittel, der Wirtschaft, der Werbung, des Sports usw.

Die Rechtschreibreform
Sie bemüht sich um eine Vereinfachung der Rechtschreibung. Die neue Orthographie soll ab August 1998 an den deutschen Schulen gelehrt werden. Daneben wird die alte Schreibung bis zum Jahre 2005 als überholt, jedoch nicht als falsch gelten.

Mathematik

Messen – Mit dem Thermometer mißt man die Temperatur. Nach der Celsius-Skala gefriert das Wasser bei null Grad und siedet bei 100 Grad. Briten und Amerikaner rechnen in Grad Fahrenheit.
Mit der Gradeinteilung des Winkelmessers mißt man die Winkel: Der rechte Winkel ist bei 90°. Bei Schiffen gibt man die Geschwindigkeit in Knoten an, das heißt, in Seemeilen pro Stunde. Ein Tag hat 24 Stunden, eine Stunde 60 Minuten, und eine Minute 60 Sekunden. Mit dem Barometer mißt man den Luftdruck und damit die Veränderungen des Wetters. Die Leistung einer Glühbirne wird in Watt gemessen, die ungeheure Entfernung zwischen Himmelskörpern in Lichtjahren.

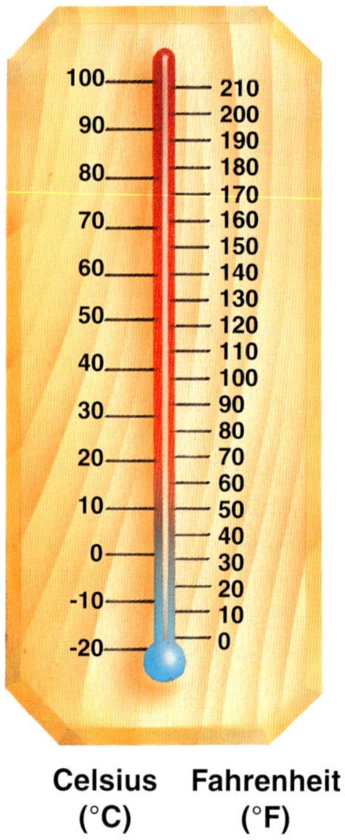

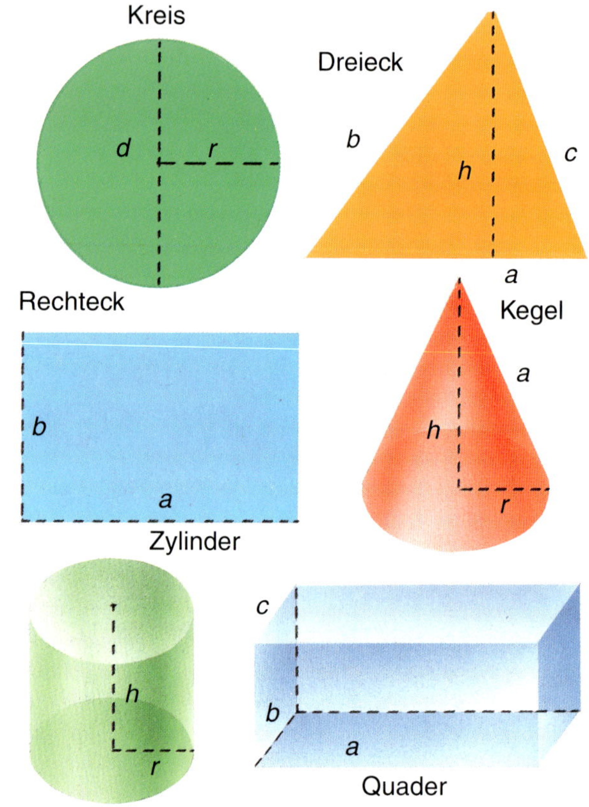

Fläche und Volumen

Quadrat:
Seiten *a*
Umfang = *4 a*
Fläche = a^2

Rechteck:
Seiten *a, b*
Umfang = $2 \cdot (a + b)$
Fläche: $a \cdot b$

Würfel:
Kante *a*
Oberfläche = $6 \cdot a^2$
Volumen = a^3

Quader:
Kanten *a, b, c*
Oberfläche =
$2 \cdot (a \cdot b) + 2 \cdot (b \cdot c) + 2 \cdot (a \cdot c)$
Volumen: $a \cdot b \cdot c$

Dreieck:
Höhe *h*, Seiten *a, b, c*
Umfang = $a + b + c$
Fläche = $1/2 \cdot a \cdot h$

Kegel:
Höhe *h;* Radius *r*,
Mantellinie *a*
Mantelfläche =
$\pi \cdot r \cdot a$
Volumen = $\pi/3 \cdot r^2 \cdot h$

Pyramide:
Höhe *h*
Volumen: = $1/3 \cdot$ *(Grundfläche)* $\cdot h$

Kreis:
Radius *r*
Durchmesser $d = r \cdot 2$
Umfang = $r \cdot 2 \cdot \pi$
Fläche = $\pi \cdot r^2$

Kugel:
Radius *r*
Oberfläche = $4 \cdot \pi \cdot r^2$
Volumen = $4/3 \cdot \pi \cdot r^3$

Zylinder:
Höhe *h;* Radius *r*
Mantelfläche =
$2 \cdot \pi \cdot r \cdot h$
Volumen = $\pi \cdot r^2 \cdot h$

Römische Ziffern

1	I	18	XVIII	70	LXX
2	II	19	XIX	80	LXXX
3	III	20	XX	90	XC
4	IV	21	XXI	100	C
5	V	22	XXII	101	CI
6	VI	23	XXIII	150	CL
7	VII	24	XXIV	200	CC
8	VIII	25	XXV	300	CCC
9	IX	26	XXVI	400	CD
10	X	27	XXVII	500	D
11	XI	28	XXVIII	1000	M
12	XII	29	XXIX		
13	XIII	30	XXX		
14	XIV	40	XL		
15	XV	49	XLIX		
16	XVI	50	L		
17	XVII	60	LX		

Mit römischen Ziffern hinter dem Namen unterscheidet man Kaiser, Könige und Päpste gleichen Namens (z. B. Karl V., Papst Paul VI.).

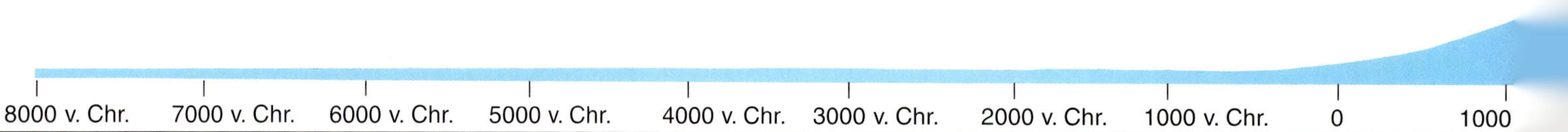

Dualsystem oder binäres System
Dieses Zahlensystem wird in der Informatik verwendet und drückt Zahlen nur mit den zwei Ziffern 0 und 1 aus, wobei die Null für „kein Strom" (ausgeschaltet) und die Eins für „Strom" (eingeschaltet) steht. So läßt sich jede Information als Zahlenfolge von Binärziffern darstellen.

Dezimalsystem	Dualsystem
0	0
1	1
2	10
3	11
4	100
5	101
6	110
7	111
8	1000
9	1001
10	1010
	1011
	1100

Mathematische Zeichen

+	plus
-	minus
±	plus/minus
·	mal
:	geteilt durch
=	ist gleich
≠	ist nicht gleich
≈	ist ungefähr gleich
>	ist größer als
<	ist kleiner als
≥	ist größer als oder gleich
≤	ist kleiner als oder gleich
%	Prozent
√	Quadratwurzel aus
π	Ludolphsche Zahl (3,1416)
°	Grad
′	Minuten
″	Sekunden

Wieviel ist das?

1 inch (Zoll) = 2,54 cm
1 cm = 0,39 inch (Zoll)

1 foot (Fuß) = 0,30 m
1 m = 3,28 feet (Fuß)

1 mile (Meile) = 1,61 km
1 km = 0,62 mile (Meile)

1 pound (Pfund) = 0,45 kg
1 kg = 2,20 pounds (Pfund)

1 pint (Pint) = 0,56 l
1 l = 1,75 pints (Pint)

1 gallon (Gallone) = 4,55 Liter
1 l = 0,21 gallon (Gallone)

Bevölkerungszunahme

Seit dem Auftreten des Menschen auf der Erde war die Bevölkerungszunahme durch die hohe Säuglingssterblichkeit, durch Seuchen und Kriege begrenzt. Erst seit 1800 ist aufgrund verbesserter Lebensbedingungen (soziale Fortschritte, intensive Handelsbeziehungen, Fortschritte der Medizin und der Hygiene) ein stetiges Anwachsen der Bevölkerungszahl zu verzeichnen. Heute hat die Weltbevölkerung fast die 6-Milliarden-Grenze erreicht und wird in Zukunft nicht linear anwachsen, sondern sich explosionsartig vermehren. Vor allem in Afrika und Asien nimmt die Bevölkerung sprunghaft zu, während einige europäische Staaten ein Nullwachstum registrieren (das heißt, die Todesfälle sind dort ebenso zahlreich wie die Geburten).

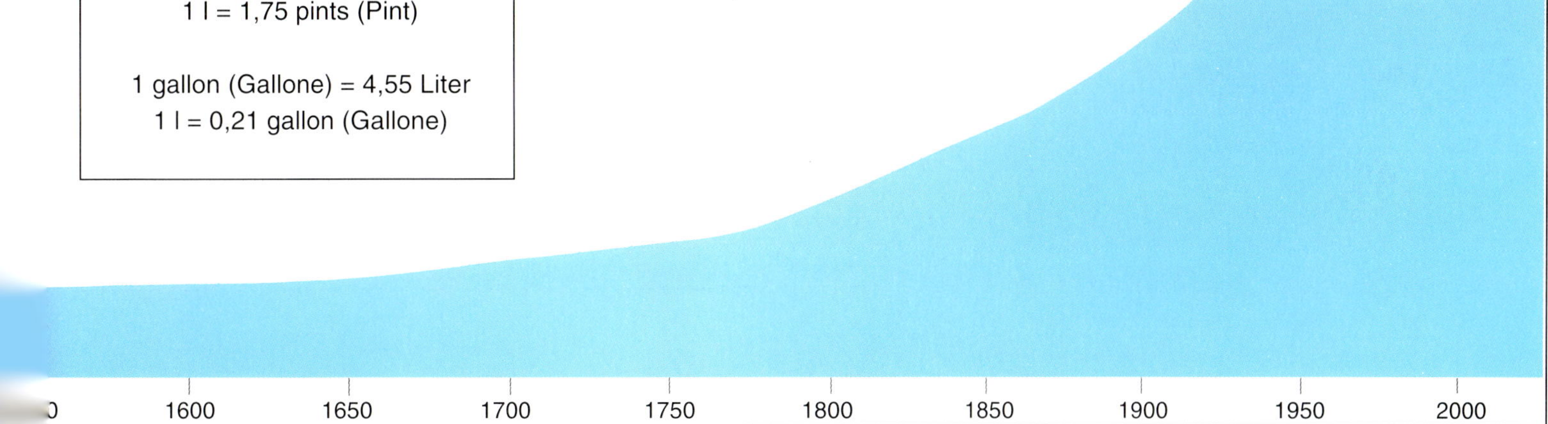

Die Welt in der Statistik

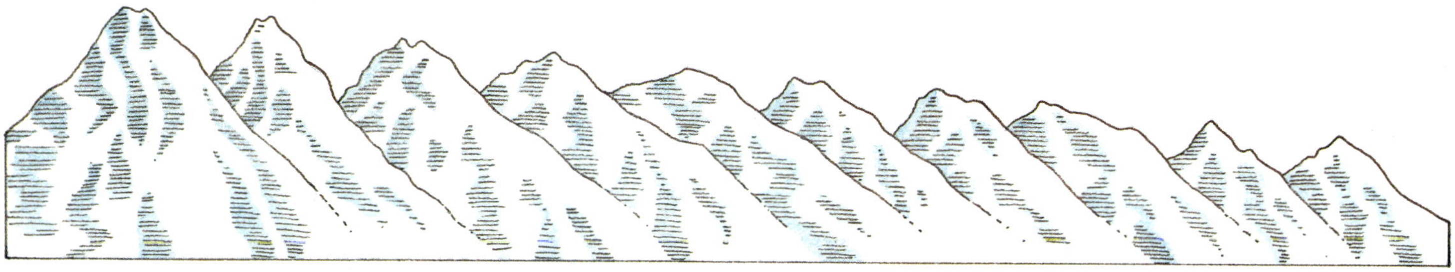

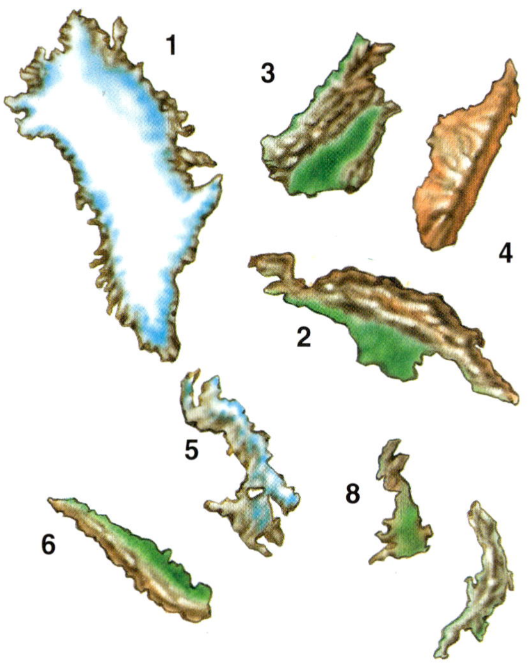

Die größten Inseln der Welt:

1. Grönland, Nordpolarmeer (2 175 597 km²)
2. Neuguinea, Westpazifik (789 900 km²)
3. Borneo, Indischer Ozean (751 000 km²)
4. Madagaskar, Indischer Ozean (587 042 km²)
5. Baffininsel, Kanada (507 451 km²)
6. Sumatra, Indonesien (422 200 km²)
7. Honshu, Japan (230 092 km²)
8. Großbritannien (229 885 km²)
9. Victoriainsel, Kanada (217 290 km²)
10. Ellesmereinsel, Kanada (196 236 km²)

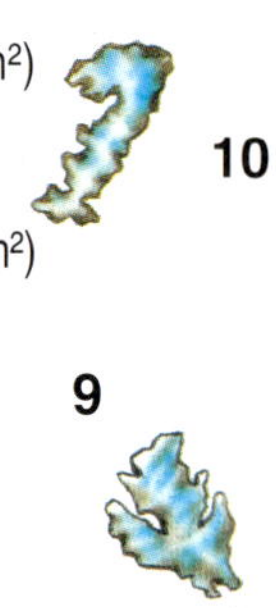

Die höchsten Berge der Welt:

1. Mount Everest, Nepal/Tibet (8848 m)
2. K2, Kaschmir/China (8611 m)
3. Kandschenzönga, Nepal/Sikkim (8598 m)
4. Lhotse, Nepal/Tibet (8501 m)
5. Makalu I, Nepal/Tibet (8470 m)
6. Dhaulagiri I, Nepal (8172 m)
7. Manaslu I, Nepal (8156 m)
8. Cho Oyu, Nepal (8126 m)
9. Nanga Parbat, Indien (8126 m)
10. Annapurna I, Nepal (8078 m)

Höchster Gipfel Europas: Montblanc (4810 m)

Das Waldsterben in aller Welt:

1. Flächen, die bis vor 100 Jahren von Regenwäldern bedeckt waren.
2. Flächen, die heute noch von Regenwäldern bedeckt sind (das Schrumpfen der Waldflächen, vor allem im Amazonasbecken, ist deutlich erkennbar).

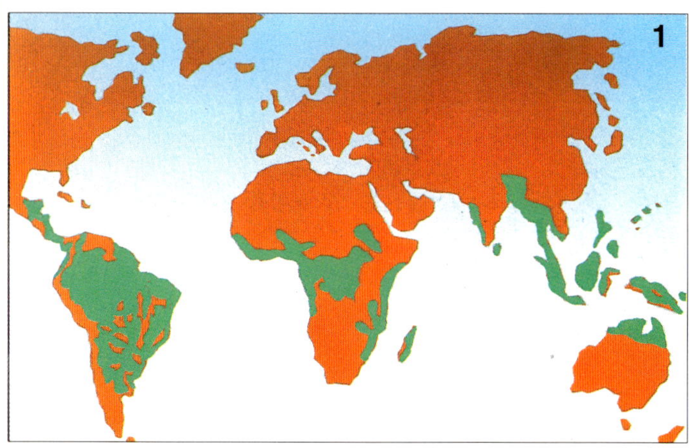

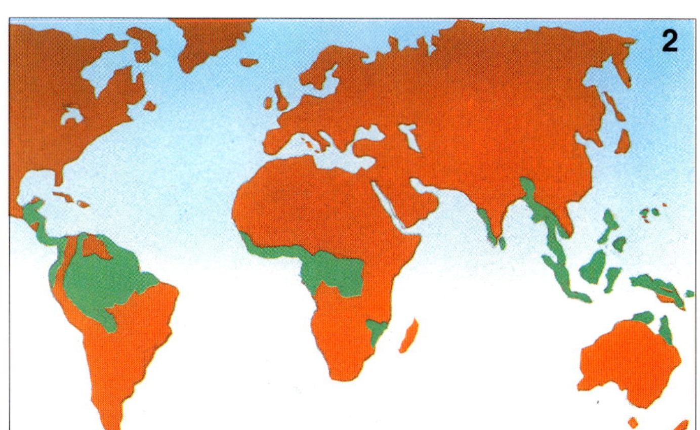

Die längsten Flüsse der Welt:
Nil, Ostafrika (6671 km)
Amazonas, Peru/Brasilien (6448 km)
Jangtsekiang, China (6300 km)
Mississippi-Missouri-Red, USA (5970 km)
Jenissej-Angara-Selenga, Mongolei/Rußland (5540 km)
Der längste Fluß Europas ist die Wolga (3531 km)

Die Weltmeere:

Pazifik
(165 760 000 km²)

Atlantik
(82 400 000 km²)

Indischer Ozean
(65 526 700 km²)

Fachlexika

Lexikon der Dinosaurier

Adasaurus: Obere Kreide; Asien; 2 m lang, Fleischfresser. Das Skelett dieses flinken Räubers bestand aus leichten Knochen wie bei den Vögeln.

Albertosaurus: Kreide; Nord- und Mittelamerika; 8 m hoch, Pflanzenfresser. Er sah dem Tyrannosaurus ähnlich, war aber schlanker und hatte ein längliches Maul mit nach innen gebogenen Zähnen.

Algen: Im Karbon trockneten große Wasserflächen aus. Viele Wasserpflanzen mußten sich an das Leben an der Luft anpassen; es entstanden auch hochwüchsige Pflanzen.

Stegosaurus (Plattenechse), im Jura weit verbreitet.

Allosaurus: Jura; Afrika, Nordamerika, Australien; bis zu 12 m lang, Zweibeiner. Er ging auf den Hinterbeinen und packte seine Beute mit den kurzen, scharfkralligen Vorderbeinen.

Ammoniten: Mesozoikum. Fossile Kopffüßer, die im Meer lebten und eine äußere Kalkschale (meist spiralig gewunden) hatten.

Ankylosaurus: Kreide; Nordamerika; bis zu 11 m lang. Kopf und Rücken waren von Knochenplatten bedeckt. Das Schwanzende bildete ein runder, keulenförmiger Knochen. Das Maul lief in einen Hornschnabel aus.

Aragosaurus: Untere Kreide; Spanien; Pflanzenfresser. Riesiger Vierbeiner,

Chirostenotes (flinke Hände), in der oberen Kreide verbreitet.

breit gebaut mit langem Hals und Schwanz. 1987 gefunden.

Archäopteryx: Jura; Deutschland; 1 m lang. Urahne der heutigen Vögel. Er hatte ein Federkleid und flog nicht im Gleitflug, sondern flatternd.

Archaeornithomimus: Obere Kreide; China und Nordamerika. Dinosaurier der Urzeit, der einem Strauß ähnelte,

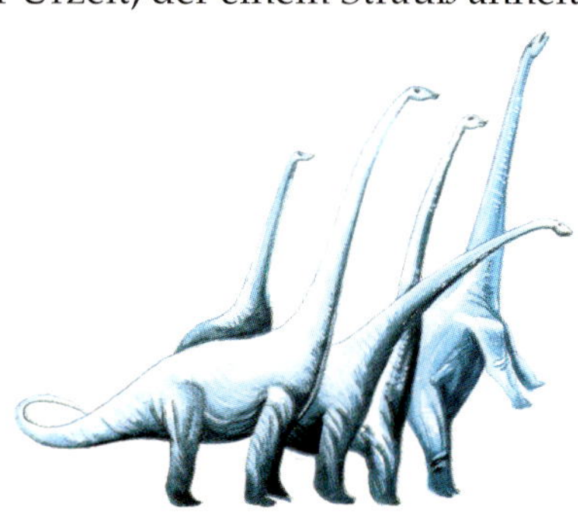

Brachiosaurus (Arm-Echse): im Jura weit verbreitet.

Diplodocus (Doppelbalken, nach der Form der Halswirbel); im Jura weit verbreitet.

kräftige Hinterbeine hatte und gebogene Klauen an den Vorderbeinen.

Aussterben: Untergang einer Tier- oder Pflanzenart. Eine Art stirbt aus, wenn mehr Exemplare davon sterben als nachwachsen. Das Aussterben kann auch plötzlich geschehen und das Verschwinden ganzer Gruppen von Lebewesen zur Folge haben, wie es bei den Dinosauriern am Ende der Kreidezeit der Fall war.

Avimimus: Obere Kreide; Asien; 1,5 m lang. Dinosaurier, der den Vögeln am ähnlichsten sah. Er war Zweibeiner mit langem Hals und Schwanz, kleinem Kopf, zahnlosem Schnabel und vielleicht Flügeln mit Federn.

Brachiosaurus: Jura; Nordamerika; 25 m lang, Pflanzenfresser. Er hatte einen sehr langen Hals und Schwanz und wog bis zu 60 Tonnen.

Brachylophosaurus: Obere Kreide; Nordamerika; etwa 7 m lang. Urtümlicher Entenschnabelsaurier mit einem niedrigen Kamm auf dem

Ein Tyrannosaurus im Kampf mit einem Stegosaurus, der seinen stachelbewehrten Schwanz als Verteidigungswaffe einsetzt.

ERDZEITALTER

Beginn vor Mio. Jahren	Geologische Formation
KÄNOZOIKUM	
2	Quartär
65	Tertiär
MESOZOIKUM	
135	Kreide
190	Jura
220	Trias
PALÄOZOIKUM	
280	Perm
350	Karbon
400	Devon
440	Silur
500	Ordovizium
580	Kambrium
PRÄKAMBRIUM	
± 4500	

Diese Formationen werden weiter unterteilt, wie z. B. die Kreide in obere und untere Kreide (auch Ober- und Unterkreide).

Kalamiten: Ausgestorbene Pflanzen des Mesozoikums (Vorläufer der Schachtelhalme), von denen sich die pflanzenfressenden Dinosaurier ernährten.

Känozoikum: Erdneuzeit; die vierte Periode der Erdgeschichte. Sie begann vor 65 Millionen Jahren und endete vor 2 Millionen Jahren. Sie wird unterteilt in Tertiär und Quartär. Damals nahmen die Kontinente und Meere ihre heutige Form an.

Corythosaurus (Helm-Echse): Er lebte in der Oberen Kreide.

Vier Eiszeiten folgen aufeinander, in denen riesige Säugetiere auftreten. Erstes Auftreten des Menschen.

Krokodile: Im Wasser lebende Reptilien, die in der Trias auftraten und die Beine seitlich am Rumpf haben. Diese heute noch lebenden Fleischfresser sind Verwandte der Dinosaurier.

Maiasaura: (Kreide; Nordamerika; 9 m lang, Pflanzenfresser). Der Name bedeutet Gute-Mutter-Echse, weil die Maiasaura-Fossilien in den Nestern bei denen der Jungen gefunden wurden.

Mammut: Rüsseltiere des Quartärs; Europa, Asien und Nordamerika. Das Mammut war nicht größer als der afrikanische Steppenelefant heute, stammte auch von einem gemeinsamen Urahnen ab, war aber nicht dessen Vorfahre. Das Mammut hatte ein zottiges Fell und aufwärtsgebogene Stoßzähne, mit denen es im Schnee nach Moosen und Flechten grub. Es starb am Ende der Eiszeit vor 12 000 Jahren aus.

Chassternbergia (von Charles Sternberg): Er lebte in der Oberen Kreide.

Archäopteryx (Urvogel): Er lebte im Jura.

Megatherium: Quartär; Amerika, 5 m lang und 3 m hoch. Riesenfaultier mit Greifarmen und dichtem Pelz, das sich von Blättern ernährte.

Mesozoikum: Erdmittelalter mit den Perioden Trias, Jura und Kreide. Es begann vor 245 Millionen und endete vor 65 Millionen Jahren. Dieser Abschnitt der Erdgeschichte ist gekennzeichnet durch die starke Vermehrung der Reptilien.

Deinonychus (schreckliche Kralle): Er lebte in der Kreide.

Minmi: Kreide; Australien; 2 m lang, gepanzerter Pflanzenfresser. Nach seinem Fundort, Minmi Crossing, benannt.

Neandertaler: Frühes Pleistozän. Nach dem Fundort der ersten Skelettbruchstücke, dem Neandertal bei Düsseldorf, benannter Menschen-Typus, der 1,50 m groß war und ein affenähnliches Aussehen hatte.

Mammut: Ausgestorbenes Säugetier mit Rüssel, ein Verwandter des Elefanten.

Ornithischier: Obere Trias bis Kreide; auf allen Kontinenten. Gruppe von Pflanzenfressern mit einem Becken, das dem unserer heutigen Vögel ähnelte, einem schnabelartigen Maul und einem zusätzlichen Knochen im Kiefer.

Ouranosaurus: Untere Kreide; Afrika; 7 m lang, Pflanzenfresser. Vierbeiner, der auch auf zwei Beinen laufen konnte und einen Hautkamm vom Hals bis zum Schwanz hatte.

Oviraptor: Kreide; Mongolei; etwa 1,8 m lang. Pflanzenfressender Dinosaurier, aber auch ein Räuber mit drei langen, gebogenen Krallen an den vorderen Gliedmaßen.

Ouranosaurus (Himmelsechse): Er lebte in der unteren Kreide.

Paläozoikum: Erdaltertum, aus dessen mächtigen Gesteinsschichten sich Vulkanerscheinungen, die Zunahme der Meeresflächen und das anschließende Auftauchen großer Festlandmassen ablesen lassen. Es begann vor 530 Millionen Jahren und endete vor 245 Millionen Jahren. Erstes Auftreten der Fische, später der Amphibien. Formationen: Kambrium, Ordovizium, Silur, Devon, Karbon und Perm.

Pangäa: In der Trias, als die Dinosaurier auftraten, gab es nur einen einzigen Urkontinent mit dem Namen Pangäa, was soviel heißt wie „ganze Erde".

Parasaurolophus: Kreide; Amerika; bis zu 10 m lang, Pflanzenfresser. Er lief auf allen vieren, aber auch auf zwei Beinen und hatte ein langes, knöchernes Nasenrohr, das als Verstärker für den Ruf der Tiere diente.

Thecodon (hohler Zahn): vom Perm bis in die Trias verbreitet.

Periode (Formation): Abschnitt der Erdgeschichte.

Pithecanthropus: Von E. Haeckel geprägte Bezeichnung für Hominiden des Quartärs, die affenähnlich aussahen, aber einen großen Schädel hatten, der auf ein höher entwickeltes Gehirn hindeutete. Vielleicht verwendeten sie bereits Werkzeuge aus behauenen Steinen.

Platten: Flache Auswüchse auf dem Rücken der Dinosaurier, die als Schutzpanzer oder Speicher für die Sonnenwärme fungierten.

Präkambrium: Erster Abschnitt der Erdgeschichte, unterteilt in Kryptozoikum und Proterozoikum. Es begann vor 4,5 Milliarden Jahren und endete vor 530 Millionen Jahren. In dieser Zeit bildet sich der kristalline Sockel der Kontinente heraus. Die ersten Lebewesen treten auf.

Pteranodon (zahnlose Feder): Flugsaurier des Mesozoikums.

Eucentrosaurus (wohlgehörnte Echse): Er lebte in der Oberen Kreide.

Prähistorisch: Adjektivische Bezeichnung für die Zeit seit dem Auftreten des Menschen auf der Erde, in der es aber keine schriftlichen Aufzeichnungen gab.

Primaten: Ordnung der höchstentwikkelten Säugetiere, zu der die Affen, die Halbaffen und der Mensch gehören. Sie sind Plazentatiere mit fünf Fingern und Zehen und einem voluminösen Gehirn. Sie treten im Känozoikum auf.

Protoceratops: Kreide; China; 1,8 m lang, Pflanzenfresser mit einem knöchernen Kragen und einem Papageienschnabel.

Denversaurus (Echse von Denver): Er lebte in der Oberen Kreide.

Pteranodon: Jura; Flugsaurier mit einem langen Schnabel und einem Hornkamm auf dem Kopf.

Pterosaurier: Flugsaurier. Zwischen dem vierten Finger und dem Schwanz spannte sich die Schwinge – eigentlich eine Membran – aus, die seitlich am (manchmal gefiederten) Rumpf ansetzte.

Saurischier: Obere Trias bis Kreide. Pflanzen- oder fleischfressende Saurier mit Echsenbecken.

Saltopus: Obere Trias; Schottland; 60 cm lang, zweibeiniger Raubsaurier. Wog knapp 1 kg und ist vermutlich der älteste bisher in Europa gefundene Dinosaurier.

Sigillaria: Baumförmige Bärlappgewächse. Zusammen mit den Duisbergien die höchsten Pflanzen im Karbon.

Stegosaurus: Jura; Nordamerika; bis 9 m lang, vierbeiniger Pflanzenfresser mit zwei Längsreihen von Knochenplatten auf dem Rücken.

Coelophysis (hohle Form): Er lebte in der Oberen Trias.

Thecodontier: Perm bis Trias; auf allen Kontinenten. Kleine Tiere, von denen die Pterosaurier, Krokodile und Dinosaurier abstammen.

Triceratops: Kreide; Nordamerika; bis zu 9 m lang, Pflanzenfresser. Vierbeiner mit zwei langen Hörnern auf dem Kopf und einem auf dem Maul. Der Hals war durch einen Nackenschild geschützt.

Tyrannosaurus rex: Kreide; Amerika und Asien; 12-15 m lang, Raubsaurier mit spitzen Zähnen und gewaltigen Klauen.

Adasaurus (Ada-Echse): Er lebte in der Oberen Kreide.

Velociraptor: Kreide; Asien; 1,8 m lang, Raubsaurier. Angriffslustiger Zweibeiner mit sichelförmiger Kralle an den zweiten Fingern.

Lexikon der Märchenwelt

Afanasjew, Alexandr Nikolaevic (1826-1871): Russischer Schriftsteller. Er schrieb *Russische Volksmärchen* und *Russische Volkssagen*.

Aladin: Das Märchenbuch *Tausendundeine Nacht* erzählt die Geschichte von Aladin und der Wunderlampe. Wenn der Junge die Lampe reibt, erscheint ein dienstbarer Geist, der ihm jeden Wunsch erfüllen muß.

Ali Baba: Märchengestalt aus *Tausendundeine Nacht*. Er findet die Zauberworte heraus, die den Eingang zur Höhle öffnen, in der vierzig Räuber einen Schatz versteckt haben. Dank die-ser Zauberworte: „Sesam, öffne dich!" wird Ali Baba ein reicher Mann.

Drachen sind oft Wächter eines Schatzes. Sie haben Flügel und speien Feuer.

Alice im Wunderland: In diesem Roman von L. Carroll fällt Alice in ein Kaninchenloch und findet sich im Wunderland wieder, wo sie dem Weißen Kaninchen, dem Verrückten Hutmacher und der boshaften Herz-Königin begegnet.

Andersen, Hans Christian (1805-1875): Dänischer Märchendichter. Von ihm sind die Märchen *Die Prinzessin auf der Erbse, Die kleine Meerjungfrau, Der standhafte Zinnsoldat, Das häßliche Entlein, Des Kaisers neue Kleider.*

In Tausendundeiner Nacht kommt auch ein fliegender Teppich vor.

Artus: Sagenhafter König der keltischen Briten, Hauptfigur eines bretonischen Sagenkreises aus dem 12. Jahrhundert. Artus, der Sohn von Uter Pendragon, wird mit der Hilfe des Zauberers Merlin König. Er heiratet Ginevra und begründet an seinem Hof auf Camelot die Tafelrunde, deren Ritter sich auf die Suche nach dem Gral machen.

Hans klettert an der Zauberbohne empor und entdeckt das Schloß des Riesen.

Aschenputtel: Märchen von Grimm. Es ist die Geschichte eines Mädchens, das von seiner Stiefmutter und seinen Stiefschwestern schlecht behandelt wird. Der Prinz lädt alle Mädchen in seinem Reich zum Ball ins Schloß ein. Damit auch Aschenputtel auf den Ball gehen kann, verzaubert seine Patin, die gute Fee, seine Lumpen in ein wunderschönes Ballkleid und einen Kürbis in eine Kutsche. Sie schärft dem Mädchen aber ein, ja um Mitternacht heimzukommen. Der Prinz verliebt sich in Aschenputtel, doch als es Mitternacht schlägt, eilt Aschenputtel fort und verliert dabei einen Schuh. Der Prinz läßt überall nach dem Mädchen suchen, dem dieser zierliche Schuh paßt. Endlich findet er Aschenputtel und führt es als Braut heim auf sein Schloß.

Schlösser mit mutigen Prinzen und schönen Prinzessinnen kommen in vielen Märchen vor.

Äsop: Er soll im 6. Jh. v. Chr. als griechischer Sklave gelebt haben und schrieb Fabeln, in denen sich Tiere wie Menschen verhalten. Jede Fabel endet mit einer Moral, also einer Lehre, die

„Ein Riese! Ein Riese!" schreien die Zwerge entsetzt und laufen davon.

Die Ritter schworen, jedes Unrecht zu bekämpfen und die Schwachen zu verteidigen.

daraus zu ziehen ist. Zu seinen bekannten Fabeln gehören: *Der Rabe und der Fuchs, Der Fuchs und die Trauben, Die Stadtmaus und die Landmaus, Der Hase und die Schildkröte, Der Wolf und das Lamm, Der Hirsch an der Quelle.*

Carroll, Lewis: Pseudonym des englischen Schriftstellers Charles Lutwidge Dodgson (1832-1898). Er schrieb *Alice im Wunderland* und *Im Spiegel.*

Cooper, James Fenimore (1789-1851): Amerikanischer Erzähler; *Der letzte Mohikaner* ist sein Werk.

Däumelinchen: Märchen von H. C. Andersen. Das winzige Däumelinchen schläft in einer Nußschale, wird aber von der Kröte entführt. Die Kleine irrt im Wald herum, bis ein Maulwurf sie fragt, ob sie seine Frau werden will. Däumelinchen willigt ein, doch vor der Hochzeit findet sie in einer Höhle eine verletzte Schwalbe. Sie pflegt den Vogel liebevoll, bis er wieder gesund ist und sie in ein blühendes Land mitnimmt. Dort begegnet Däumelinchen dem Elfenkönig, und sie feiern Hochzeit.

Menschenfresser kennen keine Gnade. Riesen können gut oder böse sein.

David Copperfield: Roman von Charles Dickens. Er erzählt von der harten Kindheit, die ein Junge zur Zeit der industriellen Revolution in England durchlebt.

Des Kaisers neue Kleider: Märchen von H. C. Andersen. Zwei Schwindler

Der Zinnsoldat hat sein Herz an eine Tänzerin verloren.

bieten einem eitlen Kaiser einen Stoff an, den angeblich Dumme nicht sehen können. Der Kaiser ist hell begeistert: Damit kann er herausfinden, wer von seinen Untertanen intelligent und wer dumm ist. Die beiden tun so, als ob sie weben würden, doch der Webstuhl ist leer. Die Höflinge zeigen sich entzückt

Die Schatzinsel ist die Geschichte des jungen Jim, der eine geheimnisvolle Karte gefunden hat.

von dem Stoff, als ob sie ihn sehen könnten, vor lauter Angst, für dumm gehalten zu werden. Schließlich bringen die beiden Gauner dem Kaiser sein neues Gewand. Er zieht es an und stolziert durch die Straßen der Stadt, völlig nackt, um sich vom Volk bewundern zu lassen. Da ruft ein unschuldiges Kind: „Der Kaiser ist ja nackt!" und entlarvt damit die Betrüger.

Dickens, Charles (1812-1870): Englischer Schriftsteller. Seine bekanntesten Romane sind *Oliver Twist, David Copperfield, Die Weihnachtserzählungen, Die Pickwickier.*

Don Quichotte: Hauptfigur eines Romans von Miguel de Cervantes Saavedra (1547-1616). Don Quichotte zieht aus, um gegen die Ungerechtigkeiten dieser Welt zu kämpfen, und erlebt verrückte Dinge auf seiner tragischen Reise. Unter anderem kämpft er mit einer Windmühle, von der er überzeugt ist, sie sei ein Ungeheuer. Sein Knappe heißt Sancho Pansa.

Dornröschen: Märchen von Grimm. Zur Taufe der Prinzessin sind alle Feen eingeladen. Eine aber hat man vergessen. Diese rächt sich durch einen Zauber, so daß sich die Prinzessin an ihrem sechzehnten Geburtstag an einer Spindel sticht und in einen tiefen Schlaf fällt. Nach hundert Jahren erlöst sie ein junger Prinz durch einen Kuß.

Nur der Kuß eines Mädchens kann den Frosch aus seiner Verzauberung erlösen.

Drache: Drachen sind – wie die Zwerge – häufig die Hüter verborgener Schätze. Ein Drache kann aus den Nüstern und aus dem Maul Flammen speien, hat meist ein Paar kleine Flügel auf dem Rücken und einen langen Schwanz. Die Legende erzählt vom siegreichen Kampf des heiligen Georg (Symbol des Guten) mit einem Drachen. Manchmal findet man Abbildungen von Drachen, die ihren eigenen Schwanz auffressen.

Drei kleinen Schweinchen, Die: Märchen. Jedes der drei Schweinchen baut sich ein eigenes Haus: das erste aus Stroh, das zweite aus Holz, das dritte und klügste aus Ziegelsteinen. Als der Wolf auftaucht, bläst er das erste Häuschen einfach in die Luft. Das Schweinchen darin flüchtet zu seinem Bruder, doch auch das Holzhaus hält dem Wolf nicht stand. Nur das Haus des dritten Schweinchens erweist sich als sicherer Schutz. Der Wolf versucht, durch den Kamin einzudringen, doch die drei Schweinchen zünden ein Feuer an, und der Wolf macht sich mit angesengtem Schwanz für immer aus dem Staub.

Einhorn: Pferdeähnliches Tier. Die Griechen und die Römer glaubten, es gäbe

Kobolde leben im Wald, manchmal auch bei den Menschen, und treiben Schabernack.

es wirklich. Auch in den Sagen des Mittelalters kommt es vor. Es ist weiß und trägt ein einziges Horn an der Mitte der Stirn, das magische Kräfte besitzt. Es jagt unermüdlich nach Reptilien, ist aber immun gegen ihr Gift.

Elfen, Elben: In der germanischen Sagen- und Märchenwelt Lichtwesen, Mittelwesen zwischen Menschen und Göttern. Es gibt schöne, freundliche Lichtelben und böse Dunkelelben, zu denen die Zwerge gehören. Sie erscheinen auch als Nixen und Kobolde.

Entlein, Das häßliche: Märchen von H. C. Andersen. Unter ihren frisch

Merlin der Zauberer war einer der Ratgeber von König Artus.

geschlüpften Küken findet eine Entenmutter ein häßliches Entlein. Da alle Tiere es verspotten, geht es fort. Nach einem kalten Winter kommt endlich der Frühling. Das Entlein ist nun groß und entdeckt, daß es zu einem wunderschönen weißen Schwan geworden ist.

Fabel: Kurze phantastische Erzählung in Versform oder Prosa. Die Hauptfigur ist meist ein Tier oder ein Gegenstand. Fabeln enden oft mit einer Lehre.

Fee: Übernatürliches, meist wunderschönes Wesen, das jeden Wunsch erfüllen kann. Feen sind meist freundlich zu den Menschen.

Frankenstein: Im gleichnamigen Roman von Mary Shelley (1797-1851) stellt Doktor Victor Frankenstein aus Leichenteilen ein Monster her, das zwar wie ein Mensch fühlt, aber durch sein abscheuliches Aussehen überall Entsetzen auslöst.

Froschkönig: Durch einen bösen Zauber ist ein schöner Prinz in einen Frosch verwandelt worden. Er kann nur durch ein Mädchen erlöst werden, das sich in ihn verliebt und ihn küßt.

Märchengestalten können sogar in fliegenden Kisten verreisen!

Nur so kann er seine menschliche Gestalt wiedererlangen.

Gespenst: Wesen aus dem Jenseits, das hin und wieder ins Diesseits zurückkehrt, weil es ein ungelöstes Problem zurückgelassen hat. Meist ist es durchsichtig und kann durch Mauern gehen. Gespenster tauchen häufig in alten Burgen und Schlössern auf und machen seltsame Geräusche.

Grimm, Jacob (1785-1863) **und Wilhelm** (1786-1859): Brüder, die eine Sammlung deutscher Volksmärchen unter dem Titel *Kinder- und Hausmärchen* herausgaben. Darin enthalten sind Märchen wie *Hänsel und Gretel*, *Schneewittchen* usw.

Gulliver: Der irische Schriftsteller Jonathan Swift (1667-1745) erzählt in

Mit dem Zauberstab können Feen ganz unglaubliche Dinge herbeizaubern.

Gullivers Reisen die Abenteuer, die Lemuel Gulliver erlebt. Auf seiner ersten Reise landet er als Schiffbrüchiger auf der Insel Liliput, deren Bewohner winzig klein sind. Die zweite Reise führt ihn ins Land der Riesen. Auf der dritten Reise kommt er auf eine fliegende Insel, auf der seltsame Forscher leben, und auf der vierten in das Land der sprechenden Pferde.

Hans und die Bohnenstange: Englisches Märchen. Hans bekommt eine Zauberbohne, aus der über Nacht eine Bohnenranke bis in zu den Wolken wächst. Hans klettert daran empor und kommt zum Schloß eines Menschenfressers. Er schafft es, dem Riesen einen Sack mit Geldstücken, ein Huhn, das goldene Eier legt, und eine singende Harfe zu entwenden und sich aus dem Staub zu machen. Der Riese verfolgt ihn, holt ihn aber nicht ein. Hans landet zuerst auf der Erde und hackt die Bohnenranke um, so daß der Unhold herabstürzt und stirbt.

Hänsel und Gretel: Märchen der Brüder Grimm. Weil die Eltern nichts mehr zu essen haben, lassen sie die Geschwister im Wald zurück. Dort entdecken Hänsel und Gretel ein

In der Kutsche, die die Fee aus einem Kürbis gezaubert hat, fährt Aschenputtel zum Ball.

Zwerge, Trolle, Elben und Kobolde sind winzige Wesen, die oft in Märchen vorkommen.

Pfefferkuchenhaus. Sie knabbern daran, doch da kommt eine alte Frau heraus und lockt sie ins Haus. Sie ist eine Hexe und will die Kinder fressen. Doch Gretel gelingt es, sie in den Ofen zu stecken, und die Kinder kehren mit dem Schatz der Hexe glücklich heim.

Hexe: Sie kann Tiere und Gegenstände verhexen und steht oft mit teuflischen Geistern in Verbindung. Nach der Sage steigen die Hexen in Vollmondnächten von den Bergspitzen herab, um den Menschen tückische Streiche zu spielen.

Hexenmeister: Wie der Zauberer beschäftigt auch er sich mit Magie, jedoch meist mit schwarzer und unheilbringender. Er erreicht seine Ziele dadurch, daß er die Geister des Bösen beschwört und Talismane verwendet.

Als alte Frau verkleidet, bietet die Stiefmutter Schneewittchen einen vergifteten Apfel an.

Käpt'n Hook: Anführer der Piraten und Feind von Peter Pan. Anstelle der Hand, die ihm ein Krokodil abgebissen hat, sitzt ein Eisenhaken am Armstumpf.

Kater, Der gestiefelte: Märchen von C. Perrault. Ein Müllerssohn erbt einen Kater, der seinem Herrn zur Heirat mit einer Königstochter verhilft.

Kipling, Rudyard (1865-1936): Englischer Journalist, der lange in Indien lebte. Er schrieb *Kim*, *Das Dschungelbuch* und Kurzgeschichten.

Kleine Frauen: Roman von L. M. Alcott. Erzählt die Erlebnisse der vier Schwestern Meg, Jo, Beth und Amy.

Kobold: Wenige Zentimeter großes, körperloses Wesen, das nur unter ganz bestimmten Umständen sichtbar wird.

La Fontaine, Jean de (1621-1695): Französischer Dichter, bekannt vor allem durch die zwölf Bände seiner *Fabeln* nach dem Vorbild von Äsop und Phädrus. Jede seiner Fabeln endet mit einer Moral.

Lanzelot: Ritter der Tafelrunde. Verliert sein Herz an Ginevra, die Gattin von König Artus.

Sindbad der Seefahrer erzählt dem Kalifen von Bagdad seine Abenteuer.

Legende: Erzählung, meist aus dem Leben von Heiligen, in der übernatürliche Dinge passieren.

London, Jack (1876-1916): Pseudonym von John Griffith, einem amerikanischen Schriftsteller, der die Abenteuerromane *Ruf der Wildnis*, *Wolfsblut* und *Südseegeschichten* schrieb.

Magie: Die Macht, Gegenstände und die Wirklichkeit, die sie umgibt, zu verzaubern. Es gibt weiße Magie, die im Dienste des Guten steht, und schwarze Magie, die dem Machtstreben und dem Teufel dient. Zauberer und Feen, Hexen und Hexenmeister haben magische Kräfte.

Märchen: Volkserzählung, deren Hauptfiguren Menschen sind, die es mit übernatürlichen Wesen wie Zauberern, Feen oder Zwergen zu tun bekommen.

Meerjungfrauen: In den Sagen des Mittelalters haben sie den Kopf und Oberkörper einer Frau, jedoch einen

„...und sie lebten glücklich bis an ihr seliges Ende!“ So enden viele Märchen.

Fischschwanz. *Die kleine Meerjungfrau* ist ein Märchen von H. C. Andersen. Die Meerjungfrau verliebt sich in einen Prinzen, den sie vor dem Ertrinken gerettet hat. Um ihn wiedersehen zu können, überläßt sie ihre herrliche Stimme einer Hexe, die ihr dafür das Aussehen eines Menschenkindes gibt, so daß sie an Land gehen kann, um ihren geliebten Prinzen zu suchen. Die Hexe warnt sie: Wenn es ihr nicht gelingt, die Liebe des Prinzen zu erringen, wird sie in einen Schwamm verwandelt. Der Prinz aber ist im Begriff, eine andere zu heiraten, und die kleine Meerjungfrau muß wohl wieder hinunter in die Tiefe ... Doch da geschieht ein Wunder, und alles wendet sich zum Guten.

Melville, Herman (1819-1891): Amerikaner, der lange als Seemann die Südsee bereiste. Viele seiner Abenteuergeschichten spielen im Südpazifik. Er ist der Autor von *Moby Dick*.

Menschenfresser: Riese, der sich von Menschenfleisch, am liebsten von Kindern, ernährt.

Am Ende ihrer Reise heiratet Däumelinchen den zierlichen Elfenprinzen.

Eine der Fabeln von La Fontaine erzählt von einem Huhn, das goldene Eier legt.

Moby Dick: Roman von H. Melville. Er handelt vom Kampf, den Kapitän Ahab gegen den weißen Wal führt. Der Erzähler ist Ismael, der als Walfänger auf dem Schiff mitfährt.

Moral: Sittliche Lehre, oft in Form einer Lebensregel, am Ende einer Fabel.

Mythos: Phantastische Erklärung für große Geheimnisse des Lebens. Bei den meisten Völkern gibt es Mythen, die z. B. die Entstehung der Welt beschreiben.

Nimmerland: Das Land, in dem Peter Pan seine Abenteuer erlebt.

Oliver Twist: Roman von C. Dickens. Er erzählt die Geschichte eines Jungen, Oliver, der nicht weiß, wer seine Eltern sind, und in einer Fabrik sein Brot verdienen muß. Er schließt sich einer Diebesbande an und findet erst am Schluß zurück zu seiner Familie.

Zum Wahrsagen benutzen die Zauberer oft magische Kristallkugeln.

Perrault, Charles (1628-1703): Französischer Märchendichter. Von ihm stammen *Der gestiefelte Kater, Däumling* und viele andere Märchen.

Peter Pan: Roman des Schotten J. M. Barrie (1860-1937). Peter Pan ist ein Junge, der nicht erwachsen werden will. Er kann fliegen und lebt auf der Insel Nimmerland, zusammen mit der kleinen Elfe Glöckchen. Sein Erzfeind ist Käpt'n Hook, ein bösartiger Pirat. Auf Nimmerland treffen auch Wendy, Michael und John ein, drei Freunde von Peter Pan.

Phädrus (20 v. Chr. - ca. 50 n. Chr.): Römischer Fabeldichter, freigelassener Sklave thrakischer Herkunft. Wie Äsop erzählt er in seinen Fabeln Geschichten von Tieren, die sich wie Menschen benehmen.

Der Geist der Lampe erfüllt Aladin jeden Wunsch.

Pinocchio: Carlo Collodi (Pseudonym von C. Lorenzini, 1826-1890) schrieb die Geschichte von der Holzpuppe, die gerne ein richtiger Mensch werden möchte. Jedesmal, wenn Pinocchio lügt, bekommt er eine lange Nase. Nach vielen Abenteuern erfüllt sich schließlich sein Wunsch.

Prinzessin auf der Erbse: Märchen von H. C. Andersen. Erzählt von einem Prinzen, der nur eine echte Prinzessin heiraten will. Als eine junge Dame kommt und behauptet, sie sei eine Prinzessin, legt ihr die Mutter des Prinzen eine Erbse ins Bett und läßt eine Menge Matratzen darauflegen. Am nächsten Morgen beschwert sich die junge Dame, sie habe kein Auge zugetan... Nur eine echte Prinzessin kann so empfindlich sein!

Meister Gepetto hat Pinocchio gern, obwohl der Schelm immer wieder etwas anstellt.

Rattenfänger von Hameln: Robert Browning (1812-1889) schrieb über den Pfeifer mit den magischen Fähigkeiten, der nach Hameln kommt. Die Stadt wird von Ratten geplagt. Der Klang seiner magischen Flöte zwingt die Nagetiere, dem Pfeifer zum Fluß zu folgen, wo sie alle ertrinken. Als die Bewohner der Stadt ihm den Lohn für seine Hilfe schuldig bleiben, spielt der Pfeifer noch einmal auf seiner Flöte. Diesmal folgen ihm alle Kinder der Stadt. Kein Mensch hat sie je wiedergesehen.

Reise um die Erde in 80 Tagen oder **In 80 Tagen um die Welt:** Roman von J. Verne. Der Engländer Phileas Fogg wettet, daß er in 80 Tagen um die Erde reisen kann. Mit seinem treuen Diener Passepartout kehrt er nach abteuerlicher Reise gerade noch rechtzeitig nach London zurück und gewinnt die Wette.

Riese: Durch seine Größe und ungeheure Kraft jagt der Riese jedem Angst und Schrecken ein. Er ist zu den Menschen freundlich oder böse. Riesen tauchen in der Mythologie, in der Bibel, in Versepen und in Märchen auf.

Ritter der Tafelrunde: Ein bretonischer Sagenkreis des 12. Jahrhunderts berichtet von den Abenteuern, die König Artus und seine Ritter zu bestehen haben. Die Ritter versammeln sich um eine runde Tafel, damit keiner einen bevorzugten Platz einnimmt.

Die Stadtmaus und die Landmaus *ist eine Fabel von La Fontaine.*

Robin Hood: Vielleicht hat er wirklich existiert. Robin beraubt die Reichen, um die Armen zu beschenken. Er lebt mit seinen Freunden – Bruder Tack, Little John und anderen – in Sherwood Forest in England (14.-15. Jh.).

Robinson Crusoe: Roman des englischen Schriftstellers Daniel Defoe (1660-1731). Robinson, ein englischer Seemann, kommt als Schiffbrüchiger auf eine einsame Insel, wo er viele Jahre verbringt. Nach einiger Zeit bekommt er Gesellschaft von einem Eingeborenen, den er Freitag nennt.

Rotkäppchen: Märchen von Grimm. Rotkäppchen geht seine kranke Großmutter besuchen. Im Wald begegnet es dem bösen Wolf, der vorausläuft ins Haus der Großmutter, sie verschlingt und sich in ihr Bett legt. Als Rotkäppchen hereinkommt, verschlingt er auch das Kind. Ein Jäger erschießt den Wolf, schneidet ihm den Bauch auf und holt Großmutter und Enkelin wohlbehalten heraus.

Rumpelstilzchen: Märchen der Brüder Grimm. Ein Zwerg hilft einem Mädchen, Stroh zu Gold zu spinnen, und verlangt dafür sein erstes Kind. Der König heiratet das Mädchen, und als

Im Wunderland begegnet Alice der boshaften Herz-Königin.

das erste Kind zur Welt kommt, fordert der Zwerg den versprochenen Lohn. Die junge Mutter wird ihn erst los, als sie seinen Namen herausfindet: Rumpelstilzchen.

Schatzinsel, Die: Roman von R. L. Stevenson; erzählt Jims Abenteuer auf der Schatzsuche. Mit Doktor Livesey und Kapitän Smollet segelt er los. Long John Silver, ein alter, einbeiniger Seemann, wiegelt die Schiffsmannschaft zur Meuterei auf. Doch schließlich gelingt es Jim und seinen Freunden, den Schatz in ihren Besitz zu bringen.

Schneewittchen: Märchen der Brüder Grimm. Es erzählt von einem Mädchen

Die Meerjungfrau verliebt sich in einen Prinzen, den sie im Sturm gerettet hat.

mit schneeweißer Haut, das bei seiner bösen Stiefmutter, der Königin, leben muß. Diese kann hexen und besitzt einen Zauberspiegel, von dem sie sich jeden Tag bestätigen läßt, daß sie die Schönste im Land ist. Eines Tages antwortet der Spiegel, daß das inzwischen erwachsene Schneewittchen noch schöner sei als sie. Da wird die Stiefmutter böse und befiehlt dem Jäger, das Mädchen im Wald zu töten. Doch dieser hat Mitleid und schenkt ihm das Leben. Schneewittchen kommt zum Häuschen der sieben Zwerge, die es bei sich aufnehmen. Doch die Königin, als alte Frau verkleidet, findet das Kind und überredet es, in einen vergifteten Apfel zu beißen. Schneewittchen fällt wie tot zu Boden. Da kommt ein junger Prinz vorbei, er-

Mit den Siebenmeilenstiefeln kommt der winzige Däumling rasch voran.

weckt Schneewittchen mit einem Kuß zu neuem Leben und heiratet es.

Die Schöne und das Biest: Märchen von C. Perrault. Die kleine Belle muß bei einem Untier leben. Das Biest sieht zwar abscheulich aus, doch Belle ist von seinem freundlichen Wesen so angetan, daß sie sich in dieses Untier verliebt. Da verwandelt es sich in einen schönen Pinzen – die Liebe hat den Zauber gebrochen.

Scott, Sir Walter (1771-1832): Schottischer Schriftsteller. Einer seiner bekanntesten Romane ist *Ivanhoe*, der den Kampf zwischen Normannen und Sachsen zur Zeit der Kreuzzüge von Richard Löwenherz schildert.

Stevenson, Robert Louis (1850-1894): Schottischer Schriftsteller. Er schrieb *Die Schatzinsel* und *Der Schwarze Pfeil.*

Superhelden: Comic-Figuren, die oft auch die Vorlage für Filme abgeben. Sie

Die Grille gibt Pinocchio eine Menge guter Ratschläge.

sind mit außergewöhnlichen Fähigkeiten ausgestattet, die sie dafür einsetzen, der Menschheit zu helfen oder Böses zu tun. Zu den bekanntesten dieser Figuren gehören Mandrake, Batman, Flash Gordon, Die Phantastischen Vier, die Spinne und Wonder Woman.

Superman: Comic-Held, über den auch Filme gedreht wurden. Superman fliegt mit Überschallgeschwindigkeit und setzt seine Superkräfte ein, um das Böse und das Unrecht zu bekämpfen. Er ist unverletzbar, doch er fürchtet sich vor Kryptonit, einem grünlichen Mineral von seinem Heimatplaneten Kryp-

Der Fuchs schmeichelt dem Raben, damit er den Käse fallen läßt.

ton. Auf der Erde verbirgt sich Superman in der Gestalt von Clark Kent.

Talisman: Figur oder Zauberformel, die vor den Mächten des Bösen schützt.

Die Prinzessin auf der Erbse spürt eine Erbse auch unter einem Berg von Matratzen.

Tarzan: Diese Figur schuf Edgar Rice Burroughs (1875-1950); sie taucht in vielen Comics und Filmen auf. Tarzan, der als Kind im afrikanischen Urwald zurückgelassen wird, wächst unter Affen auf. Als Erwachsener kämpft er gegen Ungerechtigkeiten.

Tausendundeine Nacht: Sammlung alter arabischer Märchen (ca. 12.-16. Jh.), darunter *Ali Baba und die vierzig Räuber, Aladin und die Wunderlampe, Sindbad der Seefahrer* und viele andere. Scheherazade erzählt jede Nacht eine Geschichte, um ihr Leben zu retten.

Der gestiefelte Kater verhilft seinem Herrn zur Heirat mit der schönen Königstochter.

Tolkien, J. R. R. (1892-1973): Englischer Schriftsteller, der den *Hobbit* und die Trilogie *Der Herr der Ringe* schrieb.

Tom Sawyer: Hauptfigur in Mark Twains Abenteuerroman. Tom ist ein Junge, der mit seinem Draufgängertum immer wieder von einer Klemme in die andere gerät.

Twain, Mark (1835-1910): Pseudonym von Samuel Langhorne Clemens. Er war Amerikaner und beschrieb in den gleichnamigen Romanen die Abenteuer von *Tom Sawyer* und *Huckleberry Finn*.

Vampir: Ernährt sich von Menschenblut und steigt nachts aus dem Sarg, um ein Opfer zu suchen. Der berühmteste Vampir ist Graf Dracula, der auf einem Schloß in Transsylvanien lebt.

Verne, Jules (1828-1905): Franzose, sich am technischen Fortschritt inspirierender Verfasser von rund sechzig Romanen wie *Fünf Wochen im Ballon, Reise ins Innere der Erde, Von der Erde zum Mond, 20 000 Meilen unter dem Meer, In 80 Tagen um die Welt, Die Kinder des Kapitäns Grant* usw.

Werwolf: Mensch, der sich bei Vollmond in einen Wolf verwandelt.

Winnie Pooh: Plüschbär, Hauptfigur vieler Bücher des englischen Schriftstellers Alan Alexander Milne (1882-1956). In seinen Abenteuern kommt auch der Sohn des Verfassers vor.

Zauber: Magisches Ritual, oft aus alten Zauberbüchern, das Menschen oder Dinge verzaubert.

Nur das klügste der drei Schweinchen baut sein Haus aus Ziegelsteinen.

Zauberbann: Böser Zauber, Hexenwerk.

Zauberer von Oz: Hauptfigur des gleichnamigen Romans von L. Frank Baum (1856-1919), einem amerikanischen Schriftsteller. Darin wird die Geschichte von Dorothy erzählt, die mit ihrem Hund Toto von einem Tornado aus Kansas ins Land Oz versetzt wird. Dort begegnet sie der Vogelscheuche, die gerne ein Gehirn hätte, einem feigen Löwen, der gerne mutig wäre, und dem Blechmann, der ein Herz haben möchte.

Die sieben Zwerge finden Schneewittchen in ihrem Häuschen.

Zauberer: Meister der Zauberkunst, der seine magischen Kräfte in der Regel für gute Zwecke einsetzt.

Zinnsoldat, Der standhafte: Held des gleichnamigen Märchens von H. C. Andersen. Er verliebt sich in eine Tänzerin, die wie er selbst aus Metall gegossen ist. Ein Windstoß weht ihn aus dem Fenster. Spielende Kinder legen ihn in ein Papierschiffchen, mit dem er ins Meer hinaustreibt. Dort wird er von einem Fisch verschlungen, den Fischer fangen und auf dem Markt verkaufen – ausgerechnet an die Köchin seines Hauses. Der Zinnsoldat sieht seine Ballerina wieder..., doch ein neuerlicher Windstoß wirft beide in die Flammen.

Hexen reiten normalerweise auf Besen und fliegen damit durch die Lüfte.

Zwerg: Kleines Männchen, meist alt und mit langem, weißem Bart, manchmal bucklig. Zwerge sind geschickt im Bearbeiten von Metallen, können die Zukunft vorhersagen und sich unsichtbar machen. Den Menschen sind sie freundlich gesinnt, aber boshaft zu denen, die sie beleidigen.

Die Tiere des Waldes helfen den Zwergen, Feen und Hexen, für den Elfenkönig ein Geburtstagskonzert zu organisieren.

Lexikon der Medizin

Abdomen: Unterer Abschnitt des Rumpfes. Das Zwerchfell trennt den Bauchraum von der Brusthöhle. Die Bauchhöhle ist mit einer serösen Membran, dem Bauchfell, ausgekleidet.

Abszeß: Eiteransammlung; meist als Folge einer Infektion durch Mikroorganismen.

Adenoide Vegetationen (Polypen): Wucherung des Lymphgewebes der Rachenmandel. Wenn sie zu groß werden, behindern sie die Nasenatmung.

AIDS (Abk. für *Acquired Immune Deficiency Syndrome;* Immunschwä-

Weißes Fleisch (Hähnchen, Kalb, Kaninchen) ist magerer und leichter verdaulich als rotes (Rind und Schwein).

che-Syndrom): Durch Infektion mit dem HIV-Virus ausgelöste Krankheit. Übertragen wird die Infektion durch Geschlechtsverkehr, Transfusion von infiziertem Blut und durch infizierte Spritzen. Sie schädigt das körpereigene Immunsystem, das Infektionen abwehrt. Die Krankheit ist derzeit noch nicht heilbar.

Akne: Entzündung der Talgdrüsen. Es entstehen Pusteln und Mitesser. Akne bei Jugendlichen ist meist die Folge eines Hormonungleichgewichts während der Pubertät.

Alkoholismus: Körperliche und psychische Alkoholabhängigkeit.

Allergie: Überempfindlichkeit auf einen an sich harmlosen Stoff (z. B. Staub, Pollen, Nahrungsmittel). Die Symptome sind Hautausschlag, Ekzem, Heuschnupfen, Beschwerden des Magen-Darm-Trakts, Bindehautentzündung, allergisches Asthma, Heufieber.

Amnesie: Vollständiger oder teilweiser Ausfall des Gedächtnisses.

Analgetikum: Schmerzmittel.

Anämie: „Blutarmut" auf Grund einer Verringerung des Hämoglobins oder

Wer Süßigkeiten gegessen hat, muß sich gründlich die Zähne putzen, sonst bekommt er Karies (Zahnfäule).

der roten Blutkörperchen. Sie kann durch Blutungen, Hämolyse (Zerstörung der roten Blutkörperchen) oder ungenügende Neubildung von roten Blutkörperchen (aufgrund von Stoffwechselstörungen oder Eisenmangel) verursacht sein.

Anästhesie: Das Wort heißt sowiel wie Schmerzunempfindlichkeit und wird für die Narkose verwendet, die es ermöglicht, daß die Patienten bei chirurgischen Eingriffen keine Schmerzen empfinden.

Anorexie: Appetitlosigkeit; Magersucht; kann auf psychische (A. nervosa) oder physische Störungen zurück-

Übermäßiges Sonnenbaden kann Melanome (Hautkrebs) hervorrufen.

zuführen sein. Kommt vor allem bei jungen Frauen vor.

Ansteckung: Direkte oder indirekte Übertragung einer Infektionskrankheit.

Antibiotikum: Medikament, das Bakterien zerstört oder ihre Vermehrung eindämmt. Die ersten Antibiotika

Jede Bewegung unseres Körpers wird vom Gehirn gesteuert.

Mit den fünf Sinnen können wir fühlen, schmecken, hören, riechen und sehen.

wurden aus Pflanzen hergestellt (wie z. B. Penicillin aus Schimmelpilzen). Heute stellt man sie synthetisch her.

Antikörper: Eiweißstoffe, die vom Lymphgewebe zur Ausschaltung körperfremder Stoffe (Antigene) produziert werden. Dadurch, daß sich die Antikörper an die Antigene anheften, ermöglichen sie den Abwehrmechanismen die Erkennung und Zerstörung der Fremdeiweiße.

Aorta: Hauptschlagader des menschlichen Körpers, von der die Schlagadern zu allen Körperbereichen abzweigen. Sie geht von der linken Herzkammer aus und verzweigt sich schließlich zu den Beckenarterien.

Arterie (Schlagader): Blutgefäß, das sauerstoffreiches Blut vom Herzen in alle Bereiche des Körpers transpor-

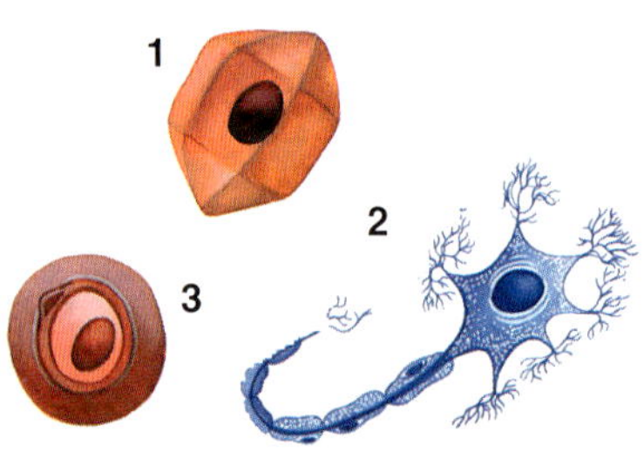

***1.** Zelle der Oberhaut **2.** Nervenzelle **3.** Eizelle.*

tiert. Außer in den Lungenarterien (die sauerstoffarmes Blut vom Herz in die Lungen leiten) fließt in allen Arterien sauerstoffreiches Blut. Häufig heißen die Arterien so wie der Körperteil, den sie versorgen (z. B. heißt die A., die zur Niere führt, Nierenschlagader).

Arterienverkalkung (Arteriosklerose): Erkrankung der Blutgefäße, die zur Verhärtung und zum Elastizitätsverlust der Gefäßwände führt. Ausgelöst wird diese Krankheit unter anderem durch Bluthochdruck, falsche Ernährung, Bewegungsmangel und den Alterungsprozeß.

Arthritis: Gelenksentzündung.

Gehirnbereiche und ihre Funktionen
(Seitenansicht des Großhirns)

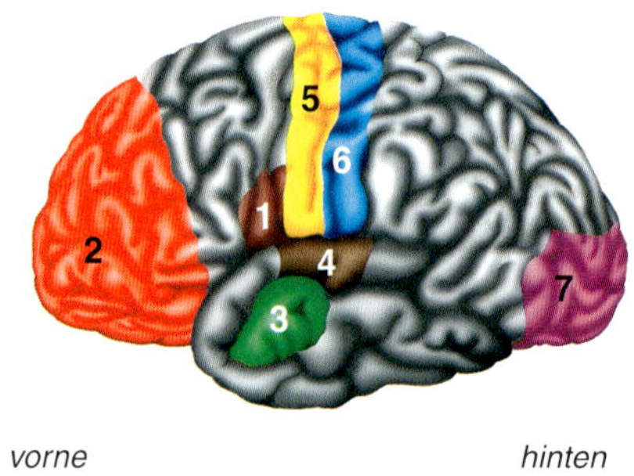

*Bereich **1.** der Sprache **2.** des logischen Denkens **3.** des Riechens und Schmekkens **4.** des Hörens **5.** der Bewegung (Motorik) **6.** des Fühlens **7.** des Sehens.*

Asthma: Anfälle von Atemnot. Man unterscheidet 1. das Bronchialasthma, das durch Verengung der Atemwege hervorgerufen wird; 2. das Herzasthma, das durch einen Blutstau in der Lunge bei Herzschwäche ausgelöst wird.

Astigmatismus: Sehfehler; unscharfes Sehen durch eine Verkrümmung der Hornhaut des Auges.

Bakterien: Einzellige Mikroorganismen, die sich durch Teilung vermehren. Sie waren die ersten Lebewesen: In über 3 Milliarden Jahren alten Fossilien hat man sie nachgewiesen. Nach ihrer Form werden sie in Kokken (kugelförmig), Bazillen (stäbchenförmig) und Spyrillen (spiralförmig) eingeteilt. Als Spore, eingehüllt in eine feste Zellmembran, kann ein Bakterium unter extremen klimatischen Bedingungen überleben. B. gibt es in der Erde, im Wasser, in der Luft. Viele verursachen Krankheiten; manche werden industriell eingesetzt (z. B. die Milchsäurebakterien in Molkereien).

Bauchspeicheldrüse siehe **Pankreas.**

Becken: Knochenring, der aus den beiden Hüftknochen, dem Kreuzbein und dem Steißbein besteht.

Brot, Reis, Nudeln sind Kohlenhydrate und somit gute Energielieferanten.

Bindehautentzündung: Entzündung der Bindehaut (Schleimhaut, die die Innenseite des Augenlids sowie den vorderen Teil des Augapfels überzieht).

Biopsie: Entnahme einer kleinen Probe aus Geweben und Organen eines lebenden Menschen zum Zweck der Untersuchung.

Blut: Körperflüssigkeit, die aus Plasma, roten Blutkörperchen (Erythrozyten), weißen Blutkörperchen (Leukozyten) und Blutplättchen (Thrombozyten) besteht.

Blutdruck: Der arterielle Blutdruck wird meist als Doppelwert (systolischer und diastolischer Blutdruck) angegeben. Wenn der B. zu niedrig ist, spricht man von **Hypotonie**, bei zu hohem von **Hypertonie**.

Schon die alten Ägypter stellten bei Knochenbrüchen das Glied durch Schienen ruhig.

Blutgruppe: Klassifizierung von Blut nach charakteristischen Immuneigenschaften der roten Blutkörperchen. Es gibt 4 Blutgruppen: A, B, AB und 0 (Null). Bei Bluttransfusionen müssen sich die roten Blutkörperchen des Spenderblutes mit den Antikörpern des Blutempfängers vertragen. Z. B.: Ein Mensch mit der Blutgruppe B kann Blut von B oder von 0 bekommen. AB ist Universalempfänger, 0 Universalspender. Im Blut ist auch ein erblicher Blutfaktor – der positive oder negative Rhesusfaktor (Rh + oder rh -) gefunden worden.

Gemüse liefert Zellulose, also Ballaststoffe, die den Darm bei der Ausscheidung der Abfallprodukte unterstützen.

Blutplättchen: Farblose, scheibchenförmige Blutbestandteile (pro Kubikzentimeter Blut rund 200 000 bis 400 000). Sie spielen bei der Blutgerinnung eine bedeutende Rolle.

Bluttransfusion: Infusion von Spenderblut direkt in den Blutkreislauf; wird bei schweren Blutungen oder

Zu laute Geräusche schädigen die Trommelfelle und verschlechtern das Gehör.

Anämie erforderlich. Um das Infektionsrisiko auszuschließen, muß vor der B. das Blut untersucht und auf seine Verträglichkeit mit der Blutgruppe des Empfängers getestet werden.

Bronchitis: Entzündung der Bronchialschleimhaut. Sie kann akut oder chronisch sein.

Bulimie: Krankhafte Eßsucht, bei der das Hungergefühl fehlen kann. Meist mit anschließenden Erbrechen oder starkem Abführmittelgebrauch. Wechselt in manchen Fällen mit Appetitverlust ab.

Check-up: (engl.: Kontrolle) Besteht aus einer Reihe von Untersuchungen, die den Gesundheitszustand eines Menschen überprüfen.

Cholesterin: Molekül, das in tierischen Fetten und im gesamten menschlichen Organismus vorhanden ist, vor allem im Gehirn, im Blut, in der Galle und in den Nebennieren. Es ist an der Bildung der Sexualhormone beteiligt. Kann sich in Blutgefäßen ablagern. Es kommt entweder von außen (in Nahrungsmitteln) oder von innen (wird in der Leber gebildet).

CT (Computer-Tomographie): Diagnosetechnik, bei der man einen Computer Röntgenstrahlen auswerten läßt. Der Computer setzt die eingegebenen Daten in dreidimensionale Querschnittbilder (in verschiedenen Ebenen) des untersuchten Bereichs um. Hilfreich z. B. bei Gehirnuntersuchungen.

Darm: Teil des Verdauungstrakts zwischen Magenausgang und After. Der rund 7 m lange Schlauch wird in Abschnitte unterteilt: den Zwölffingerdarm, in den die Galle und anderen Säfte der Bauchspeicheldrüse einfließen; den Dünndarm mit seinen Schlingen, in denen die Aufnahe der Nährstoffe ins Blut stattfindet; den Dickdarm (mit dem größten Durchmesser), in dem Wasser resorbiert wird; den Mastdarm, aus dem die Abfallprodukte als Stuhl ausgeschieden werden.

Unter Hygiene versteht man die Normen für die Körperpflege der einzelnen Menschen und für die öffentliche Sauberkeit.

Der menschliche Körper besteht zu über 65 % seines Gewichts aus Wasser.

Diabetes (Zuckerkrankheit): Krankheit, die durch ungenügende Erzeugung oder Verwertung von Insulin gekennzeichnet ist. Sie führt zu Störungen des Zuckerstoffwechsels. Es gibt den jugendlichen (insulinpflichtigen) Diabetes und den Altersdiabetes.

Dialyse: Blutwäsche, bei der das Blut von Harnstoff und anderen Stoffwechselabfällen gereinigt wird. Sie wird mithilfe eines Gerätes („künstliche Niere") in Fällen von schwerer Niereninsuffizienz durchgeführt.

Drogen: 1. Arzneimittel pflanzlicher oder tierischer Herkunft. 2. Suchtmittel, d. h. Substanzen, die psychische

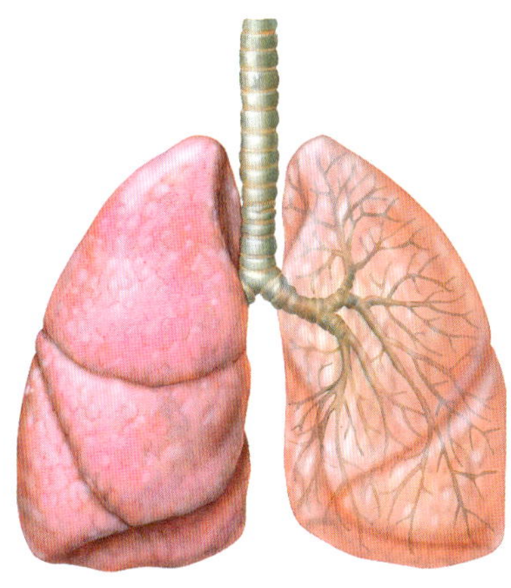

Die Luftverschmutzung in den Großstädten kann sich auf die Lungen schädlich auswirken.

oder körperliche Abhängigkeit auslösen können. Harte Drogen können zu körperlichen Schäden führen.

Drosselvene: Größte der drei Halsvenen; sie leitet das venöse Hirnblut an die obere Hohlvene weiter.

Die Kindheit ist der Lebensabschnitt von der Geburt bis zum vollendeten 12. Lebensjahr.

Drüse: Organ, das Substanzen wie Hormone und Enzyme produziert. Endokrine Drüsen geben ihre Sekrete direkt ins Blut ab; zu den exokrinen zählen die Schweiß- und Talgdrüsen.

Dysenterie: Schleimiger Durchfall bei Entzündung des Dickdarms.

Dyslexie: Veraltete Bezeichnung für **Legasthenie** (siehe dort).

Eierstöcke: Paarige Keimdrüsen im Unterbauch, in denen die Eizellen heranreifen. Sie gehören zu den weiblichen Fortpflanzungsorganen. Jeder Eierstock enthält bei der Geburt 50.000 Eizellen, die bis zur Menopause immer weniger werden.

Eisprung siehe **Ovulation.**

Elektroenzephalogramm: Aufzeichnung der Gehirnströme.

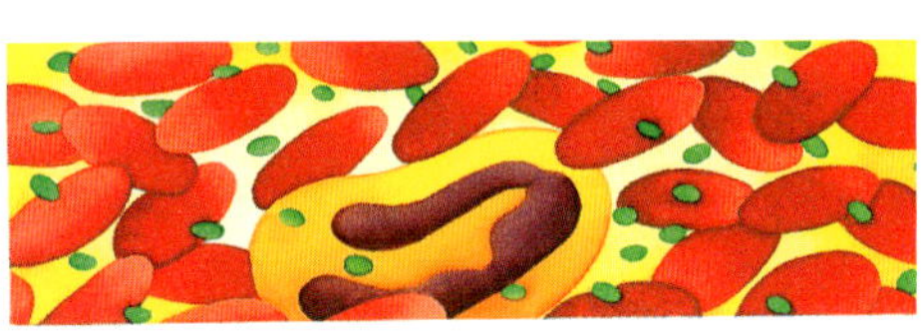

Das Blut besteht aus einer gelblichen Flüssigkeit (Serum), die die Blutkörperchen (weiße und rote) sowie die Blutplättchen enthält.

Elektrokardiogramm (EKG): Aufzeichnung der Herzströme mit einem Gerät. Das EKG zeigt Abweichungen vom normalen Herzstrommuster auf.

Embolus: Festes, flüssiges oder gasförmiges Gebilde, das ein Blutgefäß blockieren kann (Embolie).

Entzündung: Schmerzhafte Schwellung mit Rötung; die Reaktion des Körpers auf Schadstoffe.

Epilepsie: Nervenstörung, gekennzeichnet durch Krampfanfälle.

Erythrozyten: Rote Blutkörperchen.

Fetus (Fötus): Bezeichnung für das ungeborene Kind ab dem 3. Schwangerschaftsmonat bis zur Geburt.

Fieber: Reaktion der körpereigenen Abwehr, die die Körpertemperatur erhöht.

Galle: Grünbraune Drüsenflüssigkeit der Leber. Durch die Gallengänge fließt die Galle in die Gallenblase und von dort in den Zwölffinger-

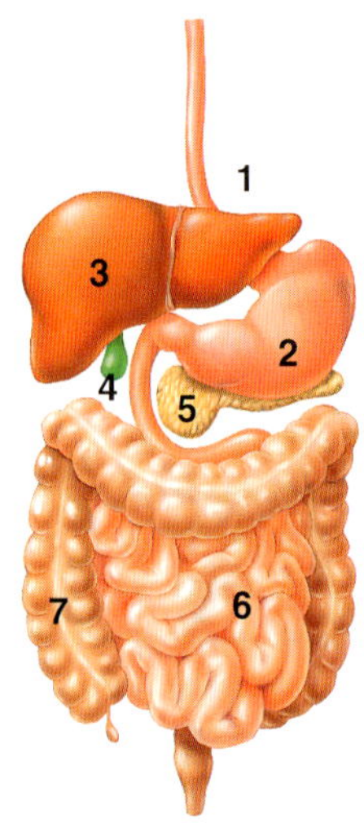

__1.__ Speiseröhre __2.__ Magen __3.__ Leber __4.__ Gallenblase __5.__ Bauchspeicheldrüse __6.__ Dünndarm __7.__ Dickdarm.

darm, wo sie beim Abbau der Fette mitwirkt.

Gastritis: Magenschleimhautentzündung infolge von Chemikalien oder Überproduktion von Magensäure.

Gebärmutter siehe **Uterus.**

Gelenk: Bewegliche Verbindung zwischen zwei oder mehreren Knochen.

Glaukom (grüner Star): Überdruck der Flüssigkeit im Auge. Kann zu Schädigung des Sehnervs und Sehstörungen führen.

Grippe: Virusinfektion. Ihre Symptome sind Fieber, Hals-, Muskel- und Kopfschmerzen, Erkältung, Brechreiz.

Großhirn: Größter Teil des Gehirns, bestehend aus einer rechten und einer

Spinat enthält viel Eisen, ein wichtiges Spurenelement. Eisenmangel hat Anämie zur Folge.

linken Hälfte, die durch den Balken miteinander verbunden sind.

Haare: Aus Horn bestehende Hautanhangsgebilde, wachsen um etwa 12 cm jährlich, erneuern sich alle 2-6 Jahre.

Hämatom: Blutansammlung im Gewebe (z. B. nach einem Schlag).

Hämorrhagie: Austritt größerer Blutmengen aus Gefäßen (z. B. bei Verletzungen).

Hämorroiden: Erweiterungen der Venen im Afterschließmuskel; verursachen Schmerzen beim Stuhlgang.

Getreide (Roggen, Weizen, Reis, Mais, Gerste, Hafer) sind gute Stärke- und Eiweißlieferanten.

Harn: Der Harn bildet sich aus den Ausscheidungen der Leber und entsorgt die Abfallprodukte des Stoffwechsels.

Haut: Sie bildet die äußere Körperhülle und ist das größte Organ. Viele wichtige Aufgaben hat sie zu erfüllen: Fernhalten von Mikroorganismen; Aufrechterhaltung der Körpertemperatur mit Hilfe von Haaren und Schweiß; als Sinnes- und Ausscheidungsorgan. Ihre drei Schichten sind von außen nach innen: Epidermis (Oberhaut), Dermis (Lederhaut) und Subcutis (Unterhautbindegewebe).

Hepatitis: Entzündung der Leber; hervorgerufen durch Infektion oder Giftstoffe. Ausgelöst wird H. vom Typ A meist durch Lebensmittel, Typ B durch Blut. Kürzlich sind auch andere H.-typen identifiziert worden.

Herpes: Viruserkrankung, die traubenförmig angeordnete Bläschen hervorruft (z. B. an den Lippen). Herpes zoster (Gürtelrose) befällt die Nervenganglien.

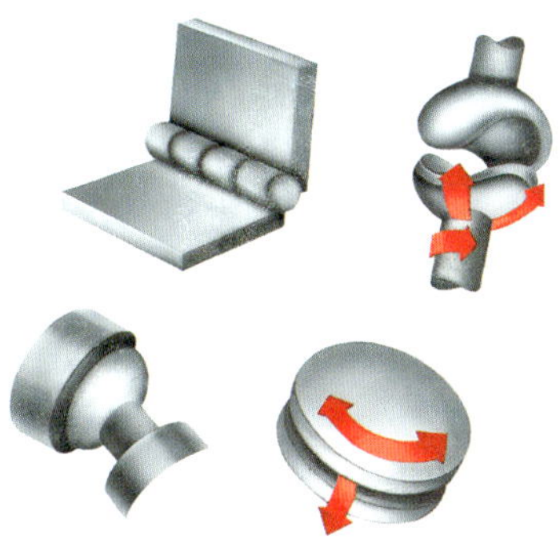

Wie bei mechanischen Teilen ermöglichen die verschiedenen Gelenkformen unterschiedliche Bewegungen der Gliedmaßen.

Herz: Hohlmuskel; liegt zwischen den Lungen in der Mitte des Brustkorbs. Es besteht aus einer Muskelschicht (Myokard), die innen und außen von je einer Membran (Endokard und Perikard) überzogen ist. Sein Innenraum ist unterteilt in zwei obere Hohlräume, die Vorhöfe, und zwei untere, die Herzkammern, die durch Herzklappen voneinander getrennt sind. Das Herz versorgen die Herzkranzgefäße. Es funktioniert wie eine Pumpe: Wenn es erschlafft, füllt es sich mit Blut, wenn es sich zusammenzieht, pumpt es Blut in den Körper.

Herzinfarkt: Absterben eines Gewebebereichs im Herzen als Folge einer Unterbrechung der Blutversorgung in einer Herzkranzarterie.

Herzkranzgefäße: Arterien und Venen, die den Herzmuskel versor-

Fisch liefert das magerste Fleisch und enthält viel Phosphor, der gut für das Gehirn ist.

gen. Die Arterien gehen von der Aorta aus, teilen sich in einen linken und einen rechten Ast und verzweigen sich weiter. Die Venen verlaufen zuerst parallel, aber in umgekehrter Richtung neben den Arterien und münden dann in den rechten Vorhof.

Hirnanhangsdrüse (Hypophyse): Erbsengroße endokrine Drüse knapp unter dem Hypothalamus. Die Hypophysenhormone steuern alle übrigen endokrinen Drüsen. Ihr Vorderlappen produziert sechs Hormone, die das Wachstum, die Schilddrüsenfunktion, die Nebennierenfunktion, die Milchproduktion der Brustdrüse beim Stillen, die Follikel und die Keimdrüsen anre-

Bei seinen Hausbesuchen bringt der Arzt seine Tasche mit. Sie enthält Instrumente und Medikamente.

gen. Der Hinterlappen produziert zwei weitere Hormone.

Hoden: Paariges Fortpflanzungsorgan des Mannes. Bis zur Geburt verlagern sie sich aus der Bauchhöhle in den Hodensack.

Hormon: Von Drüsen abgesondertes oder von Geweben erzeugte Substanz. Die meisten vegetativen Körperfunktionen werden durch Hormonausschüttungen der verschiedenen Drüsen gesteuert.

Hornhaut (des Auges): Durchsichtiger vorderer Teil des Augapfels. Durch ihre fünf Schichten fällt das Licht auf die Rezeptoren. Eine **Keratoplastik** ist eine Hornhauttransplantation.

Immunität: Kann natürlich oder erworben sein (wenn ein Mensch eine Infektionskrankheit bereits durchgemacht hat bzw. dagegen geimpft worden ist).

Die Stimmbänder im Rachen vibrieren wie die Saiten einer Gitarre.

Immunreaktion: Prozeß, der die Antwort des Immunsystems auf das Eindringen von Mikroorganismen (z. B. Bakterien) oder Fremdgewebe (z. B. ein transplaniertes Organ) darstellt.

Impfung: Verabreichung eines bakteriellen oder viralen Impfstoffs, um eine Immunreaktion hervorzurufen. Der Impfplan gibt Auskunft, in welchem Alter und Abstand Schutzimpfungen ratsam sind.

Infektion: Befall mit ansteckenden Mikroorganismen (wie Viren, Pilzen,

Die Muskeln arbeiten oft paarweise zusammen: Wenn der eine sich zusammenzieht, erschlafft der andere.

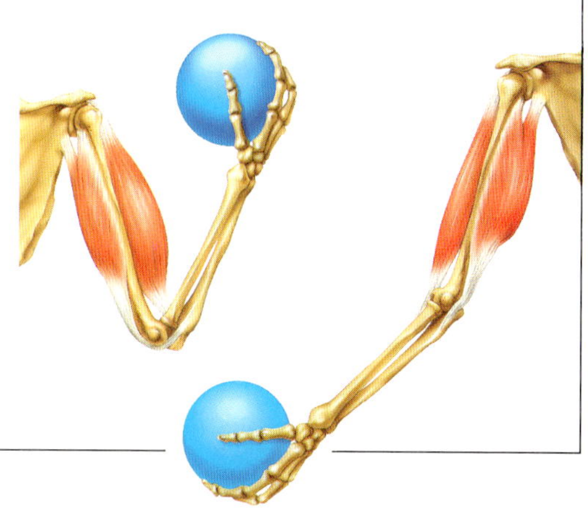

Bakterien). Der befallene Organismus schützt sich durch sein Immunsystem.

Insulin: Von den Langerhans-Inseln der Bauchspeicheldrüse abgesondertes Hormon, das den Blutzuckerspiegel steuert. Zu wenig Insulin bewirkt die Diabetes (Zuckerkrankheit).

Zitrusfrüchte (Zitronen, Orangen, Grapefruit) sind reich an Vitamin C, das die Abwehrkräfte stärkt.

IQ (Intelligenz-Quotient): Kurzbezeichnung für den durch Intelligenztests ermittelten Wert, der die geistigen Fähigkeiten einer Person bewertet.

Kaiserschnitt: Entbindung des Kindes durch einen chirugischen Eingriff, wenn eine Geburt auf natürlichem Wege nicht möglich ist.

Kapillaren: Haarfeine Blutgefäße, die ein dichtes Netz bilden und jeweils eine Arteriole (dünnste Arterie) mit einer Venole (dünnsten Vene) verbindet. Durch die Wände der K. gehen die Nährstoffe und der Sauerstoff vom Blut in die Zellen über; gleichzeitig geben die Zellen Abfallprodukte und Kohlensäure an das Blut ab.

Karies: bakterienbedingte Zahnfäule. Zerstört die harte Zahnsubstanz.

Vollkornbrot enthält viele Ballaststoffe und beugt Verstopfungen vor.

Kehlkopf (Larynx): Abschnitt der oberen Luftwege zwischen Pharynx und Luftröhre.

Keim: Mikroorganismus, der Krankheiten verursachen kann.

Keuchhusten siehe **Pertussis.**

Knochen: Harte bzw. elastische Organe, die das Skelett bilden. Sie bestehen aus Knochengewebe, das wiederum aus Mineralsalzen (Kalzium und Phosphor) und aus Ossein gebildet wird. Es gibt kurze (z. B. das Fersenbein), lange (z. B. Oberschenkelknochen) und flache Knochen (z. B. das Brustbein).

Knorpel: Plastisches Stützgewebe. Enthält weder Nerven noch Gefäße.

Kolik: Schmerz (meist Bauchschmerz), der von starken Kontraktionen eines Hohlorgans mit glatter Muskulatur ausgelöst wird.

Kolon: Längster Abschnitt des Dickdarms, der am Blinddarm beginnt und in den Mastdarm übergeht. Man unterscheidet einen aufsteigenden, querliegenden, absteigenden und

Der Steinpilz ist ein Speisepilz. Andere Pilze können Vergiftungen hervorrufen.

S-förmigen Teil. Im Kolon wird dem Darminhalt Wasser entzogen.

Koma: Zustand der Bewußtlosigkeit mit Ausfall der Wahrnehmungsfähigkeit, daher mit kompletter Reaktionslosigkeit auf Reize.

Krampf: Starkes, schmerzhaftes Zusammenziehen eines Muskels, in der Regel infolge längerer Überbeanspruchung oder Mineralstoffmangel.

Frischkäse enthält Eiweiß, Fette, Mineralsalze (vor allem Kalzium) und Vitamine.

Krebs: Abnorme und bösartige Wucherung von Zellen. Der Krebs kann in andere Körperbereiche streuen und Metastasen (Tochtergeschwülste) bilden.

Kurzsichtigkeit: Sehfehler, bei dem die Fernsicht beeinträchtigt ist; wird häufig vererbt.

Leber: Mit 1500 g Gewicht größte Drüse des Körpers. Sie liegt im rechten Oberbauch. Zuständig für die Umwandlung und Aufnahme der Nährstoffe aus dem Blut, das durch die Pfortader hereinkommt; regelt den Eiweiß-, Zucker- und Fettstoffwechsel, erzeugt Plasma und Galle; scheidet Giftstoffe aus.

Leberzirrhose: Chronische Erkrankung der Leber als Folge chronischer Entzündungsprozesse oder Belastung.

Legasthenie: Lese- Rechtschreib-Schwäche, die durch Störungen im zentralen Nervensystem entsteht (z. B. werden Buchstaben verkehrt gesehen.

Leukämie: Blutkrebs.

Tee aus den Blüten und Blättern der Malve wirkt beruhigend bei Husten.

Leukozyten: Weiße Blutkörperchen, zuständig für die körpereigene Abwehr.

Lungen: Atmungsorgan, überzogen vom Rippen-Lungenfell. Der rechte Lungenflügel besteht aus drei Lappen, der linke aus zwei. Die sich immer stärker verzweigenden Bronchien und Bronchiolen enden in den Lungenbläschen (Alveolen), wo der Gasaustausch stattfindet. Bei einer Lungenentzündung füllen sich die Alveolen teilweise mit Flüssigkeit; somit ist der Gasaustausch beeinträchtigt.

Bevor die pharmazeutische Industrie sich entwickelte, stellte man aus den Blättern, Blüten und Wurzeln von Heilpflanzen Mittel für die Behandlung von Kranken her.

Lymphsystem: Sammelbegriff für Lymphgefäße, -knoten, Milz, Mandeln usw., die bei der Infektionsbekämpfung eine große Rolle spielen.

Magen: Sackförmiges Organ im Verdauungstrakt zwischen Zwerchfell und Zwölffingerdarm. Die aus der Speiseröhre kommende Nahrung ist nur vorverdaut, wird im Magen mit den Magensäften (Salzsäure und Pepsinogen) vermischt und durch den Magenausgang in den Zwölffingerdarm weitergeschoben.

Mandelentzündung siehe **Tonsillen.**

Masern: Akut auftretende, ansteckende Viruserkrankung, die meist Kinder befällt. Symptome: rote Flecken auf der Haut und Atembeschwerden. Es gibt eine Schutzimpfung gegen M.

Säfte von Zitrusfrüchten unterstützen die Bekämpfung von Erkältungen und Grippe.

Melanom: Schwarzer Hautkrebs.

Membran: Dünne Gewebeschicht, die Organe oder Hohlräume überzieht oder auskleidet.

Meningitis: Durch virale oder bakterielle Infektion ausgelöste Hirnhautentzündung. Ansteckungsgefahr.

Menopause: Zeitpunkt der letzten Menstruation. In der Zeit davor und danach (Wechseljahre; meist zwischen dem 45. und dem 55. Lebensjahr) machen sich hormonelle Veränderungen bemerkbar, weil keine Eizellen mehr produziert werden und die Produktion von Gonadotropin und Östrogen schrittweise abnimmt. Nach der M. kann eine Frau keine Kinder mehr bekommen.

Menstruation: Etwa 4 Tage andauernde Blutung aus der Scheide, die bei Frauen im gebärfähigen Alter alle 28 Tage auftritt (Monatszyklus). Die Hormone regen die Gebärmutterschleimhaut an, sich zu verdicken, um das befruchtete Ei aufnehmen zu können. Findet keine Befruchtung statt, wird die überschüssige Schleimhaut abgestoßen. Dabei reißen Blutgefäße, es kommt zu einer schwachen Blutung. Das Einsetzen der Menstruation heißt **Menarche** (zwischen 10 und 15 Jahren).

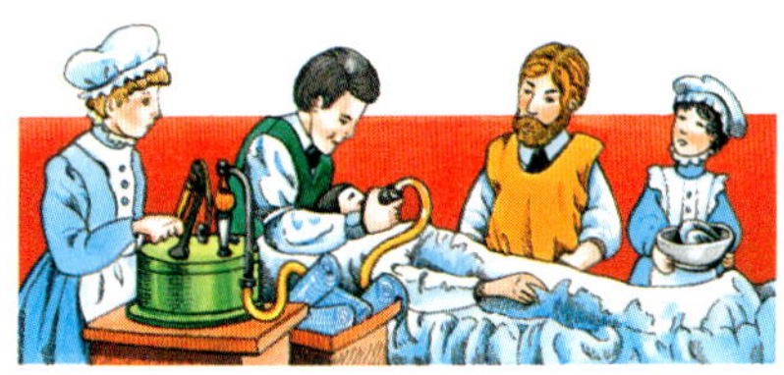

Die ersten Operationen unter Vollnarkose wurden 1842 mit dem gerade entdeckten Äther durchgeführt.

Milz: Ovales, dunkelrotes, 200 g schweres Organ, das auf der linken Körperseite zwischen Magen und Zwerchfell liegt. Es regelt die Qualität und die Menge der roten Blutkörperchen, indem es alte oder veränderte Blutzellen zerstört. Es stellt eine Reserve an gesunden Blutzellen dar.

Mumps: Viruserkrankung der Mund- und Ohrspeicheldrüsen, die meist Kinder befällt und eine Schwellung der Drüsen bewirkt.

Tee und Kaffee wirken anregend, Kamillentee dagegen beruhigend und schlaffördernd.

Muskel: Körpergewebe aus Zellen und Fasern, die glatt oder quergestreift sein können. Willkürliche Muskeln sind meist quergestreift, unwillkürliche glatt. Eine Ausnahme stellt der Herzmuskel dar, der zwar unwillkürlich, aber nicht glatt ist. Motorische Nerven lösen das Zusammenziehen des M. in ihrer elastischen Hülle aus und bewirken so die Bewegungen. Glatte Muskulatur findet sich z. B. in den Wänden von Magen, Darm und Gebärmutter. Willkürliche Muskeln ermöglichen die Ausführung aller Bewegungen und Tätigkeiten.

Nerv: Bündel von Nervenfasern (Neuriten), die in einer gemeinsamen Hülle verlaufen. Die Nerven bilden das periphere Nervensystem. Die motorischen (oder efferenten) Nerven übermitteln die Impulse des Kontrollzentrums an die Peripherie; die sensiblen oder afferenten Nerven leiten die peripheren Reize an das Gehirn weiter. Man teilt die Nerven in Hirn- und Rückenmarksnerven ein.

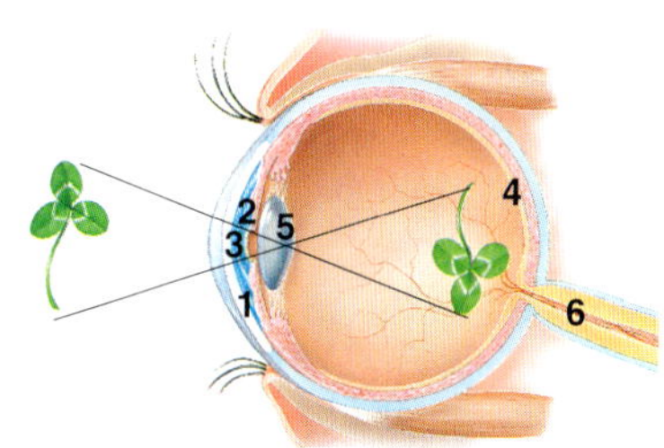

*Gegenstände, die wir sehen, werfen auf dem Kopf stehende Bilder auf die Netzhaut. Bestandteile des Auges: **1.** Hornhaut **2.** Regenbogenhaut **3.** Pupille **4.** Netzhaut **5.** Linse **6.** Sehnerv.*

Netzhaut: Endpunkt des Sehnervs. Sie nimmt die Bilder, die wir sehen, auf und leitet die Lichtreize zum Gehirn weiter, das diese auswertet.

Der Magen muß sich auch ausruhen können. Daher sollten Abstände (mehrere Stunden) zwischen den Mahlzeiten liegen.

Nieren: Paariges, bohnenförmiges Organ, ca. 12 cm lang. Die beiden Nieren reinigen das Blut von Abfallprodukten des Stoffwechsels, die sie mit dem Urin ausscheiden.

Optometrie: Prüfen der Sehkraft durch Messungen.

Organ: Gebilde aus verschiedenen Geweben, das ganz bestimmte Aufgaben in Zusammenarbeit mit anderen Körperbereichen erfüllt: z. B. das Herz, aber auch die Haut.

Ovulation: (Eisprung) Ausstoßung einer reifen Eizelle aus einem Follikel im Eierstock. Die Eizelle wandert anschließend durch den Eileiter zur Gebärmutter. Die O. findet um die Mitte des Monatszyklus statt. Die sieben Tage

Die Kinder bringt nicht der Storch, sondern sie werden von der Mutter geboren.

vor und der Tag nach dem Eisprung sind die fruchtbaren Tage der Frau.

Pankreas (Bauchspeicheldrüse): Etwa 15 cm lange Drüse hinter dem Magen. Sie ist sowohl eine exokrine Drüse, die Säfte für den Abbau von Fetten und Eiweißen absondert, als auch eine endokrine, denn sie gibt das in den Langerhans-Inseln erzeugte Hormon Insulin direkt in den Blutstrom ab.

Penicillin: Von A. Fleming im Jahre 1928 entdecktes Antibiotikum.

Penis: Männliches Glied, äußeres Geschlechtsorgan. Durch den P. verläuft die Harnröhre, durch die Urin und Sperma ausgeschieden wird.

Pertussis (Keuchhusten): Die Atemwege befallende Kinderkrankheit.

Pharynx (Rachen): Raum hinter Nase und Mundhöhle vor dem Kehlkopf.

Gerüche bestehen aus winzigen chemischen Substanzen, die in der Luft verteilt sind.

Phobie: Unbegründete und übermäßige Angst vor Situationen und Gegenständen (z. B. Klaustrophobie = Platzangst oder Arachnophobie = Angst vor Spinnen).

Physiotherapie: Gesamtheit physikalischer Behandlungsmethoden für die Rehabilitation (z. B. im Anschluß an Muskelerkrankungen).

Plaque: Verhärteter Zahnbelag aus Speichel, Bakterien und Nahrungsresten. Ausgangsbasis für Karies.

Plasma: Flüssiger Bestandteil des Blutes. Macht etwa 55% des Blutvolumens aus; enthält die roten und weißen Blutkörperchen sowie die Blutplättchen. Besteht aus Wasser (92%), Eiweißen (7%: Albumine, Globuline und Fibrinogen) und organischen Bestandteilen (Harnsäure, Harnstoff, Zuckern, Lipiden usw.).

Plazenta (Mutterkuchen): Gefäßreiches Organ, das den Fetus mit der Gebärmutterwand verbindet. Durch die Nabelschnur ermöglicht es die Versorgung des Fetus mit Sauerstoff und Nährstoffen. Die Ablösung der P. findet normalerweise nach der Geburt statt.

Polypen siehe **Adenoide Vegetationen.**

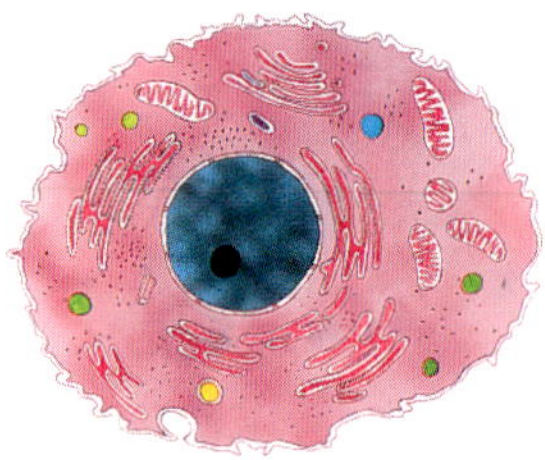

Die Zelle ist der morphologische und funktionelle Grundbaustein jedes Lebewesens (mit Ausnahme der Viren).

Prognose: Klinische Beurteilung der Aussichten für den weiteren Verlauf der Krankheit.

Prostata (Vorsteherdrüse): Kastanienförmige Drüse unterhalb der Harnblase. Sie ist ein Bestandteil der männlichen Fortpflanzungsorgane.

Psoriasis (Schuppenflechte): Chronische Hauterkrankung. Die betroffenen Stellen (Kopfhaut, Ellenbogen, Knie und Kreuzbein) weisen rote Flecken und weißliche Schuppen auf, die einen starken Juckreiz auslösen.

Pubertät: Zeitraum, in dem sich die sekundären Geschlechtsmerkmale entwickeln und die Geschlechtsorgane reifen. Bei Mädchen von 10-12 Jahren setzt die Periode ein, der Busen wächst, die Schambehaarung entwickelt sich.

Mit Pestiziden gespritztes Obst muß gewaschen werden, bevor man es ißt.

Pulsschlag: Welle des Herzschlags, der an oberflächlichen Schlagadern fühlbar ist. Der Puls eines Erwachsenen liegt bei 60 bis 80 Schlägen pro Minute.

Pupille: Kreisförmige Öffnung in der Mitte der Regenbogenhaut. Durch einen Muskelring kann die Pupille weitgestellt oder verengt werden, um den Lichteinfall auf der Netzhaut zu regulieren.

Rachen siehe **Pharynx.**

Rachitis: Kinderkrankheit, die durch Vitamin-D-Mangel ausgelöst wird und sich in Knochenverformungen (X-Beine, Trichterbrust) äußert.

Rheuma(tismus): Muskel-, Knochen- und Gelenkschmerzen infolge einer Entzündung.

Röntgen: Bei diesem Verfahren werden Röntgenstrahlen durch den Körper geschickt und schwärzen nach ihrem Durchtritt eine Photoplatte.

Aus Lakritzenextrakt macht man Süßigkeiten, aber auch Heilmittel.

Röteln: Ansteckende Viruserkrankung, die meist als Kinderkrankheit auftritt. Kann bei Schwangeren in den ersten drei Monaten Fehlbildungen des Embryos zur Folge haben.

Scharlach: Ansteckende Kinderkrankheit. Symptome: rote Flecken auf der Haut, Fieber und Halsentzündung.

Scheide siehe **Vagina.**

Schilddrüse: Endokrine, halbmondförmige Drüse; liegt vor dem Kehlkopf im Hals.

Schlagader siehe **Arterie** und **Aorta**.

Schleimhaut: Kleidet die Innenwände der Organe und ableitenden Gänge aus.

Schrittmacher: Elektronisches Gerät, das unter die Haut eingepflanzt wird und den Herzmuskel stimuliert.

Schuppenflechte siehe **Psoriasis.**

Schwangerschaft: Zeit zwischen Empfängnis und Geburt (rund 280 Tage). Die befruchtete Eizelle (Zygote) nistet sich in der Gebärmutterwand ein und entwickelt sich dort, ernährt über die Plazenta.

Die Konservierungsstoffe in den Lebensmitteln sind häufig gesundheitsschädlich.

Schweiß: Von den Schweißdrüsen abgesonderte Flüssigkeit, die aus Wasser (zu 99%), Salzen und Stoffwechselabfällen besteht. Mit dem Schweiß werden Giftstoffe ausgeschieden, vor allem aber die Körpertemperatur geregelt.

Skelett: Gesamtheit der Knochen und Knorpel, die zusammen das Stützgerüst des Körpers bilden.

Skoliose: Abnorme seitliche Wirbelsäulenverkrümmung.

Speichel: Von den Speicheldrüsen abgesonderte Flüssigkeit, die aus Wasser, Muzin, einem Enzym (Ptyalin) und Mineralsalzen besteht; wirkt desinfizierend und verdauungsfördernd.

Spermatozoen (Spermien): Samenzellen des Mannes; sie werden in den Hoden produziert.

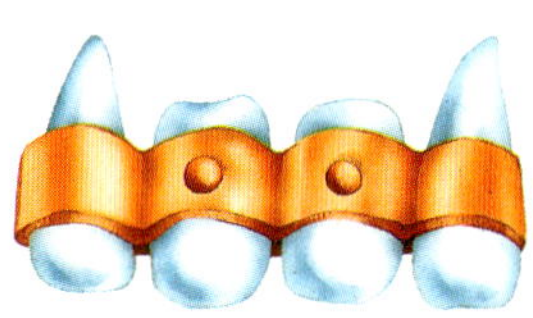

Schon die Zahnärzte der Etrusker stellten aus Gold und Elfenbein Zahnprothesen her.

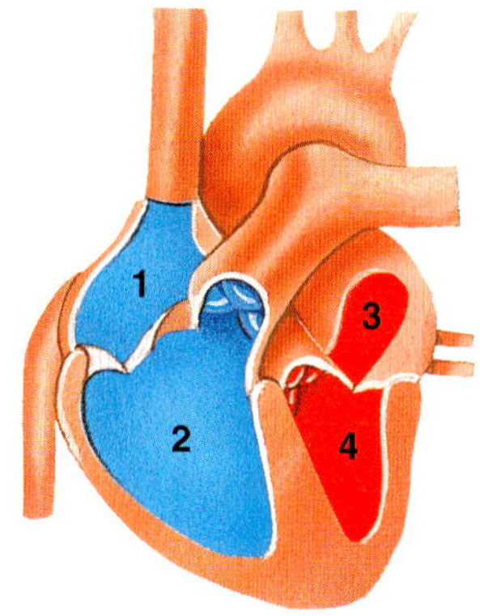

*Die Hohlräume des Herzens: **1.** rechter Vorhof **2.** rechte Herzkammer **3.** linker Vorhof **4.** linke Herzkammer.*

Sterilisation: 1. Verfahren, durch das eine Frau oder ein Mann die Fortpflanzungsfähigkeit verliert. 2. Vollständige Entfernung aller Mikroorganismen, um Keimfreiheit zu erzielen (z. B. durch ultraviolette Strahlen).

Sterilität: 1. Unfruchtbarkeit; 2. Keimfreiheit.

Streß: (engl.: Belastung) Überbeanspruchung des Organismus durch körperliche oder physische Belastung oder chemische Substanzen.

Symptom: Hinweis auf das Vorhandensein einer Krankheit, das die Diagnose ermöglicht (z. B. Hautausschlag, Schwindelgefühl, Schmerz usw.).

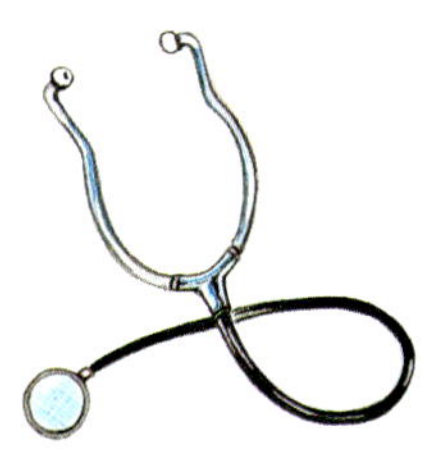

Mit dem Stethoskop hört der Arzt die Geräusche von Organen, z. B. des Herzens, ab.

Tetanus (Wundstarrkrampf): Schwere Krankheit, durch Infektion einer Wunde mit einem im Boden vorhandenen Bakterium verursacht. Durch die Tetanus-Impfung beugt man vor.

Thrombozyten siehe **Blutplättchen.**

Tonsillen: Paarige Lymphorgane, die am Nasen-Rachendach und an der Schlundenge sitzen. Tonsillitis ist der Fachausdruck für eine Mandelentzündung.

Trachea: Luftröhre, durch die die Atemluft in die Lunge gelangt. Eine Tracheitis ist eine Luftröhrenentzündung.

Transplantation: Meist die Verpflanzung körpereigenen Gewebes an eine andere Stelle (autogene T.). Manchmal stammt das verpflanzte Gewebe

Der Mensch ist ein Allesfresser, denn seine Nahrung besteht aus pflanzlichen und tierischen Produkten.

von einem Spender (allogene oder homologe T.).

Trauma: Schwerer seelischer Schock oder physische Verletzung (z. B. Schädel-Hirn-Trauma bei Unfällen).

Tuberkulose (Tbc): Infektiöse Lungenerkrankung. Heute vor allem in Entwicklungsländern verbreitet, aber auch in den Industrieländern wieder auf dem Vormarsch.

Tumor: Geschwulst; durch unkontrolliertes Zellwachstum entstanden.

Ulkus: Duch Entzündungen oder Absterben von Geweben entstandenes Geschwür, häufig im ersten Abschnitt des Zwölffingerdarms oder in der Magenwand (Magengeschwür).

In den Eiern sind viele Nährstoffe enthalten: Im Eiweiß Proteine, im Eigelb außer Proteinen noch Fette, Vitamine und Salze.

Die Zucker sind wichtige Nährstoffe, weil sie rasch Energie liefern. Zuviel Süßes kann aber der Gesundheit schaden.

Ultraschall: Untersuchungverfahren, das auf der Reflexion von Ultraschallwellen beruht, ein Schirmbild der inneren Organe erzeugt und dadurch die Feststellung von Anomalien ermöglicht.

Uterus (Gebärmutter): Birnenförmiges Hohlorgan des weiblichen Fortpflanzungsapparats, etwa 7 cm lang, das im kleinen Becken an Haltebändern aufgehängt ist. Im Uterus entwickelt sich der Fetus während der Schwangerschaft.

Vagina (Scheide): Häutig-muskulärer Schlauch; Teil der weiblichen Geschlechtsorgane.

Vene: Blutgefäß, das das Blut aus den Zellen zum Herzen zurückbefördert, nachdem es Nährstoffe und Sauerstoff an diese abgegeben hat.

Verdauung: Sie fängt mit der Einspeichelung der Nahrung im Mund an. Der Bissen wird hinuntergeschluckt, im Magen durch die Magensäfte zu Brei verarbeitet. Der Verdauungsprozeß wird in den Darmabschnitten (Dünndarm und Dickdarm) abgeschlossen.

Verrenkung: Verschiebung zweier gelenkbildender Knochen aus der richtigen Stellung.

Virus: Nur im Elektronenmikroskop sichtbarer Mikroorganismus, der sich nur im Inneren lebender Zellen entwickeln kann.

Vorsteherdrüse siehe **Prostata.**

Windpocken: Ansteckende Infektionskrankheit, die meist im Kindesalter auftritt. Es bilden sich kleine Pusteln, die sich mit Flüssigkeit füllen und dann verkrusten. Wenn man sie aufkratzt, können Narben zurückbleiben.

Wirbel: Jeder der 33-34 Knochen, die gemeinsam die Wirbelsäule bilden. Sie sind untereinander gelenkig verbunden; die Bandscheiben liegen als Puffer zwischen den Wirbeln.

Wirbelsäule: Auf der Mittellinie des Körpers hinten verlaufende, aus Wirbeln zusammengesetzte Knochenstruktur. Vom Kopf abwärts unterscheidet man die 7 Hals-, die zwölf Rücken-, die fünf Lenden-Wirbel und das Steißbein. Die W. schützt das Rückenmark und ist ein Hauptelement des knöchernen Stützgerüstes.

Wundstarrkrampf siehe **Tetanus.**

Morgens, abends und nach jeder Mahlzeit gründlich die Zähne putzen – dann hat Karies keine Chance!

Wurmfortsatz *(Appendix vermiformis)*: Etwa 8 cm langer Blinddarmfortsatz. Eine Appendizitis ist eine Entzündung dieses Wurmfortsatzes. Ihre Symptome sind meist rechtsseitige Bauchschmerzen, Fieber und Brechreiz.

Zahn: Besteht aus Zahnhöhle (Pulpa; enthält Blutgefäße und Nerven), Dentin (Zahnbein) und Zahnschmelz und ist im Kieferknochen verankert.

Zelle: Kleinste lebensfähige Einheit des Körpers. Sie kann sich eigenständig vermehren und wird von einer äußeren Hülle, der Zellmembran, umschlossen.

Zuckerkrankheit siehe **Diabetes.**

Zyste: Gewebshohlraum mit dünn- oder dickflüssigem Inhalt, der von einer Kapsel umschlossen ist.

Man kann sich den Blutkreislauf wie eine Spielzeugeisenbahn vorstellen: Die Gleise stellen die Arterien und die Venen dar. Die Bahnhöfe entsprechen den verschiedenen Organen des Körpers.

LEXIKON DER MYTHOLOGIE

Die mythologischen Gestalten und Orte werden in diesem Lexikon mit dem griechischen, nicht mit dem lateinischen Namen (in der gängigen deutschen Schreibweise) zitiert.

Achill: Sohn des Peleus und der Meeresnymphe Thetis. Sofort nach seiner Geburt tauchte ihn seine Mutter Thetis in den Höllenfluß Styx. Dabei hielt sie ihn an der Ferse, und an dieser Stelle blieb er verwundbar. Genau dort traf ihn ein vergifteter Pfeil des Paris und tötete ihn.

Adonis: Wunderschöner Jüngling, der Geliebte Aphrodites. Der eifersüchtige Ares ließ ihn von einem wilden Eber zerreißen. In die Unterwelt verliebte sich auch Persephone in ihn.

Aëtes: Bruder der Zauberin Kirke, König von Kolchis und Vater der Medea. Er war Hüter des Goldenen Vlieses.

Agamemnon: Bruder des Menelaos, Anführer der Griechen vor Troja.

Ägeus: König von Athen. Vater des Theseus. Als Theseus aufbrach, um den Minotaurus zu töten, versprach er dem Vater, im Falle eines Sieges die schwarzen Segel seines Schiffes durch weiße zu ersetzen. Dann vergaß er aber, die Segel auszuwechseln. So glaubte Ägeus, der von einem Felsen aus die Rückkehr seines Sohnes erwartete, beim Anblick der schwarzen Segel, daß Theseus umgekommen sei, und tötete sich, indem er sich ins Meer warf, das seitdem seinen Namen trägt (Ägäisches Meer).

Ajax: Name zweier griechischer Helden, die bei der Belagerung Trojas mitkämpften. Der eine, Ajax der Lokrer, raubte bei der Einnahme Trojas Kassandra aus dem Athenetempel und wurde deshalb von der Göttin bestraft. Der andere war Ajax der Telamonier.

Alkmene: Königin von Tiryns, Gattin des Amphitryon und von Zeus Mutter des Herakles.

Amazonen: Kriegerische Frauen, die zu Pferd kämpften; ihre berühmteste Königin war Penthesilea.

Amphitrite: Tochter des Meeresgottes Nereus; sie heiratete Poseidon, den Gott des Meeres.

Anchises: Vater des Äneas; floh auf den Schultern seines Sohnes aus Troja.

Andromache: Gemahlin des Hektor und Schwiegertochter des Priamos.

Andromeda: Tochter des Kepheus, König von Äthiopien; sie wurde von ihrem Vater als Opfer für ein Seeungeheuer, das die ganze Gegend verwüstete, an einen Felsen gebunden. Auf seiner Heimreise vom Kampf mit der Medusa schlug der tapfere Perseus dem Ungeheuer den Kopf ab. Er befreite Andromeda und gewann ihre Hand.

Äneas: Sohn des Anchises und der Göttin Aphrodite. Er nahm am Trojanischen Krieg teil und wurde dank der Hilfe seiner Mutter gerettet. Nach vielen Abenteuern, die Vergil in seiner *Äneis* erzählte, gelangte er nach Latium und heiratete dort Lavinia, die Tochter des Königs Latinus. Von seiner Sippe stammt das römische Volk ab.

Antäos: Riese; Sohn von Poseidon und Gaia, der Erde, der unbesiegbar war, solange er mit den Füßen auf der Erde stand. Um ihn bezwingen zu können, hob Herakles ihn vom Boden in die Höhe und erwürgte ihn.

Antigone: Tochter von Ödipus und Iokaste, die in Theben herrschten. Die Tochter begleitete den blinden Vater in die Verbannung.

Achill

Hades

Adonis

Antäos

Ares

Ariadne

Poseidon schenkte der Stadt Athen das Pferd und Athene den Ölbaum, der seither als Symbol des Friedens gilt.

Äolos: Gott der Winde. Er hielt sie in einer Höhle auf den Äolischen Inseln unter Verschluß.

Aphrodite (Venus): Göttin der Schönheit, aus Meerschaum geboren. Gemahlin des Hephästos, liebte aber Ares, den Kriegsgott, dem sie einen Sohn schenkte: Eros, den Gott der Liebe.

Apoll: Gott der Musik und der Weissagungen, Sohn von Zeus und Leto, Bruder von Artemis. Berühmt war sein Orakel in Delphi.

Arachne: Geschickte Weberin, Schülerin von Athene. Die Göttin war eifersüchtig auf ihre Geschicklichkeit und verwandelte sie deshalb in eine Spinne. Auf diese Weise verdammte sie Arachne dazu, in alle Ewigkeit zu spinnen.

Ares (Mars): Kriegsgott, Sohn von Zeus und Hera. Während des Trojanischen Krieges kämpfte er auf der Seite der Trojaner, während seine Schwester Athene die Schutzgöttin der Griechen war.

Argonauten: Ihr Name leitet sich vom Schiff Argo ab; sie sind die Helden, die Jason nach Kolchis zur Eroberung des Goldenen Vlieses begleiteten, eines von einem schrecklichen Drachen bewachten heiligen Widderfells.

Argos: Hundertäugiger Riese, der auf Befehl von Hera die weiße Kuh Io hüten mußte. Er wurde von Hermes getötet, dem Zeus befohlen hatte, Io zu befreien. Argos hieß auch der treue Hund von Odysseus.

Ariadne: Tochter des Minos, König von Kreta. Sie verliebte sich in Theseus, den Helden, der von Athene geschickt wurde, um den Minotaurus zu töten. Ariadne half Theseus, das Ungeheuer zu töten und mit Hilfe eines Garnknäuels wieder aus dem Labyrinth herauszufinden.

Artemis (Diana): Göttin der Jagd und Schwester von Apoll, Tochter des Zeus und der Leto. Sie stellte den Mond dar, während Apoll die Sonne verkörperte.

Ascanios: Sohn des trojanischen Helden Äneas und der Krëusa.

Asklepios: Gott der Medizin; er hatte von Apoll die Gabe erhalten, heilen zu können. Sein Symbol waren die Schlangen und sein größtes Heiligtum war in Epidauros in Griechenland.

Asteria: Tochter der Titanin Phöbe und des Titanen Koios.

Astyanax: Sohn des Hektor und der Andromache.

Atalante: Tochter des Königs von Arkadien. Aus Enttäuschung darüber, daß ihm kein Sohn geboren worden war, setzte ihr Vater sie aus. Sie wurde von einer Bärin aufgezogen und wuchs zu einer großen Jägerin heran. Sie nahm als einzige Frau, an der von Meleagros organisierten Jagd auf den schrecklichen kalydonischen Eber teil. Sie verletzte das wilde Tier, und ihr Vater, der stolz auf sie war, erkannte sie als Tochter an. Sie gelobte, nur den zu heiraten, der sie im Laufen besiegen würde. Dieses gelang Hippomenes, der während des Wettlaufs drei goldene Äpfel (ein Geschenk Aphrodites) fallenließ. Atalante bückte sich, um die Äpfel aufzulesen und verlor dadurch den Wettkampf.

Athene (Minerva): Sie war die Göttin der Weisheit. Athene wurde als Tochter von Metis und Zeus aus dem Kopf ihres Vaters geboren. Während des Trojanischen Krieges beschützte sie Achill und Odysseus, der später mit ihrer Hilfe nach Ithaka heimkehrte.

Atlas: Titan, der von Zeus dazu verdammt wurde, das Himmelsgewölbe auf seinen starken Schultern zu tragen.

Atreus: Vater von Agamemnon und Menelaos, den Befehlshabern des griechischen Feldzuges gegen Troja. In der *Ilias* werden sie Atriden genannt.

Baucis: Gattin des Philemon, eines einfachen Landmannes. Hermes und Zeus belohnten die beiden für ihre Gastfreundlichkeit, indem sie ihr Haus in einen Tempel verwandelten.

Bellerophontes: Auf Pegasus, dem geflügelten Pferd, das nur er allein beherrschte, vollbrachte er viele Taten. Aber als er versuchte, in den Himmel zu reiten, stürzte er zur Strafe ab.

Chariten (Grazien): Töchter des Zeus, die alle wünschenswerten Eigenschaften auf sich vereinten. Sie hießen Aglaia (der Glanz), Euphrosyne (der Frohsinn) und Thalia (die Blühende).

Charon: Er beförderte die Seelen über die Sümpfe des Acheron. Die Toten hatten dafür einen Obolus zu entrichten.

Harpyie

Artemis

Atalante

Athene

Bellerophontes

Kalchas

Deshalb legte man ihnen vor der Beerdigung eine Münze in den Mund.

Chimäre: Ungeheuer mit dem Kopf eines Löwen, dem Körper einer Ziege und dem Schwanz eines Drachens. Die Chimäre wurde von Bellerophontes getötet.

Dädalus: Ein geschickter Baumeister aus Athen, der auf Kreta das Labyrinth erbaute, in dem Minos den Minotaurus einschloß. Dann wurde auch er mit seinem Sohn Ikarus in das Labyrinth gesperrt.

Danae: Tochter des Akrisios, König von Argos. Sie war die Mutter des Perseus aus einer Verbindung mit Zeus. Zeus war ihr in Form eines Goldregens begegnet. Danae und ihr kleiner Sohn wurden dann in einer Kiste im Meer ausgesetzt. Gerettet wurden sie von Polydektes, dem König der Insel Seriphos.

Danaos: Er hatte mit verschiedenen Frauen 50 Töchter, mit denen er Libyen verließ, aus Angst vor seinem Bruder Ägyptos und dessen 50 Söhnen.

Daphne: Von Apoll geliebte Nymphe. Sie versuchte, dem Gott zu entfliehen, dieser verfolgte sie aber mit seiner Liebe und rief seine Mutter, die Erde, zu Hilfe, die Daphne in einen Lorbeerbaum verwandelte. Seitdem ist diese Pflanze dem Gott heilig.

Deïanira: Gattin des Herakles, die von dem Zentauren Nessos geraubt wurde. Von Herakles zu Tode getroffen, gab Nessos der Deïanira von seinem Blut mit dem Hinweis, er habe ihr damit die Liebe ihres Gatten gesichert. Als Deïanira aber ein mit diesem Blut getränktes Hemd ihrem Gatten anzog, starb der Held vergiftet, und sie brachte sich aus Kummer um.

Delphi: Ort des Heiligtums, an dem Pythia, die Priesterin Apolls, Fragen beantwortete.

Demeter (Ceres): Schwester des Zeus, Göttin der Fruchtbarkeit. Hades, der König der Unterwelt, raubte ihre Tochter Persephone. Sie erreichte bei Zeus, daß Persephone Frühjahr und Sommer auf der Erde verbringen durfte.

Dido: Tochter des Königs von Tyros, die fliehen mußte, nachdem ihr Bruder Pygmalion ihren Gatten ermordet hatte. In Afrika gründete sie Karthago, wohin es Äneas verschlug. Sie verliebte sich in den Helden. Als Äneas sie verließ, brachte sie sich um.

Dione: Mutter der Aphrodite.

Dionysos (Bacchus): Sohn des Zeus und der Semele. Er war der Gott der Lebenskraft und des Weines.

Dioskuren: Name der Zwillinge Kastor und Polydeukes (Castor und Pollux), Söhne des Zeus und der Leda. Sie entführten die Bräute ihrer beiden Vettern; in dem Streit, der daraus entstand, wurde Kastor getötet. Die Götter gestatteten den beiden unzertrennlichen Brüdern, abwechselnd einen Tag im Olymp und einen Tag in der Unterwelt zu verbringen.

Elektra: Tochter des Agamemnon und der Klytämnestra. Nach der Ermordung ihres Vaters tat sie sich mit ihrem Bruder Orest zusammen, um ihn zu rächen.

Endymion: Sohn des Zeus und einer Nymphe. Er war so schön, daß Selene, die Göttin des Mondes, sich in ihn verliebte und ihm einen Zauberschlaf und ewige Jugend schenkte.

Erinnyen (Furien): Schreckliche Rachegöttinnen der Unterwelt, die aus den Blutstropfen des Uranos geboren wurden. Sie rächten die grausamsten Verbrechen, vor allem solche, die gegen die Familie begangen wurden.

Eris: Göttin der Zwietracht. Bei der Hochzeit der Thetis und des Peleus warf sie den berühmen „Zankapfel", den goldenen Apfel für die schönste Göttin, unter die Gäste.

Eros (Cupido): Gott der Liebe, Sohn der Aphrodite. Er wird dargestellt als schöner, geflügelter, mit Pfeilen bewaffneter Knabe. Mit seinen Pfeilen traf er unfehlbar ins Herz von Göttern und auch von Sterblichen.

Europa: Tochter des Königs von Tyros und Schwester des Kadmos. Sie wurde von Zeus (in der Gestalt eines Stiers) geraubt. Sie hatte drei Söhne: Minos, Rhadamanthys und Sarpedon.

Eurydike: Eine der Dryaden, Gattin des Orpheus.

Eurynome: Tochter des Okeanos und der Tethys; sie gebar Zeus die Chariten.

Eurystheus: König von Mykene, der dem Herakles zwölf Aufgaben stellte,

Charon

Kassandra

Kirke

Kronos

Deïanira

Demeter

von deren Erfüllung dessen Aufnahme in den Olymp abhing.

Fortuna: Römische Schicksalsgöttin. Sie wurde fast immer blind und mit einem Füllhorn in der Hand dargestellt.

Gaia, Gäa: Gemahlin des Uranos; sie stellte die Erde dar und war die Mutter der Titanen.

Galatea: Meeresnymphe, Tochter des Nereus, die von dem Zyklopen Polyphem geliebt wurde.

Ganymed: Er war der Schönste aller Sterblichen. Deshalb ließ Zeus ihn von seinem Lieblingsvogel, dem Adler, in den Olymp entführen, damit er ihm als Mundschenk diene.

Giganten: Söhne der Gaia und des Uranos. Sie waren Bösewichte in Riesengestalt und im Gegensatz zu den Titanen. Sie erklärten den Olympiern den Krieg, wurden aber besiegt.

Gorgonen: Die drei Ungeheuer Stheno, Euryale und Medusa. Letztere war sterblich. Ihre Haare waren Schlangen und ihr Blick verwandelte jeden, der ihr in die Augen sah, in Stein.

Gräen: Schwestern der Gorgonen. Sie besaßen zu dritt nur ein einziges Auge und einen einzigen Zahn, die sie sich wechselseitig ausliehen. Sie lebten im Reich der Nacht.

Hades (Pluto): Er wurde Herr der Unterwelt, nachdem er zusammen mit den Brüdern Zeus und Poseidon seinen Vater besiegt hatte. Er raubte und heiratete Persephone. Als Hades bezeichnet man auch das Totenreich.

Harmonia: Tochter des Ares und der Aphrodite. Sie heiratete Kadmos, den König von Theben. An ihrem Hochzeitsfest nahmen alle Götter teil.

Harpyien: Drei geflügelte Monster mit Kopf und Oberkörper einer Frau. Ihr restlicher Körper sah wie der eines Raubvogels aus.

Hebe: Tochter des Zeus und der Hera. Sie war die Magd der Götter und das Symbol ewiger Jugend. Sie wurde die Gemahlin des Herakles, als der Held in den Olymp aufgenommen wurde.

Hekabe: Königin von Troja, Gattin des Priamos. Sie hatte viele Kinder, darunter Paris, Hektor und Kassandra.

Hektor: Erstgeborener des Priamos und tapferster der trojanischen Krieger. Er starb im Zweikampf mit Achill vor den Mauern Trojas.

Helena: Tochter des Zeus und der Leda. Sie war die schönste Frau der Welt. Sie wurde ihrem Gatten Menelaos, König von Sparta, von dem Trojaner Paris geraubt. Ihretwegen brach der Trojanische Krieg aus.

Helios: Sonnengott. Er war der Sohn des Hyperion und der Theia.

Hephästos (Vulcanus): Gott des Feuers, Sohn des Zeus und der Hera. Er war lahm, schmiedete aber Zauberwaffen für Götter und Helden. Seine Gemahlin war die wunderschöne Aphrodite.

Hera (Juno): Königin der Götter, Beschützerin der Ehe. Trotz zahlreicher Seitensprünge des Zeus blieb sie seine einzige legitime Gattin. Von Zeus hatte sie drei Kinder: Ares, Hephästos und Hebe.

Herakles (Herkules): Sohn des Zeus und der Alkmene. In einem von Hera herbeigeführten Anfall von Wahnsinn tötete er Frau und Kinder. Als Sühne wurden ihm von Eurystheus, dem König von Mykene, 12 Aufgaben gestellt. Der Held bewältigte sie, starb aber an einer Vergiftung durch das Blut des Zentauren Nessos. Nach seinem Tod nahm Zeus ihn unter die Götter des Olymp auf. Die zwölf Aufgaben waren: 1. Er tötete den nemeischen Löwen; 2. er beseitigte die Hydra von Lerna, ein vielköpfiges Ungeheuer; 3. er fing den erymanthischen Eber; 4. er fing die Hirschkuh Kerynitis; 5. er verscheuchte die stymphalischen Vögel; 6. er reinigte die Augias-Ställe; 7. er fing den kretischen Stier; 8. er zähmte die Stuten des Diomedes; 9. er raubte den Gürtel der Königin der Amazonen; 10. er stahl die Rinder des Geryon; 11. er besiegte den Höllenhund Zerberus; 12. er raubte die goldenen Äpfel aus dem Garten der Hesperiden.

Hermes (Merkur): Sohn des Zeus und der Maia; Götterbote, der dank seiner Flügelschuhe besonders schnell war. Er begleitete die Toten in den Hades und war der Schutzpatron der Wanderer, der Kaufleute und auch der Diebe.

Hesperiden: Töchter der Nyx (Nacht) und des Atlas. Sie waren die Nymphen des Sonnenuntergangs und

Dido

Dionysos

Dioskuren

Ödipus

Hephästos

Helena

lebten in von den Göttern verzauberten Gärten. Ihre Aufgabe war es, die goldenen Äpfel zu bewachen.

Hestia (Vesta): Tochter des Kronos und der Rheia, Schwester des Zeus. Sie war die Göttin des Herdes und der Ehe.

Homer: Er war der größte epische Dichter der Antike, Verfasser der *Ilias* und der *Odyssee*. Geboren wurde er gegen 850 v. Chr., vermutlich in der Stadt Smyrna. Lange wurde daran gezweifelt, ob er überhaupt gelebt habe. Man glaubte, daß die ihm zugeschriebenen Dichtungen von verschiedenen anderen Autoren stammen könnten. Die moderne Literaturwissenschaft vertritt aber die Überzeugung, daß die beiden Werke von einem einzigen Autor stammen müssen, der frühere Erzählungen zusammenführte und neu faßte.

Hyperion: Sohn des Uranos und der Gaia. Er heiratete die Schwester Theia.

Iapetos: Sohn des Uranos und der Gaia. Seine Gemahlin Klymene gebar ihm zwei Söhne: Atlas und Prometheus.

Ikarus: Sohn des Dädalus, des Erbauers des Labyrinths, in dem der Minotaurus gefangen war. Dädalus und sein Sohn Ikarus wurden von KönigMinos in das Labyrinth eingesperrt. Um zu fliehen, konstruierte Dädalus Flügel aus Federn, die mit Wachs zusammengehalten wurden. Vater und Sohn flogen in Richtung Sizilien. Dädalus kam dort heil an, aber Ikarus war der Sonne unvorsichtigerweise zu nahe gekommen. Durch die Hitze schmolz das Wachs; er fiel ins Meer und ertrank.

Io: Prinzessin von Argos und Priesterin der Hera. Sie war eine Geliebte des Zeus, der sie in eine weiße Kuh verwandelte, um sie der Rache Heras zu entziehen. Diese ließ sich aber nicht täuschen und stellte sie unter die Bewachung des hundertäugigen Ungeheuers Argos. Sie wurde von Hermes befreit und floh über die nach ihr benannte Meerenge (Bosporos, das heißt „Rinderfurt") nach Asien.

Iokaste: Gemahlin des Laios, König von Theben. Als Witwe heiratete sie aus Dankbarkeit einen Fremden, Ödipus, der Theben von der Sphinx befreit hatte. Als sie erfuhr, daß Ödipus in Wirklichkeit ihr Sohn war, brachte sie sich um.

Iphigenie: Tochter des Agamemnon und der Klytämnestra. Da sich der Trojanische Krieg zu Ungunsten der Griechen zu entwickeln schien, forderten die Orakel, daß Iphigenie der Göttin Artemis, die das griechische Heer unterstützte, geopfert werden sollte. Agamemnon mußte zustimmen, aber Artemis hatte Mitleid mit dem Mädchen und nahm statt seiner eine Hirschkuh als Opfer an. Iphigenie wurde nach Tauris gebracht, wo sie Priesterin der Artemis wurde.

Iris: Götterbotin. Sie war die Verkörperung des Regenbogens.

Janus: Römische Gottheit mit zwei Gesichtern, deren Bild an Türen Ein- und Ausgang kennzeichnete. Die Türen seines Tempels auf dem Forum in Rom blieben in Friedenszeiten geschlossen. Dem Janus war der erste Monat des Jahres geweiht.

Jason: Prinz von Iolkos in Thessalien. Er wuchs fern von seinem Reich auf, weil sein Onkel Pelias seinen Vater entthront hatte. Als Erwachsener kehrte er nach Iolkos zurück und erhob Anspruch auf den Thron, aber Pelias wollte sich seiner entledigen und beauftragte ihn, das Goldene Vlies herbeizuschaffen. Jason gelang dies mit Hilfe seiner tapferen Gefährten (der Argonauten) und der Zauberin Medea. Dann kehrte er nach Iolkos zurück und tötete Pelias.

Kadmos: Sohn des Agenor, König von Tyros, und Bruder der Europa, einer Jungfrau, die von Zeus in Gestalt eines Stiers geraubt worden war. Er unterbrach die Suche nach seiner Schwester, als Apoll ihm befahl, eine Stadt zu gründen: Theben. Kadmos richtete eine Expedition aus, aber ein Drache tötete alle seine Gefährten. Da riet Athene ihm, alle Drachenzähne auszusäen. Kadmos gehorchte, und aus dem Boden kamen bewaffnete Männer hervor, die sich gegenseitig zu bekämpfen begannen. Später heiratete Kadmos Harmonia. Das Paar lebte bis ins hohe Alter zusammen und wurde von Zeus dann in Schlangen verwandelt.

Kalchas: Priester Apolls; er war der Seher, der die Griechen während der Belagerung Trojas beriet.

Kassandra: Tochter des Priamos, König von Troja. Apoll schenkte ihr die Gabe, in die Zukunft sehen zu können. Weil sie aber den Gott abgewiesen hatte, wurde sie bestraft: Niemand glaubte ihren – meist unheilverkündenden – Prophezeiungen.

Äolos

Herakles

Erinnyen

Hermes

Hektor

Europa

Kassiopeia: Mutter der Andromeda. Nach dem Raub der Tochter und ihrer Befreiung durch Perseus wurde sie in ein Sternbild verwandelt.

Kastor: Einer der Dioskuren, Söhne des Zeus und der Leda. Zwillingsbruder von Polydeukes (Pollux).

Kentauren, Zentauren: Fabelwesen, halb Mensch, halb Pferd, die mit Herakles und den Lapithen kämpften, welche sie aus Thessalien vertrieben. Sie lebten in den Bergen und in Wäldern, hatten rauhe Sitten und ernährten sich von rohem Fleisch.

Kirke (Circe): Zauberin, Königin der Insel Aia. Sie verwandelte die Gefährten des Odysseus in Schweine.

Klymene: Gattin des Iapetos. Ihre Söhne waren Atlas und Prometheus.

Klytämnestra: Schwester der Helena von Troja und Gattin Agamemnons. Mutter von Orest, Iphigenie, Elektra und Chrysothemis. Sie war Komplizin des Ägisth (ihres Geliebten) bei der Ermordung Agamemnons.

Koios: Riese aus der Sippe der Titanen, Sohn des Uranos und der Gaia.

Kreios: Titan; er heiratete Eurybie.

Kronos (Saturn): Gott der Zeit; Titan und Vater des Zeus. Nach dem Sieg über seinen Vater Uranos wurde er Herrscher über die Welt und heiratete Rheia. Um zu verhindern, daß einer seiner Söhne ihn vom Thron stoßen könnte, wie er es mit Uranos getan hatte, verschlang er sie gleich nach der Geburt. Es gelang aber Rheia, Zeus zu retten, der als Erwachsener Kronos besiegte und die verschlungenen Söhne lebend aus dessen Leib befreite.

Kyklopen, Zyklopen: Riesen mit nur einem einzigen Auge, die für Zeus die Blitze erzeugten. Der berühmteste von ihnen war Polyphem, der von Odysseus geblendet wurde.

Ladon: Drache, der den Garten der Hesperiden zu bewachen hatte. Er wurde von Herakles getötet.

Laërtes: Gatte der Antiklea und Vater des Odysseus.

Laios: König von Theben. Er wurde von seinem Sohn Ödipus, der ihn nicht erkannt hatte, getötet.

Lapithen: Volk in Thessalien, dessen König, Pirithoos, mit Theseus eng befreundet war. Während der Hochzeit von Pirithoos und Hippodamia entbrannte ein denkwürdiger Kampf zwischen Lapithen und Kentauren, welche die Braut beleidigt hatten.

Laren: Römische Schutzgötter des Herdes und der Kreuzwege.

Leda: Mutter der Helena und der Dioskuren.

Leto (Latona): Mutter von Artemis und Apoll.

Maia: Tochter des Atlas, Mutter des Hermes.

Manen: Römische Bezeichnung für die Seelen der Verstorbenen.

Medea: Zauberin, Tochter des Königs von Kolchis. Sie half Jason, das Goldene Vlies zu erobern und den Thron von Iolkos zurückzugewinnen, den Pelias usurpiert hatte.

Melampus: Sterblicher mit Sehergabe. Er verstand die Sprache der Tiere und konnte die Töchter des Königs von Argos heilen, die Dionysos mit Wahnsinn geschlagen hatte.

Meleagros: Sohn des Königs von Kalydonien. Mit einigen Gefährten erlegte er einen wilden Eber. Er verliebte sich in Atalante und schenkte ihr die Jagdtrophäen. Das forderte den Zorn seiner Onkel heraus, die er in der Folge tötete. Seine Mutter rächte ihre Brüder, indem sie den Tod des Sohnes herbeiführte.

Menelaos: König von Mykene, Bruder des Agamemnon und Gemahl der schönen Helena. Als Paris sie raubte und nach Troja brachte, brach er mit anderen griechischen Fürsten auf, um die Beleidigung zu rächen. Nach dem Fall von Troja kehrte er mit Helena nach Mykene zurück.

Metis: Tochter des Okeanos und der Tethys.

Midas: König von Phrygien. Er erbat von Dionysos, daß sich alles, was er berührte, in Gold verwandeln solle. Als sich sein Wunsch erfüllte, konnte er nichts mehr essen und seine Kinder nicht mehr liebkosen, ohne sie in Statuen zu verwandeln. So flehte er Dionysos an, diese verhängnisvolle Gabe zurückzunehmen. Eine Quelle wusch den Zauber ab.

Phaeton

Galatea

Janus

Giganten

Gorgone

Ikarus

Minos: König von Kreta, Sohn des Zeus und der Europa, der aber vom kretischen König Asterion aufgezogen wurde. Durch eine Rache des Poseidon gebar seine Frau Pasiphae aus der Verbindung mit einem Stier ein Ungeheuer, den Minotaurus, den Minos aus Scham in ein Labyrinth einschloß. Nach der Eroberung der Stadt Athen verlangte der König jedes Jahr sieben Jungfrauen und sieben Knaben als Opfer für den Minotaurus. Minos wurde einer der Unterweltsrichter.

Minotaurus: Ungeheuer mit dem Körper eines Menschen und dem Kopf eines Stieres, das sich von Menschenfleisch ernährte. Theseus tötete ihn mit Hilfe der Ariadne.

Mnemosyne: Tochter des Uranos und der Gaia, Personifikation des Gedächtnisses. Sie war die Mutter der Musen.

Moiren (Parzen): Sie waren die drei göttlichen Spinnerinnen. Ihre Namen waren Klotho, Lachesis und Atropos. Die eine spann den Lebensfaden, die andere teilte jedem sein Fadenstück als Schicksal (Länge des Lebens) zu, und die dritte schnitt den Faden ab, wenn das Leben zu Ende war.

Morpheus: Einer der tausend Söhne des Schlafes, dessen Aufgabe es war, menschliche Gestalt anzunehmen und schlafenden Menschen in ihren Träumen zu erscheinen.

Musen: Töchter des Zeus und der Mnemosyne (des Gedächtnisses). Unter Anleitung des Gottes Apoll sangen und tanzten sie. Klio war die Muse der Geschichte, Euterpe der Musik, Thalia der Komödie, Melpomene der Tragödie, Erato der Liebesdichtung, Terpsichore des Tanzes, Urania der Astronomie, Polyhymnia der Pantomime und Kalliope schließlich der epische Dichtung.

Narziß: Ein wunderschöner Jüngling, der die Liebe der Nymphe Echo nicht erwiderte. Sie starb aus Gram, nur die Stimme blieb von ihr übrig. Als Narziß eines Tages im Wasser eines Brunnens sein Spiegelbild sah, verliebte er sich in sein eigenes Bildnis und starb aus Verzweiflung über diese unmögliche Liebe. Dort, wo er starb, wuchs eine Blume, der man seinen Namen gab: die Narzisse.

Nausikaa: Tochter des Alkinoos, König der Phäaken. Athene bediente sich ihrer, um zu bewirken, daß die Phäaken Odysseus die Mittel zur Verfügung stellten, damit er die Rückreise antreten konnte, nachdem er Schiffbruch erlitten hatte und an die Küste der Phäaken verschlagen worden war.

Nemesis: Tochter der Nacht, Personifizierung der Rache der Götter und der Bestrafung von Verbrechen.

Nereus: Alter Meeresgott, Sohn des Pontos und Vater der Nereiden. Er hatte die Fähigkeit, sich in jedes beliebige Tier zu verwandeln.

Nestor: Griechischer Held, jüngster Sohn des Neleus und der Chloris, Neffe von Niobe, deren Brüder von Artemis und Apoll getötet worden waren. Um das Verbrechen zu sühnen, versprach ihm Apoll, daß er so viele Jahre leben würde, wie er seinen Onkeln an Lebenszeit geraubt hatte. Tatsächlich wurde Nestor uralt.

Nike: Siegesgöttin, dargestellt mit ausgebreiteten Flügeln. Sie gehört zur obersten Göttersippe. Ihr berühmtestes Heiligtum stand in Olympia.

Niobe: Tochter des Tantalos. Sie schenkte Amphion, dem König von Theben, sieben Söhne und sieben Töchter. Sie brüstete sich damit, der Leto überlegen zu sein, die Zeus nur die beiden Kinder Artemis und Apoll geschenkt hatte. Die beiden rächten die Beleidigung ihrer Mutter, indem sie bis auf zwei alle Kinder der Niobe töteten. Niobe selbst wurde in einen Fels verwandelt.

Nymphen: Jungfrauen, die die Kräfte der Natur verkörperten. Die Oreaden lebten auf den Bergen, die Nereiden im Meer, die Najaden an den Quellen, die Dryaden in den Bäumen.

Odysseus (Ulixes): Sohn des Laërtes, König von Ithaka. Er war der klügste der Griechen, die Troja belagerten. Nach der Zerstörung der Stadt irrte er lange umher, bevor er nach Ithaka zurückkehrte. Er wurde von Poseidon verfolgt, weil er dessen Sohn, den Zyklopen Polyphem, geblendet hatte.

Ödipus: Sohn des Laios, König von Theben. Gleich nach der Geburt wurde er aus dem Reich entfernt, weil ein Orakel geweissagt hatte, daß er als Erwachsener seinen Vater töten würde. Ödipus wuchs in Korinth auf und glaubte, Sohn des Königs dieser Stadt zu sein. Als Erwachsener erfuhr er von der Prophezeiung. Um nicht den

Iris

Ladon

Leto

Medea

Meleagros

Midas

Mann zu töten, den er für seinen Vater hielt, verließ er Korinth. Zufällig traf er in der Gegend von Delphi auf Laios und tötete ihn während eines Streits. Er kam nach Theben und befreite die Stadt von der Sphinx, einem blutrünstigen Ungeheuer. Aus Dankbarkeit gab ihm die Witwe des Laios ihre Hand, ohne zu wissen, daß sie seine Mutter war. Als er die Wahrheit erfuhr, blendete sich Ödipus, und Iokaste, seine Mutter-Gemahlin, tötete sich.

Okeanos (Oceanus): Sohn des Uranos und der Gaia. Er ist die Personifikation des Wassers und Vater aller Flüsse.

Olymp: Gebirgsmassiv zwischen Thessalien und Mazedonien, das als Wohnsitz der Götter galt.

Orest: Sohn des Agamemnon und der Klytämnestra. Er war noch ein Kind, als sein Vater ermordet wurde. Als Erwachsener wurde er von Apoll beauftragt, den Tod des Vaters zu rächen. Er heiratete Hermione und regierte zuerst in Argos und, nach dem Tod des Menelaos, in Sparta.

Orion: Riesenhafter Jäger, der die wilden Tiere ausrottete, die auf der Insel Chios ihr Unwesen trieben, und dafür als Belohnung von König Önopion die Hand seiner Tochter Merope forderte. Der König jedoch ließ ihn blenden. Orion erlangte sein Augenlicht wieder, indem er nach Osten, der aufgehenden Sonne entgegen, wanderte, die ihn mit ihren Strahlen heilte.

Orpheus: Ein begabter Sänger, der mit seinem Gesang wilde Tiere zu zähmen vermochte. Er stieg in den Hades hinab, um seine geliebte verstorbene Gattin Eurydike zurückzugewinnen. Von der Musik seiner Lyra angerührt, gestatteten ihm die Götter der Unterwelt, seine Gemahlin in die Welt der Lebenden zurückzubegleiten, unter der Bedingung, daß Orpheus sich nicht nach ihr umdrehen durfte. Er wandte sich aber kurz vor dem Ausgang um und verlor dadurch für immer die geliebte Gattin.

Pan (Faunus): Gott der Herden und der wilden Natur. Er blies die Panflöte und war der fröhliche Gefährte der Nymphen. Dargestellt wurde er mit Hörnern und Bocksbeinen.

Pandora: Auf Befehl des Zeus von Hephästos geschaffene Frau, die von den Göttern ein Gefäß zur Aufbewahrung bekommen hatte, das nie geöffnet werden durfte. Pandora war neugierig brach das Gebot. Sie öffnete die Büchse, und alle Übel, die Zeus darin eingeschlossen hatte, entwichen (Kriege, Laster, Krankheiten) und machten sich auf der Welt breit. Den Menschen blieb nur die Hoffnung, die auf dem Gefäßboden zurückgeblieben war.

Paris: Schöner Sohn des Priamos, König von Troja, der den Schönheitspreis der Aphrodite zuerkannte. Diese bot ihm dafür die Liebe der schönsten aller Frauen an. Aber Helena, die Auserkorene, war mit Menelaos verheiratet. Paris entführte sie, und das war der Beginn des Krieges zwischen Griechen und Trojanern.

Patroklos: Griechischer Krieger, Achills bester Freund, der von Hektor ermordet wurde.

Pegasus: Geflügeltes Pferd, das aus dem Blut der Medusa geboren wurde, als Perseus ihr das Haupt abschlug. Es wurde von Bellerophontes gezähmt.

Penelope: Gemahlin des Odysseus und Königin von Ithaka, die jahrelang treu auf die Rückkehr des Helden wartete.

Persephone (Proserpina): Tochter der Demeter und des Zeus. Sie heiratete Hades, den Herrn der Unterwelt. Den Winter verbrachte sie in der Unterwelt, und mit dem Erblühen der Vegetation kam sie auf die Erde zurück.

Perseus: Sohn des Zeus und der Danae. Er wurde von einem Fischer auf der Insel Seriphos großgezogen, die von König Polydektes regiert wurde. Einem Befehl des Königs folgend, tötete er mit Hilfe des Hermes und der Athene die schreckliche Medusa. Auf der Rückreise befreite er Andromeda, die einem Seeungeheuer geopfert werden sollte, und heiratete sie. Nach seiner Rückkehr nach Seriphos verwandelte er den bösartigen König und seine Höflinge mit dem Haupt der Medusa in Stein. Dann schenkte er das Haupt des Ungeheuers Athene, die es in die Mitte ihres Schildes setzte.

Phädra: Tochter des Minos und der Pasiphae, Schwester der Ariadne. Sie heiratete Theseus und hatte zwei Söhne: Akamas und Demophon.

Phaeton: Sohn des Helios, des Sonnengottes, und der Nymphe Klymene. Er wollte versuchen, den Wagen seines Vaters zu lenken, kam aber der

Minotaurus

Morpheus

Narziß

Nemesis

Odysseus

Orpheus

Erde zu nahe und lief Gefahr, sie zu verbrennen. Zeus verhinderte die Katastrophe, indem er einen Blitz schleuderte, der Phaeton in den Fluß Eridanus (den Po) warf. Seine Schwestern, die Heliaden, betrauerten ihn so sehr, daß die Götter sie aus Mitleid in Pappeln verwandelten.

Phöbe: Tochter des Uranos und der Gaia, Gemahlin des Koios. Ihre Tochter war Leto.

Pleiaden: Sie waren die sieben Töchter des Atlas und der Nymphe Pleione. Sie hatten einen sehr hartnäckigen Verehrer, den Jäger Orion.

Polydeukes (Pollux): Sohn des Zeus und der Leda; Dioskur und Zwillingsbruder von Kastor.

Polyphem: Der schrecklichste der Zyklopen, ein Riese mit nur einem Auge. Er wurde von Odysseus, den er mit seinen Gefährten gefangengehalten hatte, geblendet.

Poseidon (Neptun): Meeresgott, Bruder des Zeus und des Hades. Er pflegte mit einem von Fischen, Delphinen und anderem Meeresgetier umgebenen Wagen aus den Ozeanen aufzutauchen. Er heiratete Amphitrite, liebte aber auch Demeter und Medusa. Sein Zepter war der Dreizack.

Priamos: König von Troja und Gatte der Hekabe. Er hatte fünfzig Söhne. Er wurde von Neoptolemos, dem Sohn Achills, getötet.

Prometheus: Sohn des Titanen Iapetos und der Klymene, der den Menschen aus Lehm erschuf. Um der Menschheit zu helfen, raubte er das göttliche Feuer und wurde zu einer schrecklichen Strafe verurteilt: Ein Adler fraß seine Leber, die aber ständig nachwuchs. Prometheus wurde von Herakles befreit, und schließlich verziehen ihm auch die Götter.

Psyche: Sie machte Eros in sich verliebt, der sie bei Nacht besuchte, ihr aber verbot, ihm ins Gesicht zu sehen. Psyche hielt sich aber nicht daran und entzündete eines Nachts eine Kerze, um das Gesicht ihres Liebhabers zu betrachten. Ein Wachstropfen fiel auf das Gesicht des Eros, der sofort floh. Aphrodite, die auf die Schönheit der Psyche eifersüchtig war, verfolgte sie lange Zeit. Am Ende verlieh Zeus ihr die Unsterblichkeit und erlaubte, daß sie Eros heiratete.

Rhea Silvia: Mutter des Romulus und des Remus.

Rheia: Tochter der Gaia und des Uranos, Gemahlin des Kronos, dem sie sechs Söhne schenkte. Der letzte, Zeus, zwang den Vater, die anderen Geschwister zurückzugeben, die er verschlungen hatte: Hades, Poseidon, Hestia, Demeter und Hera.

Romulus und Remus: Söhne des Gottes Ares und der Rhea Silvia, einer Tochter des Numitor, König von Alba Longa. Die Zwillinge wurden von Amulius, der Numitor entthront hatte und seine Nachkommen beseitigen wollte, in den Tiber geworfen. Sie wurden von einer Wölfin genährt und von dem Hirten Faustulus großgezogen. Als Erwachsene beschlossen sie, eine Stadt zu gründen. Über die Festlegung der Grenzen gerieten die Zwillinge in Streit, und Romulus tötete Remus. Dann gründete Romulus die Stadt Rom auf dem Palatinischen Hügel und wurde deren erster König.

Satyrn: Auch Silene genannt; halb Mensch, halb Tier. Der obere Teil war der eines Menschen, die untere Hälfte die eines Pferdes oder eines Ziegenbocks. Sie waren Dämonen der Natur, die dem Kult des Gottes Dionysos huldigten.

Semele: Tochter des Kadmos und der Harmonia, Geliebte des Zeus, der mit ihr Dionysos zeugte.

Sibylle: Priesterin, die die Orakel der Götter deutete. Die berühmteste war die Sibylle von Cumae in Kampanien, die eine Geliebte Apolls war. Ihre Orakelsammlungen, die *Sibyllinischen Bücher* wurden von besonders ausgebildeten Priestern zu Rate gezogen und gedeutet.

Sirenen: Ihr Gesang war so süß, daß die Seefahrer angelockt wurden und Schiffbruch an den Klippen ihrer Insel erlitten.

Sphinx: Ungeheuer mit dem Kopf einer Frau, dem Körper eines Löwen und Vogelflügeln. Sie gab Vorübergehenden bei Theben Rätsel auf und verschlang alle, die sie nicht lösen konnten.

Tantalus: Mächtiger König von Lydien oder vielleicht von Phrygien, der die Geheimnisse der Götter enthüllte und von ihrem Tisch Ambrosia und Nektar

Orion

Pan

Persephone

Perseus

Poseidon

Priamos

raubte. Er wurde dazu verdammt, in Reichweite von Wasser und Nahrung im Überfluß auf Ewigkeit Hunger und Durst zu leiden. Sobald er die Hand nach Essen oder Trinken ausstreckte, wich alles von ihm zurück.

Tartaros: Unterwelt, die noch tiefer lag als der Hades und von Mauern mit Bronzetüren umgeben war; Gefängnis für die Feinde der Götter, wie z. B. die Titanen und die Giganten.

Telemachos: Sohn des Odysseus und der Penelope. Er lernte seinen Vater erst nach dessen Rückkehr aus Troja kennen.

Tethys: Titanin, Gemahlin des Okeanos.

Thanatos: Sohn der Nacht und Personifikation des Todes. Er wurde als geflügelter Jüngling dargestellt.

Theia: Tochter des Uranos und der Gaia. Sie hatte von Hyperion drei Kinder: Helios, Eos und Selene.

Themys: Titanin; Göttin der Gerechtigkeit, des Rechts und der Sittlichkeit.

Theseus: Sohn des Ägeus und der Äthra. Er verbrachte seine Kindheit in Trözen in Unkenntnis der Identität seines Vaters, die ihm Äthra erst nach Vollendung des sechzehnten Lebensjahres preisgab. Er ging dann nach Athen und gab sich seinem Vater zu erkennen. Als aus Kreta die Anforderung kam, daß Athen sieben Jungfrauen und sieben Jünglinge schicken sollte, um den Hunger des Minotaurus zu stillen, meldete Theseus sich freiwillig. Mit Hilfe der Ariadne tötete er das Ungeheuer und befreite seine Gefährten, die er aus dem Labyrinth herausführte. Nach dem Tod des Vaters wurde er zum König ausgerufen, besiegte die Amazonen und heiratete ihre Königin Antiope. Er wurde von Lykomedes, dem König von Skyros, ermordet.

Thetis: Wunderschöne Nereide, Geliebte des Zeus und des Poseidon. Keiner der Götter heiratete sie, weil geweissagt worden war, daß der Sohn der Thetis stärker sein würde als der Vater. Deshalb heiratete sie einen Sterblichen, Peleus, König von Phthia, und schenkte ihm einen Sohn, Achill, den tapfersten der griechischen Krieger. Am Trojanischen Krieg nahm Achill an der Spitze seines Myrmidonen-Heeres teil.

Tiresias: Blinder Prophet aus Theben. Hera hatte ihn seines Augenlichtes beraubt, weil sie mit seinem Schiedsspruch in einer Auseinandersetzung mit Zeus unzufrieden war. Der Gott entschädigte ihn, indem er ihm die Gabe der Weissagung verlieh und das Privileg schenkte, sieben Generationen lang zu leben.

Titanen: Söhne des Uranos und der Gaia. Herrscher über die Welt, bevor sie von Zeus und den anderen Göttern des Olymp besiegt wurden.

Triton: Sohn des Poseidon und der Amphitrite, der halb Mensch und halb Fisch war. Er beruhigte die Wasser, indem er auf einer Muschel blies.

Troja (Ilion): Stadt in Kleinasien, von Homer in der *Ilias* besungen. Der deutsche Archäologe Heinrich Schliemann fand 1871 ihre Überreste.

Typhon: Riesenhafter Sohn der Gaia und des Tartaros. Er war größer als die Berge, hatte Flügel, und aus seinen Augen sprühten Flammen. Anstelle der Finger hatte er Drachenköpfe. Er zeugte zwei Ungeheuer: die Hydra von Lerna und die Chimäre.

Uranos: Verkörperung des Sternenhimmels und Gemahl von Gaia, der Erde. Er war der Vater der Titanen und wurde von seinem Sohn Kronos enttrohnt, der seinerseits von seinem jüngsten Sohn Zeus gestürzt wurde.

Vergil: Römischer Dichter, der in seiner *Äneis* die Heldentaten des Äneas nach seiner Flucht aus Troja besang.

Zeus (Jupiter): Göttervater des Olymp, Herr des Blitzes. Wie alle Götter des Olymp gehört er zur zweiten Göttergeneration. Seine Mutter Rheia rettete ihn vor seinem Vater Kronos, der ihn verschlingen wollte. Er wurde in einer Grotte des Berges Ida von der Ziege Amaltheia großgezogen. Als Erwachsener jagte er seinen Vater mit Hilfe der Metis (Klugheit) vom Thron und heiratete Hera. Aus verschiedenen Liebesbeziehungen hatte er zahlreiche Kinder, darunter Athene, Artemis, Apoll, Hephästos, die Musen, die Grazien, Hermes, Ares, Tantalus, Perseus, Minos, Dionysos, Herakles, Persephone und die Horen. Auf Zeus sind verschiedene Naturereignisse zurückzuführen wie der Regen, der Schnee, die Wolken und die Blitze.

Romulus und Remus

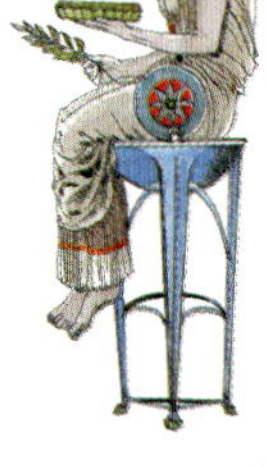
Sibylle

Sirenen

Triton

Uranos

Zeus

Register

REGISTER

Das Register enthält die Suchbegriffe in alphabetischer Reihenfolge. **Fettgedruckte** Wörter verweisen auf Seitenüberschriften.

A

B

C

D

E

F

L

M

N

O

P

Q

R

S

T

U

Redaktionsleitung: Elisabetta Dami
Redaktion: Adriana Sirena
Layout: Laura Zuccotti
Graphische Gestaltung: Valentina Ziliani

Autoren:
Luisa Cesana, Paul Cloche, Tuvia Fogel, Nuccia Fuga, Cristiana Giraudi, Angelo Mantovani, Laura Ori, Francesca Pierangeli, Alessandra Pugassi, Patrizia Puricelli, Giuseppe Recalcati, Alessandro Rusconi, Laura Sanchioni, Remo Turati, Miriam Valdameri, Giovanna Zanotti, Giuseppe Zuccotti.

Fachliche Beratung und Recherche:
Franco Angelini, Luca Astori, Alessandra Bialetti, Luca Budicin, Cosimo Finzi, Chaja Fogel, Cesare Gelli, Emilia Parisi, Gianni Zampieri.

Zeichner:
Susanna Addario, Art Studium, Simonetta Baldini, Severino Baraldi, Gaia Bellettini, G.B. Bertelli, Sandro Biffignandi, Cecilia Bozzoli, Giovanni Bruzzo, Piero Cattaneo, Sergio Cavina, Alessandra Cimatoribus, Beatrice Corradi, Daniela Daledo, Arturo Del Castillo, Chris Foss, Luana Freno, Flavio Ghiringhelli, Amedeo Gigli, Ezio Giglioli, Carlo Jacono, Massimiliano Longo, Elena Mandich, Manuela Mascherini, Claudia Melotti, Pier Angelo Montanini, Rosalba Moriggia, Maddalena Motteran, Nemo, Salvatore Palazzolo, Umberta Pezzoli, Maria Piatto, Achille Picco, Mattia Pirro, Alberto Ponno, Laura Rigo, Sergio Rizzato, G.B. Ronco, Rudolf Sablic, Alberto José Salinas, Paolo Salvaggio, Studio Rosso, Rocco Tedesco, Marina Vecchi, Robert Weickmann, Matthew Wolf, Tony Wolf.

S. 1: Mohnfeld (M. Wolf). Seite 2-3: Sumpflandschaft in Nordamerika (G.B. Bertelli).
S. 4: Bienen im Bienenstock (M. Wolf). S. 383: Hektor und Achill vor den Mauern von Troja (P. Cattaneo).
S. 384: Die Karavellen von Christoph Kolumbus (S. Biffignandi).

S. 276, 277, 278: Abbildungen mit freundlicher Genehmigung der Walt Disney Company Italia S.p.A..
Deutsche Ausgabe: mit freundlicher Genehmigung der Walt Disney Company (Germany) GmbH.

Veröffentlicht 1997 by Tormont Publications Inc.
338 St. Antoine St. East
Montreal, Canada H2Y 1A3
Tel. (514) 954-1441
Fax: (514) 954-5086

Bearbeitung der deutschen Ausgabe: Maasburg GmbH, München
Übersetzung: Veronika Maasburg, Elisabeth Stiefenhofer
Fachliche Beratung: Dr. Martin Baehr (Biologie, Paläontologie); Dr. Katja Barth (Medizin); Inge Bosl (Geschichte, Geographie); Andreas Rodoschegg (Astronomie).

ISBN 2-7641-0363-8

Printed in U.S.A.